古樂府

君子有所思

西河有蛟北山有虎魚樵不敢窺行人心獨苦
河有蛟兮奈若何漼盧倒柄將奈何
心獨苦兮奈若何

五言古

詩

新鄭高　拱著

胞侄　曾孫有聞重刊

高拱研究续编

岳天雷 著

中州古籍出版社
·郑州·

自　序

这本拙著，是笔者近年来发表的有关明代著名政治家和思想家高拱的学术研究文集，也是继《高拱研究文集》之后的又一文集，故以"高拱研究续编"命名之。

全书依据辑入文章的内容，设置《探索与争鸣》《家世与诗文》《思想与文献》及《附录：儒家权说》四个板块，收录论文22篇。其中，《王世贞〈高拱传〉史实探析》《高拱缺失相材吗？——与赵毅教授商榷之二》和《关于〈明史·高拱传〉的校勘问题——以〈修订点校本《明史·高拱传》随笔〉为讨论对象》三篇论文系家父岳金西教授所撰，也辑入书中。

高拱是明代"隆庆改革"的开创者和主持人，也是事功卓著的政治家和改革家。但也毋庸讳言，他还是明清以来争议颇大的历史人物，对其评价有褒有贬，可谓毁誉参半。一方面，将高拱誉为"救时贤相""治安良相""社稷名臣"者颇多，因为在他主政的隆庆时期，针对嘉靖中期以后形成的内外交困局面，他大刀阔斧地进行了挽刷颓风、修举实政的"隆庆改革"，在吏治、边政、军事、法治、币制、条鞭、清丈、漕政等方面均取得了显著功绩，使隆庆后期呈现出中兴之势，也为其后张居正整顿吏治奠定了基础，确定了政策走向。有关高拱改革内容的研究，笔者在先前出版的《高拱实学实政论纲》《高拱研究文集》和《高拱年谱长编》中作了较为系统的论述。但是，另一方面，将高拱贬为"负才自恣""性急寡容""性直而傲"者亦不少，特别是王世贞的

《嘉靖以来首辅传·高拱传》问世以后，不仅开启了丑诋、诬谤高拱之先河，而且对后世也产生了严重的负面影响。如今，有些学者提出所谓的"性格缺陷"说、"有仇必报"说、"贪污纳贿"说、"留下烂摊"说、"相材缺失"说、"政治权谋"说、"开启党争"说，等等，可以说就是这种负面影响的影响。这些谬说或以高拱主政时间短暂而否定其功绩，或以他的性格软弱而否定其为相能力，或强行剥夺其靖边功绩而将其戴到张居正头上，或以其所谓的"政治权谋"而提出"报复"隆庆阁臣，或以诋毁他的人格而否定其为官之道。总之，从人品到为人，从性格到为官，从官德到为政，对高拱进行彻底讨伐，全盘否定，恨不得将其钉在历史耻辱柱上而后快。显然，这是一桩极不公平的历史公案。有鉴于此，本书《探索与争鸣》板块选入 7 篇论文，本着不溢美、不掩恶的实事求是的态度，对上述有关谬说加以辨析和澄清，力图还原高拱的历史真相，恢复高拱的历史原貌。

明清时期，河南新郑高氏家族可谓名门望族，科举登第、为官从政者颇多，至今在新郑及其周边地区仍然有着广泛的影响，在民间流传着许多有关高氏家族勤俭持家、扶危济困、廉洁奉公、勤政为民的动人故事。目前，学术界对高拱的家族世系、求学经历、罢官乡居的情况虽有论及，但均语焉不详；至于对他与恩师、同门、同年、门生、姻亲、乡梓、好友间的社交关系更是缺乏全面梳理。另外，高拱赋有诗词 59 首，有"古乐府""五言古""七言古""五言律""七言律"等八种体式。其中，可以明确判定其撰作日期、所涉历史人物或事件者，凡 28 首。另据清乾隆《新郑县志》记载，高拱逝世后，明清文学家嵇元夫、范守己、马之骏、吕履恒、王廷璧、刘应陛、赵御众、漆士昌等人曾拜谒高拱祠堂、陵园或故居，并留下了缅怀高拱道德文章、家国情怀、改革功业的诗词名篇，凡 9 首。故此，本书《家世与诗文》板块选入 5 篇论文，一方面试图通过梳理高拱的家族世系，以还原其社交活动实态，理清其人事关系网络；另一方面还对高拱所撰诗词以及后世缅怀他的诗文加以简略考释，以彰显其为官从政的心路历程及后世对他的缅怀和追思。

著名哲学家和史学家嵇文甫先生对高拱作了开创性研究，于20世纪40年代到60年代发表了三篇大作。其中提出："新郑学术，尚通、尚实，有许多地方开清儒之先。""他的学术，大概可用'通'和'实'两个字来概括，平正通达，有实用而近人情。"① 这是对高拱学术思想特质的精准概括。因此，本书《思想与文献》中的思想部分，辑入2篇论文，一方面对他的实学精神作了全面系统的阐述，以彰显其学术思想特质及其借鉴意义和价值；另一方面，也对他的权变方法论思想作了深入发掘，以凸显他在儒家权说思想史上的重要地位。文献校勘部分辑入2篇论文，一是对中华书局1993年版、流水点校的《高拱论著四种》一书作了勘误和辨正，二是就中华点校本《明史·高拱传》的校勘问题提出了自己的一些思考和看法。

由于一直研究高拱权说思想的缘故，儒家权说思想是我长期关注的另一学术问题。本书《附录：儒家权说》板块选入6篇论文，分别对冯用之、程颐、朱熹、陈淳的权说思想作了全面阐述。在研究方法上，为避免宏大叙事、过度诠释之弊，我主要运用结构分析方法，对儒家之"权"与"道理""经礼""仁义""时中""中庸"等范畴间的逻辑关系或结构进行分析，并提出儒家权说"三观"，即：（1）"道体权用"的权道观。在儒家哲学中，"道"作为宇宙变化的最高法则、社会政治伦理秩序的根本准则，为权衡权变的合法性提供了本体支撑（权道）、现实依据（经道）和道德保障（仁道）。（2）"经常权变"的经权观。儒家之"经"作为权衡权变的伦理道德原则和规范，具有经礼、仁义等高低不同的层级，在遇到道德冲突或道德困境的特殊情况时，儒家主张突破低层级的道德规范（经礼），而实现高层级的道德理想（仁义）。（3）"权贵时中"的权中观。权衡权变以"时中"（"中庸""中和""中道"或"中节"等）为价值取向和目标，行权只有不偏不倚、无过不及，做到"时中"（适中合度，恰到好处），才能取得最佳效果，实现

---

① 嵇文甫：《张居正的学侣与政敌——高拱的学术》，《嵇文甫文集》（中），河南人民出版社1990年版，第434、420页。

理想目标。可以说,权说"三观"是贯穿儒家权说发展始终的,也是可以用来描述其全部思想内容的理论架构。本书论述的基本思路,就是将儒家权说纳入到"三观"视野中,来展现其思想理论的丰富内涵。

另外,本书《附录:儒家权说》中的相关篇章还就儒家孔孟权说及现代学者赵纪彬先生对权说研究的概况作了全面评述,旨在通过总结已有的成果,反思存在的问题,进一步促进儒家权说思想研究的深入展开。

总之,《高拱研究续编》尝试补白高拱学术研究中的空缺之处,充实薄弱之处,辨析和澄清有关争议的问题,从而使高拱学术研究的内容更加全面,也使高拱的历史形象更加真实、历史定位更加准确。不过,由于笔者水平有限,深感对某些问题的研究还不深入,对某些问题尚未论及,特别是对有争议的问题仍然需要进一步探讨。可以说,这项研究任重而道远。

最后需要说明,本书收录的论文均已被收录进明史国际学术研讨会的论文集、宋学国际学术研讨会的论文集,或在海内外学术报刊上发表。这些学术报刊主要有:《中国文化研究所学报》(香港中文大学)、《人文中国学报》(香港浸会大学)、《汉学研究通讯》、《光明日报》、《河南大学学报》、《中国图书评论》、《古籍整理研究学刊》、《哲学分析》、《中原文化研究》、《哈尔滨师范大学社会科学学报》、《商丘师范学院学报》、《辽东学院学报》等。书中选入的论文不再注明发表的报刊名称、卷期等相关信息。

岳天雷
2015 年 11 月于郑州

目 录

自序 ……………………………………………………………… 001

探索与争鸣

王世贞《高拱传》史实探析 ………………………………………… 002

高拱缺失相材吗?
　　——与赵毅教授商榷之二 …………………………………… 055

高拱与"俺答封贡"
　　——以决策问题为研究中心 ………………………………… 082

驳高拱留下"烂摊"说
　　——兼评郦波先生的《风雨张居正》 ……………………… 098

张居正与"王大臣案"
　　——兼论道德评判的必要性 ………………………………… 112

由学侣到政敌
　　——高拱与张居正关系之逆变 ……………………………… 131

学侣与政敌
　　——嵇文甫论高拱与张居正之关系 ………………………… 157

家世与诗文

高拱家世考述
　　——兼论明清新郑高氏家风 ………………………………… 169

高拱与恩师、同年关系考略 ·············· 189
高拱与姻亲、乡梓关系考略 ·············· 206
高拱律诗考略 ························ 219
明清缅怀高拱律诗考述 ················ 239

思想与文献

高拱实学精神论析 ···················· 248
经权思想的逻辑进路
　　——兼论朱熹和高拱在经权史上的地位 ········ 260
中华点校本《高拱论著四种》辨误 ········ 276
关于《明史·高拱传》的校勘问题
　　——以《修订点校本〈明史·高拱传〉随笔》为讨论对象 ······ 290

附录：儒家权说

论冯用之的机权观 ···················· 311
程颐"权"说探析 ······················ 337
朱熹"权"说析论 ······················ 359
论陈淳的经权观 ······················ 383
儒家权说研究述评
　　——以孔孟为中心 ·················· 396
赵纪彬权说研究述评
　　——为纪念赵先生逝世30周年而作 ········ 420
文章发表期刊刊名卷期详目 ············ 439

后记 ···································· 442

探索与争鸣

王世贞《高拱传》史实探析

一、引言

  王世贞（1526~1590），字元美，号凤洲，又号弇州山人，太仓（今属江苏）人。他出生于官宦世家，祖父王倬曾为南京兵部右侍郎，父王忬曾任右都御史、兵部左侍郎、蓟辽总督。他少年即有才名，为嘉靖二十六年（1547）进士，是嘉靖、隆庆、万历时期著名的文学家和史学家。在文学方面，他与李攀龙同为"后七子"首领，共主文坛二十余年，时称"王李"；在史学方面，留下了大量的史料史著，著述甚丰。他从政以后，由于家族原因遭遇种种挫折和不幸，对其政治史观和史学思想产生了深刻影响。他对严嵩恨之入骨，对徐阶德之入骨，对高拱怨之入骨，对张居正德怨参半。严嵩主政，作恶多端，对其恨入骨髓，理所宜然。但他对徐、高、张三相则持论不公，偏见甚深："褒徐贬高""袒张绌高"，并将其倾注于徐、高、张三传之中。概言之，他是把高拱作为徐、张和自己的政敌，从私怨出发来为其立传的，基本倾向是否定传主，其偏见可谓根深蒂固。如张廷玉《明史》所言：王世贞著史"其所去取，颇以好恶为高下"①。

《高拱传》的写作时间、写作地点和史料准备。王氏在撰《高拱传》之前，对史料是有充分准备的，如，他在《弇州史料后集》中曾根据邸报撰写了《徐高之郤》和《高赵之郤》②等。万历四年（1576）后，王氏赋闲十年，不断前往徐府阅读史籍，并通过拜访徐阶得到诸多撰写徐、高、张三人传记的口授资料。王氏在纂撰这些史料的过程中，就已形成了"褒徐贬高""袒张绌高"的历史偏见。《高拱传》大约写成于万历十年至十四年（1582~1586）之间。早在万历四年（1576）秋，王氏"除南京大理寺卿"，"未之任，为南给事杨节论劾，得旨回籍听候别用。自是栖息弇山园，身虽退而名益重矣"③。为何"回籍听候别用"？《明史》言："居正妇弟辱江陵令，世贞论奏不少贷。居正积不能堪，会迁南京大理卿，为给事中杨节所劾，即取旨罢之。后起应天府尹，复被劾罢。"④王氏被迫家居，长达十年之久。其间万历八年（1580）十月，王氏于弇山园内"移居白莲精舍，闭关谢（客），（潜心）笔砚"⑤。《高拱传》即撰于弇山园内的"白莲精舍"。万历十二年（1584），王氏被荐为南京刑部右侍郎，为完成《首辅传》（《嘉靖以来首辅传》简称）写作，称病不赴。直到其同乡好友王锡爵秉政，才于万历十五年（1587）起用为南京兵部右侍郎，后擢南京刑部尚书。不久又被御史黄仁荣所劾，被迫于万历十八年（1590）归家，于九月而卒，享年六十四岁。可见，包括《高拱传》在内的《首辅传》，是王世贞晚年政治史观的成熟之作，也是其压轴之作。

《高拱传》是《嘉靖以来首辅传》中的一卷。为避免"以偏概全""以偏反偏"，本文拟就全书及相关著作多衍数言。其一，王氏留下了包

---

① 张廷玉：《明史》卷二八七《王世贞传》。
② 王世贞纂撰、董复表编：《弇州史料后集》卷三三《徐高之郤》《高赵之郤》，载《四库禁毁书丛刊》史部第49册。
③ 钱大昕：《弇州山人年谱》，《续修四库全书》史部第553册。
④ 张廷玉：《明史》卷二八七《王世贞传》。
⑤ 钱大昕：《弇州山人年谱》，《续修四库全书》史部第553册。

括《首辅传》在内的大量珍贵史料和史著。《首辅传》凡八卷,约七万八千言,有杨廷和、张孚敬、夏言、严嵩、徐阶、高拱(六人各一卷)、张居正(一人二卷)等七位首辅的传记,每卷之下又附有从蒋冕到申时行等九位阁臣的传记。《四库全书提要》概述《首辅传》"所纪则大抵近实,可与正史相参证,不以一节之谬,弃其全书也"①。"大抵近实",是说大致而非完全符合史实,也有"一节之谬"。这些不实之谬,在《高拱传》中尤为突出。其二,王氏是史学家,也是史评家,曾作《史乘考误》二十卷,考辨各类史书之正误。他评论道:"国史人恣而善蔽真",有"不得书""不敢书""不欲书"的缺失。"野史人臆而善失真",其弊有三:一曰"挟郄而多诬",二曰"轻听而多舛",三曰"好怪而多诞"。"家史人谀而善溢真",家乘铭状,"此谀枯骨谒金言耳"②。这些精湛概括确是不刊之论。但《首辅传》也是野史,这是作者在书末所确认的。尽管该书"可与正史相参证",但毕竟不是正史而是野史,难免也有野史"三弊""而善失真"。用野史"三弊""失真"之论来评定《高拱传》是确当的。其三,魏连科先生曾说:"王世贞及其家庭的遭遇等因素,也不能不对他的史学思想产生影响。"③ 他对严嵩恨之入骨,因有杀父之仇;对徐阶德之入骨,因有为其父平反之恩;对高拱怨之入骨,因有未救其父之恨;对张居正德怨参半,因对其有提携之情和使其赋闲之气。这种思想情志,不免在传记中都有所表露。在徐传中极力褒扬溢美,在高传中极力贬抑厚诬,即出于此种恩德、怨恨情感。在张传中有誉有毁④,亦出恩怨之间。其四,《首辅传》约写成于万历十年至十四年(1582~1586)之间,这时高拱虽然已经过世,但罢官时"专权擅

---

① 王世贞:《嘉靖以来首辅传》扉页,《四库全书提要》,中华书局1991年影印本,以下此书同此版本。
② 王世贞:《弇山堂别集》卷二〇《史乘考误一》。
③ 魏连科:《弇山堂别集·点校说明》,《弇山堂别集》,中华书局1985年版。
④ 参见陈礼荣:《王世贞对张居正道德评价所带来的负面影响刍议——以〈嘉靖以来内阁首辅传〉为例》,南炳文、商传主编:《张居正国际学术研讨会论文集》,湖北人民出版社2013年版,第275~283页。

政"的罪名仍然存在,官方尚未为其平反(高拱被平反是在万历三十年),这时高拱仍然是一个"罪人"。为罪人立传,抹杀其事业功绩,把所有脏水泼到其身上,从基本倾向上持否定态度,对王氏来说,可谓理所当然,不足为怪。这也是一般人的思维定势,更何况作者对其还怀有怨恨。概言之,《首辅传》渗透着王氏的政治史观和个人恩怨,提供了大量亦真亦假的史料,对后世也有着正负两方面的影响。

王世贞为高拱立传的指导思想,正如《首辅传》书末"野史氏曰":"拱刚愎强忮,幸其早败。虽有小才,乌足道哉。"① 这种价值评判决定了该传是纪事不纪功,而且纪事不惜歪曲历史事实,以达到丑诋、诬谤传主之目的。据统计,《高拱传》九千余言,其中三千言颂扬徐阶,应属卷五《徐阶》的内容;其余六千言才是《高拱传》的内容。这种单人传记结构,出自文章里手,实在令人费解。在高传部分,除从政历程、裕邸讲读大抵近实和俺答封贡大功三言两语及之而外,大量篇幅是以幸灾乐祸的笔调,以酣笔浓墨抹黑传主:如何刚愎暴戾,倾轧同僚;拉帮结派,党同伐异;报复朝官,贪赃索贿,等等。在作者笔下,传主不啻是个十恶不赦的政治罪人、睚眦必报的失德小人。这致使高拱形象被丑化,人格被玷辱,事功被掩盖,政治上被视为反派人物。作者的这种政治史观和历史偏见,在其盛名影响之下,不仅为清代史家撰写《高拱传》所采信、所师承,而且也为当今有些论者所广征博引和任意推度,负面影响甚大。

王世贞《高拱传》问世以来,晚明少数史家曾对其提出过笼统的质疑,现今有的论者也就其中的个别问题进行了辨析和批评②,但均未对该传进行全面的、系统的厘清和匡正。有鉴于此,本文大体按照《高拱

---

① 王世贞:《嘉靖以来首辅传》末"野史氏曰",《丛书集成初编》,中华书局1991年影印本。
② 主要论文两篇:即岳天雷《丑诋与厚诬:高拱"报复"问题辨析——以王世贞〈嘉靖以来首辅传·高拱传〉为中心》(《哈尔滨师范大学社会科学学报》2011年第3期)和《王世贞〈首辅传〉若干史实考述——以〈高拱传〉为中心》(《商丘师范学院学报》2011年第2期)。

传》的内在结构和历史顺序，依次择其歪曲、背离史实之要者，进行条分缕析，正本清源，从而为高拱辩诬正名，还原其历史真实面目。不当之处，敬请方家批评指正。

二、传文史实考辨

论人立传，贵在求真存实，不虚美，不掩恶，这样写出来的传记才能成为信史。特别是政治人物的史传，更应持论公平，不偏不倚，据事直书，如此才能做出符合史实的价值评判。如果从好恶恩怨出发，任意取舍史料，肆意歪曲史实，甚至虚构历史情节，伪造故事，诋毁传主，那就必然歪曲、悖逆历史真相。而王世贞作传正是如此。如梁启超所说："资料和自己脾胃合的，便采用；不合的，便删除；甚至因为资料不足，从事伪造；晚明人犯此毛病最多。如王弇州、杨升庵等皆是。"[①] 王氏的《高拱传》便是其典型的历史偏见的代表作。这种偏见，主要表现在以下几个方面。

（一）王氏对徐阶逐拱出阁史实之歪曲

高拱由首辅徐阶推荐，于嘉靖四十五年（1566）三月入阁。徐为何荐高入阁？主要原因有三：一是顺从世宗对高拱从政以来八次升迁的旨意，二是讨好皇位唯一继承人、同高拱亲密无间的裕王，三是延纳既有才干又能言听计从的助手。但高拱其人既入内阁，又不为折节，上交不谄，不时出语忤阶。这使徐阶大失所望，故此急欲逐拱出阁。其实，徐逐拱出阁的根本原因，是由于他们的政纲不同、政见相左。第一，"阁

---

① 梁启超：《中国历史研究法补编》，刘梦溪主编：《中国现代学术经典·梁启超卷》，河北教育出版社1996年版，第374页。

臣入直西苑,自世皇中年始,有事在直,无事在阁。世皇谕阁臣曰:'阁中政本,可轮一人往。'徐文贞竟不往,曰:'不能离陛下也。'……公正色问文贞曰:'公元老,常直可矣,不才与李(春芳)、郭(朴)两公愿日轮一人诣阁中习故事。'文贞拂然不乐"①。第二,他们的矛盾集中表现在对嘉靖遗诏的认识上。嘉靖四十五年(1566)十二月十四日世宗崩逝,徐阶独断专行,当夜独草遗诏,以先帝罪己自责口吻,"历数其过""尽反先政",不以语同列。而高拱认为遗诏"语太峻""先帝英主,四十五年所行非尽不善也"。②意在肯定先朝政治,钦定大礼及中兴大业。这与史臣对先政的评价是一致的。"世宗功德,不可缕指。""中兴大业,视之列圣有光焉。""世庙起正德之衰,厘革积习,诚雄主也。"③第三,隆庆改元,"议登极赏军事",高拱提出:"祖宗无此,自正统元年(1436)始也。先帝以亲藩入继,时尚殷富,遂倍之。今第如正统事行,则四百万之中可省二百万矣。"而徐阶不顾国库空虚,"竟如嘉靖事行,而司农苦不支"。④徐、高矛盾更加公开化了。高拱其人,"性素直率,图议政体,即从旁可否"⑤,而"华亭积不能堪,因百计逐之"⑥。于是,徐阶授意言路,主动挑起排逐高拱出阁的纷争。经过四个回合的较量,高拱最终于隆庆元年(1567)五月被逐出阁,称病归里。对此排逐过程,王氏传文加以曲解,使之背离史实真相。

第一个回合。王氏曲解言官胡应嘉的弹章,讳言传主高拱的辩疏。其一,先看王氏纂撰的史料:"嘉靖四十五年(1566)十一月,吏科都给事中胡应嘉等论劾大学士高拱入直之后,以直庐为狭隘,移其家属于西安门外,寅夜潜归。皇上近稍违和,拱即私移直庐器用于外,乞赐究

---

① 郭正域:《合并黄离草》卷二四《太师高文襄公墓志铭》。
② 郭正域:《合并黄离草》卷二四《太师高文襄公墓志铭》。
③ 谈迁:《国榷》卷六四,嘉靖四十五年十二月辛丑。
④ 郭正域:《合并黄离草》卷二四《太师高文襄公墓志铭》。
⑤ 于慎行:《谷山笔麈》卷四《相鉴》。
⑥ 于慎行:《谷山笔麈》卷五《臣品》。

斥。拱惶恐奏辩，赖上大渐，两不之省。胡应嘉，首揆徐公阶乡人所厚也。"① 实录记载与王氏纂撰的史料基本相同：胡应嘉劾拱"不忠二事：一言拱拜命之初，即以直庐为狭隘，移其家属于西安门外，寅夜潜归，殊无夙夜在公之意。二言皇上近稍违和，大小臣工莫不吁天祈佑，冀获康宁，而拱乃私运直庐器用于外。似此举动，臣不知为何心"②。两份资料充分证明二者大都符合胡疏的原意，而后者意思表达得更为圆满一些。

但是，王氏在传文中则对其纂撰的史料加以篡改，说："史科都给事中胡应嘉（原文误为"胡汝嘉"——笔者注）者"，"偶劾罢拱之姻亲工部侍郎李登云，拱与客言之而怒，应嘉内自危，而又探知阶意。时拱未有子，乃移家近西华门，日伺上昼寝，则窃出与女媵私，迫暮而后进。又一日，上病甚，误传有非常，拱尽敛其直舍器服书籍出之。应嘉以是为拱罪，露章劾之，且发其他事。赖上瞋不省，阶拟旨报闻。而拱辞辩疏上，亦两解而已，亦无所褒美。拱意阶右之，谓应嘉欲深文杀我，以是恨二人切骨"③。其篡改之处有二：（1）把拱"以直庐为狭隘，移其家属于西安门外，寅夜潜归"改为"拱未有子，乃移家近西华门，日伺上昼寝，则窃出与女媵私，迫暮而后进"；（2）把"拱乃私运直庐器用于外"，除改为"拱尽敛其直舍器（用）"外，外加"服（装）书籍出之"。这一篡改的用意是丑化诋毁传主，渲染其所谓的"不忠"罪行。传文所言"应嘉内自危，而又探知阶意"，确证是徐、胡联手逐拱的。

其二，王氏本应像法官那样公平地倾听原、被告双方的陈词，弄清事实，然后作出令人心服的公正判决。但因偏私好恶，王氏只采纳原告

---

① 王世贞纂撰、董复表编：《弇州史料后集》卷三三《徐高之郤》，载《四库禁毁书丛刊》史部第49册。
② 《明世宗实录》卷五六五，嘉靖四十五年十一月乙亥。
③ 王世贞：《嘉靖以来首辅传》卷六《高拱传》，《四库全书提要》，中华书局1991年影印本。

胡应嘉的弹章，而对被告高拱的辩疏只字不提，讳莫如深。故此，传文对高拱是不公正的，怀有偏私之见。而实录既载入了胡氏的弹章，也记载了高氏的辩疏。疏言：

> 臣蒙皇上隆恩，进阁入直，赐以直房，前后四重为楹十有六。前此入直之臣，并未有此，而臣独得之，方自荣幸，以为奇遇。今乃谓臣嫌其狭隘，岂人情乎？缘臣家贫无子，又鲜健仆，乃移家就近，便取衣食，而久侍皇上之计。不意科臣借此诬臣私出，皇上试一问禁中内臣官校，其有无灼然可知矣。在直诸臣每遇紫皇殿展礼，必携所用器物而去，旋即移回，相率以为故事。而科臣又借此诬臣移之出外，尤为不根。今臣日用常物咸在直房，陛下诚一赐验，其有无又可睹矣。应嘉前此本无怨于臣，每见亟称臣为大才，近因臣亲工部左侍郎李登云被应嘉劾罢，应嘉疑臣恨之，遂乘间论臣。夫臣才德浅薄，不堪重任，若以只不堪论去宜也，而以为攻之不力则去之不果，遂尔污蔑不遗余力。本忌臣之入直，而乃以为出直；昔时称为大才，而今则论为非才；情志反复如此。惟上裁察。有旨："令拱供职如此。"①

高疏是第一手资料，对胡疏的前因后果讲得一清二楚，对所谓"不忠二事"驳得有理有据，廓清并否定了胡氏的种种风闻传言。王氏传文所谓高拱"尽敛其直舍器服书籍出之"，"出"到何处？"出"回家去。"误传非常"，难道高氏要"尽敛直庐器用"，盗窃公物到家吗？外加"尽携衣服书籍"回家，难道要自动罢职不成？显然，这有悖于常理。迄今尚无史家对此传文加以辨析，反而一字不爽地写入史籍，而对高疏则不予采信。这种偏见可谓根深蒂固。

其三，《明世宗实录》揭露了徐阶及其乡梓胡应嘉联手论劾高拱的政治目的。实录对胡氏其人评论说：

---

① 《明世宗实录》卷五六五，嘉靖四十五年十一月乙亥。

应嘉倾危之士。时上体久不豫，而拱本裕邸讲官，应嘉畏其将见柄用，故极力攻之。疏入，会上病未省，不然，祸且不测。拱自入直撰玄，与大学士徐阶意颇相左，应嘉又阶同乡，拱以是疑阶，谓应嘉有所承望，两人隙衅愈构，互相排根。小人交构其间，几致党祸，实应嘉一疏启之云。①

胡氏乃倾危之士，有事实为证。嘉靖三十九年（1560），南国子监祭酒沈坤守制家居，因倭犯江北，曾督率邻里众人，护卫家乡淮安。沈氏部署防御，犯令者榜笞之。"居民虽赖以保全，而被其榜笞者亦遂生怨恨，中有给事中胡应嘉宗党及府县儒学生一二人。应嘉与坤有隙，又性险狠，遂与诸生撰为谣言，构之于御史林润疏劾之。应嘉复从旁力证，然皆流谤，无指实。其所谓断手胡銮者，固无恙也，他皆类此。及坤逮至（京师），竟拷死狱中。士论冤之。"② 制造谣言，捏造伪证，冤杀沈坤，这就是胡氏的所作所为。知其过去，就知其现在。实录谓徐、高有隙，"小人交构其间"，胡氏就是挑拨是非者。他承望徐阶旨意，因畏高拱裕邸讲官，"将见柄用，故极力攻之"，充当徐氏逐拱的马前卒。胡疏是挑起隆庆阁潮的第一炮。

第二个回合。徐阶阴饵高拱于丛棘之上。实录载："黜吏科都给事中胡应嘉为民，寻以原职调外任。"吏部考察事竣，胡氏劾尚书杨博考察不公，曲庇乡里，以私愤谪给事中郑钦、御史胡维新。"大学士徐阶、郭朴与拱谓应嘉党护同官，挟私妄奏，首犯禁例，拟旨黜之。于是台谏诸人疑其意出于拱，谓拱修故怨，胁阶以黜应嘉，思有以撼之矣。"兵科给事中欧阳一敬因论救应嘉，语侵拱。先论杨博以私愤去科道官半之，而山西乡里无一人去之。胡氏素称敢言，如由此黜，他日大臣有恶，谁当言者？然后矛头指向高拱。"即今辅臣高拱，奸险横恶，无异

---

① 《明世宗实录》卷五六五，嘉靖四十五年十一月乙亥。
② 《明世宗实录》卷四八二，嘉靖三十九年三月戊寅。

蔡京，将来必为国巨蠹。应嘉亦尝极力论列，诸臣孰有如其任事任怨者哉。应嘉前疏，臣实与谋。若黜应嘉，不若黜臣。"言官辛自修、陈联芳等论救。"阶夺于众论，亦自悔处应嘉为过，乃改拟应嘉调用。而拱又疑一敬之疏，谓阶主之，两人之隙深矣。然应嘉倾险好讦，士论亦薄之。"① 言官论救胡氏，矛头理应指向吏部尚书杨博，但由于徐阶转移了弹击方向，将矛头引向高拱。

王氏记述与实录不同，言：隆庆元年（1567）正月，"会吏部、都察院考察庶僚，应嘉亦参与焉。既得旨，而复论救给事中郑钦、胡维新。非故事，于法当罚惩。而阶时已示公同列，使轮直笔而己酌之。时郭朴当执笔，曰：'应嘉小臣也，上甫即位而敢越法，无人臣礼，宜削籍。'阶度朴为拱报仇，而旁睨拱，则已怒目攘臂，乃不复言，而削应嘉籍为编氓。命既下，诸给事御史合疏请留应嘉，其语有所侵擿。阶乃与春芳等具疏，谓应嘉论救考察非法，所以拟斥；给事御史谓上初即位，宜开言路，广德意，所以请留。臣等欲守前说则涉违众，而无以彰陛下恩；欲从后奏则涉徇人，而不能持陛下法。因两拟去留，以请中旨，簿应嘉罪调外。而当阶具疏时，拱故不言而目瞩郭朴，复力持之，几失色。于是言路意：应嘉谪，出拱指，群上疏攻之"②。传文重点记述高拱暗示郭朴重处应嘉，而徐阶处于两难境地而薄处应嘉。这种记载与史实真相相差甚远。

通过上述传文与实录比较可见：其一，黜胡为民是徐阶之意。实录言：黜胡为民是"大学士徐阶、郭朴与拱"三人所定，不管是谁执笔拟旨，最终决定权都是徐阶，因徐阶为首辅，正如王氏说，徐阶"示公同列，使轮直笔而己酌之"。这就确证黜胡为民是徐氏的主张。但王氏硬把徐阶的主张视为郭朴之意："阶度朴为拱报仇，而旁睨拱，则已怒目攘臂，乃不复言，而削应嘉籍为编氓。"我们不禁要问：王氏是否参与处置应嘉违制一事的内阁会议？如未参与，怎会知晓徐、郭、高的眼

---

① 《明穆宗实录》卷三，隆庆元年正月辛巳。
② 王世贞：《嘉靖以来首辅传》卷六《高拱传》。

神、动作和心理活动呢?显然,这种推测之语,是王氏的文学虚构和偏见,把黜胡为民演绎为高氏的挟怨报复。其二,高拱对黜胡为民一事并未发言表态。由于胡氏在先朝劾拱之疏仍在发酵,故"台谏诸人疑其意出于拱,谓拱修故怨,胁阶以黜应嘉,思有以撼之矣"。这里,言官"疑其意出于拱",完全是主观猜测,并非事实;所谓拱"胁阶以黜应嘉",更非事实。作为末辅的高拱不能够胁迫有城府的首辅徐阶,强势的首辅也不会听从末辅的摆布。事实是:"应嘉一击不中,相防愈深,臣亦时谨避之矣"①;"公以嫌故,不敢出一语,而外廷争谓公去应嘉矣"②。其三,在言路救胡的情况下,"阶夺于众论,亦自悔处应嘉为过,乃改拟应嘉调用"。而王氏则谓徐处于两难,"因两拟去留,以请中旨",不过是为徐"自悔"撰写的辩护词而已。科道弹章,高拱怀疑徐阶主之,并非没有根据,因为"华亭当国,好结言路"③。原拟旨胡氏为民,中途变卦,改拟原职调用,徐阶又不言"自悔",这一切均出于他的权谋和操控,其目的就是要把言路救胡的目标指向高拱,逐拱出阁。史家所言"华亭元宰,初不出一语,阴饵拱于丛棘之上,诚智老而猾矣"④,可谓一语中的。

隆庆元年(1567)正月,徐阶以胡氏违制而导演的这一场政治闹剧,向实现逐拱出阁之目的迈出了一大步。在此情况下,高拱不得不上疏求退,言:

> 往时胡应嘉劾臣亲侍郎李登云,不数日而臣即入阁,以此相防,遂谓臣不乐直赞,移家具以出。赖先帝洪慈,不加诛谴。而应嘉一击不中,相防愈深,臣亦时谨避之矣。乃应嘉去官,而一敬论臣则何为乎?盖一敬,应嘉之密友,应嘉去,一敬恐不得自安,遂

---

① 《明穆宗实录》卷三,隆庆元年正月辛巳。
② 郭正域:《合并黄离草》卷二四《太师高文襄公墓志铭》。
③ 谈迁:《国榷》卷六五,隆庆元年四月丁未,"谈迁曰"。
④ 谈迁:《国榷》卷六五,隆庆元年正月辛巳,"谈迁曰"。

明为此言，挟臣以自固。其言"应嘉所奏，臣实与谋"可知矣。至谓臣"奸横"比之"蔡京"，必以某事为证，乃一无所指而徒曰"奸横"、曰"蔡京"，诚何据哉？近日人情不一，国是纷然，即无一敬之论，臣亦欲乞身，而况有此论乎？……上曰："卿心行端慎，朕所素知，兹方切眷倚，岂可因人言辄自求退，宜即出视事，不允辞。"①

次日，高拱再疏乞休："去岁胡应嘉劾臣不肯直赞，意欲杀臣，彼时即欲乞休……今欧阳一敬又踵应嘉之说，易口而谈，以求必胜。夫阁臣重臣也，乃因攻击他人辄相连引，臣亦志士也，乃皆漫无指据而徒加诋诬，臣何能靦颜就列……"上答曰："大臣之道，重在康济，不专洁身，宜遵前旨，即出以副眷倚，不允辞。"②遗憾的是，高拱两次上疏求退均未论及"有权略而阴重不泄"③的徐阶。

第三个回合。言路围攻，王氏丑诋。隆庆元年（1567）二三月的暂时沉寂，意味着更大风暴的来临。胡氏外调后，四月，言路便展开强势围攻。初四日，南给事岑用宾、御史尹校等"以自陈考察拾遗，劾大学士高拱屡经论列，宜令致仕。上以阁臣无拾遗例，旨下切责用宾等，命拱供职如故。拱上疏求退，上温旨慰留不允"④。初五日，兵科都给事中欧阳一敬再疏论劾："屡经论列，不思引咎自陈，及指言官为党，欲威制朝绅，擅专国柄，亟宜罢斥。上以拱昔侍藩邸讲读年久，端谨无过，令拱安心供职。"拱因奏辩，言："一敬必欲去臣，臣一日不去，其攻击一日不已，惟上裁察。"上复诏留之。⑤初八日，南御史李复聘等劾拱"奸恶五事，请罢之"，"上以其言不实，切责复聘等，令拱安心供

---

① 《明穆宗实录》卷三，隆庆元年正月辛巳。
② 《明穆宗实录》卷三，隆庆元年正月壬午。
③ 张廷玉：《明史》卷二一三《徐阶传》。
④ 《明穆宗实录》卷七，隆庆元年四月己丑。
⑤ 《明穆宗实录》卷七，隆庆元年四月庚寅。

职"①。初十日，拱再疏乞休，上曰："朕素知卿，岂宜再三求退，宜即出以副眷怀。"② 二十日，工科给事中李贞元劾拱"刚愎褊急，无大臣体。屡劾屡辩，屡留屡出。……愿亟赐罢免，或特加优礼以示曲全"。有旨："责贞元渎扰，令拱安心供职。"拱不自安，力请去。上曰："朕屡旨留卿，特出眷知，宜以君命为重，人言不必介意。"③ 二十五日，拱再疏求去，上不允。④ 可见，在这一围攻浪潮中，高拱五疏求退；穆宗对言者均加以切责，慰留高拱，不允所辞。

对高拱此时的处境，王氏记曰："言路意应嘉谪出拱指，群上疏攻之。上以拱辅臣，且故尝受经，不听归，而言路益攻之不已。拱恚甚，欲阶拟旨杖责。阶从容言：'当先帝时，以谪斥威言者不已而至杖，杖不已而至戍且长，戍长系不已而至僇，然竟不能杜其口，有如海瑞者出。吾曹人臣耳，宁可以力胜。'拱益不悦，而恃上左右多裕邸中知旧，乘忿抗疏，至与言者辩而交相詈。当是时，内阁凡六人，阶与春芳、朴、拱，而益以陈以勤、张居正……一日方会食，拱忽谓阶曰：'拱尝中夜不寝，按剑而起者数四矣。公在先帝时，导之为斋词以求媚，宫车甫晏驾，而一旦即倍之。今又结言路，而必逐其藩国腹心之臣。何也？'阶良久曰：'公误矣。夫言路口故多，我安能一一而结之？又安能使之攻公？且我能结之，公独不能结之耶？我非倍先帝，欲为先帝收人心，使恩自先帝出耳。公言我导先帝为斋词，固我罪。独不记在礼部时，先帝以密札问我，拱有疏愿得效力于醮事，可许否？此札今尚在。'拱乃颊赤语塞。"⑤

传文上述场景对话的描述，纯系推想虚构。其一，隆庆元年（1567）正月和四月，言路两次密集论劾高拱，高拱也曾七次上疏求退，

---

① 《明穆宗实录》卷七，隆庆元年四月癸巳。
② 《明穆宗实录》卷七，隆庆元年四月乙未。
③ 《明穆宗实录》卷七，隆庆元年四月乙巳。
④ 《明穆宗实录》卷七，隆庆元年四月庚戌。
⑤ 王世贞：《嘉靖以来首辅传》卷六《高拱传》。

均被穆宗慰留，如果有心"杖责"言官，何不乞求宠信于他的穆宗，而偏要去乞求对手呢？高拱深知，言路围攻，徐阶是幕后推手，怎会去乞求推手"拟旨杖责"言官呢？况且上疏求退，说明他无意要求"杖责"言官。由此断定"欲阶拟旨杖责"是子虚乌有之事，徐阶的大段回答，不过是传文对徐的虚美而已。其二，传文所谓"乘忿抗疏，至与言者辩而交相訾"，主要是指欧阳一敬论疏与高拱的答辩。一敬论道："辅臣高拱奸险横恶，无异蔡京，将来必为国巨蠹"，"应嘉前疏，臣实与谋"。高拱疏辩曰："谓臣奸横，比之蔡京，必以某事为证，乃一无所指，而徒曰奸横、曰蔡京，诚何据哉？""乃应嘉去官而一敬论臣则何为乎？盖一敬应嘉之密友，应嘉去，一敬恐不得自安，遂明为此言，挟臣以自固。其言'应嘉所奏，臣实与谋'可知矣。"这就是高拱"乘忿抗疏""与言者辩"的内容。"至与言者辩而交相訾"，求退七疏查无实据。照传文之意，只许原告论劾诋诬，不许被告据实申辩，这是何等荒谬的逻辑。其三，阁臣会食，高拱面对五位阁臣，竟然口出狂言，中夜"按剑而起者数四"，何为按剑？杀人。高拱绝对不会愚蠢到面对对手"按剑而起"。面对多位阁臣，徐、高互相揭短、互指阴私，皆为悖情悖理的无稽之谈。至于徐谓"先帝以密札问我，拱有疏愿得效力于醮事，可许否？此札今尚在"，对此，检索徐阶《奏对》，不载此事，查无实据。①可见，王氏传文的倾向性明显，细节描述离奇。

第四个回合。徐阶因御史齐康弹劾，在疏辩中向穆宗施加压力，一举驱逐高拱。传文说：先帝时，徐阶"多在直，其二子在外不能无干请，舍人子横行乡里间，颇有指。拱故钩得之，缘饰为疏，将以评指阶。而至是迫，则授其门生御史齐康俾上之。阶乃疏辩乞休，而左都御史王廷等，合九卿及给事御史交章请留阶，而极论拱与齐康罪状。上为

---

① 笔者查阅徐阶《经世堂集》（《四库全书存目丛书》集部第79册）卷三《奏对三》，从嘉靖四十四年七月至四十五年三月高拱任职礼部尚书期间，徐阶与世宗奏对共计十六篇次，其中并无所谓高拱密札之奏对。

谪齐康远外,而许拱养疾,然尚赐金币、驰驿,遣行人导行"①。

这里需要厘清两点:其一,传文肯定齐疏乃高所撰,使齐上之,事实并非如此。《穆宗实录》载:"康以大学士高拱屡被论劾,意大学士徐阶主之,乃疏论阶险邪贪秽,专权蠹国状。"② 明言齐疏乃自己所撰。另据史书载:徐阶"同里祀祭郎中范惟丕素忌编修陈懿德,往语阶曰:'齐疏乃陈生所授也。'阶甚衔之,己巳京察,谪判光州"③。据此,齐疏也有陈懿德的授意,陈亦是高的门生,门生为座主鸣不平是当时的士风。由此证实,齐疏乃自己所撰,非高指使,更非高所撰。其二,传文以徐阶"疏辩乞休"一语带过,对疏辩次数、内容全然避而不谈。据徐阶所说是四疏乞休,其第三疏曰:"今臣既无佐理万几、表率百僚之具,则其留也徒縻厚禄已耳,徒妨贤者之路已耳。……奈何留縻禄妨贤之人,以孤天下更化善治之望乎?……留非其所当留,任非其所当任,或反为初政之累矣。……伏乞早赐罢黜。"④ 此疏名为乞罢,实是以退为进,与高誓不并立。甚至有胁上、逼宫之意,对穆宗施压。同时,言官陈瓒、欧阳一敬、凌儒、张槚等"交章劾康为拱门生,听指授,宜置诸法";寺丞海瑞言:"康乃甘心鹰犬,搏噬善类,其罪又浮于拱";左都御史王廷、尚书杨博、侍郎迟凤翔、樊琛等"各奏康妄言"。⑤ 穆宗一方面迫于徐阶以退为进、誓不并存的压力,另一方面又迫于九卿言路的劾齐论高,不得不重谪齐康,违心地舍高留徐。这是违背穆宗本意的。

《穆宗实录》总括逐拱出阁之事,言:

> 自胡应嘉以言事得调,欧阳一敬等数论拱,拱前后疏辩,词旨颇激,言者益众。及齐康论劾徐阶,众籍籍谓拱族之,于是九卿大

---

① 王世贞:《嘉靖以来首辅传》卷六《高拱传》。
②《明穆宗实录》卷八,隆庆元年五月甲戌。
③ 谈迁:《国榷》卷六五,隆庆元年五月甲戌。
④ 徐阶:《世经堂集》卷十《三乞休》。
⑤《明穆宗实录》卷八,隆庆元年五月甲戌。

> 臣及南北科道官纷然论奏，极言丑诋，连章不下数十。其持论稍平者，劝上亟赐拱归，以全大臣之体。而其他辞不胜愤，辄目为大凶恶。寺丞何以尚至请上尚方剑诛拱，以必去拱为快。御史巡按在远方者，转相仿效，即不言众共起之，大抵随声附和而已。拱既称病乞休，疏屡上，上为遣医诊视，宣谕赐赉，恩礼有加焉。拱终不出，求去益坚。至是言臣实有狗马疾，恐一旦遂填沟壑，惟上幸哀怜，使得生还。上知拱不可复留，乃报许。命驰驿还乡调治，仍赐白金、文绮，遣行人护送。①

至此，徐阶终将高拱逐出内阁，胜出视事。虽然实录与王氏传文一样，对徐以退为进、胁上逼宫一节避而不言，但总体评论大抵近实。

（二）王氏对高拱还阁复政、纠正遗诏遗留问题及对徐阶所谓"报复"等史实的曲解

1. 传文对高拱还阁复政的歪曲

王氏传文言："居正与上左右合起拱于家，使掌吏部。故事：居内阁者不当出理部事，理部事不当复与阁务。拱称'掌'不言'兼'，当为部臣矣。以故不遣行人赍玺书谕，而仅部咨。拱日夜驰至京。而赵贞吉亦谋之春芳，欲掌都察院，春芳不能违。拱既陛见，与贞吉俱免奏事承旨，遂参与阁务。而王廷与刑部尚书毛恺即日归矣。胡应嘉以参议方忧居，一夕自恨死。而最右阶而攻拱者欧阳一敬、陈瓒，皆以给事中为太仆、太常少卿，皆移疾归，一敬至在道忧死。物情汹汹。"② 沈德符亦言：胡应嘉"闻新郑召还阁，兼掌吏部，惊悸而卒，或云其胆已破裂矣"③。

---

① 《明穆宗实录》卷八，隆庆元年五月丁丑。
② 王世贞：《嘉靖以来首辅传》卷六《高拱传》。
③ 沈德符：《万历野获编》卷八《两给事攻时相》。

其一，高拱复政，是穆宗"思公不置，诏还内阁兼理吏部事"①。实录载："庚申，起少傅兼太子太傅吏部尚书武英殿大学士高拱以原官，不妨阁务兼掌吏部事。"② 这里指出高拱是阁臣兼掌吏部事，传文所谓"称'掌'不言'兼'"云云，不过是王氏咬文嚼字而已。王氏曾对上引《穆宗实录》所载之事做过考证，言："余是时亲睹邸报，高拱以原官掌管吏部事，并无所谓'不妨阁务与掌'字面，以故不遣行人，不赍敕，而吏部仅以咨移兵部，遣一指挥往，高拱颇不乐。至次年二月到任，朦胧与阁务，而与掌都察院大学士赵贞吉俱免奏事承旨，始真为阁臣矣。录殊不实。盖王元驭所撰，尝与余争，以为实兼，不自知其误也。"③ 其实，自误者不是王锡爵（字元驭），也不是他所撰的《穆宗实录》，而是王氏本人。高拱《辞免重任疏》首言："隆庆三年（1569）十二月二十二日，该司礼监太监陈洪等传奉圣谕：'原任大学士高拱着以原官掌管吏部事，便差官取来，吏部知道，钦此。'"这道圣谕大概就是王氏"亲睹邸报"所载，其上确无"不妨阁务与掌"字面，故王氏误解"原任大学士高拱"降为部臣，"颇不乐"。隆庆四年（1570）正月初五日，高拱接到这道圣谕，立即动身赴京。正月十八日即上疏辞免阁臣、部臣两项重任。奉圣旨："卿辅弼旧臣，德望素著，兹特起用，以副匡赞；铨务暂管，已有成命，不允所辞。"④ 所谓"高拱颇不乐""次年二月到任，朦胧与阁务""录殊不实"云云，皆不合乎史实。高拱为纪念此次接旨，曾在新郑故宅"适志园"内建有"接旨亭"。此亭至今仍屹立在新郑老城东街"亭旨胡同"内。其照片载于《高拱全集》扉页。可见，"拱称掌不言兼，当为部臣矣"，是背离穆宗两道谕旨精神的。

其二，高拱昔日背负报复恶名被逐出阁，如今有的朝官担心报复，

---

① 郭正域：《合并黄离草》卷二四《太师高文襄公墓志铭》。
②《明穆宗实录》卷四〇，隆庆三年十二月庚申。
③ 王世贞：《弇山堂别集》卷二七《史乘考误八》。
④ 高拱：《纶扉稿》卷一《恳乞天恩辞免重任疏》。

是可以理解的。葛守礼曾劝勉道："公秉政，人有不自安者，皆观望诸所爱憎。愿皆勿存形迹，惟以扩然大公处之，无疏无密，则人始不得而议矣。"① 张居正言：高"再入政府，众谓是且龂龂诸言者，公悉待之如初，未尝以私喜怒为用舍"②。高拱还阁，王廷、毛恺即日归家，确是事实。至谓应嘉"一夕自恨死"，一敬"在道忧死"，纯系无稽之谈。应嘉之死，此说"忧居""自恨"而死，彼说"惊悸""胆破"而亡；到底因何而死，尚无确证。实录载："太常寺少卿欧阳一敬以疾请告，许之。"③ 是"以疾"病死或"在道忧死"，死于何因，亦无的据。嘉隆之交，胡氏与欧阳以徐为后台，以高为政敌。徐被论致仕，二人极为不乐，舆论传闻是已被徐阶赶下台的高拱把徐扳倒的。试问：一个在野匹夫，焉能扳倒位高权重的首辅？如今高拱复起，二人有所不安，害的是政治病、思想病，可能是因抑郁而先后死去的。至谓"胆破"而亡、"在道忧死"云云，不过是浮夸之词。二人号称敢言搏击之士，并未遭到高拱的报复，奈何闻风而死？传文把应嘉、一敬之死归咎于高拱还阁，其用意在于渲染传主报复成性。

其三，高拱复政，对昔日弹击者待之如初，以正直公忠任事。既不"以怨报怨"，也不"以德报怨"，而是"以直报怨"。在高看来，所谓"直"，就是"出乎心之公，得乎理之正，斯为直而已矣"④。"人臣修怨者负国；若于所怨者避嫌而不去，或曲意用之，亦负国。何者？人臣当以至公为心，如其贤，不去可也，用之可也；如其不贤，而徒务远己之嫌、沽己之誉，而以不肖之人贻害国家，岂非不忠之甚乎？"⑤ 这已被高拱的政治实践所证明。张居正曾评价道：

  及相继登政府，则见公虚怀夷气，开诚布公。有所举措，不我

---

① 葛守礼：《葛端肃公集·与高中玄阁老书》，载《高拱全集》附录二。
② 张居正：《张太岳集》卷七《门生为师相中玄高公六十寿序》。
③《明穆宗实录》卷四四，隆庆四年四月辛丑。
④ 高拱：《问辨录》卷七《论语》。
⑤ 高拱：《本语》卷六。

贤愚，一因其人；有所可否，不我是非，一准于理；有所彰瘅，不我爱憎，一裁以法；有所罢行，不我张弛，一因于时。无兢兢以贬名，无屑屑以远嫌。身为国相，兼总铨务，二年于兹。其所察举汰黜，不啻数百千人矣。然皆询之师言，协于公议。即贤耶，虽仇必举，亦不以其尝有德于己焉，而嫌于酬之也；即不屑耶，虽亲必斥，亦不以其尝有恶于己，而嫌于恶之也。……盖公向之所言，无一不售者，公信可谓平格之臣已。①

张居正所言并非溢美虚言。如嘉靖末年，高拱长兄、都御史高捷有子不才，屡戒不改，因此手刃之。高捷殁后，新郑公举入乡贤祠，河南提学副使杨俊民力持不可，专指杀子一事，乡礼事遂终不行。高拱还阁掌铨，"时以杨此举为难，相公亦不介怀，即擢为本省参政，驯至通显……杨后官一品"②。此事确证，高拱升降官员公正无私，绝非那种睚眦必报之人。

2. 王氏把高拱纠正遗诏遗留问题视为对徐阶的报复而大加抨击

传文说：隆庆四年（1570），"抚按诸臣犹举遗诏请褒进刑部主事唐枢官，而荫杖死者都给事中王汝梅（应为王俊民——引者注）子。拱特为之寝格，而上疏极论"其非，接着大段引述高疏原文："得旨：是其言，罢枢及汝梅（俊民）不旌。"③"复以遗诏王金、陶世恩等妄进药物损圣躬，而法司当之子杀父律当剐。当朝审，拱复上言。""有旨：复是其言。""前是时有司所论金等杀父律，果未当，拱得以借口，其议亦有可采者。""而拱意实欲置阶死，所谓'欺谤先帝，假托诏旨'皆死法也，且因以倾春芳。赖上不甚解，不及阶。法司改减王金等至戍，刑科

---

① 张居正：《张太岳集》卷七《翰林为师相高公六十寿序》。
② 沈德符：《万历野获编》卷二八《果报·戮子》。
③ 王世贞：《嘉靖以来首辅传》卷六《高拱传》。

给事中驳谓金等坐前律固不当,而荧惑先帝,事有指,宜坐斩勿赦。拱怒,遂迁给事中于外。"①

据《穆宗实录》和《明史》相关史料统计,从隆庆元年至三年(1567~1569)六月,对先朝得罪诸臣起用53人,恤录184人,其中大礼得罪者59人。到此,遗诏规定"存者召用,殁者恤录"工作基本结束。但到四年(1570)九月,地方有司仍依遗诏陈乞,原刑部主事唐枢在先朝因大狱得罪为民,已奉诏起用原职,但因年76岁,未曾赴任,欲将其升卿寺官致仕。原史科都给事中已故王俊民,在先朝因大礼得罪,已奉诏赠太常寺少卿,荫一子入监读书,其嫡孙王秉礼陈乞再加承荫。对此等乞恩,高拱上疏"停格不行"。此疏主旨是:在肯定先朝大礼议和善政的基础上,对一切得罪诸臣要据实甄别区处,不宜一再加官晋爵,疏言:

> 当时议事之臣,不以忠孝事君,务行私臆,乃假托诏旨,于凡先帝所去,如大礼、大狱及建言得罪诸臣,悉起用之,不次超擢,立至公卿;其已死者,悉为赠官荫子。夫大礼,先帝亲定,所以立万世君臣父子之极也。献皇尊号已正,《明伦大典》颁示天下已久矣。而今于议礼得罪者,悉从褒显。将使献皇在庙之灵何以为享?先帝在天之灵何以为心?皇上岁时祭献何以对越二圣?则岂非欺误皇上之甚者乎?至于大狱及建言得罪诸臣,岂无一人当其罪者?而乃不论有罪无罪,贤与不肖,但系先帝所去,悉褒显之,则无乃以仇视先帝欤……乃明于皇上前所为如此,是自悖君臣之义,而伤皇上父子之恩,非所以为训于天下也……臣独痛夫人臣归过先帝,反其所为,以行己之私臆,既多时矣,宜亦有明之者矣。而今当事之臣,尚公然为之,不觉其悖;旁观之人,尚漫然视之,不以为非……伏望皇上敕下阁臣议行,务将皇上继述之本心,与夫今日群臣所以仰体圣心而敬承先帝之志者,当何如为是,并往日所行之

---

① 王世贞:《嘉靖以来首辅传》卷六《高拱传》。

非，明白谕告天下，以醒久迷之人心，以开久涂之耳目。嗣后敢有务行己私，扬先帝之过者，皆以大不敬论。如此则父子之道正，而皇上之大孝足以永垂于万代；君臣之道正，而皇上之大法足以永镇于万方。致理之原，实在于此。

隆庆四年（1570）九月初六日具题，初八日奉圣旨："大礼，皇考圣断，可垂万世。谏者本属有罪，其他谏言被谴诸臣，亦岂皆无罪者？乃今不加甄别，尽行恤录，何以仰慰在天之灵？览卿奏，具见忠悃。这所陈乞，都不准行。你部里还通行晓谕，以后敢有借例市恩，归过先帝的，重罪不饶。"①

此疏重新肯定和维护了先朝大礼议及其所行善政的合理性和合法性，把遗诏割裂嘉隆两朝的政治基础重新理性对接起来，摆正了隆庆政治的走向。不错，疏内确有"假托诏旨""仇视先帝""归过先帝"等语，但其用意不是要追论前辅，而是要正皇上父子之道和当朝君臣之道。穆宗的批语，对高拱此疏主旨精神的理解和把握也是完全正确的。所谓高疏"实欲置阶死""赖上不甚解，不及阶"云云，完全是作者的主观推断和曲解。

隆庆四年（1570）九月，高拱以吏部尚书的身份参与审录重囚。他"详阅文卷者月余，乃集刑官于朝房，件件面究者又十余日，又奏请朝审，分为二日，以尽其详。审时各令尽言，面察其情，颇为尽心。是时，重犯凡四百七十起，乃审出冤狱一百三十九人，其余尚有情冤而佐证未甚的者，不敢释也"②。在审出的冤狱中，王金等人一案则涉世宗遗诏问题。遗诏曰："方士人等，查照情罪，各正刑章。"③ 穆宗登极诏言：遵奉遗诏，"王金、陶仲文、申世文、刘文彬、高守中、陶世恩妄进药

---

① 高拱：《掌铨题稿》卷一《正纲常定国是以仰裨圣政疏》。
② 高拱：《本语》卷六。
③《明世宗实录》卷五六六，嘉靖四十五年十二月辛丑。

物,致损圣躬,着锦衣卫拿送法司,从重究问"①。实录又载:"方士王金等下狱论死……遂皆伏法。"② 故刑部将王金等"比依子杀父者律,各凌迟处死,决不待时"③。但"待时"五年之后,直到高拱参与朝审,王金六人并无伏法。高拱说:"岂有子为天子,而杀父之仇五年尚然在录者乎?"④ 此案既无人证物证,又用法不当,故高拱上疏曰:

>(先帝)保爱圣体,尤极详慎。即用太医院官一剂,亦必有御札与辅臣商榷。⑤ 安肯不问可否,轻服方士之药;又安有既服受伤,不以为言,又复服之理?此自陛下所明知也。……先帝圣主也,何乃不自爱重至是耶?果闻之何人、何所证据而云然耶?先帝临御四十五年,享年六十,寿考令终,盖自古所罕有者。末年抱病经岁,从容上宾,曾无暴遽,此亦天下所共闻也。今乃曰"金等又妄进汤药,内有大黄、芒硝等物,遂损圣体"。乃拟王金等比拟子杀父之律,谓先帝是王金等所害。……伏望敕下法司,会同多官,将王金等从公再问,务见的确。
>
>隆庆四年(1570)九月十七日具题,十九日奉圣旨:"这事情重大,着法司会同多官,从实究问明白来说。"⑥

于是刑部会同多官重审,言:"金等进药无事实,前坐悉妄。"并以

---

① 《明穆宗实录》卷一,嘉靖四十五年十二月壬子。
② 《明穆宗实录》卷二,隆庆元年正月己巳。
③ 高拱:《掌铨题稿》卷一《辩大冤明大义以正国法疏》。
④ 郭正域:《合并黄离草》卷二四《太师高文襄公墓志铭》。
⑤ 先帝用药必与辅臣商榷:如方士刘文彬进药,世宗有谕:"文彬上一方,言药亦制有,未敢上,可servable否?"徐阶对曰:"臣惟文彬素不知医,其药又未经试验。圣躬至重,岂宜轻服?……伏愿圣明于此等邪说勿听也。"(徐阶:《世经堂集》卷三《答刘文彬进药方谕》)
⑥ 高拱:《掌铨题稿》卷一《辩大冤明大义以正国法疏》;《明穆宗实录》卷四九,隆庆四年九月辛卯。

"左道惑人"本罪,将王金、陶仿、刘文彬编置口外,将陶世恩、申世文、高守忠发原籍为民。诏如议。而吏科给事中赵奋言:金等荧惑先帝,"罪亦宜诛"。疏入报闻。① 高拱纠正遗诏所导致的方士王金等人的错案,是合理合法的。王氏也不得不承认"有司所论金等杀父律果未当",高拱"其议亦有可采者",但仍坚持其偏见:谓"拱意实欲置阶死",是对徐阶的政治报复,遂迁给事中赵奋于外。而事实却是:赵奋不仅没有调外,反而连升二级。据《穆宗实录》卷五四,隆庆五年(1571)二月壬寅条载:"升吏科给事中赵奋为本科右给事中";实录卷五六,五年四月辛酉条载:"升吏科右给事中赵奋为刑科左给事中";直至六年(1572)高拱罢官,赵奋也未被迁于外。王氏不顾史实,捏造传主睚眦必报,偏见何其深也。

3. 王氏渲染高拱对徐阶的所谓"挟私报复"问题

在传文中,王氏还大肆渲染对徐阶的所谓"挟私报复",说:高拱"起其门人前苏州知府蔡国熙于家,复其官,旋擢为苏松兵备副使,委以阶父子。而阶之仇复上书诬阶父子事,并下抚按悉委以国熙"。"国熙乃穷治其事,且募能言阶三子及家人事者有偿。"于是,"三子皆就系,仅阶留而不堪其咻堵其室矣"。"而阶从困中上书拱,其辞哀。拱虽暴戾,颇心动,居正亦婉曲以解。而蔡国熙所具狱,戍其长子璠、次子琨,氓其少子瑛。家人之坐戍者复十余人,没其田六万亩于官。御史闻之朝,拱乃为旨,谓太重,令改谳。而国熙闻而色变曰:'公卖我,使我任怨而自为恩。'"②

蔡国熙报复徐阶三子,并非高拱授意指使。原来,蔡国熙攘臂请行,有意报复阶子及其家人。朱国祯言:"相传蔡春台守苏时,徐公子有所请,不听,亦不加礼。又因他事杖其家人。蔡以职事走松江,谒兵道还,徐合男妇数百人,皆倮形,逐其舟,大骂,蔡只得隐忍去。果有

---

① 《明穆宗实录》卷四九,隆庆四年九月辛卯。
② 王世贞:《嘉靖以来首辅传》卷六《高拱传》。

此，则蔡转臬司而治徐非过，即谓之爱徐可也。"国熙"备兵苏松，性素强直，一番扰攘，自然不免。其归过于高、于蔡，又或归之海忠介"，"皆揣摩之谈，不足信也"。① 蔡氏为报复徐子及其家奴贾于苏等人对其羞辱，"攘臂请行，至吴，即讽郡邑刺华亭苍头不法。文致其三子皆论戍边"②。张居正曾致函国熙："吴中上司揣知中玄相公有憾于徐，故为之甘心焉。"③ "揣知"即臆测，并非高拱"委以国熙"和"吴中上司"。当高得知徐三子被戍，曾两次致函苏松刘巡按："近乃闻兵道拘提三人，皆已出官，甚为恻然。仆素性质直，语悉由衷，固非内藏怨而外为门面之辞者……心望执事作一宽处。"④ "来奏已拟驳另勘，虽与原议有违，然愚心可鉴谅，必不以为罪也。"⑤ 同时，又致函国熙："存老令郎事，仆前已有书巡按，处寝之矣。近闻执事发行追逮甚急，仆意乃不如此。""此老昔仇仆，而仆今反为之者，非矫情也。仆方为国持衡，天下之事自当以天下公理处之，岂复计其私哉！"⑥ 后来，高拱将刘巡按调离苏松，李巡按接替；又将国熙调山西"提调学校"⑦。

可见，所谓高拱报复徐阶父子，纯系苏松地方官员"揣知"和炒作，并非事实。这从高拱的信函中可以得到确证：

> 昔徐老之处仆，海内所共知也。暨仆再起，胥谓必且报复；而仆实无报复之意，盖不敢假朝廷威福行其私也。乃有鼓弄其间者，谓仆实未忘情，仆甚恶焉。会其家门有事，勘书且至，仆为驳之，欲从宽处。初执事有苏松之命，仆亦即以此意相告，乃衷情也。丈夫心事，当如青天白日。若阳为平恕而阴致其谋，初示宽和而卒幸

---

① 朱国祯：《涌幢小品》卷九《华亭归田》。
② 于慎行：《谷山笔麈》卷四《相鉴》。
③ 张居正：《张太岳集》卷三四《答松江兵宪蔡春台》。
④ 高拱：《政府书答》卷四《与苏松刘巡按书》。
⑤ 高拱：《政府书答》卷四《与苏松刘巡按书》。
⑥ 高拱：《政府书答》卷四《与苏松蔡兵备书》。
⑦《明穆宗实录》卷六九，隆庆六年四月甲戌。

其败,则岂所谓丈夫哉?……以德报怨,孔门无取。仆岂敢违道以要誉,盖所顾者国体耳,非所论于德怨之间也。①

暨公谢政,仆乃召还,佥谓必且报复也。而仆实无纤芥介怀,遂明告天下以不敢报复之意……然人情难测,各有攸存。或怨公者,则欲仆阴为报复之实;或怨仆者,则假仆不忘报复之名。或欲收功于仆,则云将甘心于公;或欲收功于公,则云有所调停于仆。然而,皆非也……比者,地方官奏公家不法事至,仆实恻然……其中有于法未合者,仆遂力驳其事,悉从开释,亦既行之矣。则仆不敢报复之意,亦既有征,可取信于天下矣。盖虽未敢废朝廷之法,以德报怨;实未敢借朝廷之法,以怨报怨也。②

徐阶居家受困,曾向高拱求救。但在其文集中不载此函,想必是有伤资深大僚体面,予以删除。而高拱则存真求实,致函徐阶存于书牍之中。函曰:"远辱书教,兼惠缛仪,庄读登嘉,感刻无已。仆本无他肠,而人不我释,必假以不相忘之说,心甚苦之。幸公见信,彼此了然。"③可见,穷治徐阶三子,纯系地方官所为,绝非高拱有意指使。对此,史家黄景昉有其客观论评:"徐华亭晚家居,厄于蔡国熙辈,三子皆系狱论戍。此自群小阿奉政府,为报怨图,未必尽高新郑意。高虽粗褊,而意气颇磊落,观所予吴中当道书可见。"④王氏大肆渲染高拱报复徐阶及三子,乃是出于历史偏见所致。

(三) 王世贞曲解隆庆阁臣去政之真相

1. 首辅徐阶的致仕

人所共知,徐阶是由于户科左给事中张齐的弹劾,于隆庆二年(1568)

---

① 高拱:《政府书答》卷四《与苏松李巡按书》。
② 高拱:《政府书答》卷四《与存斋徐公书一》。
③ 高拱:《政府书答》卷四《与存斋徐公书二》。
④ 黄景昉:《国史唯疑》卷八。

七月致仕的。其时，高拱已被徐阶驱逐出阁，归家赋闲一年有余。而王氏硬是判定徐阶是被高拱打倒的。后世及当今论者亦多承此说。对此，张宪博予以驳斥："一个在野失意之臣，如何能撼动日值中天的首辅徐阶？""徐阶致仕与高拱没有直接的关系。"① 传文首揭张齐纳贿，事将泄，"齐迫，则走谒阶子璠，欲求为居间，璠病不出。齐恨甚，遂露劾阶六事，多御史康陈语。诏调齐外任。阶再上疏乞归，而张居正意不欲阶久居上，且与高拱有宿约，以密纸报李芳，阶欲不任矣。遂许之"②。而传文对张齐劾徐之疏讳莫如深，只字不提。

这里需要辩明三点：其一，王氏认为张齐劾徐多齐康之语，而齐疏劾徐，又是高拱为疏。其逻辑推理是：张疏即齐疏，齐疏即高疏，故张疏即高疏。所以徐是被高打倒的。因为这一逻辑推理前提是错的，其结论必然是荒谬的，背离史实。事实上，张疏劾徐的内容并非齐康之语，请看张疏：

> 阶侍世宗皇帝十八年，神仙、土木皆阶所赞成；及世宗崩，乃手草诏，历数其过。阶与严嵩处十五年，缔交连姻，曾无一言相忤；及严氏败，卒背而攻之。阶为人臣不忠，与人交不信，大节已久亏矣。比者，各边告急，皇上屡屡宣谕，阶略不省闻，惟务养交固宠，擅作威福。天下惟知有阶，不知有陛下。臣谨昧死以闻。③

此疏确实击中了徐阶的软肋，挑明了他入阁以来的要害问题，而传文则一字不提。

其二，徐阶于七月致仕，是张居正活动内廷的结果。居正"意不欲阶久居上"，是其真实意图，并为其言行所证实。徐阶致仕40天后，张

---

① 张显清、林金树主编：《明代政治史》上册，广西师范大学出版社2003年版，第353页。
② 王世贞：《嘉靖以来首辅传》卷六《高拱传》。
③ 《明穆宗实录》卷二二，隆庆二年七月甲子。

居正即上《陈六事疏》①,向皇上陈述其施政纲领,俨然以总揽全权的首辅自居。居正活动徐阶致仕这一自主行为,与高拱并无必然联系。而王氏则谓张与高"有宿约",没有事实根据,其真实意图是要把徐阶致仕归罪于高拱。

其三,徐阶致仕固然与居正私下活动有关,但其根本原因是徐阶不作为,失去穆宗的宠信。张疏问责"大学士徐阶不职状",如"比者,各边告急",而"阶略不省闻"。这是指隆庆元年(1567)九月"癸亥,俺答陷石州,杀知州王亮采,掠交城、文水。壬申,土蛮犯蓟镇,掠昌平、卢龙,至于滦河"②。在俺答、土蛮犯东西二边的紧急时刻,穆宗亲自选将调兵,屡有宣谕,加强防守,而肩负辅弼军国大政之职的徐阶却不闻不问,失职渎职。

> 时上御经筵毕,而询阶以防守方略,掌詹赵贞吉条对甚详,阶不能答,乃请至阁议。及议,贞吉首言,宜用首相巡边。阶不怿,竟以漫语上覆。是时,上方秉渊穆,诸臣始奉玉音,(徐阶)竟无长策登对,殊缺望也。不久,贞吉出而南矣。③

在穆宗一再督促下,徐阶召集文武群臣集议,迟到十一月才呈上老生常谈的防虏十三策。④ 可见,徐作为首辅大臣,没有尽到平章军国大政之责,不作为,不展布,由此失去穆宗宠信,才允准致仕。徐在隆庆朝廷任首辅一年半,除据遗诏处置斋醮官员、方士,及不加甄别恤录、起用先朝得罪诸臣外,其所持诤者"多宫禁事",所关注者"养交固宠",所忽略者多为军国大政,故其致仕是必然的。显然,徐阶致仕与赋闲在家的高拱毫无关系。

---

① 《明穆宗实录》卷二三,隆庆二年八月丙午。
② 张廷玉:《明史》卷一九《穆宗本纪》。
③ 唐鹤征:《皇明辅世编》卷五《徐文贞阶》。
④ 《明穆宗实录》卷一四,隆庆元年十一月辛酉。

2. 阁臣陈以勤的致仕

传文曰:"陈以勤与拱俱为裕僚,而名位亦相等,拱意忌之。会以勤奏时政六条,中于吏部微有忤,偶与其属言及曰'高公故不谙此'。其属泄之拱,拱怒,即故屈其奏,多不行。而以勤微知其端,上疏,恳乞休。允之。"① 传文"抑高扬陈",背离史实。

首先,所谓高、陈在裕邸"名位亦相等,拱意忌之",系作者偏见。嘉靖三十一年(1552)八月,"上命翰林院编修拱暨检讨陈氏充讲读官,拱说四书,陈说五经。既又有谕,先学、庸、语、孟,而后及经。于是乃分说四书"②。按规制,藩王讲官止用检讨,而裕府兼用编修,独异他府,是世宗之意。故高拱被视为裕府长史。高、陈在裕邸九年融洽无间,并无矛盾。可见,当时二人"名位"并不相等,高拱不会也不可能忌恨以勤,这也是以勤所承认的。

其次,隆庆四年(1570)六月,陈氏上疏六条:慎擢用、酌久任、处赃吏、广用人、练民兵、重农谷。上下该部议行。③ 其中,前四条与吏部有关。高拱共上八疏条陈急务。首疏针对"慎擢用",将本部司属与科道升擢情况作了说明,提出了今后升降官员的政策规定,并获准行。④ 在其他七疏所条陈的25项急务中⑤,涵盖了陈氏提出"酌久任、处赃吏、广用人"三条内容,无需题覆。此可确证,"拱怒,即故屈其奏,多不行"为不实之词。至于陈氏对其属僚所言"高公故不谙此",据为人诚信、恬静寡欲的陈氏品性推之,根本不可能发生。因为,陈氏不是那种拨弄是非之人。

再次,陈以勤于七月以疾四疏乞休,上优诏许之。⑥ 而传文提出陈

---

① 王世贞:《嘉靖以来首辅传》卷六《高拱传》。
② 高拱:《日进直讲序》,载于《高拱全集》下册。
③ 《明穆宗实录》卷四六,隆庆四年六月乙卯。
④ 高拱:《掌铨题稿》卷一七《覆大学士陈以勤条陈疏》。
⑤ 高拱:《掌铨题稿》卷一七《覆总督王之诰条陈疏》等二疏、卷一八《覆科道官条陈考察事宜疏》等五疏。
⑥ 《明穆宗实录》卷四七,隆庆四年七月戊子。

氏致仕，原因是高拱"故屈其奏多不行，而以勤微知其端，上疏乞休"。这不是陈氏乞休的真正原因。时人许国言："是时，新郑、内江外相引重而中矛盾，江陵因构其间。公烛其微，故有归志。"① 隆庆四年（1570）上半年，内阁凡五人，以首辅李春芳、赵贞吉为一方，以次辅高拱、张居正为另一方。两派因治道不同，不相为谋。而始终保持中立的陈氏"故有归志"。隆庆前期，"徐阶为首辅，而拱方向用，朝士各有附，交章相攻。以勤中立无所比，亦无私人竞。阶与拱去，无訾议及之者"②。隆庆后期，陈氏仍持中立态度，考虑到自己"与拱同年，且裕邸旧僚，贞吉其乡人，而居正则所举士也。然以勤度不能解，恐终不为诸人所容，力引疾求罢"③。这才是陈氏致仕的真正原因。

3. 阁臣赵贞吉的致仕

传文言："拱请与都察院共事。贞吉虽与拱合，而欲甘心阶。然恶拱之借考察以尽快宿憾，上疏止之，不听。拱以是恨贞吉。拱乃悉录其尝论摘者魏时亮等黜之、陈瓒等谪之，而间及贞吉所厚，贞吉亦持拱所厚以两解，拱以是益恨贞吉。而韩楫为吏科都给事中，遂上疏论贞吉庸横，疏当罢。贞吉恚，力辩谓人臣庸则不能横，横非庸臣之所能也。往奉特旨，命臣兼掌都察院事，臣所以不敢致辞者，窃思皇上任高拱以内阁近臣而兼掌吏部，入参密勿，外主铨选，权任太重。……今且十月矣，仅以此考察一事与之相左耳。其他坏乱选法，纵肆大恶，昭然在人耳目者，尚禁口不能一言。有负任使如此，臣真庸臣也。""若拱者，可谓横也已。夫楫乃背公私党之人，而拱之门生，其腹心羽翼也。他日助成横臣之势，以至于摩天决海而不可制，然后快其心，于此已见其端矣。……因请还拱内阁，勿再预吏部事。中贵人洪虽欲两庇之，知必不可并立，为言于上，使贞吉归。而拱亦上疏辩，其辞颇遁。上优诏慰谕

---

① 许国：《许文穆公集》卷一二《文端陈公以勤墓志铭》。
② 万斯同：《明史》卷三〇三《陈以勤传》。
③ 万斯同：《明史》卷三〇三《陈以勤传》。

之,然竟贪吏部权,不能辞也。"①

其一,传文提出高拱"益恨贞吉"是不实之词。高、赵的直接冲突起因于御史叶梦雄上疏反对授官把汉那吉的正确决策,言:"把汉那吉之降,边臣不宜遽纳,朝廷不宜授以官爵,将致结仇致祸。""上览疏,怒其妄言摇乱,命降二级调外任。"② 次日,上敕谕高拱:"朝觐在迩,纠劾宜公。自朕即位四年,科道官放肆,欺乱朝纲,其有奸邪不职,卿等严加考察,详实以闻。"③ 此次考察关系到排除言官对"俺答封贡"决策的干扰,确保"隆庆和议"的实施。皇上本意是敕谕吏部考察,而传文却说成高"觇知上意",请求考察科道,借以挟私报复。高拱辩疏曰:"昨奉圣谕,切责科道诸臣,命臣考察。贞吉捧读圣谕,亦举手加额曰:'此圣政也,奉行者须从严核,勿事姑息,乃合上意。'其意欲臣邀与共事。"④ 在高看来,考察事大,请与都察院同举,以昭公道。然赵氏并不知晓,认定高独行此事。因无自己参与,遂疏止考察。赵氏言:因考察科道,人心讻讻,人人自危;"今一概以放肆欺乱,奸邪不职罪之";"未免忠邪并斥,玉石俱焚";"未闻群数百人而尽加考察,一网打尽"。故乞求皇上收回成命,而"上报有谕"。⑤ 曲解圣谕,指斥朝政,理当遭到拒绝。王氏所谓贞吉"恶拱之借考察以尽快宿憾,上疏止之",而"拱以是恨贞吉",不过是蓄意曲解而已。高拱又曰:"及奉钦依,特允臣请贞吉当即同臣入部考察,竣事亦未尝有一言之忤也。"⑥ 而王氏却认为凡是弹劾过高拱的科道官只能升迁,不能降斥,如果降斥,即谓报复。如高借考察斥商魏时亮、陈瓒等即是报复。显然,这不合事理。

其二,考察事竣,吏科都给事中韩楫疏论贞吉庸横,请罢之。⑦ 贞

---

① 王世贞:《嘉靖以来首辅传》卷六《高拱传》。
②《明穆宗实录》卷五〇,隆庆四年十月丙辰。
③《明穆宗实录》卷五〇,隆庆四年十月丁巳。
④ 高拱:《纶扉稿》卷一《恳乞天恩特赐罢免以全臣节疏》。
⑤《明穆宗实录》卷五〇,隆庆四年十月己未。
⑥ 高拱:《纶扉稿》卷一《恳乞天恩特赐罢免以全臣节疏》。
⑦《明穆宗实录》卷五一,隆庆四年十一月乙酉。

吉疏辩,谓韩楫是高党,排击异己。赵疏自辩"庸横",转而攻高为"横臣",请解高拱吏部事权。赵疏呈上,"上手诏令贞吉致仕"①。此疏名为答辩韩楫,实为攻击高拱。王氏对赵疏赞扬有加,而对皇上手诏则篡改为中贵人言于上,"使贞吉归"。

其三,王氏在《高赵之郤》中,全文记载高疏和赵疏②,但在撰写《高拱传》时,则表现出祖赵攻高的偏见。对赵疏全文引述,而对高疏则一语带过,并说"其辞颇遁"。其意是高理屈词穷,只能以遁辞支吾搪塞。对赵疏的攻击,高疏驳道:

> 夫考察科道,圣谕也,在上必有独见。岂皇上为此敕旨,故假臣以报复之地耶?又岂臣之力敢请乞皇上为此以遂其报复耶?此圣心所明,与臣何预?况今考察毕事久矣,曾否报复,其事具在,不惟在朝之人知之,四海之人皆知之矣,臣无庸辩也。至谓臣"坏乱选法,纵肆大恶",不知臣曾坏何法,纵肆何事?如其然,国家自有宪典,安所逃罪?如其不然,天下自有公论,安可厚诬?臣亦无庸辩也。……乃今以韩楫之奏,遂反诋臣。夫使楫之奏果是为臣,则前给事中张卤、魏华明,御史王友贤、苏士润皆曾劾贞吉者,又何为乎?其理自明,臣亦无庸辩也。
>
> 至谓臣"当复还内阁,不得久专大权"。夫身任重权,臣之所甚惧也。求谢事权以图保全,臣之所以日夜惓惓在念者,特恐有违圣托而不敢以为言也。今贞吉乃为臣言至此,则所以得免于颠危矣。但臣本庸劣,分当引退,不当但求解权而止,愿特赐罢免。上曰:"卿辅政忠勤,掌铨公正,朕所眷倚,岂可引嫌求退?宜即出安心供职,不允辞。"③

---

① 《明穆宗实录》卷五一,隆庆四年十一月乙酉。
② 王世贞纂撰、董复表编:《弇州史料后集》卷三三《徐高之郤》《高赵之郤》,载《四库禁毁书丛刊》史部第49册。
③ 《明穆宗实录》卷五一,隆庆四年十一月丁亥;高拱:《纶扉稿》卷一《恩乞天恩特赐罢免以全臣节疏》。二者文字稍有出入。

可见，高疏有理有据，有过程，有分析，怎能说是"其辞颇遁"呢？

其四，隆庆四年（1570）正月十八日，高拱复政，并疏辞召命，亦辞掌吏部事："吏部统驭百僚，为天子平均四海。……至如臣者，岂其人哉？"奉圣旨："卿辅弼旧臣，德望素著，兹特起用，以副匡赞；铨务暂管，已有成命，不允所辞。"①高拱就以阁臣兼管铨务。赵疏言：高拱"入参密勿，外主铨选，权任太重"，"此圣祖之所深戒，而垂之训典者"。高拱掌铨既然违背祖制，那么，赵氏就应该上疏撤销其吏部事权，为何等到十月之后？然而，当时赵氏既不上疏建言，相反"谋之春芳"，兼掌都察院。难道阁臣兼掌都察院就不违背祖制吗？赵氏之意是要联手首辅李春芳，要与高拱、居正抗衡争权，挑起两派间的争斗。因此，赵、高因考察而发生冲突是不可避免的，只是时间早晚问题。高拱辞疏，不仅求谢部权，而且恳乞罢免。而祖赵攻高的王氏却说高"贪吏部权，不能辞也"。事实并非如此。隆庆五年（1571）四月至七月，高拱四疏辞免兼任，皇上均"不准辞"②。而王氏则说：高拱"阳上疏请解部事，三辞上不许……所以褒谕甚厚，亦陈洪力也"③。高拱还阁曾六辞部权，皇上至死均未允准，可见违背祖制不在高拱。高拱罢官前夕，又有二疏辞免兼任，只因隆庆崩逝而未呈上。④高拱凡八疏辞免兼任，怎能说是阳上疏，贪吏部权，不能辞也？

其五，赵氏归家未久，又致函高拱："仆抵家闭户，追思往咎，慨然叹曰：今之世，惟高公能知我，惟公能护我，惟公能恕我。往者合

---

①《明穆宗实录》卷四一，隆庆四年正月丙戌；高拱：《纶扉稿》卷一《恳乞天恩辞免重任疏》。

②《明穆宗实录》卷五六，隆庆五年四月己酉；卷五七，隆庆五年五月戊子、庚寅；卷五九，隆庆五年七月己巳。高拱：《纶扉稿》卷一《恳乞天恩辞免兼任疏》凡四疏。

③王世贞：《嘉靖以来首辅传》卷六《高拱传》。

④高拱：《纶扉稿》卷二《乞恩辞免部事疏》，又疏，注"未及呈上"。

聚，欢若骨肉，一旦乖隔，即成参商，是仆之罪过，薄德甚矣。……然仆自谢事别来，终不敢以纤芥有憾于公。"① 既有今日，何必当初？此封信函彻底否定了当初对高拱的无端指责以及所谓的"横臣"之讥。而王氏却不提此函的内容，其袒赵攻高的倾向是何等明显。

4. 首辅李春芳的致仕

徐阶致仕，李春芳升任首辅。而徐阶却"以家国之事"托付给门生张居正。② 居正便虎视眈眈，觊觎相位，并呈上《陈六事疏》，以便争得首揆之位。故此，位居末辅的居正无视春芳，"视春芳蔑如也"。史载："始阶以人言罢去，春芳叹曰：'徐公尚尔，我安能久，容计旦夕起身耳！'居正遽曰：'如此，庶保令名！'春芳愕然。"③ 不久，春芳以二疏乞休，帝不允。④ 这样，居正的愿望落空，等来的却是赵贞吉入阁。而贞吉"自负长辈而材，间呼居正'张子'，有所语朝事，则曰'咦，非尔少年辈所解'。江陵内恨，不复答"⑤。故此，居正视春芳、贞吉为仕途的最大障碍。无奈，居正"与中贵人李芳辈谋，召用高拱，俾领吏部，计以扼贞吉，而夺李春芳政"⑥。此时，穆宗思拱，欲召拱还阁，兼掌吏部。隆庆四年（1570）正月，高拱至京履任。而王氏却说："春芳虽以拱之故，不得舒，然犹时取裁酌，不至过甚。间为阶宽解，而拱渐不乐。南京吏科给事中王祯缘而论春芳，乃力请骸骨，凡三上疏，许之。"⑦ 王氏把王祯疏劾春芳致仕归罪于高拱，是背离史实的。

高拱以次辅还阁，对首辅春芳并无侵权行为，他们还是互相支持和尊重的。如俺答款塞求贡，高拱力排朝议，独主其事，居正亦和之，春

---

① 赵贞吉：《赵文肃公全集》卷二二《与高中玄阁老书》。
② 张居正：《张太岳集》卷三四《答上师相徐存斋》。
③ 万斯同：《明史》卷三〇三《李春芳传》。
④ 《明穆宗实录》卷三〇，隆庆三年三月乙卯、戊午。
⑤ 王世贞：《嘉靖以来首辅传》卷七《张居正上》。
⑥ 王世贞：《嘉靖以来首辅传》卷七《张居正上》。
⑦ 王世贞：《嘉靖以来首辅传》卷六《高拱传》。

芳亦以为当许，"乃偕拱、居正即帝前决之，封事遂成"①。当时，李、高二人并未妨碍对方行使职权。"春芳虽为首辅，而拱实掌吏部，用人行政皆自拱出。"② 高拱一身二任，具有雷厉风行的施政风格。"出理部事，入参机务，兴化为首揆，受成而已。遇大事立决，高下在心，应机合节，人服其才，比与排山倒海未有过也。"③ 王氏所谓春芳"以拱之故，不得舒"，"间为阶宽解而拱不乐"，皆谓偏颇之见；至于给事中王祯"缘而论春芳"，更是揣摩之谈。据实录载，王祯疏诋春芳之前，即隆庆五年（1571）二月，春芳"以疾乞休"，上未允。④ 四月，给事中王祯等论春芳"以亲老求去，再疏即止，因缘为弟改官，冒恩非分，且言其父居家不检，春芳不能辞责"。上切责"祯等轻率妄言，诽谤辅臣，有失国体，姑贷其罪"。⑤ 春芳即疏辩乞休。从王祯"以亲老求去，再疏即止"来看，是指三年（1569）三月春芳以二疏求去，此时高拱赋闲在家，因此，王祯缘拱而论春芳没有根据。五年（1571）五月，春芳三疏求退，上乃许之。⑥ 可见，春芳五疏求退，与高拱无涉。五年（1571）春夏，春芳所以求去，是形势所迫，绝非高拱排逐。高拱复政一年，即取得重大成就。"高决策定贡市，合七镇为一，岁省边费百余万。招安国亨出就理，尽平两广诸蛮。一时经略，慷慨直任，皆有成功。然兴化不胜迫，辞位去，高居首。"⑦ 这是符合春芳去位史实的。

5. 阁臣殷士儋的致仕

传文曰："士儋之入，亦中人援。以不由拱，故拱不能无忌，而居正亦厌之。士儋椎不能曲事拱，而拱素贤张四维，自谕德躐为学士，又

---

① 万斯同：《明史》卷三〇三《李春芳传》。
② 万斯同：《明史》卷三〇二《高拱传》。
③ 朱国祯：《皇明大事记》卷三八《阁臣》。
④《明穆宗实录》卷五四，隆庆五年二月壬寅。
⑤《明穆宗实录》卷五六，隆庆五年四月庚申。
⑥《明穆宗实录》卷五七，隆庆五年五月壬戌、辛未、戊寅。
⑦ 朱国祯：《皇明大事记》卷三八《阁臣》。

踏为吏部左侍郎，几欲前荐之入阁。而士儋得之，故亦心怨拱与四维。会四维以盐事见纠，御史郝永春虽解，而他御史复及之，疑出士儋指。于是拱之客亦有为四维而论士儋者，士儋亦疑出拱指。而韩楫复扬语胁士儋，欲其自免归。故事，给事中朔望入阁揖，士儋对众而诘楫曰：'闻科长欲有憾于我，憾则可尔，毋为人使！'既别，拱语之曰：'非故事也！'士儋忽勃然起曰：'若为张吏部道地而抑我，我不敢怨，而今者又逐我，而使张吏部据我座。若逐陈公，再逐赵公，又再逐李公，次逐我，若能长有此座耶？'挥拳击之不中，中几，其声砉然，拱不能卒答。居正从旁解之，亦谇而对。明日韩楫之疏上，士儋得请致仕。"①

以上殷氏与高拱互怨、互疑、互谇的记述是没有旁证的，而孤证不立。历史事件的发生有其时序，如果打乱、颠倒时序，将会扭曲史实真相。王氏所述即是如此。

其一，士儋"心怨拱与四维"，是怨错了对象。起初，拱、以勤、士儋、居正皆为裕邸讲官。从裕邸侍讲时间长短来看，殷与高、陈不能相比，而与张具有可比性。殷与张同为嘉靖二十六年（1547）进士，同选庶吉士，同一座师徐阶。据朱鸿林考证，作为裕邸讲官，殷比张既早且久②，但因张是徐阶的门生，并得到提携升迁。隆庆初，上登极加恩、提调藩邸讲官诸臣，张便从礼部右侍郎兼翰林院学士升为吏部左侍郎兼东阁大学士，与资深的陈以勤同时入阁，而殷以翰林院侍读学士仅升为礼部右侍郎兼翰林院学士。③ 其后四年，殷以中人之援，以礼部尚书兼翰林院学士入阁办事。④ 原来殷任礼部尚书时，太监陈洪乞请父母赠官，殷请特旨得封，后陈洪荐殷亦以特旨入阁。这是一桩政治交易。殷抱怨

---

① 王世贞：《嘉靖以来首辅传》卷六《高拱传》。
② 朱鸿林在《高拱与明穆宗的经筵讲读初探》一文中提出：裕邸讲官殷士儋，嘉靖四十一年十月任，直到裕王即帝位改官；张居正，嘉靖四十三年七月任，四十四年六月或四十五年四月离任。张居正离任之后，《明世宗实录》未见新的任命，可能世宗末年未及理会此事。（载《中国史研究》2009年第1期）
③《明穆宗实录》卷四，隆庆元年二月乙未。
④《明穆宗实录》卷五一，隆庆四年十一月己丑。

其入阁首辅不荐,只能抱怨徐阶、春芳,而不应抱怨非首辅的高拱。殷入阁后,御史赵应龙劾其由太监陈洪夤缘入阁,殷两疏求退不允。① 御史侯居良复论其"始进不正,求退不勇",殷请退益力,上赐驰驿归。② 殷又抱怨高"素贤张四维",提拔至"吏部左侍郎,几欲前荐之入阁";"而今者又逐我,而使张吏部据我座"。王氏之论甚谬。在"俺答封贡"过程中,四维始终充当高拱与总督王崇古之间的信使,对促成"俺答封贡"做出了重要贡献。故高拱将其提升为吏部左侍郎③,并无荐之入阁之意。殷致仕前,四维已以疾回乡④,至翌年高拱二度被罢,仍无复政,这怎能说是高拱逐殷,"使张吏部据其座"呢?

其二,御史郜永春弹劾张四维⑤,"疑出士儋指";御史赵应龙劾殷,"亦疑出拱指"。这些都是王氏的任意推度,没有事实指证。

其三,所谓朔望在内阁殷与高、张互谇,系王氏的凭空猜想,没有根据。(1)《穆宗实录》卷六三载,殷致仕在隆庆五年(1571)十一月己巳,即十一日,不在当月朔望的"明日",即初二日或十六日。(2)实录卷六二载,隆庆五年(1571)十月辛亥即二十二日,"升吏科都给事中韩楫为太常寺少卿,提督四夷馆",离岗的韩楫不可能再以给事中身份参加十一月朔望的内阁会楫。所谓"士儋对众而诘楫",不过是王氏的杜撰。(3)所谓朔望之"明日韩楫之疏上,士儋得请致仕",而实录卷六二、六三却没有韩楫上疏的记载,而是由御史赵应龙于隆庆五年(1571)十月甲寅即二十五日上疏论劾,御史侯居良于十一月己巳即十一日再疏弹劾,才导致殷致仕归家。对王氏之说,黄景昉提出质疑:"按,给事中无朔望入阁礼,惟阁臣上日一至耳。岂今昔异欤?"⑥ 谈迁亦言:"王元美为(谓)韩楫之疏上,士儋得请致仕。而实录载御史赵

---

①《明穆宗实录》卷六二,隆庆五年十月甲寅。
②《明穆宗实录》卷六三,隆庆五年十一月己巳。
③《明穆宗实录》卷五二,隆庆四年十二月己巳。
④《明穆宗实录》卷六二,隆庆五年十月丙辰、丁巳。
⑤《明穆宗实录》卷五六,隆庆五年四月乙未。
⑥黄景昉:《国史唯疑》卷八。

应龙、侯居良先后论之,不及楫。岂弹文出彼两人,为楫之意耶?"①

隆庆内阁诸臣之去,如王氏所言:"同列李春芳、陈以勤、赵贞吉、殷士儋之见逐,虽发之自高拱,而其机皆出居正。"② 对此,史家沈德符道出了事实真相:

> 穆宗初政,在揆地者凡六人:江陵张公为末相;次揆新郑高公,既与首揆华亭徐公失欢,南北言路,连章攻之,张故徐门生,为之调停其间,怂恿高避位;三揆安阳郭公,为公同乡厚善,亦非徐所喜,张亦佐徐逐之;未几,徐首揆被言,张又与大珰李芳谋令归里;兴化李公代徐为政,益为张所轻,乃市恩于高起之家,且兼掌吏部;而次揆南充陈公与兴化李公,俱为张与高所厌,相继逐矣;其最后入阁者内江赵公、历城殷公,赵有时誉,时时凌高、张二公出其上;殷人在下中,且与高隙,张既乘间挤去;赵亦与高争权,张合策排之行。至穆宗凭几,仅高、张二公受遗。而仁和高公入不两月,悒悒不得志卒于位。盖隆庆一朝首尾六年,与江陵同事者凡八人,皆以计次第见逐。新郑初为刎颈交,究不免严谴。此公才术,故非前后诸公所及。③

可见,高拱被其僚友居正玩弄于股掌,沦为居正仕途晋升的棋子而不自知。在内阁博弈中,高拱其人心直而机浅,忠于谋国,忠于盟友,而拙于谋身。待他觉醒,认识到居正双重人格、两面作风、精于权术的本质时,已是事后教训了。

(四) 王世贞虚言浮夸,诬谤高拱

王氏是史学家,又是文学家。他善于联想,巧于虚构,把《高拱

---

① 谈迁:《国榷》卷六七,隆庆五年十一日己巳。
② 王世贞:《嘉靖以来首辅传》卷七《张居正上》。
③ 沈德符:《万历野获编》补遗卷二"内阁"《隆庆七相之去》。

传》这一政治性传记撰成了文学性传记，实为传奇或演义。再加上他与高拱政治史观上的严重分歧，便虚言浮夸，诬谤传主。请看如下数例。

例一，虚构情节，诬谤高拱。王氏言：徐阶"乡人陈懿德者，素不悦于阶，自翰林谪，而拱其座主，擢之尚宝司丞。懿德乃与同门韩楫、程文、宋之韩及兵部郎中周美等，日为拱恫喝，言阶以数万金谋于中贵人，且起用矣。至曰'阶使刺客刺公矣'。时时推算阶星命，以媚拱曰：'阶于法当僇死，其数亦尽今岁。'"① 这段文字显系虚构。几个门生日侍座主左右，虚张声势、威胁恐吓，说什么徐阶贿宦起用，并派刺客刺杀座主。难道高拱会愚蠢到不加怀疑而相信这种虚声恐吓吗？门生又以术数推算星命，编造徐阶星命已尽，应死于当年。难道高拱会相信星宿运行决定人的命运吗？高拱绝不是那种听信门生指使的傀儡。这种虚构，恰恰说明王氏对高拱的思想一无所知，不了解高拱是一位无神论者。高拱曾说："圣人有为己之实学，而祸福毁誉不与焉；圣人有为国之实政，而灾祥不与焉。"② 他勇敢地批判儒家的"天人感应"论、"五德终始"说等神学目的论和历史循环论，主张"在天有实理，在人有实事"，"天定胜人，人定亦胜天"的无神论。③ 可见，王氏没有掌握高拱的全部史料，固然是虚构的重要原因，但更为重要的是他将高拱视为政敌而予以诬谤。

例二，凭空想象，诋毁高拱。王氏说：拱"性迫急，不能容物，又不能藏蓄需忍。有所忤，触之立碎；每张目怒视，恶声继之，即左右皆为之辟易。既渐得志，则婴视百辟，朝登暮削，唯意之师，亡敢有抗者。间遇亲知，引满谑浪，一坐为欢。在詹事日，与学士瞿景淳同修大志，尝引镜自照曰：'吾殆神龙乎？'景淳老儒，然亦好戏，曰：'公以为神龙耶？吾直谓蚯蚓耳！'拱大怒，掷镜碎之，诟曰：'出景淳！'"④

---

① 王世贞：《嘉靖以来首辅传》卷六《高拱传》。
② 高拱：《本语》卷三。
③ 高拱：《程士集》卷四《策问·天人之际》。
④ 王世贞：《嘉靖以来首辅传》卷六《高拱传》。

在此，王氏对高拱性格的描述纯系无稽之谈。触之立碎、怒视恶声者谁？朝登暮削、引满谑浪者又是谁？何不例举一二，以此坐实？至于高、瞿互诟，高自谓"神龙"，瞿戏言"蚯蚓"，高竟碎镜骂人：滚出去。他们真会开这种政治玩笑吗？戏言诟语能作为描述高拱性格的依据吗？显然，这种戏言互诟之事，缺乏事实根据。

例三，诬谤高拱贪赃索贿。王氏说："拱初起，强自励，人亦畏之，不敢轻赇纳。而其弟为督府都事者，依拱后第而居。于是韩楫等乃数携壶榼，往为小宴。拱自阁或吏部归，即过其弟，见而悦曰：'若等乃尔欢，吾不如也。'因留酌，自是以为恒。而益以珍肴果饮，食愈畅，乃各进其所私人，欲迁某官得某地。拱时亦且醉，曰：'果欲之耶？'以一琴板书而识之，次日除目上矣。以是其所狎门生及客皆骤富，门如市。而楫、文、之韩辈有所恨于他给事御史，至中夜警门而入，拱出见之，则阳怒若气不属者，曰：'某某乃欲论吾师，吾知而力止之，暂止耳，故不可保也。'拱恚且恐，质明即召文选郎移缺，而出其人于外，亦不更详所由。以是中外益畏恶拱，以为叵测。而拱醉后，时时语客曰：'月用不给，奈何？'其语闻诸抚镇以下，赇纳且麇集矣。"① 从史料考据角度看，这则虚构故事经不起推敲和追问。其一，高恒常"留酌"于其五弟高才家"小宴"，时常畅饮而醉，门生韩楫等乘机"各进其所私人"，高却不问所由，于"次日除目上矣"。试问王氏是否参加过这种"小宴"，是其所见，或别人告知？所进私人姓甚名谁，迁何地得何官？何不指实一二，以证所言有据？空言高拱卖官鬻爵，是不能令人信服的。其二，韩楫等人"中夜警门而入"高宅，进行告密。而高却"恚且恐"，次日便将所恨之人调外。试问作为首辅大员的私第，夜半敲门闯入，这可能吗？真实吗？何不指实调外之人是何姓名，调往何地？这种诡秘之事又是何人所见、所闻？对此，王氏没有任何事实证据，这些纯属子虚乌有之事。其三，高醉后索贿，语闻抚镇以下，故"赇纳且麇集矣"。试问有此醉言吗？即便有，能作为立论根据吗？为何从诸多文献

---

① 王世贞：《嘉靖以来首辅传》卷六《高拱传》。

中找不到相关记载呢？看来这也属于子虚乌有之事。可见，王氏描述高拱结党营私、索贿纳贿为假，诬谤传主是真。

与王氏记述相反，"公正廉直"①"清介如一"②恰恰是高拱家族的优良家风。其祖高魁为官"刻廉励节"③，其父高尚贤为官"持廉秉公""自奉俭约"④，其兄高捷居官"惠穷摧强"、居家"出谷济众"⑤。高拱主政时，五弟高才，与其兄一样，为官清廉，两袖清风。归家"恂恂一老布衣然。年饥为粥于路，全活甚多。遇瘟疫大行，则施药以济病者"⑥。六弟高栋曾以"腴田二百亩，并桩基牛只车辆农器俱全，约百金余"，捐献新郑学田，以济贫生。⑦ 高栋病危嘱其使曰："吾箧中无剩物，所余六十金为我治殓具。吾家世守清白，尔告我子若孙，勿变家法也。"⑧ 高拱子孙亦"世守清白""清慎廉明"⑨。

高拱继承了这一优良家风。在主政期间，他对老家族人和仆人严加教诲，不得嘱事、放债，违法犯纪，并致函新郑知县严加看管。函曰："仆虽世宦，然家素寒约，惟闭门自守，曾无一字入于公门，亦曾无一钱放于乡里。今仆在朝，止留一价在家看守门户，亦每严禁不得指称嘱事，假借放债。然犹恐其欺仆不知而肆也，故特有托于君：倘其违禁，乞即重加惩究。至于族人虽众，仆皆教之以礼，不得生事为非。今脱有

---

① 高拱《纶扉稿》卷一《恳乞天恩辞免兼任疏》凡四疏。
② 范守己：《御龙子集》卷六六《险邪大臣阴结奸党渎乱朝政贼害忠直乞加追戮以正法纪疏》。
③ 王廷相：《王氏家藏集》卷三一《明故工部都水司郎中进阶中宪大夫高公墓志铭》。
④ 郭朴：《明故光禄寺少卿高公神道碑》，载清乾隆《新郑县志》卷二六《艺文志》。
⑤ 高有闻：《南京右佥都御史提督操江高公讳捷列传》，载《高文襄公集》序后。
⑥ 清乾隆《新郑县志》卷一六《高才传》。
⑦ 安九域：《创制学田记》，载《新郑县志》卷二六《艺文志》。
⑧ 清乾隆《新郑县志》卷一六《高栋传》。
⑨ 清乾隆《新郑县志》卷一六《高务观传》。

生事为非者，亦乞即绳以法，使皆有所畏惮，罔敢放纵。然此有三善焉：一则使仆得以寡过；一则见君持法之正，罔畏于势而有所屈挠；一则小惩大戒，使家族之人知守礼法而罔陷于恶，岂不善欤！"① 这封信函鲜明体现出高拱廉洁自律、两袖清风的可贵品格。高拱不仅严于律己，而且还要求司属反腐倡廉，力破"黩货之习"。如吏部侍郎靳学颜"内行修洁"②，魏学曾"操履端方""自处甚约"③，吏科都给事中韩楫曾疏请惩酷与惩贪并重，为官"洁清自好，不轻取予"，致仕后"家徒四壁，躬自耕牧"④，等等。高拱主政期间，惩办贪贿案件64起，惩处知县以上贪贿官员169人。在反腐倡廉中，制定出奖廉与惩贪、却贿与行贿、惩贪与罚酷、贪贿与查勘相结合的惩贪方略，一时仕路肃清。⑤

高拱廉洁自律、反腐倡廉的优良品格，与前任首辅徐阶放纵子弟横行乡里，聚敛钱财，庄田美屋跨州郡，兼并土地多达24万亩⑥，形成鲜明对比；与后任首辅张居正"在反对别人腐败的同时，自己却也在腐败"，最后拥有良田8万余亩⑦，也形成鲜明反差。故此，高拱这一优良品格，得到了诸多史家的高度评价。海瑞说："存翁为富，中玄守贫。""中玄是个安贫守清介宰相，是个用血气不能为委曲循人之人。"⑧ 徐学谟说高拱"在事之日，亦能远杜苞苴"⑨。支大纶说："拱精洁峭直，家如寒士。而言者过为掊击，则言者过也。"⑩ 范守己说高拱"赞政数年，

---

① 高拱：《政府书答》卷三《与新郑县尹》。
② 张廷玉：《明史》卷二一四《靳学颜传》。
③ 郭正域：《魏确庵学曾墓志铭》，载焦竑：《国朝献征录》卷五七。
④ 沈鲤：《亦玉堂稿》卷一〇《明中议大夫右通政使司元泽韩公墓志铭》。
⑤ 岳金西：《高拱惩贪方略及其代价》，载《古代文明》2011年第1期。
⑥ 伍袁萃：《林居漫录》卷一，台湾伟文出版有限公司1977年版，第31页。
⑦ 王春瑜：《中国反贪史·序言》，四川人民出版社2000年版，第10、11页。
⑧ 海瑞：《海瑞集》上编［京官时期］《乞治党邪言官疏》及《附录》。
⑨ 徐学谟：《世庙识余录》卷二六"按"，《四库存目丛书》史部第49册。
⑩ 谈迁：《国榷》卷六五，隆庆元年五月丁丑。

清介如一；门无苞苴之入，家无阡陌之富"①。孙奇逢说高拱"自辅储至参钧轴历三十年，而田宅不增尺寸""中州家范之严，咸称高氏"②。这些评价符合史实，与王氏的记述截然相反。

例四，借冯保之口，炮制谎言。王氏曰：大珰冯保"乃言于皇后，贵妃曰：'拱欺太子幼冲，欲迎立其乡周王以为功，而己得国公爵矣。'又多布金于两宫之近侍，俾言之。皇后与贵妃皆错愕。保乃抑给事御史疏，不遽达，而拟旨逐拱，责其专擅无君，令即日归田里"③。冯保生性狡黠，善于造谣言进谗言。但"迎立周王"之说，并非冯保所进谗言。倘若如此，那么三宫诏旨逐拱之罪名，就不会是"专权擅政"，而是要谋逆，要造反；对高拱的惩处也不仅仅是"回籍闲住"④，而肯定是斩首，是灭族的。显然"迎立周王"之说，与三宫诏旨对高拱之罪罚不对称、不对应。由此反证，此说是王氏编造的谎言。谎言一出，就遭到史家范守己的质疑。他说：高拱"闻命惶惧，不遑他问。归家日久，尚不知其得罪之由。久之，乃闻其谋，缘保与居正诬臣夫有迎立外藩之志也。夫臣夫亲受先帝顾命……旬日之间，即奉陛下临御大位，不知迎立外藩之说果在何时乎？纵使有之，果何人闻知其谋可作证据，何事可为左验乎？天地鬼神，昭临有赫，保与居正无故而诬人以族诛之罪，则何所不至哉"⑤！

高拱被逐的原因，确系冯保所进谗言。但这一谗言不是"迎立周王"之说，而是"十岁儿之说"。该说版本有二，一是："初，穆宗崩，拱于阁中大恸曰：'十岁太子，如何治天下。'保谮于后妃曰：'拱斥太子为十岁孩子，如何做人主。'后妃大惊，太子闻之亦色变。"⑥ 另一是：

---

① 范守己：《御龙子集》卷六六《吹剑草》卷四二。
② 孙奇逢：《中州人物考》卷五《高郎中公拱》。
③ 王世贞：《嘉靖以来首辅传》卷六《高拱传》。
④ 《明神宗实录》卷二，隆庆六年六月庚午。
⑤ 范守己：《代高少师张夫人乞补恤典疏》，载《新郑县志》卷二六《艺文志》。
⑥ 张廷玉：《明史》卷三〇五《冯保传》。

高拱"疏上，保谓如此则阁权重，司礼轻，因内批云：'照旧制行。'拱得旨曰：'安有十岁天子，而能自裁乎！'内臣还报，保失色，故谬其词激上曰：'高先生云，十岁儿安能决事？'上怒，入告两宫，皆讶之"①。高拱作为顾命大臣，于六月十日神宗登极之日，即上疏新政五事，得到第一次内批："朕知道了。"这种内批，"遵祖制，盖不纳之辞也"②。首疏未发票，未蒙允，故补本再进。《明神宗实录》言："高拱疏新政所急五事。""疏入四日（经六月初十甲子到十三日丁卯的折腾——引者注）报曰：'览卿等所奏，甚于新政有裨，具见忠荩，俱依拟行。'"③ 这一内批与第二版本大致相同。显然，第二版本比第一版本要真实、要可信。

得到第二次内批后，高拱对预防宦官干政更有信心，便发动言官程文、雒遵、陆树德、刘良弼等论劾冯保"四逆六罪"以及矫诏司礼等罪行。在此情况下，冯保将弹章压下，不使上达，继续以"十岁儿之说"散布流言，以坚定三宫逐拱之意；同时又与张居正暗中定计，而居正也据此暗中捏写三宫旨意，付与冯保明日执行。十六日，便上演了逐拱的一幕。可见，"迎立周王"之说并非冯保所进谗言，而是王氏借冯保之口伪造的谎言。

例五，诬谤高拱失贿而死。王氏说："居正始归葬，道新郑。拱已病若痱，故为笃状，舆诣居正。抚之，乃大哭，谢谓：'往者几死冯珰手，虽赖公活，而珰意尚未已，奈何？'居正笑曰：'珰念不至此，且有我在，无忧也。'居正归，而拱意其不即召。使使贿太后父武清伯谋之，武清伯纳其贿不得间。居正既入而知之，诮让良苦。拱既失贿，而知其泄，忧愦发疾死。"④ 这是一段无据的虚言。其一，居正归葬，道经新郑，高拱因病并无"舆诣居正"。如于慎行所说："万历戊寅，江陵归

---

① 谈迁：《国榷》卷六八，隆庆六年六月丁卯。
② 高拱：《病榻遗言》卷三《矛盾原由下》。
③《明神宗实录》卷二，隆庆六年六月丁卯。
④ 王世贞：《嘉靖以来首辅传》卷八《张居正下》。

葬，过河南，往视新郑。新郑已困卧不能起，延入卧内，相视而泣云。"① 其二，高、张晤面，谈话内容不见史载。高拱归家，不言时政，不可能对张主动谈及"几死冯珰手"之事。高、张面谈内容纯系王氏的编造。其三，居正和冯保担心高拱东山再起，便制造王大臣案，借以诛拱。高拱受到株连打击，身染痼疾，已无再次复政之可能。"新郑家居，有一江陵客过，乃新郑门人也。取道谒新郑，新郑语之曰：'幸烦寄语太岳，一生相厚，无可仰托，只求为于荆土市一寿具，庶得佳者。'盖示无他志也。"② 可见，根本不存在高拱行贿武清伯，图谋再次召起之事。所谓"居正既入而知之，诮让良苦"，纯系王氏编造的无有之事。"王元美谓高拱使贿武清伯，乘江陵行，求复入。""暧昧语何凭？肆蔑名辈，徒益张阉威权。王每轻持论类尔。"③

高拱之死，据其夫人张氏讲，是由于王大臣闯宫案，主谋者诬陷高拱行刺，使其"遂成痼疾，驯至不起矣"④。居正归葬，途经新郑，第一次相见，高已处于病危状态；张返京途中第二次相见，高已预感到将不久于人世，便拜托张为其立继嗣和身后请求恤典二事⑤。此后一月，高拱"牖下临终以中风，淫口不能言，第与相知者诀，持其手书一'淡'字而殁"⑥。高拱度过了淡泊名利、任达不拘的一生，于万历六年（1578）七月初二日病故。王氏所谓"拱既失贿，而知其泄，忧懑发疾死"，显系污蔑之语。

---

① 于慎行：《谷山笔麈》卷四《相鉴》。
② 于慎行：《谷山笔麈》卷四《相鉴》。
③ 黄景昉：《国史唯疑》卷八。
④ 范守己：《代高少师张夫人乞补恤典疏》，载《新郑县志》卷二六《艺文志》。
⑤ 张居正：《答中玄高相公》言："丞教二事，谨俱只领。"（《张太岳集》卷三四）
⑥ 徐学谟：《世庙识余录》卷二六"按"，《四库存目丛书》史部第49册。

三、传文偏见之根源

在《高拱传》中,鲜明体现出王世贞的政治史观,把高拱扭曲成哈哈镜中的历史人物,使其背离历史真实面目。王氏对高拱怨之入骨,历史偏见可谓根深蒂固,这不得不从野史弊端上来探寻原因。如前所述,王氏指出"野史之弊三":即"挟郄而多诬""轻听而多舛""好怪而多诞",总括之,就是"人臆而善失真"①。包括《高拱传》在内的《嘉靖以来首辅传》作为野史,也存在着"三弊""失真"问题。本节就从个人恩怨、政治史观、传记取材等方面追根溯源。

(一) 王氏与高拱结有私怨

王氏在其父王忬罹难和平反过程中对高拱存有误解,积怨颇深。王忬父子步入仕途后,原本与严嵩父子交好,后因杨继盛之死而反目成仇。嘉靖三十二年(1553),"兵部员外郎杨继盛上疏论严嵩十大罪、五奸"。三十四年(1555),继盛被杀。"严嵩以忬憨杨继盛死,衔之。忬子世贞又从继盛游,为之经纪其丧,吊以诗。嵩因深憾忬。严世蕃尝求古画于忬,忬有临幅类真者以献。世蕃知之,益怒。会滦河之警,鄢懋卿乃以嵩意为草,授御史方辂,令劾忬。嵩即拟旨逮系。"时在三十八年(1559)五月,"总督侍郎王忬下狱论死"②。当王忬因滦河作战失利,"嵩构之,论死系狱"时,其子世贞闻讯,即解职青州兵备副使赴京,与其弟"世懋日蒲伏嵩门,涕泣求贷"。嵩阳语宽慰,而阴持其狱。兄弟二人"又日因服跽道旁,遮诸贵人舆",叩头求救其父,但均因

---

① 王世贞:《弇山堂别集》卷二〇《史乘考误一》。
② 谷应泰:《明史纪事本末》卷五四《严嵩用事》。

"畏嵩不敢言"。次年，王忬以边吏陷城律被斩于西市。①

王世贞嫌怨高拱，主要有求救其父和平反复官两件事情。先看求救其父。王忬下狱后，世贞兄弟往叩诸多权贵，求救其父，其中也有裕邸讲官高拱其人。高粗直无修饰，表示无力相救，于是王氏怨恨不已。朱国祯言：

> 高中玄粗直无修饰。王思质（王忬号）总督，其辛丑（嘉靖二十年，1541）同年也。王失事被逮，弇州兄弟往叩，高自知无可用力。且侍裕邸，人皆以长史目之，又与严氏父子无交。而思质贵盛时，相待甚薄。比之有事，意下殊少缱绻。弇州固已衔之矣。②

高拱与王忬为辛丑同年进士，但入仕后无甚交往，且文武殊异，官秩悬殊：高为裕邸讲官，目为藩府长史；而王则为封疆大吏，即蓟辽总督、右都御史兼兵部左侍郎。因此高、王平时少有交往，更无深情厚谊。况且高拱与严嵩父子亦无甚交往，自知无可用力。但是高拱其人"粗直无修饰"，不善于花言巧语、客套安抚，结果在不知不觉之中获罪于王氏。而王氏衔怨也毫无道理。当时世贞、世懋往叩的许多达官贵人中，肯定少不了与其父王忬平素交好的次辅徐阶，但均无效果。那么，求救于一个官品甚低的裕邸讲官能有什么效果呢？即使高拱不善于应酬，甚至缺乏同情心，也不应由此而衔怨高拱。

再说平反复官。王氏衔怨高拱，还因错误地认定高拱曾阻挠其父的平反复官。朱国祯言："比鼎革，上疏求申雪，高在阁中异议，力持其疏不下，弇州怒甚，徐文贞因收之为功。"③ 沈德符言："后严败，弇州叩阍陈冤，时华亭当国，次揆新郑已与之水火，正欲坐华亭以暴扬先帝过，为市恩地，因昌言思质罪不可原。终赖徐主持，得复故官，而恤典

---

① 张廷玉：《明史》卷二八七《王世贞传》。
② 朱国祯：《涌幢小品》卷九《中玄定论》。
③ 朱国祯：《涌幢小品》卷九《中玄定论》。

毫不及沾。"① 这两则史料的笼统记述，留下较大的质疑空间，缺少具体年月日期，是不足为信的。

据《穆宗实录》载：隆庆元年（1567）八月，"故总督蓟辽右都御史兼兵部左侍郎王忬子，原任山东按察司副使世贞上书讼父冤，言父皓首边廷，六遇大虏，不幸以事忤大学士严嵩，坐微文论死。伤尧舜知人之明，解豪杰任事之体。乞行辩雪，以伸公论。诏复忬官"②。张廷玉《明史》亦载："隆庆元年（1567）八月，兄弟伏阙讼父冤，言为嵩所害，大学士徐阶左右之，复忬官。"③ 据此可以推知："世贞上书讼父冤"，时在隆庆元年（1567）八月丙戌，此前并无上疏。王氏所言"不幸以事忤大学士严嵩，坐微文论死""为嵩所害"，亦不完全符合史实。谈迁说："永陵（世宗）严于边臣，少有失利，斧质辄随其后。王忬戮力塞上，六遇大虏，虽以才自见，迨其稍挫，咎宁独逭。其毕命西市，实先帝意也。矧夙通严氏，死为归狱。君子恶居下流，谅哉！"④ 王忬被斩西市，实先帝之意。虽有严嵩构陷，但不能把忬死尽归于严嵩。所谓王忬"恤典毫不及沾"，亦非史实。"穆宗即位，世贞与弟世懋伏阙讼冤，复故官，予恤。"⑤

由上可知，其一，王氏怨恨高拱是时空错位的。王忬平反复官在隆庆元年（1567）八月丙戌，而高拱早在同年五月丁丑因与徐阶的矛盾而称病归家。时间相距百日之久，空间相距千里之遥，高拱怎会八月在新郑老家阻挠京师内阁对王忬的平反复官呢？其二，高拱"力持其疏不下"是不实之词。如前所述，隆庆元年（1567）八月丙戌，"世贞上书讼父冤"，是世贞与其弟世懋亲自"伏阙讼父冤"的，此前并未上疏。所谓高"力持其疏不下""昌言思质罪不可原"云云，纯系史家的误读

---

① 沈德符：《万历野获编》卷八《严相处王弇州》。
②《明穆宗实录》卷一一，隆庆元年八月丙戌。
③ 张廷玉：《明史》卷二八七《王世贞传》。
④ 谈迁：《国榷》卷六五，隆庆元年八月丙戌。
⑤ 张廷玉：《明史》卷二〇四《王忬传》。

误解。其三,当时在内阁中持"异议"者或许有之,但并非高拱。从张廷玉《明史·王世贞传》来看,其父平反并非一帆风顺,是"徐阶左右之,复忤官"。左右者,就是操控。倘若王忬平反一案完全符合嘉靖遗诏之规定,那么平反复官无疑会非常顺利,不需要任何人操控。因为遗诏恤录先朝建言得罪诸臣系指文臣,不包括先朝因打败仗而获罪的武将在内。王氏伏阙讼父冤,只言"因事忤严嵩",完全归咎于"为嵩所害",讳言滦河失利。因此,当时其他阁臣可能会以遗诏为据对王忬平反持有异议,"昌言思质罪不可原",只是在首辅徐阶的操控下,忬才得以平反复官。退一步说,假如王氏上书讼父冤是在高拱被逐出阁之前,高也不会在阁中持有异议,"持其疏不下"。因为当时高、徐矛盾正处在白热化之中,身处逆境的高拱,弹章不下三十,自顾不暇,自身难保。因此,他无心也无暇去阻止与自己"前世无怨,后世无仇"的同年平反复官。当然,历史是不能假设的。隆庆元年(1567)八月,王氏上书讼父冤,此时距高拱被逐归家已有三月之久了。可见,王氏在《高拱传》中秉持历史偏见,是有原因的。

(二) 王氏与高拱在政治史观上的对立

这种对立集中表现于对嘉靖这一历史时期的看法上。其一,关于嘉靖初期大礼议观点的对立。高拱主政时期,大礼议虽然已过去半个世纪,但他坚持认为世皇亲定的大礼仍然是正确的。"夫大礼,先帝亲定,所以立万世君臣父子之极也。献皇尊号已正,《明伦大典》颁示天下已久矣。"[①] 先帝钦定的大礼是完全合理合法的,是嘉、隆两朝君臣父子施政的政治基础、纲领和路线。其中,也蕴含着对张璁、桂萼等主张"继统"而不"继嗣"大礼观的充分肯定,对杨廷和及其追随者坚持"继统"必先"继嗣"大礼观的彻底否定。与高拱的观点相反,王氏则对杨廷和集团的大礼观称道不已,并对其以阁权挑战皇权颂扬备至:"廷和

---

① 高拱:《掌铨题稿》卷一《正纲常定国是以仰神圣政疏》。

每召对，上必温旨谕之，而持不可者三，封还御批者四，前后执奏几三十疏。"以大礼议不合而得罪致仕①；而对张璁、桂萼所持大礼观则不遗余力地鞭挞、抨击，甚至借言官之口，玷辱其人格，肆意夸张，渲染张、桂"罔上行私，专权纳贿，擅作威福，广报恩仇"，并认定"桂萼外若宽迂，中实深刻，忮忍之毒发于心，如蝮蛇猛兽，犯者必死"②。如此等等。

其二，有关嘉靖一朝政绩看法的对立。高拱认定"先帝英主，四十五年所行非尽不善也"③。把世宗评为"英主"，而非庸主暴君；在位四十五年所行善政为多，中兴革新之功不可抹杀。这与史臣、史家的评价基本一致。史臣曰："世宗功德，不可缕指……中兴大业，视之列圣有光焉。"范守己曰：世宗有"正世及之大辨，复四郊之大礼，黜胡主庙祀，革荣国侑享，崇奉先师除象设之陋，厘正诸儒严迪德之选，六奇谟也。革藩镇之诸阉，废畿甸之皇庄，夺外戚之世封，抑司礼之柄用，四伟烈也。正嫔御之数，内无女宠；放鸟兽之玩，外无禽荒；不以隆眷而废刑诛，不以令甲而拘除擢，不以摄生而废化裁，五独行也。五行独至，故六谟显而四烈彰。所以驾二祖，迈百王。帝道之隆，于斯为极矣"。何乔远曰：世宗"其谟猷合圣贤，动作掀天地，真中兴之主矣"。谈迁曰："世庙起正德之衰，厘革积习，诚雄主也。"④世宗钦定大礼及初年人事大改组，其本身就是一种革新，并为其后推行嘉、隆、万改革整顿奠定了政治基础，创造了历史条件。嘉靖初期革新，举其大者，如强化内阁行政职能，变革科举制度，更新监察条例，裁革冗滥官员，革除镇守中官，除去外戚世封，限革庄田，变革赋役制度和初行一条鞭法

---

① 王世贞：《嘉靖以来首辅传》卷一《杨廷和》。
② 王世贞：《嘉靖以来首辅传》卷二《张孚敬》。
③ 郭正域：《合并黄离草》卷二〇四《太师高文襄公墓志铭》。
④ 谈迁：《国榷》卷六四，嘉靖四十五年十二月辛丑。

等等。① 与上述观点相反，王氏则认为，世宗四十五年所行乏善可陈，对其革新功绩持否定态度。通观《嘉靖以来内阁首辅传》一书，对嘉靖善政基本没什么肯定，对世宗、张璁推行嘉靖初期的革新活动讳莫如深，避而不谈；对革新举措相对较少的嘉靖中后期更是视为腐败不堪，漆黑一团。

其三，有关嘉靖遗诏看法的对立。高拱复政后提出，徐阶所撰遗诏在程序上是"假托诏旨"，没有得到世宗的首肯；在内容上是"归过先帝""尽反先政"的罪己诏："于凡先帝所去，如大礼、大狱及建言得罪诸臣，悉起用之，不次超擢，立至公卿；其已死者，悉为赠官荫子。""不论有罪无罪，贤与不肖，但系先帝所去，悉褒显之，则无乃仇视先帝欤？"② 高拱上该疏的目的，在于把嘉靖时期经过三年断裂之后的政治基础重新理性地对接起来，把嘉靖前期革新与隆庆后期改革重新连接起来，从而摆正隆庆朝的政治走向。与高拱相反，王氏却对徐阶所草遗诏颂扬备至：颂扬遗诏彻底否定先帝钦定的大礼议，凡先朝大礼得罪诸臣悉牵复之，平反昭雪，赠官荫子；颂扬遗诏全盘否定包括革新在内的嘉靖诸政，对先朝得罪诸臣，不分是非善恶、有无罪过，不加甄别，悉为平反起用，加官晋爵；颂扬徐阶所草遗诏，得到朝野众多人士的"举手相贺，至有喜极而恸者"，只是遭到同僚郭朴、高拱的批评和反对。不难看出，王氏与高拱在嘉靖遗诏上的立场是截然相反的。

总之，由于在政治史观上存在对立，王氏对高拱便做出了诸多背离历史真相的价值评判。这是王氏《高拱传》中历史偏见形成的思想根源。

---

① 参见田澍：《嘉靖革新研究》，中国社会科学出版社 2002 年版，第 91~213 页；又见其著：《正德十六年——"大礼议"与嘉隆万改革》，人民出版社 2013 年版，第 139~213 页。

② 高拱：《掌铨题稿》卷一《正纲常定国是以仰神圣政疏》。

(三) 传文偏见源于对徐阶的访谈资料

嘉、隆之际,徐阶和王忬两家因乡曲关系而交好。作为先朝次辅的徐阶,未能阻止王忬为严嵩构陷而被杀,而作为当朝首辅的徐阶,为王忬平反复官则可从中收功收誉,笼络人心,收买其子史家王世贞。

史载:"当华亭力救弇州时,有问公何必乃尔,则云:'此君他日必操史权,能以毛锥杀人。一曳裾不足锢才士,我是以收之。'人咸服其知人。"① 毛锥是一把双刃剑,既可杀人,亦可媚人;既可毁人,亦可誉人。徐阶极力为王忬平反复官,正是看中王氏"他日必操史权",日后可以利用此君的毛锥这把双刃剑,诬高媚己,毁高誉己。这是徐阶结好王氏的真正动机和目的。故徐阶致仕乡居、王氏赋闲在家之际,二人过从甚密。万历元年(1573),徐阶不惜屈尊登门拜访后辈王世贞,"华亭相公来游小衹园",即其家"弇山园"②。万历十一年(1583),徐阶病故之前,王氏前往华亭徐府拜谒故相徐阶更是家常便饭。王氏其人很早便有志于史学,但从政后没能成为国家史臣,掌握大量国朝故典,引为终生遗憾。这种遗憾晚年在徐府那里则得到了补偿。他不无遗憾地说:"王子弱冠登朝,即好访问朝家故典与阀阅琬琰之详,盖三十年一日矣。晚而从故相徐公所得尽窥金匮石室之藏,窃亦欲借薜萝之日,一从事于龙门兰台遗响,庶几昭代之盛,不至忞忞。"③

王氏十年赋闲期间,不断前往并停留于华亭徐府。他在那里一是饱览了徐府所藏大量各种书契;二是通过不断访问徐阶,从而得到大量口授的为高拱作传的活资料。例如,王氏早年所撰《徐文贞公状略》对徐阶草拟嘉靖遗诏写道:"夜饮泣,具遗诏草。恐泄之,不敢以语同列。"④

---

① 沈德符:《万历野获编》卷八《严相处王弇州》。
② 钱大昕:《弇州山人年谱》,载《续修四库全书》史部第553册。
③ 王世贞:《弇山堂别集·小序一》。
④ 王世贞:《弇州史料后集》卷九《徐文贞公状略》。

后来在《高拱传》中将徐阶"夜饮泣"更改为"时门人张居正为学士,方授经裕邸,夜召与谋,具遗诏草,不以语同列"①。徐阶夜召门生居正密谋拟定嘉靖遗诏,此等诡密之事,高拱至死都不知情,当时朝中诸多京官亦无一人知晓。直到高拱死后多年,王氏通过采访当事人徐阶,才在高传中首次将此事揭秘于世。这是王氏采访徐阶的铁证。据此,我们完全有理由确认,高传所取之材大都是作者对徐阶的访谈资料。由于徐阶与高拱在大礼议,嘉、隆诸多政事和嘉靖遗诏等政治史观上存在着根本分歧,这一分歧便集中反映在对徐阶的访谈资料中,在王氏笔下便顺理成章地形成了褒徐贬高、美徐丑高的政治偏见。王氏是徐阶的政治代言人,其偏见即来源于徐阶对高拱的政治偏见。王氏在高传中除对高拱才干事功三言两语肯定之外,基本上是否定的,并以其盛名传之后世。从这种意义上说,徐阶实现了"以毛锥杀人"的预言,王氏也达到了借笔报怨的目的。王氏以史才自负,以司马迁自居,但他并没有真正继承"龙门兰台遗响",特别是在史德、史识方面与司马迁相去甚远。

  王世贞一生留下了大量有价值的史料史著,这是值得肯定的。但他在政治史观和史学思想上却存在着偏颇之见,受到了晚明史家的质疑和批评。当时,文史大家归有光对王氏"力相觝排,目为妄庸巨子"②。孙矿与友人书,评论王氏为文短长,言:"非但时套,兼有偏弊:一以今事傅古语,二持论乖僻,三好谀,四纤巧,五零碎。而总之则有二:曰不正大,曰不真。"又言:"足下甚推服弇州,第此公文字,虽俊劲有神,然所可议者,只是不确。不论何事,出弇州手,便令人疑其非真。此岂足当钜家!"③今人黄云眉先生对此评论说:"当谀王风盛时,矿独于王多所贬损,要足备异说。其'不真''不确'之语,尤为王文

---

① 王世贞:《嘉靖以来首辅传》卷六《高拱传》。
② 张廷玉:《明史》卷二八七《归有光传》。
③ 孙矿:《月峰集》卷九《与余君房论文书》,引黄云眉《明史考证》七,中华书局1985年版,第2265页。

之药石欤!"① "不真""不确"之评语,当然适用于王氏《高拱传》。黄景昉说:"《嘉靖以来内阁首辅传》叙高多丑词,至诬以赇贿。即如顺义款贡事,何等大功,仅一二语及之。孙月峰(孙矿号)谓语出弇州,多不足信,信然。文士视名臣分量终别。"② 朱国祯也说:"《嘉靖以来内阁首辅传》极口诋毁(高拱)。要之,高自有佳处不可及,此书非实录也。"③ 等等。总之,王氏《高拱传》叙事"不正大""不真""不确""多不足信""非实录也",这即是对王氏《高拱传》的价值评判。

---

① 黄云眉:《明史考证》七,第2266页。
② 黄景昉:《国史唯疑》卷八。
③ 朱国祯:《涌幢小品》卷九《中玄定论》。

高拱缺失相材吗?

——与赵毅教授商榷之二

所谓"相材缺失"问题,是关于高拱是否具备为相的素质和才能的问题。高拱具有为相的素质和才能,明清时期诸多政治家和史学家均作了明确的肯定和认同。如:高拱"锐志匡时,宏才赞理"①;"经纶伟业,社稷名臣……纬武经文,不愧帝臣王佐"②;"可谓平格之臣"③;"其实两公(高拱与张居正)者,皆社稷重臣"④;"新郑、江陵两公皆负不世出之才,绝人之识"⑤;"古社稷之臣,何以加焉"⑥;"夫新郑公之德,允为治安良相"⑦;"新郑始志,不失为社稷臣"⑧;"练达晓畅,救时贤相也"⑨;"拱练习政体,负经济才"⑩;等等。凡此均说明,高拱不仅具备为相的素质和才能,而且还是与张居正事功大略相埒的"帝臣王佐"

---

① 高务观:《东里高氏家传世恩录》卷五《原任光禄大夫柱国少师兼太子太师吏部尚书中极殿大学士高拱赠太师谥文襄》。
② 高务观:《东里高氏家传世恩录》卷五《原任光禄大夫柱国少师兼太子太师吏部尚书中极殿大学士高拱赠太师谥文襄追赠特进光禄大夫》。
③ 张居正:《张太岳集》卷七《翰林为师相高公六十寿序》。
④ 沈鲤:《张太岳集序》,载《张居正集》附录一。
⑤ 谈迁:《国榷》卷六八,穆宗隆庆六年庚午。
⑥ 谈迁:《国榷》卷六八,穆宗隆庆六年庚午。
⑦ 陈治纪:《书张文忠公文集后》,《张居正集》附录一。
⑧ 谈迁:《国榷》卷六八,穆宗隆庆六年庚午。
⑨ 傅维麟:《明书》卷一三五《名臣传·高拱传》。
⑩ 张廷玉:《明史》卷二一三《高拱传》。

"社稷名臣"和"救时贤相"。

然而,现代有些学者却全盘否定高拱的为相之材和为相之功。如赵毅先生在其《高新郑相材缺失论》一文(以下简称赵文)中提出:高拱"心胸偏狭,缺少相的气度;快意恩仇,不能和衷同事,缺少表率百官兼容并包的博大胸襟,其为相的素质是有缺憾的"。"高新郑被驱逐与其做官、做人的人格弱点有某种必然的关联。高新郑的相材是缺失的。""高新郑也给我们提供了一个缺失某些相材的一代横臣形象。"① 对这种所谓的"相材缺失论",笔者不敢苟同。本文拟从政治哲学的视角,对嘉、隆、万之际内阁诸臣的政见分歧、高拱被逐出阁的原因及其做官、做人之道等方面,与这种观点进行商榷,以确证"相材缺失论"之谬。

一、相材缺失与缺失相材

首先需要讨论的是赵文的论题。赵文抨击高新郑,其立论是"相材缺失";然而这个命题与"缺失相材"是两个双向互换的同义命题。"高新郑相材缺失论"等同于"论缺失相材高新郑"。这也是赵文所承认的,因为紧接标题之下的"摘要"指出:高新郑入阁,"缺少相的气度""其为相的素质是有缺憾的"②。既然高新郑缺少为相的"气度"和"素质",当然就是"缺失相材"了。其次,按照政治哲学的逻辑规则,赵文得出高新郑"相材缺失"的结论是缺少逻辑大前提的,这就像秤杆没有星子却偏要权称物体重量一样可笑。"气度"虽是相材德行中的条件之一,但不是唯一条件;"素质"似乎是相材的全部条件,但却是一个

---

① 赵毅:《高新郑相材缺失论》,载《哈尔滨师范大学社会科学学报》2010年第1期。

② 赵毅:《高新郑相材缺失论》,载《哈尔滨师范大学社会科学学报》2010年第1期。

没有具体标准和条件规定的极其笼统而模糊的概念。赵文未能给出一个全面具体的相材标准条件，却给高新郑扣上一顶"相材缺失"和"缺失相材"作为结论的政治帽子，这未免太过主观随意、武断草率了。其三，赵文还将高新郑性格方面的某些弱点上纲为"人格缺陷"，以高新郑主政时间短暂为借口，全盘否定高拱的相业功绩，断定其相材缺失。以性格弱点和主政短暂为缺失相材的逻辑前提是不能成立的，反而暴露了抨击者逻辑思维的混乱。我们认为，性格弱点人人皆有，它绝对不是缺失相材的逻辑前提。"性格弱点"也绝对不是"人格缺陷"。性格和人格不能等同，二者是具有本质区别的两个范畴。（后面详述，此处不赘。）主政时间长短也绝不是相材是否缺失的逻辑前提。主政时间长短与相材、业绩、事功都不是正比例关系。有的相臣主政时间很长，十年、二十年，但事功不多，而干的坏事却不少，如严嵩；有的相臣主政时间很短，只有二三年，但事功却不少，有些事功其政治、军事、经济、社会的意义重大，影响深远，如高拱。古代有句名言"不以成败论英雄"，愚以为，也不能以主政时间长短论相材、论事功。赵文这种"抓住一点，尽量夸大，不及其余"的形而上学方法，是为坚持辩证唯物史观的学者所不取的。

在没有提出全面具体的相材条件的逻辑前提下，赵文便抨击高新郑缺失相材。但是，抨击主体并不知晓被他抨击的客体高新郑，早在四百多年前就提出并论证过全面而具体的相材条件了。高拱其人不仅不缺失相材，反而是相材条件的发明者、深论者。下面且看他的主张和论述。

首先，高拱提出并阐发了首相在治国中的重要地位及其相应具备的相材条件。他指出："要得天下治，只在用人。用人只在用三个人：一个首相，一个冢宰，一个台长。首相得人，则能平章天下，事务件件停当。……然这三个人中，尤以首相为要。"[①] 在简述相材条件时，言："才德兼者，上也；有根本而才气微者，次也；有才气而根本微者，又其次也。然三者皆不可弃。以才气胜者，用诸理繁治剧；以根本胜者，

---

① 高拱：《本语》卷六。

用诸敦雅镇浮;若夫钧衡宰制之任,必得才德兼备之人,而缺其一者,断不可以为也。"① 他对相材"才德兼备"条件作了进一步的细化:"宰相天下之枢,必得心术正、德行纯、识见高、力量大、学问充、经练熟者,方可为之。若不试以事,徒取文艺;不拣其才,徒俟俸资,则岂能为百辟之师,平章军国重事而无舛乎?"② 在这里,高拱规定的相材需具备"才德兼备"的六大条件并经处事实践检验后才能充当首相,是相当完备而严整的体系。

其次,关于出诸翰林相材的选拔条件和培育,高拱亦有明确的主张和论述。明朝有个不成文的规定:"非翰林不入内阁。"高拱认为,并非所有翰林官员都可以入阁拜相。相材选拔,"必择夫心术之正,德行之良,资质之聪明,文理之通达者充之",反对"才庸德浅""高分低能"的翰林官员充当相材选拔的对象。对相材的培育,高拱概括为八个字:"辅德辅政,平章四海。""一在辅德,则教之以正心修身,以为感动之本;明体达用,以为开导之资。如何潜格于其先,如何维持于其后。不可流于迂腐,不可狃于曲学。""一在辅政,则教之以国家典章制度必考其详,古今治乱安危必求其故。如何为安常处顺,如何为通变达权,如何以正官邪,如何以定国是。……教之以明解经书,发挥义理,以备进讲;教之以训迪播告之辞,简重庄严之体,以备代言;教之以错综事理,审究异同,以备纂修。"讲论督课,养之既久,"试其所有之深浅,观其行履之实否","则又拔其尤者而登用之。如此,相可得人,相业必有可观者"。高拱反对对相材教之以诗文,"用非所养,养非所用"。他说:相材"其选也以诗文,其教也以诗文,而他无事也焉。夫用之为侍从,而以诗文犹之可也。今既用以平章,而犹以诗文,则岂非所用非所养,所养非所用乎"?对相材教之以"应制之诗文,程士之文艺,其在后焉"。然而,"今也止教诗文,更无一言及于君德治道,而又每每送行贺寿以为文,栽花种柳以为诗,群天下英才为此无谓之事,而乃以为养

---

① 高拱:《本语》卷五。
② 高拱:《本语》卷五。

相材，远矣"①。

再次，高拱还主张出身翰林和行政衙门的相材参用互补。他说："阁臣用翰林，而他衙门官不与，既未经历外事，事体固有不能周知者。而他衙门官无辅臣之望，亦复不为辅臣之学，此所以得人为难也。今宜于他衙门官选其德行之纯正，心术之光明，政事之练达，文学之优长者，在阁与翰林参用之。"② 相材不论出身翰林或行政衙门，高拱反复强调的是"才德兼备"、以德为先，并经过参验的相材条件。

高拱上述关于相材的主张和论述，不是空洞抽象的学术议论，而是他对从政任相以来长期观察思考和实践经验的概括和总结。这一完备的相材主张和论述，多为后世史家学者所认同、所引证；但却为赵文所无视、所抹杀，这或许是出于历史偏见，对他所抨击对象的著作不屑一顾所致。赵文虽然未能提出自己的相材标准、相材缺失的逻辑前提，但从其全文的整体倾向和观点来看，在其心目中还是有其相材的偶像和楷模标杆的。他们是嘉靖初年反对大礼议的首辅杨廷和及其追随者；是嘉、隆之交，处世圆滑"四面观音"③，"柔和之义胜，直方之德微"的"甘草国老"④ 首辅徐阶，"以青词得政，容容充位，无所短长"⑤ 的首辅李春芳，以及"性气过刚，少大臣之度"⑥的赵贞吉等；当然更包括"功过不掩"⑦ 的万历新政首辅张居正。赵文之所以把他们看成相材的楷模，毫无缺失，是就人论人、就事说事，以片面的而非全面的形而上学观察的结果。肯定或否定一切，都是形而上学，都会背离史实真相。赵毅先生对自己心目中的相材楷模，不计缺失，多计功绩，全面肯定；唯独对

---

① 高拱：《本语》卷五。
② 高拱：《本语》卷五。
③ 黄景昉：《国史唯疑》卷六。
④ 海瑞：《海瑞集》上编［京官时期］《乞治党邪言官疏》及《附录》。
⑤ 万斯同：《明史》卷三〇三"论曰"，《续修四库全书》史部第329册。
⑥ 万斯同：《明史》卷三〇三"论曰"，《续修四库全书》史部第329册。
⑦ 夏燮：《明通鉴》卷首《与朱连洋明经论修明通鉴书》，《续修四库全书》史部第364册。

高拱,只计缺失,不计功绩,全盘否定,未免太过偏颇。若全面地看,赵毅先生心目中的那些楷模亦有自己的功过得失,二者不能相掩,不能以其缺失否定其相材;同样,对高拱亦应作如是观。下面我们将从相材的全面观点出发,从政见政纲的高度,来论述隆庆阁臣的是非去留,以及高拱为人为相的历史真相。

二、嘉隆阁臣政见之分歧

嘉靖四十五年(1566)三月,首辅徐阶推荐高拱入阁。赵文说:"新郑一度入阁,以群辅搏首辅,有违做官之道,大失人望,是其一度入阁败北的主要原因。"① 这种责难是表象之见、世俗之论,没有触及高徐之间的政见分歧。而政见政纲的分歧则是徐阶逐高出阁的根本原因。

嘉靖四十一年(1562)五月,徐阶代权奸严嵩为首辅,书三语悬于直庐曰:"以威福还主上,以政务还诸司,以用舍刑赏还公论。"又邀阁僚共同拟票曰:"事同众则公,公则百美基;专己则私,私则百弊生。"这个三语共票的政见政纲虽然关注的只是内阁运作,不涉及社会弊端的改革,但却使徐阶巧于收功,妙于收誉,大得人心,尤其"自是言者益发舒,无所避忌"②,于是"论者翕然推阶为名相焉"③。在此,且不论三语中前二语毫无实际意义,仅就阁臣共票来说,也没有被真正贯彻执行。如《嘉靖遗诏》这样事关两朝交替的政治文件,徐阶秘密起草,不以语同列,自食其言"同众则公",大行其专私,从而挑起内阁风潮与政争。

---

① 赵毅:《高新郑相材缺失论》,载《哈尔滨师范大学社会科学学报》2010年第1期。
② 万斯同:《明史》卷三〇二《徐阶传》,《续修四库全书》史部第329册。
③ 万斯同:《明史》卷三〇二《徐阶传》,《续修四库全书》史部第329册。

高拱通过对嘉靖中后期弊政的长期观察思考，在入阁前一年，形成了自己鲜为人知的整顿改革、修举实政的政见政纲。他在乙丑会试的呈文中，阐述了通权达变、"合圆会通"的权变新论，提出"事以位移，则易事以当位；法以时迁，则更法以趋时"①的崭新命题，确立了改革变法的理论基础。在入阁前夕，高拱又撰写了一道未上奏疏，阐述了当时存在的"坏法""黩货"等八种颓习，提出革除八弊的救治方略和"修内攘外，足食足兵"的改革目标。这是其改革变法的纲领性文献。此疏最后提出，君是出令者，臣是行令者；行之善与不善，则又"在于当事之臣焉"②。其透露了他对首辅徐阶不思改革的不满和与其的分歧。

由于政见政纲的不同，高拱一入阁，便与徐阶意颇相左，因之二人之间便发生了一系列的矛盾冲突。"阁臣入直西苑，自世皇中年始，有事在直，无事在阁。世皇谕阁臣曰：'阁中政本可轮一人往。'徐文贞竟不往，曰：'不能离陛下也。'……公（高拱）正色问文贞曰：'公元老，常直可矣，不才与李（春芳）、郭（朴）两公愿日轮一人谐阁中习故事。'文贞拂然不乐。"③ 接着给事中胡应嘉有所受旨，劾高拱不忠二事，以此激怒皇上，欲逐高出阁。高亦上疏申辩。因皇上病重未加处理，徐阶便拟令"拱供职如故"④。未几，世宗驾崩，围绕遗诏问题，高、徐政见冲突公开化、白热化了。穆宗即位，"议登极赏军事，公（拱）曰：'祖宗无此，自正统元年（1436）始也。先帝以亲藩入继，时尚殷富，遂倍之。今第如正统事行，则四百万之中可省二百万矣。'当事者竟如嘉靖事行，而司农苦不支"⑤。当时"有言大臣某者，其人实有望，不当拟去。而首揆重违言者意，乃以揭请上裁。公曰：'此端不可开，先帝

---

① 高拱：《程士集》卷四《孔子言权》。
② 高拱：《南宫奏牍》卷一《挽颓习以崇圣治疏》。
③ 郭正域：《合并黄离草》卷二四《太师高文襄公墓志铭》，《四库禁毁书丛刊》集部第 14 册。
④《明世宗实录》卷五六五，嘉靖四十五年十一月乙亥。
⑤ 郭正域：《合并黄离草》卷二四《太师高文襄公墓志铭》，《四库禁毁书丛刊》集部第 14 册。

历年多通达国体，故请上裁。今上即位甫数日，安得遍知群下贤否，而使上自裁，上或难于裁，有所旁寄，天下事去矣。'乃竟请上裁"①。高拱其人有怀即吐，"性素直率，图议政体，即从旁可否，华亭积不能容"，"因百计逐之"②。时因处分胡应嘉违制一事，徐阶把科道言官及六卿之长论奏矛头引向高拱，"凡二十八疏，大略保华亭之功，劾新郑之罪，以为不可一日使处朝廷"③。穆宗无奈批准高拱归家养病。可见，政见分歧，是高拱一度被逐出阁的真正原因。

嘉、隆之交，高、徐政见分歧聚焦在《嘉靖遗诏》上。"帝崩，阶草遗诏，夜召门生学士张居正谋之，不以语同列"，诏下，虽然"朝野号恸感激"，"而同列高拱、郭朴皆不乐"④，对遗诏提出了一些不同或反对意见。而赵文抓住高拱的所谓"扬言"，"徐公谤先帝，可斩也"，以时人海瑞、李贽、吴瑞登的言论为论据，对高大加抨击。但是，非常可惜，这是移花接木、无的放矢的错位抨击。熟读明史的赵教授不会不知道，无论是万斯同的《明史》还是张廷玉的《明史》，都明确记载"徐公谤先帝，可斩也"是郭朴之言，而非高拱之语。万氏《明史》曰："而同列高拱、郭朴皆不乐。朴曰：'阶公谤先帝，可斩也。'"⑤ 张氏《明史》曰："同列高拱、郭朴以阶不与共谋，不乐。朴曰：'徐公谤先帝，可斩也。'"⑥ 大概赵教授不会把"朴"字误读为"拱"字吧？郭朴此语，万、张《明史》均源于王世贞的《嘉靖以来内阁首辅传》。王言：遗诏下，"同列皆惘惘若失，而朴尤椎，时语人'徐公谤先帝，可斩也'。拱亦与相应和"⑦。高拱与郭朴如何"相应和"？王、万、张三人的史著均无下文，隐而不言。但是，时人郭正域则有其明确的记载：

---

① 万斯同：《明史》卷三〇三《徐阶传》，《续修四库全书》史部第329册。
② 于慎行：《谷山笔麈》卷四《相鉴》，卷五《臣品》。
③ 于慎行：《谷山笔麈》卷五《臣品》。
④ 万斯同：《明史》卷三〇二《徐阶传》，《续修四库全书》史部第329册。
⑤ 万斯同：《明史》卷三〇三《徐阶传》。
⑥ 张廷玉：《明史》卷二一三《徐阶传》。
⑦ 王世贞：《嘉靖以来首辅传》卷六《高拱传》。

（世皇）龙驭上宾，华亭公于袖中出草诏，欲以遗命尽反先政。公（高拱）谓"语太峻"，与安阳公（郭朴）入室对食相向曰："先帝英主，四十五年所行非尽不善也。上亲子，非他人也；三十登庸，非幼小也。乃明于上前扬先帝之罪以示天下，如先帝何？且醮事先帝几欲止矣，紫皇殿事谁为之，而皆为先帝罪乎？土木之事，一丈一尺，皆彼父子视方略，而尽为先帝罪乎？诡随于生前，而诋罟于身后，吾不忍也。"相视泪下。语稍闻外廷，而忌者侧目矣。①

徐阶所拟遗诏，"以遗命尽反先政"，高拱、郭朴反对这种对先帝全盘否定的总体评价。郭言"徐公谤先帝，可斩也"，"谤先帝"确是事实，"可斩也"未免有些过激之嫌。而高则只说"语太峻"，"吾不忍也"，并非激愤之语；而且高对郭"相应和"的言论，是持之有故、言之成理的：第一，肯定"先帝英主"，绝非昏君庸主、历史罪人；其在位四十五年所行"非尽不善也"，意即有善，有不善，善政与弊政应该区别开来。第二，皇上三十岁登基，在其前"扬先帝之罪以示天下"，有伤父子之恩、改父之政，割裂嘉、隆两朝的政治联系。第三，斋醮、土木之事，不全是先帝之罪，首辅徐阶也有一份责任。新朝的旧首辅是推卸不掉对前朝弊政应负的责任的。第四，特别是"诡随于生前，而诋罟于身后"的准确概括，使两朝首辅徐阶大为恼火，但却揭露了他对世宗生前死后言行作为的两面人格。赵文既然是对高新郑否定遗诏的言行进行批判的，那为什么不针对上述高拱"相应和"的言论——加以反驳呢？这是研究高拱否定遗诏决不应该遗忘和回避的极为重要的一段言论。

赵文还说："嘉靖中晚期，明世宗大失君德，朝政一团黑暗"，徐阶

---

① 郭正域：《合并黄离草》卷二四《太师高文襄公墓志铭》，《四库禁毁书丛刊》集部第14册。

草诏,"纠正前朝政治违误,昭雪冤假错案"是"当行之事"①。嘉靖四十五年(1566),既有"中晚期",必有"早期"与之相区别或对立。"中晚期"世宗所行是黑政恶政,请问"早期"呢?众所周知,嘉靖早期的大礼议前后持续了十八九年,它是世宗以旁支继统,建极创制,使其皇权具有合法性、正统性和至上性的政治基础。而遗诏则彻底否定早期的大礼议,明言:"自即位至今,建言得罪诸臣,存者召用,殁者恤录,见监者即先释放复职。"②明史更是一语道破:"大礼大狱言事得罪诸臣悉牵复之。"③这就充分证明遗诏平反先朝言事得罪之臣,是包括早期大礼得罪之臣在内的。赵文一方面坚持赞同遗诏否定早期的大礼议,认为大礼议是"政治违误",大礼得罪之臣是"冤假错案",应予"昭雪";另一方面又把嘉靖"早期"和"中晚期"加以区别和对立,判定"中晚期"是黑政、恶政,讳言"早期"朝政的性质。这种自相矛盾的观点是不能自圆其说的。从根本上说,赵文认为"早期"世宗钦定的大礼议亦是黑政、恶政,因此区分"中晚期"和"早期"不过是画蛇添足、没有任何实际价值和意义。高拱与徐阶政治分歧的核心,就在于前者反对遗诏对早期大礼议的根本否定,对早期大礼得罪诸臣同其他言事得罪诸臣一样平反昭雪,从而维护世宗早期钦定的大礼议这一嘉靖朝的政治基础。高拱复出,坚决停行遗诏对大礼得罪诸臣的继续平反、加官荫子。疏言:

> 迨我先帝以神圣御极,骏烈鸿猷,昭揭宇宙。我皇上嗣登宝位,志隆继述,所谓不改父之政,实本心也。而当时议事之臣,不以忠孝事君,务行私臆,乃假托诏旨,于凡先帝所去,如大礼大狱及建言得罪诸臣,悉起用之,不次超擢,立至公卿;其已死者悉为

---

① 赵毅:《高新郑相材缺失论》,载《哈尔滨师范大学社会科学学报》2010年第1期。
② 《明世宗实录》卷五六六,嘉靖四十五年十二月辛丑。
③ 张廷玉:《明史》卷二一三《徐阶传》。

赠官荫子。夫大礼先帝亲定,所以立万世君臣父子之极也。献皇尊号已正,《明伦大典》颁天下已久矣。而今于议礼得罪者悉从褒显,将使献皇在庙之灵何以为享?先帝在天之灵何以为心?皇上岁时祭献何以对越二圣?则岂非欺误皇上之甚者乎?至于大狱及建言得罪诸臣,岂无一人当其罪者?而乃不论有罪无罪,贤与不肖,但系先帝所去,悉褒显之,则无乃以仇视先帝欤!则无乃以反商政待皇上欤!……臣独痛夫人臣归过先帝,反其所为,以行己之私臆既多时矣,宜亦有明之者矣。①

疏上,穆宗批示:

> 大礼,皇考圣断,可垂万世,谏者本属有罪;其他谏言被遣诸臣,亦岂皆无罪者?乃今不加甄别,尽行恤录,何以仰慰在天之灵?……以后敢有借例市恩,归过先帝者,重罪不饶。②

穆宗和高拱都认为,大礼得罪者绝对不应平反,大狱及其他建言得罪诸臣亦要甄别区处。这样才能区分世宗所行的善政与弊政,才能坚持世宗一以贯之的治国路线和政治基础。田澍先生对此疏的"政治意义"和"独特作用"作了高度评价:"高拱被穆宗重用后,充分肯定了世宗钦定的大礼议,旗帜鲜明地坚持世宗朝的政治路线,使隆庆朝在震荡中得以调适,完成了与嘉靖朝的理性对接。这是高拱对隆庆政治的重要贡献,也是高拱在隆庆朝政治中有所建树的基点。"③ 这一观点是极有见地和确当的。而赵文却极力坚持遗诏认定的早期大礼议是"政治违误",对大礼得罪诸臣应该悉加恤录赠官;极力反对高拱维护世宗早期钦定的大礼

---

① 高拱:《掌铨题稿》卷一《正纲常定国是以仰神圣政疏》。
② 高拱:《掌铨题稿》卷一《正纲常定国是以仰神圣政疏》;《明穆宗实录》卷四九,隆庆四年九月辛未。
③ 田澍:《震荡与调适:隆庆政治的走向》,载《社会科学辑刊》2011年第2期。

议，停行遗诏对大礼得罪诸臣的继续平反昭雪。这就充分表明赵文所谓的"早期"同"中晚期"一样，世宗所行均为黑政、恶政。把"早期"排除在遗诏之外，足见其思维和逻辑的混乱！

三、隆万阁臣去政之真相

隆庆朝虽然只有短短六年时间，但阁臣先后却有九人之多。首辅三人：徐阶、李春芳、高拱；阁员六人：郭朴、陈以勤、张居正、赵贞吉、殷士儋、高仪。由于他们在人生经历、文化背景、器识性格、价值取向、学术思想，乃至政见政纲上的不同，使内阁风潮迭起，人事不断变迁，权力不断转移，最后只留下高拱、张居正两人。隆万之交，张"附保逐拱"，内阁只剩张一人为首辅了。"盖隆庆一朝，首尾六年，与江陵同事者凡八人，皆以计次第见逐。新郑公初为刎颈交，究不免严谴。此公才术，故非前后诸公所及。"① 而赵文却将内阁诸臣之去，完全归咎于人际关系、争权夺利、报复怨仇，尤其是高拱"恃宠恃权"，驱逐同僚，夺取"首辅之位"。此说不仅有悖史实，而且对高拱也大失公允。

徐阶致仕问题。隆庆元年（1567）五月，徐阶将高拱驱逐出阁，九月又将郭朴逐出内阁。赵文说："徐阶为此也付出了惨重代价，失却穆宗的信任，很难在政治上继续展布，隆庆二年（1568）七月致仕。"② 把徐阶之去归因于高拱，完全背离历史事实！徐阶致仕的根本原因，是给事中张齐论劾其不职，略言："阶事世宗皇帝十八年，神仙、土木皆阶所赞成；及世宗崩，乃手草遗诏，历数其过。阶与严嵩处十五年，缔交连姻，曾无一言相忤；及严氏败，卒背而攻之。阶为人臣不忠，与人交

---

① 沈德符：《万历野获编》补遗卷二《隆庆七相之去》。
② 赵毅：《高新郑相材缺失论》，载《哈尔滨师范大学社会科学学报》2010年第1期。

不信,大节已久亏矣。比者,诸边告急,皇上屡屡宣谕,阶略不省闻,惟务养交固宠,擅作威福。天下惟知有阶,不知有陛下。臣谨昧死以闻。"① 张齐所论三事,前二事众所周知;后一事鲜为人知,史家也鲜有论及。隆庆元年(1567)九月,"癸亥,俺答陷石州,杀知州王亮采,掠交城、文水。壬申,土蛮犯蓟镇,掠昌平、卢龙,至于滦河"②。穆宗亲自选将调兵,屡有宣谕,加意防守,而具有辅弼职责的徐阶却不闻不问。"时上御经筵毕,而询阶以战守方略,……阶不能答,乃请至阁议。""竟无长策登对,殊缺望也。"③ 在穆宗督促下,徐阶召集文武群臣集议,同年十一月呈上老生常谈的防虏之策十三事④。由上可知,首先是徐阶不展布、不作为,渎职失职,没有尽到首辅平章军国大政的职责,才导致"失却穆宗的信任",绝非赵文倒果为因,先是"失却穆宗的信任",而后才"很难在政治上继续展布"。徐阶持诤"多宫禁事",关心"养交固宠",而忽略军国大政。针对弹章,徐在乞休疏辩中首言:"阁臣之职止是票拟","兵事尽归之兵部",推卸嘉靖以来形成的首辅平章军国大政的职责;二言:"禹汤罪己,其兴勃焉","轮台奉天之诏,亦足以收人心",臣拟遗诏"实代先帝言","盖衍成美",终于坦认遗诏的实质是嘉靖帝的"罪己诏",而他从中"以收人心";三言:严嵩败亡与己无关,而是先帝、法司的主张和明断,把"卒背而攻之"说成是"大义灭亲,以国家为重"等等。徐再疏乞休,上许之。⑤ 徐阶之去,与其归因于高拱,不如归因于其得意门生张居正。徐阶乞休,"居正实言之李芳,谓阶宦久倦政,以是亟报许"⑥。

陈以勤致仕问题。陈于隆庆元年(1567)二月入阁。赵文说:陈"因上疏请'慎擢用,酌久任,治赃吏,广用人',诸事涉新郑所掌吏部

---

① 《明穆宗实录》卷二二,隆庆二年七月甲子。
② 张廷玉:《明史》卷一九《穆宗本纪》。
③ 唐鹤征:《皇明辅世编》卷五《徐文贞阶》。
④ 参见《明穆宗实录》卷一四,隆庆元年十一月辛酉。
⑤ 《明穆宗实录》卷二二,隆庆二年七月乙丑、丙寅。
⑥ 万斯同:《明史》卷三〇二《张居正传》。

权,'时高拱掌吏部,恶所言多侵己职',而忌恨以勤"①。此言不是史实。隆庆四年(1570)七月,陈奏时政六条,其中四条与吏部相关。针对"慎擢用",高专上一疏,提出今后处理意见。②其他"酌久任"等三条,高在其《掌铨题稿》卷十七、十八"条陈急务"的八疏中,都有所论及,并作过政策性规定。怎么能说是"寝其奏"不行呢?高、陈二人在裕邸、在内阁,共事关系比较融洽,无甚矛盾衅隙。所谓高"忌恨以勤",为高"所不容"云云,纯系赵文的主观推测。陈绝不是被逐,而是为保持中立而自动请求致仕的。在隆庆前期的内阁矛盾中,陈一贯保持"中立无所比,亦无私人竞"③。在后期内阁矛盾中,陈考虑到自己"与拱同年,且裕邸旧僚,贞吉其乡人,而居正则所举士也。然以勤度不能解,恐终不为诸人所容,力引疾求罢"④。于四年(1570)七月致仕归家。

赵贞吉致仕问题。隆庆三年(1569)八月,赵贞吉入阁。赵文对其入阁后发生的重大事件做了极其片面的评析和论断。第一,赵文一味吹捧赵贞吉的空言大话,无视赵挑起的内阁政争。赵一入阁,便全面否定朝政,大言不惭地面奏穆宗:"近日朝廷纪纲、边方、政务多有废弛。臣欲捐身任事,未免致怨。惟皇上主张于上,臣不敢有负任使。"⑤赵文认为"这表明贞吉对当时的社会问题有较清醒的认识,且勇于任事,愿意负起责任"⑥。但是,赵入阁一年,并无太大政绩可言,反而不断挑起内阁政争。他以资深大佬自居,尤其藐视年轻有为、力主变革的张居正。"大学士赵贞吉入,其位居居正下,然自负长辈而材,间呼居正

---

① 赵毅:《高新郑相材缺失论》,载《哈尔滨师范大学社会科学学报》2010年第1期。
② 高拱:《掌铨题稿》卷一七《复大学士陈以勤条陈疏》。
③ 万斯同:《明史》卷三〇三《陈以勤传》。
④ 万斯同:《明史》卷三〇三《陈以勤传》。
⑤《明穆宗实录》卷三六,隆庆三年八月壬戌。
⑥ 赵毅:《高新郑相材缺失论》,载《哈尔滨师范大学社会科学学报》2010年第1期。

'张子'，有所语朝事，则曰'唉，非尔少年辈所解'。居正内恨，不复答。"① 张在内阁甚感孤立，视赵贞吉、李春芳为其推行政纲、仕途干进的最大障碍。于是，"居正与故所善掌司礼者李芳谋，召用拱，俾领吏部，以扼贞吉，而夺春芳政"②。隆庆四年（1570）正月，高拱至京上任，因与张在政见上志同道合，二人相处益密。赵见高兼掌吏部，于是"言于李春芳，亦得掌都察院"③。这时内阁五人，除陈以勤中立外，两派力量对比基本达到平衡，李、赵与高、张双方阵线分明，旗鼓相当，其矛盾冲突是不可避免的。第二，赵文坚认李春芳、赵贞吉是"俺答封贡"的力主者和主持者，极力抹杀高拱的主导和决策作用，从而颠倒决策封贡的主次关系。赵文引证万氏《明史》曰：隆庆四年（1570）俺答款塞求封，朝议多以为不可，"贞吉力主其议，封事遂成"。"春芳以为当许，而众议纷然，乃偕拱、居正即帝前决之，封事遂成。"④ 而对高、张则加以并列，不分主次。又引证张氏《明史》曰："拱与居正力主之，遂排众议请于上，而封贡以成。"⑤ 李、赵、高、张四人平列，都是"力主"者，但其主旨本意则认定李、赵是力主者和主持者，并说"封把汉那吉指挥使之诏书，是春芳商贞吉草拟的"⑥。赵文对史料的取舍态度是：对己之偏见有利则用之，无利则弃之。赵文征引最多的万氏《明史》，明确指出：俺答求贡，"朝议多以为不可。拱独力主之，春芳与居正亦如拱指，遂排众议请于上，而封贡竟成"。"居正佐拱等力请许之，贡市遂定，边患以宁。"⑦ 这两条关键史料，确证高拱是俺答贡市的主持者和决策者，因与作者偏见相悖，故弃而不用。居正言：俺答"款关求

---

① 王世贞：《嘉靖以来首辅传》卷七《张居正传》。
② 张廷玉：《明史》卷二一三《张居正传》。
③ 万斯同：《明史》卷三〇三《赵贞吉传》。
④ 万斯同：《明史》卷三〇三《赵贞吉传》《李春芳传》。
⑤ 张廷玉：《明史》卷二一三《高拱传》。
⑥ 赵毅：《高新郑相材缺失论》，载《哈尔滨师范大学社会科学学报》2010年第1期。
⑦ 万斯同：《明史》卷三〇二《高拱传》《张居正传》。

贡。中外相顾骇愕,莫敢发。公(高拱)独决策,纳其贡献,许为外臣"①。俺答贡市,"拱独力主","独决策",也为史实所证实。从受降、遣还、处叛、封贡、互市各个环节,再到事竣提出修举边政八事,以及辞免加恩奖赏,无一不是高拱的谋略和决策。只因当时李春芳为首辅,故而"偕拱与居正即帝前决之",其时决策与赵无关,因他已致仕。至于李、赵相商草拟诏书之事,国史正史查无实据,不可详考。第三,赵文借赵贞吉的激愤之言,把高拱定性为"一代横臣"。高、赵之间的直接冲突起因于御史叶梦熊上疏反对朝廷受降把汉那吉的正确决策。穆宗怒叶妄言谣乱,命降级外调,并面谕高拱考察:"朝觐在迩,纠劾宜公。自朕即位四年,科道官放肆,欺乱朝纲,其有奸邪不职,卿等严加考察,详实以闻。"②当赵得知圣谕,因自己未参与其事,便疏止考察,曰:顷因叶梦熊考察科道并及四年以前,"众心汹汹,人人自危","今一概以放肆欺乱,奸邪不职罪之","未免忠邪并斥,玉石俱焚"。"未闻群数百人而尽加考察,一网打尽。"要求皇上"收回成命"。疏入,"上报有谕"③。曲解圣谕,指斥朝政,理所当然遭到拒绝。高请与都察院共同考察,上是之。在考察中,高、赵难免一番争论,结果二十七人降斥如例。吏科都给事中韩楫劾赵庸横,请罢之。赵疏辩曰:"人臣庸则不能横,横非庸臣之所能也。"其无端指责高"借手圣谕,以报复私愤,以张大威权","其他坏乱选法,纵肆大恶,昭然在人耳目者,尚噤口不能一言","臣真庸臣"。然后反咬一口,"若拱者斯可谓横也已","愿令拱复还内阁,毋久擅大权,以树众党","助成横臣之势,以至于摩天横海而不可制"。疏入,"上手诏令贞吉致仕,赐驰驿以归"④。赵归家未久,闭户追思,又致书于高曰:"今之世,惟公能知我,惟公能护我,亦惟公能恕我。""一旦乖隔,即成参商,是仆之罪过,薄德甚矣。""仆

---

① 张居正:《张太岳集》卷七《门生为师相中玄高公六十寿序》。
② 《明穆宗实录》卷五〇,隆庆四年十月丁巳。
③ 《明穆宗实录》卷五〇,隆庆四年十月己未。
④ 《明穆宗实录》卷五一,隆庆四年十一月乙酉。

自谢事以来,终不敢以纤芥有憾于公。"① 从赵前后矛盾心态的变化来看,指高为"横臣"不过是一时一事的激愤之言,并未真正认定高就是"横臣"。而赵文却借贞吉指高为"横臣"的激愤之言,得出所谓的定性结论:"高新郑也给我们提供了一个缺失某些相材的一代横臣形象。"②"一代横臣"不仅是高拱缺失相材的重要论据,而且也是高拱被永远钉在历史耻辱柱上的全部罪行。显然,这种以偏概全的研究手法,是为严谨的学者所不取的。

李春芳致仕问题。李擅长青词,为人宽厚,议论持平,素有"青词宰相""太平宰相"③之称。赵文评他"无太大的才具,亦无明显的过失"④。徐阶致仕,升为首辅,其同年张居正"恃才傲物,视春芳蔑如也"。阶去,"春芳叹曰:'徐公尚尔,我安能久,容计旦夕起身耳!'居正遽曰:'如此,庶保令名!'春芳愕然。未几,遂三疏乞休,帝不允"⑤。时在隆庆三年(1569)三月乙卯、戊午间。八月,赵贞吉入阁。次年正月,高拱复起,以次辅掌铨。赵文说高"握有实权,似可大有展布,侃侃行志了。然而,他的面前还横着一个首辅李春芳",目标是夺取李的"首辅位置"⑥。其实,李虽为首辅,并未妨碍高的展布和行志:"用人行政,皆自拱出。"⑦ "出理部事,入参机务。兴化为首揆,受成而已。遇大事立决,高下在心,应机合节,人服其才,比与排山倒海未有

---

① 赵贞吉:《赵文肃公全集》卷二二《与高中玄阁老书》。
② 赵毅:《高新郑相材缺失论》,载《哈尔滨师范大学社会科学学报》2010年第1期。
③ 张廷玉:《明史》卷一九三《袁炜传》;《明神宗实录》卷一五〇,万历十二年六月癸亥。
④ 赵毅:《高新郑相材缺失论》,载《哈尔滨师范大学社会科学学报》2010年第1期。
⑤ 万斯同:《明史》卷三〇三《李春芳传》。
⑥ 赵毅:《高新郑相材缺失论》,载《哈尔滨师范大学社会科学学报》2010年第1期。
⑦ 万斯同:《明史》卷三〇二《高拱传》。

过也。"① 至于李之去位，则因形势所迫，绝非因高的有意驱逐。高拱再次入阁一年有余，即取得重大政绩。"高决策定贡市，合七镇为一，岁省边费百余万。招安国亨出就理，尽平两广诸蛮。一时经略，慷慨直任，皆有成功。然兴化不胜迫，辞位去，高居首。"② 五年（1571）二月壬寅，李以疾乞休未允。四月庚申，南京给事中王祯疏诋春芳，李疏辩求退，仍未应允。五月壬戌、辛未、戊寅，又三疏求退，帝见其求退诚恳，乃许之。可见，李五疏求退，与高无关。而赵文却故意颠倒五疏求退时序，搅浑视听，把李之致仕归过于高。他说："王祯希拱意疏诋春芳，春芳疏辨求去，帝允其请。""高新郑如愿以偿，登上内阁首辅宝座。"③ 王祯"疏诋"确是事实，而"希拱意"则是揣摩之谈。"希"者，迎合也。言官迎合，或许有之，但绝非高的指使。穆宗允准李之致仕，并非王祯的疏诋，这是《明穆宗实录》卷五四、五六、五七所证实了的。

隆庆内阁，谁主沉浮？一言以蔽之曰：张居正。高拱复政二年，同列李春芳、陈以勤、赵贞吉、殷士儋的致仕或"见逐"，"虽发之高拱，而其机皆出居正"④。其实，隆庆阁臣之去，张居正无不插手其间。元年（1567），高拱与徐阶矛盾激化，"张故徐门生，为之调停其间，愆惠高避位"。郭朴与高"同乡厚善，亦非徐所喜，张亦佐徐逐之"。二年（1568），首揆徐阶被论，"张又与大珰李芳谋令归里"。三年（1569），因张为赵所轻，"乃市恩于高，起之家，且兼掌吏部"。四年（1570）七月，陈为"张与高所厌，相继逐矣"。十一月，因"赵亦与高争权，张合策排之行"。五年（1571）五月，李"益为张所轻"，"相继逐矣"。十一月，殷在张下，"且与高隙，张既乘间排去"。六年（1572）四月高

---

① 朱国祯：《皇明大事记》卷三八《阁臣》。
② 万斯同：《明史》卷三〇三《除阶传》。
③ 赵毅：《高新郑相材缺失论》，载《哈尔滨师范大学社会科学学报》2010年第1期。
④ 王世贞：《嘉靖以来首辅传》卷七《张居正传》。

仪入阁,"不两月,悒悒不得志,卒于位"①。隆庆阁臣被逐,基本上是张居正一人所为。其中,李、陈、赵、殷之见逐,如其归因于高,不如归因于张,归因于高被张玩弄于股掌。"高之过刚,入江陵度中不觉也。"② 大凡政治家,无一没有权力欲。张的权力欲比高更大、更强、更盛,其登进目标是"谋高位,当大官,掌全权"。最后,高亦不免被张所逐。赵文把"老斗士""权谋"的帽子加在高的头上,不如戴在张的头上更为合适。

高拱被逐问题。隆庆末,内阁虽有三人,而左右政局的是首辅高拱和次辅张居正两人。高、张原本是"香火盟""相期以相业"的政治盟友,但当高代李为首辅后,张耻居高下,与之争功、争权、争位,渐行渐远,以致水火不容。穆宗驾崩,神宗即位。其时皇上幼冲,必然受成于两宫;两宫一帝又多听信于身边大臣。"权不自制,惟恐外廷之擅。"③而高失去靠山后,不惟不去争宠固位,反而错估当时形势,失言失策:急惩中官专政,条奏五事,请夺司礼权,还之内阁;又命言官合疏攻冯(保),而己拟旨逐之。④ 高性急机浅,输诚同列,把逐冯之计使人全盘告知早已背叛盟友而投靠冯保的张居正。张阴泄于冯,冯得为备。冯保其人善于进谗言、造谣言、散流言。把高言"十岁太子,如何治天下"谬改为"拱斥太子为十岁孩子,如何作人主"⑤;把"安有十岁天子而能自裁乎"谬改为"高先生云,十岁儿安能决事"⑥,向两宫一帝进谗。并造谣说:"拱欺太子幼冲,欲迎立其乡周王以为功,而己得国公爵矣。""又多布金于两宫近侍,俾言之"⑦,使其散布流言。进谗和造谣骤移两

---

① 沈德符:《万历野获编》补遗卷二《隆庆七相之去》。
② 朱国祯:《皇明大事记》卷三八《阁臣·附录》。
③ 《明神宗实录》卷一,隆庆六年六月庚午。
④ 参见万斯同《明史》卷三〇二《高拱传》。
⑤ 张廷玉:《明史》卷三〇五《冯保传》。
⑥ 谈迁:《国榷》卷六八,隆庆六年六月丁卯。
⑦ 王世贞:《嘉靖以来首辅传》卷六《高拱传》。

宫一帝之意，其决定以"专权擅政"罪名，令高拱"回籍闲住，不许停留"①。正如赵先生坦认的那样："形式上是两宫一帝驱逐高拱，深层玄机是张居正、冯保联合驱逐高拱。"② 张居正"附保逐拱"的成功，使他终于夺取了内阁首辅的高位。

高拱被逐，赵教授言："高新郑两次在阁的时间达 44 个月，任内阁首辅的时间达 13 个月，历史已经给足了新郑机会。"③ 在赵教授看来，44 个月（赵的历法无闰月之说，故不含两个闰月）不只历史太长，其实是历史误会，因为高新郑压根就缺失相材。其实，对高拱来说，建功立业并不需要 44 个月，30 个月就足够了。高拱主持隆庆后期的改革开放，只有短短两年半时间，在政治、军事、法治、经济、减少财政赤字和开放边贸（边禁）、开通海运（海禁）等方面，都颇有建树。真可谓"期月而可，三年有成"④。其相业在明代中后期社会开始转型过程中，具有开创性、标志性、划时代的历史意义。高拱两年半内以改革为主的功绩的历史意义不亚于其后张居正耗时十年以整顿为主的万历新政。隆庆后期，历史选择了高拱，高拱也没有辜负历史给他的短暂机遇。

四、公正廉直的为官之道

赵文说：高新郑"其兴也忽，其败也速，个中原委很有探讨之必

---

① 《明神宗实录》卷一，隆庆六年六月庚午。
② 赵毅：《〈病榻遗言〉与高新郑政治权谋》，载《古代文明》2009 年第 1 期。
③ 赵毅：《高新郑相材缺失论》，载《哈尔滨师范大学社会科学学报》2010 年第 1 期。
④ 《论语·子路》。

要"①。探讨之结果,"发现高新郑被驱逐与其做官做人的人格弱点有某种必然的关联。高新郑的相材是缺失的"②。看来,赵文已把论者所谓高拱的"性格缺陷"提升为"人格弱点"、把"性格决定命运"上纲为"人格决定被逐"的高度,来抨击高拱是缺失相材的。赵文的关键词之一就是"人格"。何谓人格、性格?赵文没有界定。我们认为,人格与性格是既有联系又有严格区别的两个不同的概念。性格是指一个人心理素质和潜意识的个性反映,表现为接人待物、处事的稳定性、习惯性的言行作风和态度,带有先天生理性的特质;而人格则是指一个人的尊严、价值和道德品质的总和,常被称为品德节操,具有后天社会性的特征。赵文是如何从人格高度、道德层面来论证高拱被逐的必然性和缺失相材的呢?

赵文"从为官之道、为相之道考察",认为"新郑似非相材也",其一是因其"刚偏太甚,缺少气度","屡与徐阶抗衡"③。首先,高被徐荐入阁,徐责难高对徐"始终不买账","不思图报"④。其实,徐之荐高入阁,有自己的谋算:一是"欣赏其才华,有意延纳之以为臂助";二是因"高拱与载垕之间的长远渊源和深厚情谊","及时延用高拱,实亦为结好于储君"⑤,有利于新君即位的邀宠固位。按照世俗观点,高入阁本应对徐感恩戴德,巴结逢迎,即如赵文为高设计的那样:"他本应隐忍自持,韬光养晦,与同列尤其是与如日中天、影响巨大的首辅徐阶

---

① 赵毅:《高新郑相材缺失论》,载《哈尔滨师范大学社会科学学报》2010年第1期。
② 赵毅:《高新郑相材缺失论》,载《哈尔滨师范大学社会科学学报》2010年第1期。
③ 赵毅:《高新郑相材缺失论》,载《哈尔滨师范大学社会科学学报》2010年第1期。
④ 赵毅:《高新郑相材缺失论》,载《哈尔滨师范大学社会科学学报》2010年第1期。
⑤ 韦庆远:《张居正和明代中后期政局》,广东高等教育出版社1999年版,第217页。

处理好关系,诚如是,那么作为'有才略'的政治新星,终有光辉灿烂的前程。"① 但是,高拱不是那种善用韬晦之计,具有两面人格的政客。他有自己的独立政见、人格尊严,坚持政治家应有的职业道德。"既跻政府,不为折节。"② 时人沈节甫言:"新郑不能夺也。上交不谄,下交不渎,谅哉!"③ 不媚不谄,守节如竹,这就是高拱的品德操守、独立人格。其次,赵文不厌其烦地指责高新郑"全面否定""根本否定"徐阶所拟遗诏。其实,高并未全面根本否定遗诏,而是否定遗诏对大礼得罪诸臣悉加平反,对方士王金等六人不据罪依法量刑而悉加论死;否定遗诏对嘉靖善政和革新的根本否定;否定徐阶对嘉靖皇帝"诡随于生前,诋訾于身后"的双重人格。徐拟遗诏"尽反先政",而高"尽反阶所为",来个否定之否定,这是完全顺理成章、合乎逻辑的事情。再次,赵文赞颂徐阶"休休有容",是"同样为相的高新郑所不具备的"。何谓"休休有容"?只有那种能够团结错误反对过自己的人一道合作共事的人,才能称为"休休有容"。以此标准衡量,高拱为相确实没能做到和与己政见不合的人一道共事,做到"休休有容"。不过,我们倒要质疑:"休休有容","有气度,有包容","一味甘草",能够"折衷调剂,煮于一锅"的首辅徐阶,为什么要把与己政见不合的高拱、郭朴都驱逐出阁呢?不惟如此,而且据赵文所说与徐"关系源远流长""仕途发展颇得徐阶提携"的赵贞吉④,为什么也一度被逐出京师呢?史载:隆庆元年(1567)九月,俺答、土蛮入寇,京师震动,形势紧张。穆宗"经筵毕,而询阶以战守方略,掌詹赵贞吉条对甚详,阶不能答,乃请至阁议。及议,贞吉首言,宜用首相巡边。阶不怿,竟以漫语上覆……不

---

① 赵毅:《高新郑相材缺失论》,载《哈尔滨师范大学社会科学学报》2010年第1期。
②《明神宗实录》卷八四,万历七年二月乙巳。
③ 黄景昉:《国史唯疑》卷七。
④ 以上参见赵毅:《高新郑相材缺失论》,载《哈尔滨师范大学社会科学学报》2010年第1期。

久，贞吉出而南矣"①。政见稍有不合，即把贞吉逐往南京。这就是对徐阶"休休有容"的最好注脚。

赵文提出"高新郑缺失相材"，其二还因"颇快恩仇，不能和衷"。赵文没有发现李、陈、赵、殷"做人做官有大的失德之处"，但"四人皆为新郑所不容"，"依次被逐出庙堂"②。关于四人致仕或"被逐"，已如上节所述是高、张二人所为。这里还需补充的是，"不能和衷"不是高拱单方面一人之事。孔子曰："道不同，不相为谋。"③ 中国历史上的高官，因治国之"道不同"而不能和衷、互相排逐的事例，多不胜举。即如隆庆朝而言，历时虽短，但内阁诸臣亦存在着治国之道的不同。徐阶、李春芳、赵贞吉的治国之道是：拨乱反正，恢复旧制；而高拱、张居正的治国之道则是：除弊创制，整顿改革。正是因为他们的治国之道（包括学术、理念、方略、政纲等）不同，所以不能和衷同事而互相排逐。徐阶、李春芳排逐高拱、郭朴出阁，因治国之道不同；高拱、张居正排逐李春芳、赵贞吉、殷士儋出阁，亦因治国之道不同。甚至后来张居正排逐高拱出阁，也是由于二人在整顿改革治国之道上的侧重点不同：高以改革为主，伴有整顿；张以整顿为主，伴有改革。赵文把陈、赵、李、殷四人"依次被逐"说成是高拱一人所为，竭尽全力为张居正开脱，不过是旧史学"袒文忠则绌文襄"④"进江陵则退新郑"⑤的历史偏见而已。

明清史家几乎众口一词批评高拱"颇快恩怨"，专修报复。这也为赵文指斥高新郑"做官做人的人格弱点"，"缺失相材"提供了资料和口实。隆庆之初，内阁处理胡应嘉违制事件，"智老而猾"的徐阶"阴饵

---

① 唐鹤征：《皇明辅世编》卷五《徐文贞阶》。
② 赵毅：《高新郑相材缺失论》，载《哈尔滨师范大学社会科学学报》2010年第1期。
③ 《论语·卫灵公》。
④ 马之骏：《高文襄公集序》，载《高拱全集》附录二。
⑤ 李永庚：《重修文襄高公祠堂记》，载《高拱全集》附录二。

拱于丛棘之上"①,不仅使高背上报复怨仇的黑锅,而且将其逐出内阁。高拱复政,人谓必且报复。面对舆论压力,他不避嫌怨,公忠任事,如说:"恩非不可结,其如害公;怨非不可远,其如亏法。苟有益于国,则嫌何足避?苟无益于国,则名何足图?"②"人臣修怨者,负国;若于所怨者避嫌而不去,或曲意用之,亦负国。何者?人臣当以至公为心。如其贤,不去可也,用之可也;如其不贤,而徒务远己之嫌,沽己之誉,而以不肖之人贻害国家,岂非不忠之甚乎?"③对弹劾过他的官员,既不"以怨报怨",也不"以德报怨",而是"以直报怨"。在他看来,"直者,情理之无所曲者也",就是"出乎心之公,得乎理之正,斯为直而已矣"④。张居正评价高拱曰:"再入政府,众谓是且龂龂诸言者,公悉待之如初,未尝以私喜怒为用舍。"⑤又曰:"有所举措,不我贤愚,一因其人;有所可否,不我是非,一准于理;有所彰瘅,不我爱憎,一裁于法;有所罢行,不我张弛,一因于时。"其掌吏部所察举汰黜,"皆询之师言,协于公议。即贤耶,虽仇必举……即不肖耶,虽亲必斥"⑥。在此,张言并非溢美之词,高之举仇斥亲不乏事例。

高拱背负"颇快恩怨"的报复恶名,大都是时人和史家深知高、徐矛盾而揣摩臆测的结果。诚如高致徐书所言:"暨公谢政,仆乃召还,佥谓必且报复也。而仆实无纤芥介怀,遂明告天下以不敢报复之意。天下之人固亦有谅之者。然人情难测,各有攸存。或怨公者,则欲仆阴为报复之实;或怨仆者,则假仆不忘报复之名。或欲收功于仆则云,将甘心于公;或欲收功于公则云,有所调停于仆。然而皆非也。"⑦又致书苏松李巡按言:"暨仆再起,胥谓必且报复;而仆实无报复之意,盖不敢

---

① 谈迁:《国榷》卷六五,隆庆元年正月辛巳。
② 高拱:《掌铨题稿·序》。
③ 高拱:《本语》卷六。
④ 高拱:《问辨录》卷七《论语》。
⑤ 张居正:《张太岳集》卷七《门生为师相中玄高公六十寿序》。
⑥ 张居正:《张太岳集》卷七《翰林为师相高公六十寿序》。
⑦ 高拱:《政府书答》卷四《与存斋徐公书一》。

假朝廷威福行其私也。乃有鼓弄其间者,谓仆实未忘情,仆甚恶焉。"①高拱对徐阶以及弹劾过他的官员实无报复之意,而时人却揣摩鼓弄其间,谓高实无忘情报复。史家跟着揣摩炒作,谓高"颇快恩怨""睚眦必报"。赵文人云亦云,并加以发挥,谓高"缺失相材"。但是,这些酷评并不切合高拱"公忠任事"的实际,也丝毫无损于高拱为相做人的光辉形象。

"公正廉直"是高拱为相做人之道。所谓公正,就是心公理正,公而忘私,国而忘家,忠勤辅政,不顾自身;所谓廉直,就是清廉方正,廉介持己,直道事人,操履刚方,守正不阿。简言之,即正直。正直,是儒家规范从政者的政治道德。孔子曰:"政者,正也。"② 这是儒家对政治的经典定义。人类社会为什么需要政治? 因为人事不齐:性有善恶之分,事有曲直之殊,理有是非之别,行有邪正之辨。必须有正直者出来以正治邪,以直矫曲,即以正直管理社会、管理国家,才会使人过上有序、安定、公正、文明的政治生活。所谓行政就是要行正道,行直道。《诗经》谓:"靖共尔位,好是正直。"③《左传》说:"恤民为德,正直为正,正曲为直,参和为仁。"④ 高拱这种正直的人格特征,在当时弊俗成风、贿赂公行的形势下是非常难能可贵的。高拱其人性格确有弱点,而其人格则无亏欠,无瑕疵。"金无足赤,人无完人。"高拱是伟人而非"完人"。其性格弱点主要是:"性急寡容"⑤"性直而傲"⑥"强直自遂""负才自恣"⑦"性刚而机浅"⑧,等等。海瑞说:"以'戾'病中

---

① 高拱:《政府书答》卷四《与苏松李巡按书》。
②《论语·颜渊》。
③《诗经·小雅·小明》。
④《左传·襄公七年》。
⑤《明神宗实录》卷八四,万历七年二月乙巳。
⑥ 万斯同:《明史》卷三〇二《高拱传》。
⑦ 张廷玉:《明史》卷二一三《高拱传》《郭朴传》。
⑧《明神宗实录》卷三七〇,万历三十年三月丁卯。

玄最当。其他大抵出私见党同，不然也。"①"戾者，暴也。"高拱这种粗暴高傲、性急机浅的性格缺点，比其为相功业、为人品格而言是第二位的，是十个指头中的一个指头。

高拱做官做人"公正廉直"，不是下属的溢美，而是官方的论定。明世宗评曰："慷慨立朝，公忠奉职""光明正大""直节劲气"②。明穆宗评曰："公正廉直""秉公持正""辅政忠勤，掌铨公正"③，又曰："精忠贯日，贞介绝尘""鞠尽瘁以不辞，当嫌怨而弗避"④。明神宗为高拱平反，追赠"特进光禄大夫"的诰命亦言："锐志匡时，宏才赞理"，"位重多危，功高取忌"，"慷慨有为，公忠任事"，"经纶伟业，社稷名臣"，"虽谗人之罔极，旋公道之孔昭"⑤。嘉、隆、万三朝皇帝的高度评价，是对高拱做官做人之道的真实概括和充分肯定。高拱对其"公正廉直"的做官做人之道也曾作过自我明释，屡言："惟清惟直，夙夜在公；曰慎曰勤，寅恭率属。"⑥"奋砺赤忠，坚守素节。""不敢自顾身家而有亏于守，徒务形迹而有欺于心。""国尔忘家，公尔忘私。"⑦"必其至正，乃不夺于干托之私；必其至公，乃不狃于爱憎之素。"⑧ 高拱对其"公正廉直"的自我明释和解读，亦为其正心、修身、齐家、治国的实践所证实。

人格具有可比性。高拱"公正廉直"的为相为人的品格，比其前任首辅徐阶和后任首辅张居正，均有过之而无不及。海瑞论徐"和柔之义胜，直方之德微"，"存翁为富，中玄守贫"⑨。此为至理实言。万斯同也

---

① 海瑞：《海瑞集》上编［京官时期］《乞治党邪言官疏》及《附录》。
② 高务观：《东里高氏家传世恩录》卷二《诰命》。
③ 高拱：《纶扉稿》卷一《辞免兼任》诸疏。
④ 高务观：《东里高氏家传世恩录》卷二《诰命》。
⑤ 高务观：《东里高氏家传世恩录》卷二《诰命》。
⑥ 高拱：《献忱集》卷四《谢礼部尚书兼翰林院学士疏》。
⑦ 高拱：《献忱集》卷五《谢入阁入直》诸疏。
⑧ 高拱：《纶扉稿》卷一《恳乞天恩辞免重任疏》。
⑨ 海瑞：《海瑞集》上编［京官时期］《乞治党邪言官疏》及《附录》。

认为,"高拱制行远胜于阶","其为人贤于居正远矣"①。此评深中肯綮。高拱一身正气,两袖清风,廉洁自律的高尚品格更是徐、张二人所不及的。徐氏为相十七年,放纵子弟横行乡里,聚敛钱财,家有土地多达24万亩②。张氏从政前家有土地不过几十亩,入阁拜相十六年,"在反对别人腐败的同时,自己却也在腐败",最后拥有良田8万余亩③。而高拱"自辅储至参钧轴,历三十年而田宅不增尺寸","中州家范之严,咸称高氏"④。嘉、隆、万交会之际,论为相功业,高不亚于徐、张;论人格品德,高比徐、张高尚。奈何赵文对徐、张为相为人赞颂有加,而偏偏对高拱却百倍苛责,论其"相材缺失"呢?这只有用历史传统的政治偏见来解释。

著名专家牟钟鉴先生说:"做学问求是,做事情求实,做人求诚。这就是高拱的真精神。"⑤ 这是对高拱做学问、做官、做人之道最精湛的哲学概括和总结。

---

① 万斯同:《明史》卷三〇二《高拱传》。
② 伍袁萃:《林居漫录》卷一,台湾伟文出版有限公司1977年版,第31页。
③ 王春瑜:《中国反贪史》之《序言》,四川人民出版社2000年版,第10~11页。
④ 孙奇逢:《中州人物考》卷五《高郎中公魁》。
⑤ 牟钟鉴:《论高拱》,载《中州学刊》1988年第5期。

高拱与"俺答封贡"

——以决策问题为研究中心

明隆庆四年(1570)发生的"俺答封贡",是蒙古鞑靼部俺答汗之孙把汉那吉因家族矛盾叩关降明的重大边疆民族事件。在高拱主持和张居正支持下,明朝抓住这一有利时机,采取以抚为主、以战为辅的方针,周密部署,巧用谋略,最终迫使俺答称臣纳贡,永不内犯,并成功平息以赵全为首的叛逆势力,从而解除了有明以来200多年的西北边患,使汉、蒙民族和睦相处长达30余年。

然而,对这一中国古代边疆史和民族关系史上的重大事件,史学界却近乎一致地提出张居正是其主持者和策划者,而高拱则是支持者。如说:"在封贡互市的争论中,居正占据主要的地位。这次决策的大功,当然由高拱、王崇古和张居正平分,但是居正却尽了最大的努力。"①"隆庆年间张居正是边防事务的实际主持人",俺答封贡"是隆庆年间新政的最大成就,其中,张居正起了重要的策划、推动作用"②。另外,其其格的《张居正与"俺答封贡"》③、唐玉萍的《张居正、高拱在"隆庆和议"中的作用对比》④等也表达了基本相同的观点。然而,这种观点完全颠倒了高、张的主次关系,喧宾夺主,"高冠张戴",将"俺答封

---

① 朱东润:《张居正大传》,湖北人民出版社1981年版,第115页。
② 刘志琴:《张居正评传》,南京大学出版社2006年版,第91、105页。
③ 其其格:《张居正与"俺答封贡"》,《内蒙古师大学报》1996年第2期。
④ 唐玉萍:《张居正、高拱在"隆庆和议"中的作用对比》,《赤峰学院学报》2010年第5期。

贡"的首功强加在张居正头上,是不符合历史事实的。因此,有澄清之必要。

一、手握重权,遇事能断

嘉、隆时期,高拱的政治地位始终居于张居正之上。高拱不仅深得穆宗的信赖和眷宠,手握重权,而且才干超强,敢于有为,遇事能断。这为其主持和决策"俺答封贡"提供了决定性条件。

隆庆三年(1569)十二月,高拱复政,执掌重权,这是与隆庆帝的长期信任和眷宠密不可分的。嘉靖三十一年(1552),穆宗以裕王,出阁讲学,高拱被任命为讲官,先后共九年,成为裕王所信赖和倚重的要员。"穆宗居裕邸,出阁讲读,拱与检讨陈以勤并为侍讲。世宗讳言立太子,而景王未之国,中外危疑。拱侍裕邸九年,启王益敦孝谨,敷陈剀切。王甚重之,手书'怀贤''忠贞'字赐焉。"① 不久,又书"启发弘多"四字赐之②。嘉靖三十九年(1560),高拱拜太常卿管国子监祭酒事,离开裕邸,"王赐金缯甚厚,哽咽不能别。公虽去讲幄,府中事无大小,必令中使往问"③。高拱在裕邸期间,与穆宗共患难中建立起深厚之谊。④ 嘉靖四十一年(1562),高拱擢礼部左侍郎,旋改吏部左侍郎兼学士,掌詹事府事。嘉靖四十四年(1565)六月,升礼部尚书兼翰林院学士,召入直庐。嘉靖四十五年(1566)三月,高拱以礼部尚书兼文渊

---

① 张廷玉:《明史》卷二一三《高拱传》。
② 郭正域:《合并黄离草》卷二四《太师高文襄公墓志铭》。
③ 郭正域:《合并黄离草》卷二四《太师高文襄公墓志铭》。
④ 高拱与穆宗共患难的情况,郭正域《高文襄公墓志铭》言:"穆宗为裕王,出阁讲学,居外府。公为讲官,反复开导,王目属而心仪之。时人心汹汹,王日怀叵测。两府杂居,谗言肆出。公周旋邸中,竭心尽力,王深倚重之。"(《合并黄离草》卷二四)

阁大学士，入阁参与机务。同年十二月，世宗崩，隆庆登基改元，曾向内阁四大臣征询年号，"隆庆"之号正是高拱所拟，当时，"人谓上意在公"①。隆庆元年（1567），高拱与首辅徐阶因政见不合而发生激烈冲突，徐阶发动言官弹劾高拱，五月，高拱称病归里。隆庆二年（1568）七月，徐阶因靖边不力，被迫致仕，李春芳任首辅。隆庆三年（1569）十二月，穆宗召高拱还阁，兼掌吏部事。他"晨理阁事，午视部事"②，权力甚至超过当时的内阁首辅。明末史学家谈迁说："故事，阁臣不理部事，理部事不复预阁务。拱系衔吏部，不言兼，若部臣然，不遣行人赍敕而仅部咨。"③这时，李春芳虽为首辅，但其人庸碌无为，用人行政皆出自高拱。当高入阁后，"凌春芳出其上，春芳不能与争，谨自饬而已"④。隆庆五年（1571）五月，高拱取代李春芳为首辅，仍兼吏部事。由此，高拱集大权于一身，这在明史上是绝无仅有的。正如沈德符所说："内阁辅臣主看详、票拟而已。若兼领铨选，则为真宰相，犯高皇帝禁矣。……驯至穆宗三年，高新郑以故官起掌吏部，初犹谓其止得铨柄耳。及抵任，则自以己意胁首揆李兴化。条旨云：'不妨部务，入阁办事。'比进首揆，犹长天曹，首尾共三年，则明兴所仅见也。"⑤可见，由于隆庆帝的信赖和眷宠，高拱成为当时独断朝纲的权臣。

高拱不仅手握重权，独断朝纲，而且还具有敢于有为、遇事能断的才干和魄力。《明神宗实录》评高拱"才气英迈，遇事能断"⑥。朱国祯言："高出理部事，入参阁务，兴化为首揆受成而已。遇大事立决，高下在心，应机合节，人服其才，比于排山倒海未有过也。"⑦支大纶说他

---

① 郭正域：《合并黄离草》卷二四《太师高文襄公墓志铭》。
② 谈迁：《国榷》卷六六，隆庆三年十二月庚申。
③ 谈迁：《国榷》卷六六，隆庆三年十二月庚申。
④ 张廷玉：《明史》卷二一三《高拱传》。
⑤ 沈德符：《万历野获编》卷七《辅臣掌吏部》。
⑥ 《明神宗实录》卷八四，万历七年二月乙巳。
⑦ 朱国祯：《皇明大事记》卷三八《阁臣》。

"任气使才，敢于有为"①。《明史》本传也说："拱练习政体，负经济才，所建白皆可行。"② 凡此种种，都说明高拱具有超强的才干和魄力，再加之他深得穆宗的信任和支持，独揽朝纲，大权在握，这为其主持和决策"俺答封贡"提供了决定性条件。

与高拱相比，张居正在嘉靖末年和隆庆一朝的政治地位始终居于高拱之下。嘉靖三十九年（1560），张居正回京复职，任右春坊右中允兼国子监司业，祭酒由太常卿高拱兼任。嘉靖四十二年（1563），张居正任裕王侍读学士，仅有二年。此时，裕王尽管还没有被册封为太子，但他身处逆境的状况已完全被解除，度过了最艰难的岁月。这说明，张居正与裕王不曾有过共患难的经历，同裕王的情谊与高拱无法相比。隆庆元年（1567），张居正入阁后，虽然有其从阁员到次辅的升迁，但终隆庆一朝，其政治地位始终处在高拱之下。因此，面对明朝边疆如此重大的"俺答封贡"事件，其主持者和决策者肯定是高拱，而不是张居正。

二、力排众议，促成封贡

高拱能够作为"俺答封贡"的主持者和决策人，不仅在于他才干超强，执掌重权，更在于他力排众议，克服重重困难和阻力，在"俺答封贡"的三个阶段，即受降纳叛、封贡互市、全面开市中，都起到了决定性的推进作用。

---

① 支大纶：《皇明昭陵编年信史》卷二，隆庆五年六月二十五日。
② 张廷玉：《明史》卷二一三《高拱传》。

(一) 受降纳叛

隆庆四年（1570）九月十九日，俺答与其孙把汉那吉为争夺三娘子为妻而火并，把汉遂愤而叩关降明，巡抚方逢时受之，以告宣大总督王崇古。王、方认为此是利用俺答家族矛盾，促使其分化的良好时机，共同上疏极力主张接受把汉之降，并根据当时虏情，对把汉来降之后可能出现的几种情况作了全面分析，并提出上、中、下三策："俺答横行塞外几五十年，威制诸部，侵扰边圉。今神厌凶德，骨肉离叛，千里来降，宜给宅舍，授官职，丰饩廪服用，以悦其心；严禁出入，以虞其诈。若俺答临边索取，则因与为市，责令缚送板升诸逆，还被掠人口，然后以礼遣归，策之上也。……"① 王、方提出的上、中、下三策，意在分化敌方营垒，扩大其内部矛盾，收纳其部分力量以为己用，是不战而胜的高明策略。

王、方在上疏的同时，又派私人特使持揭帖飞报高拱。② 高拱在回函中，一方面要求王崇古切应汲取嘉靖时期与俺答交往的沉痛教训，断不可重蹈覆辙："若遂与之，则示弱损威不成？中国桃松寨之事可鉴，必不可也。若遂杀之，则绝彼系念，而徒重其恨，石天爵之事可鉴，必

---

① 王鸿绪：《明史稿》列传第一〇〇《王崇古传》。
② 高拱：《边略》卷四《款敌纪事》。

不可也。"① 前者的失策之处在于坐失良机，大损国威；后者的失策之处在于自毁良机，引起怨恨。这两件事致使俺答各部认为明朝是软弱且不讲信义的，犯边勒索更加猖獗。历史的沉痛教训，促使高拱更果断、更坚决地处理把汉来降问题。另一方面，高拱又为王崇古、方逢时等边将出谋划策，极力促成"俺答封贡"的实现。其后，高、王通信达16封之多②，传递信件的主要是王的外甥、吏部右侍郎张四维，"每计事不及书者，必托诸凤磬"③。在这些信函中，高拱一再提出"此事关系重大，须处得机宜乃可"，"此乃中国利机，处之须要得策"④。高拱的策略是："只宜将把汉那吉厚其服食供用，使过所望，而歆艳吾中国之富贵，而吾又开诚信以深结其心。"⑤ 从长远来说，是示恩于把汉，授予中国名号，必要时"可封之以官，使归领其众"，"为吾中国属夷，世受赏赉，而皆得以名号，强于沙漠之间。如此则彼必心悦为吾用，而那吉之心亦安"⑥；对当前来说，则可充分利用俺答"爱其孙甚，而其妻之爱之也更甚"的心理，"执此以为挠制之具"，迫使其接受明朝提出的赎还赵全等叛逆的条件，力争达成隆庆和议。

---

① "桃松寨之事"发生在嘉靖三十五年，俺答之子辛爱第三妾桃松寨因与部目收令哥私通，辛爱欲杀收令哥，令哥惧，遂投顺宣大总督杨顺。杨顺自诩为奇功，使收令哥、桃松寨居于阙下。辛爱率军前来索要，没有得到，招致辛爱大举攻伐。杨顺畏惧，乃遣桃松寨、收令哥等以归，辛爱执而杀之。"石天爵之事"发生在嘉靖二十年秋，俺答派使者石天爵、肯切到大同阳和寨要求与明朝通贡互市，并保证今后"令边民垦田寨中，夷众牧马寨外，永不相犯"。但明世宗拒绝了俺答通贡互市的请求，提出"虏情叵测，务选将练兵，出边追剿，数其侵犯大罪，绝彼通贡"。次年，再次向明朝提出通贡互市的请求，但使者被明大同巡抚龙大有缚送北京，诈称以计擒获，结果明廷磔杀使者石天爵，并传首九边示众。至此，俺答"大举内犯，边患始棘"。
② 高拱：《政府书答》卷一《款处北边》。
③ 高拱：《边略》卷四《款敌纪事》。
④ 高拱：《边略》卷四《款敌纪事》。
⑤ 高拱：《边略》卷四《款敌纪事》。
⑥ 高拱：《边略》卷四《款敌纪事》。

然而，高拱这一受降纳叛之策在朝议中却引起了激烈纷争，"诏下兵部议，时众论汹汹"①。御史饶仁侃、吴尚贤、叶梦熊等皆言敌情叵测，不可轻许，以免上当。兵部尚书郭乾、侍郎谷中虚犹豫不决，甚至横加阻挠，"恐之以祸，俾勿从议，迄不定"②。在此关键时刻，高拱不为自身名利所计，挺身而出，力排众议，坚决实施受降纳叛之策。为了保证这一策略的实现，高拱提出只能以实力为后盾，加强边疆防御力量。因此，他又指示王、方，俺答"果拥兵来索，则吾只严兵以待"③，以此杜绝俺答以武力索还爱孙的幻想，并派人前去谕告俺答，只有"慕义来降"，才可得伊孙之理，其目的在于争取俺答走向和谈之路。然而向俺答示恩，并不能消除其以武力索还把汉的幻想，只有在战场上再挫其锐气，才能促使他走向和谈。不出所料，"俺答听赵全等唆诱，拥兵驻边，为索孙计，并调伊长男黄台吉兵至"④。俺答大兵压境，人心惶惶，讹言四起。隆庆四年（1570）十一月，宣大巡按御史姚继可上疏弹劾王、方因致兵祸，欲将"巡抚方逢时亟行罢斥"⑤。兵部也准备"按治参将以下"。封贡和议之事面临崩溃。为挽救封贡和议，高拱上疏力斥姚继可，保护方逢时，提出"逢时素有物望，且当虏酋执叛乞降之时，正抚臣临机设策之日，夷情既不可泄，秘计难以自明，要视其后效何如耳，不宜先事辄易，堕垂成之功"。结果，"上然之，令逢时供职如

---

① 高拱：《边略》卷四《款敌纪事》。
② 高拱：《边略》卷四《款敌纪事》。
③ 高拱：《边略》卷四《款敌纪事》。
④ 高拱：《边略》卷四《款敌纪事》。
⑤ 姚继可的弹劾奏章说："隆庆四年十月初一日，虏贼二万余骑，自平楼地方入境，杀虏人畜。巡抚大同方逢时登城，见贼势逼近镇城，乃慌忙无计，谋出下策，随差旗牌龚喜、通事土忽智直入虏营，见黄台吉说称：'我太师叫这边差一人去城上答话。'黄酋差贼帖木舍来见，逢时引至城楼顶上，密行译审，犒赏送回。又授谍者，指以侵犯宣府地方。黄酋果起营侵犯洪州一带。其各该镇巡将领等官，有临敌而侥幸苟免者，有畏敌而观望不进者。事迹昭然，通应并究。……巡抚方逢时亟行罢斥。"（引自高拱《边略》卷四《款敌纪事》）

故"①。

这时,高拱还两次致函前线将领赵岢,要他"安心为国报效"②,激发明军斗志。果然,"总兵赵岢领兵至带刀岭,与虏遇。时余以事旋自宣府,道遇岢,驰入其壁觇之。岢与大战,败其前锋,斩骁虏之首六。虏惮之,遂卷兵由故道至镇羌堡而出。自是,稍稍有乞怜意"③。据此,王、方遵照高拱指示,派遣通晓鞑靼语的部下鲍崇德前去俺答军营谈判,最终达成和议。十一月十九日,俺答"执我叛人赵全、李自馨、王廷辅、赵龙、张彦文、刘天麟、马西川、吕西川、吕小老等来献"④。十二月二十一日,明朝礼遣把汉。俺答"既得孙,而又见荣耀乃如此也,相持感泣,南向脱胡帽,崩角稽首无已"⑤。至此,在高拱决策和主导下,第一阶段的遣返和纳叛取得了成功。

(二) 封贡互市

高拱认为遣返、纳叛的实现已为汉蒙民族的和睦相处开启端绪,但要巩固其基础,还必须实现封贡和互市。因此,高拱立即致函王崇古,授意王崇古正式提出封贡和互市。他说:"仆初意欲以封贡遣还,一时而举,似于国体尤为光大。既见大疏云云,又反覆思之,人心不同,恐旷日迟久,内生他变,翻为不美。则尊见良是,故特拟从。今果闻赵全等皆获,则上一节已完,可喜也。而兄丈为国之赤忠,谋事之苦心,可想见已。然须有下节,则上节方为完美。不然,明旨既曰'请封进贡,详议来说',是已许之矣。如不克终,则明旨无着,甚不可矣。"⑥ 为了更好地主导"俺答封贡"的进程,掌握俺答部的详细情报和第一手资

---

① 《明穆宗实录》卷五一,隆庆四年十一月丁亥。
② 高拱:《政府书答》卷一《答赵总兵书一》。
③ 刘应箕:《款塞始末》。
④ 《明穆宗实录》卷五一,隆庆四年十一月丁酉。
⑤ 高拱:《边略》卷四《款敌纪事》。
⑥ 高拱:《政府书答》卷一《与宣大王总督书二》。

料,高拱亲自审问赵全等叛逆,并反复考虑应该如何处置这些叛逆,才能为国家谋得最大利益。他本人曾详细地记录了自己的考虑、审判的过程和结果,其审问档案"至今封存焉"①,即保存在内阁大库内。经过高拱的精心布置,然后隆庆帝亲临,主持受俘典礼,下谕将赵全等叛逆头目磔诸市,并传首九边。可见,高拱在决策前总是力求做到知己知彼,说他是"俺答封贡"的主持者和决策者是符合历史实际的。

秉承高拱旨意,王崇古于隆庆四年(1570)十二月上疏,正式提出"封贡互市",主要包括"相戒不犯边,专通贡,开市以息边民",并承诺明军"不烧荒,不捣巢"②。所谓"封贡",就是明朝在政治上授予俺答一定的封号,俺答表示愿意归附明朝,以此缔结更长远的和睦友好关系;所谓"开市",即是明朝在一定时期和地点开市贸易,组织物资交流,互通有无。"封贡互市"不仅有利于促进明蒙双方生产发展和经济繁荣,而且也有利于民族间的和睦互信和边疆的和平安定。

然而,王崇古呈上奏疏后,兵部却断然否决。"虏方求款,即要我不烧荒,不捣巢,若要我以不缮塞,不设备,是以酋腊毒我也,不如却之。"③"尚书郭乾谓马市先帝明禁,不宜许。给事中章端甫请敕崇古无邀近功,忽远虑。"④ 在这种情况下,隆庆五年(1571)三月,穆宗诏下廷议,结果再次哗然,"时众论汹汹愈甚"⑤。"定国公徐文璧、吏部左侍郎张四维等二十二人,皆以为可许。英国公张溶、户部尚书张守直等十七人,以为不可许。工部尚书朱衡等五人,以为封贡便,互市不便。独都察院佥都御史李棠极言宜许状。"而"兵部尚书郭乾淆于群议,不知所裁,姑条为数事,以塞崇古之请,大抵皆持两端"⑥。贡市之议再次陷入僵局。

---

① 高拱:《边略》卷四《款敌纪事》。
②《明穆宗实录》卷五二,隆庆四年十二月甲寅。
③《明穆宗实录》卷五二,隆庆四年十二月甲午。
④ 张廷玉:《明史》卷二一三《高拱传》。
⑤ 高拱:《边略》卷四《款敌纪事》。
⑥《明穆宗实录》卷五五,隆庆五年三月甲子。

在这种廷议汹汹、莫衷一是的混乱情况下，内阁的作用就显得尤为重要。作为主政内阁的高拱，他的决断具有决定性作用。他毅然挺身而出，排除众议，同张居正一道力主崇古之议，坚持封贡开市决不动摇。一方面，他令中书官找出内阁所藏明成祖封忠顺、忠义王的档案，请兵部尚书及持有反对意见的大臣查看，以证明贡市有其历史根据，"其间敕谕之谆详，赉锡之隆厚，纤悉皆备"①；另一方面，他又对那种以"宋氏讲和""先帝禁马市""虏必渝盟"为借口，反对贡市的论调痛加驳斥：其一，"今所为纷纷，动以宋氏讲和为辞，不知宋弱虏强，宋求于虏，故为讲和。今虏纳贡称臣，南向稽首，而吾直受之，是臣伏之也，何谓和？"其二，"又动以先帝禁马市为辞，不知先帝所禁者官与之市，而仇鸾为奸者也。然辽东不互市乎，今正如辽东例，与民互市耳，何谓马市之禁？"其三，"今议事之臣，纷纷然者，岂皆审究利害为国谋哉？徒见事体重大，故发言相左，恐后有不谐者则以为莫道不曾说来，以是推诿而已，岂其本心然乎？"② 与此同时，高拱还陈述说明封贡开市对明朝军事和经济方面的好处：如果封贡成功，"且得宁息，乘暇修吾战守之备，备既修，则伸缩在我，任其叛服，吾皆有以制之，即叛固无妨也"；还"可以息境土之蹂践，可以免生灵之荼毒，可以省内帑之供亿，可以停士马之调遣，而中外皆得以安"③。可见，在"俺答封贡"的第二阶段，高拱仍然起到了关键性的作用。

隆庆五年（1571）三月，贡市之议在内阁取得一致意见，并得到隆庆帝批准。高拱又给总督王崇古、巡抚吴兑（这时方逢时已丁忧）去信，对贡市的具体细节作了极为周密的安排部署，使得贡市万无一失。高拱做出贡市决策，主要是基于他对隆庆后期明蒙双方形势变化的正确预测，是他立足于双方经济贸易的现实需要和能使斗争获得长远利益的

---

① 高拱：《边略》卷四《款敌纪事》。
② 高拱：《纶扉稿》卷一《虏众内附边患稍宁乞及时大修边政以永图治安疏》。
③ 高拱：《纶扉稿》卷一《虏众内附边患稍宁乞及时大修边政以永图治安疏》。

考虑。自嘉靖初期以来,蒙方苦于长年征战,颇欲休息,甚至想通过正常的边贸以获取各种物资,为马匹牲畜谋得稳定的销售通道,以取得大肆抢掠所不能得到的利益。况且,明朝当时边防力量大大加强,朝内有高拱的正确决策和张居正的支持,临边又有王崇古、方逢时、吴兑、赵岢的全面戒备,举兵突袭难以得逞。尤其是在把汉事件后,气氛趋向缓和。因此,不论是主观或客观条件,接受贡市的时机已经基本成熟。高拱做出贡市决策,其原因正在于此。

隆庆五年(1571)三月十八日,明朝册封俺答为"顺义王",册封把汉那吉为"昭勇将军",册封昆都力哈、黄台吉为都督同知,其子侄、部下63人分别授官封赏。① 同时宣布首次开市,规定每年俺答来贡,但贡使不准入京,更不得以入贡为名骚扰地方,并规定开市地点和日期,对于交易的品种数量亦作了适当的限制。如,对于可以改铸为兵器的铁锅要以铁质较软的广铁锅或铜锅为主,使其难以铸成兵刃。② 其他如火药、硝磺等都在严禁之列。对于蒙方群众所需要的生活物品,一般不限数量。每次互市以三天为限,届期即罢集撤市。可以说封贡互市的成功不仅开创了西北边疆的和平局面,促进了经济发展和繁荣,而且也奠定了明清数百年中央政府对蒙古地区的管治模式,故其意义深远。

(三) 全面开市

高拱的贡市决策虽然得到了隆庆帝的批准,在宣大边区得到执行,但在陕西三边仍然遭到封疆大吏的拖延乃至抗拒。隆庆五年(1571)三月,"陕西总督王之诰又复执议,俟吉能子侄二年不犯,方可听许"③。因此,高拱将王之诰调任南京兵部尚书,削夺其实权。继任者戴才也提

---

① 高拱:《边略》卷四《款敌纪事》。
② 高拱:《政府书答》卷一《与宣大王总督书二》。
③《明穆宗实录》卷五五,隆庆五年三月庚寅。

出，"互市之议，策可行之宣大，而不可行之陕西"①，仍然拒绝全面开市。因此，高拱两次致函戴才，给予严厉批评，其中有谓："仆则以为三边、宣大似难异同。不然则宣大之市方开，而三边之抢如故。岂无俺答之人称吉能，而抢于三边者乎？亦岂无吉能之人称俺答，而市于宣大者乎？是宣大有市之名，而固未尝不抢也；三边有抢之实，而亦未尝不市也。故兹事也，同则两利，异则两坏。"② 同时，隆庆帝也给予严厉训斥，言："戴才受三边重任，套虏应否互市，当有定议，顾乃支吾推诿，岂大臣谋国之忠，姑不究，令其从实速议以闻。"③ 至此，边贸互市得以全面开放。

高拱不仅力排众议，在"俺答封贡"的过程中起到了决定性的推进作用，而且还为确保"俺答封贡"的成果，维持西北边疆的长期安宁做了大量善后工作。

其一，调整兵部人事。鉴于兵部在"俺答封贡"过程中屡屡起着阻挠甚至破坏作用，高拱对兵部人事作了大调整。隆庆五年（1571）三月，"起少傅杨博为兵部尚书，高拱荐之"④。另外，凡是赞成封贡互市的边将，如王崇古、方逢时、谭纶、吴兑、郑洛、张学颜等都受到了提拔和重用。这样就确保了封贡互市的有效推行。

其二，整顿边政。隆庆五年（1571）七月，高拱上疏穆宗，力主大修边政，要"趁此闲暇之时，积我钱粮，修我险隘，练我兵马，整我器械，开我屯田，理我盐法"⑤，这样有三五年的工夫，则边防巩固，胜机在我，盟则许之，战则胜之，"中国可享无穷之安"。他还建议皇帝下诏，严令兵部及边区督抚将领，"将边事大破常格，着实整顿"，每年派遣才望大臣或科道官二三员，四出阅视："要见钱粮比上年积下若干，

---

① 《明穆宗实录》卷五八，隆庆五年六月甲辰。
② 高拱：《政府书答》卷一《答三边戴总督书一》。
③ 《明穆宗实录》卷五八，隆庆五年六月甲辰。
④ 《明穆宗实录》卷五五，隆庆五年三月己酉。
⑤ 高拱：《纶扉稿》卷一《虏众内附边患稍宁乞及时大修边政以永图治安疏》。

险隘比上年增修若干,兵马比上年添补若干,器械比上年整造若干,其他屯田、盐法以及诸事俱比上年拓广若干,明白开报。若果著有成绩,当与擒斩同功;若果仍袭故常,当与失机同罪,而必不可赦。"① 高拱这一建议得到穆宗批准,然后兵部尚书杨博呈上《复大学士等建议责成宣大等七镇边臣及时整顿边备疏》②,予以贯彻落实。

其三,力行军事改革。在"俺答封贡"前后,高拱针对嘉靖初期以来南倭北虏的严峻局势,先后呈上六道有关军事制度改革方面的疏文,即《议处本兵及边方督抚兵备之臣以裨安攘大计疏》《议处本兵司属以裨边务疏》《敌情紧急议处当事大臣疏》《推补兵部右侍郎并分布事宜疏》《议处边方有司以固疆圉疏》和《议处边方久缺正官疏》。③ 其中提出,建立兵部"一尚四侍"的领导体制,建立军事人才储备制度和边官特迁、休假与内迁制度,重视边防军备人才的选用,强化不职乱纪的惩处之制等。所有这些改革建议都得到了穆宗谕准,如,对《议处本兵及边方督抚兵备之臣以裨安攘大计疏》批示道:"兵事至重,人才难得,必博求预蓄,乃可济用。览卿奏,处画周悉,具见为国忠猷,都依议行。"④ 这就大大加强了明军的防御作战能力。隆庆四年(1570),把汉那吉降明,俺答始终不敢大动干戈,其根本原因就是,俺答"侦是处有兵,是处有粮,人有斗志,不敢入耳"⑤。正是在拥有一定实力的基础上,高拱主持的"俺答封贡"才能够得以实现。

高拱促成"俺答封贡"的实现,解除了有明以来200多年的西北边患,使汉蒙民族和睦相处长达30余年,具有深远的历史意义。对此,明

---

① 高拱:《纶扉稿》卷一《虏众内附边患稍宁乞及时大修边政以永图治安疏》。
② 陈子龙:《明经世文编》卷二七七。
③ 这六道疏文均收入《边略》卷一《防边纪事》,又载入高拱另一著作《掌铨题稿》卷二、七,其中第一、四、五三道疏文被选入《明经世文编》卷三〇一。
④ 高拱:《边略》卷一《议处本兵及边方督抚兵备之臣以裨安攘大计疏》。
⑤ 高拱:《边略》卷四《款敌纪事》。

清政治家和史学家给予了高度评价。如方逢时说："九边生齿日繁，守备日固，田野日辟，商贾日通，边民始知有生之乐。"① 王鸿绪说："自是三十余年，边陲晏然"②；"自是，边境休息，东起延、永，西抵嘉峪七镇，数千里军民乐业，不用兵戈"③。查继佐也说："隆、万间，中土平安，不见兵戈。"④

总之，从上述"俺答封贡"的进程可以看出，每一阶段都遇到了强大阻力，可谓困难重重。但高拱并未退缩，而是排除困难，克服阻力，在关键时刻发挥了决定性的推进作用，最终使"俺答封贡"得以实现。诚如高拱所说："是举也，非鉴川弘才赤胆，孰能为？非予愚直朴忠，孰肯主？"⑤ 这话虽有自炫之意，但其所说确是历史事实。

三、主持决策，史有明载

高拱主导了"俺答封贡"的全过程，他是解决该事件的真正决策者。这不仅是历史事实，而且许多明清史料还有明确记载。如，高拱逝世一年后的万历七年（1579）二月，《明神宗实录》在评价他取得的这一功绩时说："俺答孙降于塞，拱靖归之，遂入贡，因求互市，朝议纷纷。拱奋身主其事，与居正区画当而贡事成，三边宁戢。……拱主持力为多。"⑥ 万历三十年（1602）三月，神宗在为高拱平反的诏书中也说：高拱"授那吉之降，薄示羁縻而大虏称臣，边氓安枕，所全生灵何止数

---

① 方逢时：《论谙达（俺答）贡市疏》，载清乾隆《御选明臣奏议》卷二九。
② 王鸿绪：《明史稿》列传第九二《高拱传》。
③ 王鸿绪：《明史稿》列传第一〇〇《王崇古传》。
④ 查继佐：《罪惟录》列传卷之一一下《梁梦龙传》。
⑤ 高拱：《边略》卷四《款敌纪事》。
⑥ 《明神宗实录》卷八四，万历七年二月乙巳。

百万？此皆力为区画，卓有主持"①。显然，高拱是"俺答封贡"的主持者和决策者是官方的盖棺定论。

明清史学家对高拱解决该事件的主导地位和决策作用也有明确记述。如，王世贞说："前是俺答之孙把汉那吉来降，请归之，当入贡，因与互市。边臣王崇古、方逢时为言于朝，朝议嗫嗫不能一。拱奋身主其事，张居正亦和之，所以区画颇当，亡何而贡成。"② 吴伯与说："虏囚俺答款贡，公实力主之。"③ 沈德符说："北虏俺答失其孙把汉那吉，时高中玄在阁，王鉴川在边，议还之以易叛人，初甚哗，而后卒得成功。"④ 王鸿绪也说："拱独力主之，春芳与居正亦如拱指，遂排众议，请于上，而封贡以成。"⑤ 等等。这些史料所说的"拱奋身主其事"，"公实力主之"，"拱独力主之"，足以说明高拱是"俺答封贡"的主持者和决策人；而"张居正亦和之"，"居正亦如拱指"及下引史料"居正亦赞之"，则表明张居正只是起了附和或赞襄作用。

当然，在"俺答封贡"中，张居正也是呕心沥血的，他所起的襄助作用也是不能抹杀的，翻检《张居正集》（第二册）之《书牍二》，从他给王崇古、方逢时、吴兑等人的十余封信函就可见一斑。⑥ 不过，许多明清史料的记载，总是首列高拱，次言张居正，在次序上从未发生过错乱和颠倒。如，万斯同《明史·高拱传》指出：俺答求贡，"朝议多以为不可。拱独力主之，春芳与居正亦如拱指，遂排众议请于上，而封贡竟成"。"居正佐拱等力请许之，贡市遂定，边患以宁。"⑦ 张廷玉《明史·高拱传》说："朝议多以为不可，拱与居正力主之。遂排众议，请于上，而封贡以成。"《明史·张居正传》说："拱主封俺答，居正亦

---

① 《明神宗实录》卷三七〇，万历三十年三月丁卯。
② 王世贞：《嘉靖以来首辅传》卷六《高拱传》。
③ 吴伯与：《国朝内阁名臣事略》卷九《高文襄公状略》。
④ 沈德符：《万历野获编》卷一七《款议有所本》。
⑤ 王鸿绪：《明史稿》列传第九二《高拱传》。
⑥ 张舜徽主编：《张居正集》第二册。
⑦ 万斯同：《明史》卷三〇二《高拱传》《张居正传》。

赞之,授王崇古等以方略。"《明史·王崇古传》说:在授把汉那吉官职问题上,遇到强大阻力,是"大学士高拱、张居正力主崇古议。诏授把汉指挥使,赐绯衣一袭,而黜梦熊于外,以息异议"。清魏源在其《圣武记》中也说:"高拱、张居正、王崇古,张驰驾驭,因势推移,不独明塞息五十年之烽燧,且为本朝开二百年之太平。仁人利溥,民到今受其赐。"① 这种"先高后张"的记载顺序,也足以确证促成"俺答封贡"的首功当属高拱,而不是张居正。

总之,从隆庆后期高拱所处的政治地位、他在封贡过程中所起的决定性推进作用和明清历史文献的记载等方面,完全可以确证高拱是"俺答封贡"的主持者和决策人,张居正只是辅佐者和襄助者,促成"俺答封贡"的首功当属高拱,而不属张居正。② 然而,如今许多学者在论及"俺答封贡"这一重大边疆民族事件时,几乎一致认定张居正是其主持人和策划者,而高拱则是支持者,这就完全颠倒了高、张的主次关系,喧宾夺主,"高冠张戴"。显然,这是不符合历史事实的,也是有悖于历史主义原则的。

---

① 魏源:《圣武记》卷一二《武事余记》。
② 对这一观点,有些学者也从不同程度上有所肯定,参见李勤奎《促成"俺答封贡"的首功当属高拱》(《驻马店师专学报》1992年第1期)、颜广文《高拱与"俺答封贡"》(《广东教育学院学报》2004年第1期)、王雄《高拱与明隆庆朝的北边防御》(《广播电视大学学报(哲社版)》2009年第4期)、彭勇《因循与变通:高拱的民族观和民族政策简论》(《中央民族大学学报(哲社版)》2009年第2期)。

驳高拱留下"烂摊"说

——兼评郦波先生的《风雨张居正》

近年来,史学界不断掀起明史热潮。在这一热潮中,央视《百家讲坛》主讲人之一郦波先生为了塑造张居正"高大全"的伟人形象、完美形象,极力贬损乃至丑诋、厚诬高拱,并反复强调"高拱留下来的是一个烂摊子","张居正接高拱留下来的那可是个烂摊子","一个内忧外患的烂摊子"①。这种所谓的"烂摊"说,不仅抹杀了高拱的改革功绩,而且也同历史事实相悖。因此,有澄清之必要。

高拱执政伊始,便面临着嘉靖以来南倭北虏大肆侵扰的局面,边疆局势岌岌可危。为扭转这种局势,他一方面大力推行军事改革和整顿,如创建兵部官员储备和特迁制度、边将休假和内迁制度、军备人员不职误事的惩罚之制②,以提高明军的防御作战能力;另一方面又大力推行"南剿北抚"的靖边战略,大刀阔斧地进行边政整顿,在东北、西南、西北、南方开创了"边陲晏然"的新局面,取得了"西虏稽颡称臣,东番投戈授首,贵夷詟服,岭寇底宁"③的显著战果。

---

① 郦波:《风雨张居正》,中国民主法制出版社2009年版,第141、193、156页。
② 参见高拱:《边略》卷一。
③ 高拱:《边略·序》。

一、在西北,促成"俺答封贡"

自嘉靖初年以来,西北蒙古俺答汗连年内犯,西窥太原,东闯辽左,深入到上党、长平,甚至度紫荆、逼居庸,入古北口而直犯京畿。特别是嘉靖中期以后,西北边防大坏,致使京师多次戒严。① 隆庆四年(1570)九月十九日,俺答与其孙把汉那吉因争夺三娘子为妻而火并,把汉那吉遂叩关降明。宣大总督王崇古、大同巡抚方逢时建议许其降顺,授官优待,借此用和平方式结束与俺答的长年战争状态。边报中朝,廷臣议论汹汹。御史饶仁侃、武尚贤、叶梦熊皆言:敌情叵测,不可轻许,以免上当。兵部尚书郭乾、侍郎谷中虚态度暧昧,犹豫不决。当此之时,高拱位居首辅,穆宗倚为股肱,他的决断具有决定性作用。他指出,一些大臣首鼠两端,态度暧昧,是因此事干系重大,不敢承担风险。而他却不为自身利害计,毅然挺身而出,力排众议,坚决支持王崇古受降之议,正确处理了这一关系天下安危的军国大事。

高拱认为,把汉那吉投顺是多年难遇的解决边事的大好时机,若能处置得当,势必使西北形势朝着和平解决的方向发展。"虏酋款塞,盖数百年所无者。……此乃中国利机,处之须要得策。"② 他的策略是:"只宜将把汉那吉厚其服食供用,使过所望,而歆艳吾中国之富贵,而

---

① 如嘉靖二十九年俺答汗率军入古北口,直逼北京城下,大肆抢掠达八日之久,"捆载而去",京畿百姓的生命财产受到了严重摧残。这即是震惊当时的"庚戌之变"。(谷应泰:《明史纪事本末》卷五九《庚戌之变》) 嘉靖三十三年俺答部"攻蓟镇墙,百道并进,警报日数十至,京师戒严"。(张廷玉:《明史》卷三二七《鞑靼传》) 嘉靖四十二年该部又"大掠顺义、三河,诸将赵溱、孙膑战死,京师戒严"。(同上)

② 高拱:《政府书答》卷一《与宣大王总督书一》。

吾又开诚信以深结其心。"① 从长远来说，是示恩于把汉那吉，授予中国名号，必要时可"封之以官，使归领其众"。对当前来说，则可利用俺答爱孙之心，"执此以为挠制之具"②，迫其接受明方提出的以叛逆赵全等人作为交换其孙的条件，力争达成和议。为保证这一战略意图的实现，高拱一再指示前线将领，若俺答拥兵来索，吾则严阵以待，并派人向俺答传话，目的是缓解其敌意，争取走向和谈之路。当然，传话不能代替刀枪。果然，俺答率精锐人马近万，直抵宣府，企图俘获我方将领与把汉那吉交换。宣府总兵赵苛与之大战于带刀岭，俺答大败而归。这时，明方派巡抚部下通晓鞑靼语言的鲍崇德前去虏营，晓之以执叛纳款可得其孙之理，而俺答也畏惧形势不利，最终达成和议。据此，高拱便主持奏报，请求穆宗批准。隆庆四年（1570）十一月十三日，即得旨谕允，完全同意高拱的谋议，封把汉那吉为指挥使。而后俺答执献赵全等明朝叛逆以示赎过，表示愿意内附。高拱又请封俺答为顺义王，许岁封贡，于是封贡事成③，从而解除了二百年来的西北边患。"俺答率众款塞，稽颡称臣，奉贡阙下，数月之间，三陲晏然，曾无一尘之扰，边氓释戈而荷锄，关城熄烽而安枕。"④ "自是，边境休息，东起延、永，西抵嘉峪七镇，数千里军民乐业，不用兵戈。"⑤ "隆、万间，中土平安，不见兵戈。"⑥ 由此西北边民安居乐业，汉蒙民族和睦相处达三十年之久。

---

① 高拱：《边略》卷四《款敌（伏戎）纪事》。
② 高拱：《边略》卷四《款敌（伏戎）纪事》。
③ 高拱：《边略》卷四《款敌（伏戎）纪事》。
④ 高拱：《纶扉稿》卷一《虏众内附边患稍宁乞及时大修边政以永图治安疏》。
⑤ 王鸿绪：《明史稿》列传第一〇〇《王崇古传》。
⑥ 查继佐：《罪惟录》列传卷之一一下《梁梦龙传》。

二、在东北,取得"辽左大捷"

西北边患平息之后,东北又面临着建州女真及土蛮诸部军事扩张的严峻威胁。正如高拱所言:

> 国家九边皆邻敌,在宣大山西则有俺答诸部,在陕西三边则有吉能诸部,在蓟辽则有土蛮诸部。东驰西骛,扰我疆场,迄无宁岁。辛未,俺答率老把都儿、黄台吉暨吉能等,稽颡称臣纳贡,于是七镇咸宁。独土蛮猘强,犹昔建州诸彝与之声势相倚,时为边患。①

这时的东北边疆,仍然是战云密布,金鼓杀伐之声不绝于耳。高拱认为,要扭转这种被动挨打的局面,必须运用寓战于守、寓守于战的靖边方略。隆庆五年(1571)二月,辽抚李秋免职,高拱欲破格任用张学颜巡抚辽东。有人以"未闻时誉"为由,怀疑张的才具,而高拱则知人善任,认为"此人卓荦倜傥,时眼不能识,置诸盘错,利器当见"②。他的提议得到吏部侍郎魏学曾的大力支持,"遂以其名上,进右佥都御史,巡抚辽东"③。张就任后,忠实贯彻高拱的边政整顿方略,"张(学颜)遵行惟谨,经画周详,号令明肃"④,并与大将李成梁密切配合,"请振恤,实军伍,招流移,治甲仗,市战马,信赏罚,黜懦将"⑤。通过整顿,大大提高了明军的作战能力,使东北局面顿然改观。

---

① 高拱:《边略》卷二《挞伐(御敌)纪事》。
② 高拱:《边略》卷二《挞伐(御敌)纪事》。
③ 张廷玉:《明史》卷二二二《张学颜传》。
④ 高拱:《边略》卷二《挞伐(御敌)纪事》。
⑤ 张廷玉:《明史》卷二二二《张学颜传》。

十一月，长期为患的巨酋、建州女真首领汪住聚集精兵六千余人，大举内犯。李成梁整兵马，设方略，力战应敌。汪住见我兵多而精锐，所向披靡，锐不可当，士气大挫。而我军则愈战愈勇，士气大振。战至第四回合，汪住前后受敌，被官军团团包围，首尾不能相顾，遂大败。余部丢弃车马，乘机逃回老巢。成梁率军乘胜追击，长驱直入，直抵其巢穴山寨，用铳炮四面围攻，大败汪住。此一大捷，计斩敌首领把太儿、宁公提2人，斩首级588人，缴获战马600余匹，明甲213副，敌器无数。由此"夷人大挫，不敢复来者数年"。这即是著名的"辽左大捷"①。

高拱认为，辽左大捷是十余年来罕有的胜利，但决不可骄傲轻敌，尤其是在土蛮诸部"乘吾战胜解严而窥伺之"的时候，更应该严加防范，甚至主动出击。他多次致书张学颜："今土蛮谋犯，既云露形，则防备宜周，仍期一捷，斯国威益振。"② 又致书李成梁："将军逐寇长驱，有此大捷，可谓奇伟丈夫。……今土蛮谋犯，亦既露形，须再得一大挫，则国威益振，是在将军奋力耳。然须慎重，计出万全乃可。"③ 辽东大捷之后，能否再次挫败土蛮内犯，这不仅关系到东北边疆能否实现长期的安定，而且也直接关系到能否巩固刚刚促成的西北俺答贡市的胜利成果。因为东北战局总是与西北战局相互影响、相互制约的：

> 今岁蓟镇事体较诸往时，关系尤为重大。何也？西虏新附，而东虏尚然内窥，若遂得志，则有以阴启西虏骄心，虽得贡市不足为幸也。必须大加一挫，则不惟此虏寒心，而西虏亦皆知畏，贡市乃可永焉。况西虏不动，则东虏无援。吾无西忧，则得以专力于东，以防秋之全力专用于失援之虏。④

---

① 高拱：《边略》卷二《挞伐（御敌）纪事》。
② 高拱：《政府书答》卷一《答辽东张巡抚书二》。
③ 高拱：《政府书答》卷一《答李总兵书》。
④ 高拱：《政府书答》卷一《答戚总兵书》。

在这里，高拱从对具体战役的分析，联系到对整个战局的影响；从对东北局势的判断，又联系到西北局势的发展。这些都说明他具有高瞻远瞩的战略性眼光，具有指挥若定、为相兼帅的气度。

三、在西南，处置"安氏之乱"

隆庆四年（1570）初，贵州发生过一起土官自相仇杀事件。贵竹宣慰使土官安国亨仇杀已故宣慰使安万铨之子安信，引起安信之兄安智的怀恨报复，并向贵州巡抚王诤诬告安国亨谋反叛逆之事。王诤却信以为真，遂以安大朝为总兵官，率兵万余人进剿安国亨。安国亨实施诱敌深入之计，大败安大朝。结果，安大朝被革职，王诤回籍听调。安国亨也拥兵自卫，造成对抗局面。

高拱复政后，决心改变原来动辄用兵、轻行征伐的处置方略，力争和平解决。隆庆四年（1570）四月，他推荐阮文中为都御史巡抚贵州。行前，明示阮文中，"安氏之乱"只是同族仇杀，并非犯上叛逆："安氏之乱，本是安国亨、安智夷族自相仇杀，此乃彼之家事，非有犯于我者，何以谓之叛逆？"① 阮文中至贵州，访得实情，果如高拱所言。但他碍于地方官浮议，不敢骤变前举，具疏请兵征剿。于是，高拱又复书阮文中，要他力争和平解决，反复叮咛不可"过言"，否则"激而成变"，"朝廷欲开释而无其由，安国亨欲投顺而无其路"②。况且，安国亨"非我族类"，"本无叛逆之实"，因而不可以武力征剿的办法加以处置，否则于国于民都是有害无益的。

当时的贵州形势是，阮文中碍于浮议，奏请发兵征剿，而安国亨亦上疏辩诬，乞求归顺，双方针锋相对、僵持不下。"欲从之，则非计；

---

① 高拱：《边略》卷三《靖彝纪事》。
② 高拱：《边略》卷三《靖彝纪事》。

欲无从,则失威。"① 于是,高拱斟酌再三,最后决定派遣吏科给事中贾三近去贵州进一步勘察实情,以便妥善处置。同时,高拱再次致书阮文中,指出安国亨"若负罪是实,非敢负国,则闻科官至必幸其有归顺之路,而服罪愈恳,吾乃只以其本罪处之。若负国是实,而所谓服罪者只以虚言款我,则即发兵发粮屠戮之,未晚也"②。应该说,这一措施既具有可行性,又具有灵活性;既照顾到了阮文中发兵征讨的奏请,以防安国亨"负国是实",又考虑到了安国亨乞求降顺的心理,为他服罪听理提供了台阶。

高拱这一举措果然收到实效。当安国亨得知勘官前来,朝廷有据实审理之意,便自出听理,承认仇杀本罪,输银四万一千两抵罪。于是,贾三近未至贵州而安氏之乱便告平息。这一事件的和平解决有着重要意义。正如高拱所言:"且释一门之隙,而可以免数省兵粮调度之劳;宥一酋之死,而因以免众姓玉石俱焚之烈。不惟桀骜恬势者为之逡巡,而旁观幸利者悉以敛戢。生灵宁谧,边圉奠安。"③ 又言:"自是境土谧宁,生民安业,兵无征戍之苦,官免奔命之劳,上下恬熙与中华埒矣。"④

四、在南方,遏制倭侵盗叛

嘉、隆时期,两广是个造乱之地。在内,有司不良,贪贿成风,少数民族的反叛时有发生;在外,倭寇侵扰,海盗猖獗,沿海百姓深受其害。为了扭转这种内忧外患的局势,高拱实施军政配合、剿抚并用、内外兼治的绥广方略。他奏请隆庆帝"将今设广东巡抚裁革,广西巡抚暂

---

① 高拱:《边略》卷三《靖彝纪事》。
② 高拱:《边略》卷三《靖彝纪事》。
③ 高拱:《边略》卷三《靖彝纪事》。
④ 高拱:《边略》卷三《靖彝纪事》。

令调度，仍将总督闽广巡抚改为提督两广军务，兼理广东巡抚事"①。两广军政"事体归一"，有助于二者相互协调，密切配合，从而提高明军的战斗力。高拱的这一绥广方略得到隆庆帝的大力支持②，并取得了剿倭除盗的显著战果。

隆庆四年（1570）八月，明将俞大猷和福建总兵官李锡联兵迎战海盗曾一本，广东总兵郭成又从侧翼夹击，双方经过多次鏖战，参将王诏生擒曾一本，斩首700余人。其后曾党梁本濠复叛，又被明将黄应甲生擒。隆庆五年（1571）六月，殷正茂又同总兵张元勋穷剿潮、惠贼寇蓝一清、赖元爵、林道乾等部。当时，征兵四万，数路并进，贼寇大败，乃凭险自守。官军遍搜深箐邃谷之间，元勋率军穷追不舍，先后俘获大贼首61人，次贼首600余人，破贼巢700余所，擒斩12000有奇。③ 同年，倭寇与"粤中诸盗"攻入广东电白县神电卫，旋即被明军击退，歼其首恶。另一盗帮巨枭林凤因屡受追击，亦遁逃远洋，不敢再登岸索战。隆庆六年（1572）三月，提督两广侍郎殷正茂疏奏，抚民许瑞出兵攻剿倭寇，生擒70余人，斩首25级，请授把总衔，以示优异。④ 这些战役的胜利，极大地打击了倭盗的嚣张气焰，一时海寇息止，粤、闽、浙沿线基本上恢复了宁谧。高拱执政只有二年半，为时短促，但却是遏止倭寇入侵、穷剿海盗取得重要战果的关键时期。

高拱整治两广的另一重要战果，是他任用提督两广军务的殷正茂，率军平定广西古田僮族首领韦银豹、黄朝猛的反叛。正茂之所以能得授重任，实因高拱的识拔，力排众议而倚用之：

　　正茂在广时，任法严，道将以下奉行惟谨。然性贪，岁受属吏

---

① 高拱：《边略》卷五《绥广纪事》。
② 如隆庆帝在高拱上《议处远方有司以安地方并议加恩贤能府官以彰激劝疏》后下旨道："近来远方有司不得其人，以致民不聊生，盗贼滋蔓。这所议甚得弭盗安民之要，都准行。"（《边略》卷五《绥广纪事》）
③ 参见张廷玉：《明史》卷二二二《殷正茂传》。
④ 参见《明穆宗实录》卷六八，隆庆六年三月己丑。

金万计。初征古田,大学士高拱曰:"吾捐百万金予正茂,纵干没者半,然事可立办。"时以拱为善用人。①

殷正茂也确实不负众望,屡建奇功。隆庆五年(1571)五月,殷正茂奏请调集土、汉兵十四万,令总兵俞大猷统领,进剿古田、八寨的僮族反叛族众,连破牛河、三厄、东山、凤凰等僮寨数十处,共斩首8460级,俘获1300余人,并诱斩黄朝猛②。韦银豹势单力穷,实施金蝉脱壳之计,被古田主薄廖元识破,遂生擒韦银豹,殷正茂奉诏磔之③。这些战果,都说明当时战况之激烈,用兵数量之巨大,杀伤人数之众多,甚至超过了在辽东前线对女真和土蛮的交战。

对殷正茂取得的重要战果,高拱给予了充分肯定。但他并不以此为满足,而是妥谋长治久安之策:"然善后之计,更须深图,种种停妥,乃可望于久安。"④ 他清醒地认识到,吏治腐败,民生倒悬,乃是少数民族反叛的根本原因。因此,他多次指示殷正茂,只有破格整顿,才能易乱以为治:

> 仆所以急急于此者,尤有深意。夫广东之弊极矣,整顿而使之如旧,亦甚难矣。非公在彼,孰能经略?非仆在此,孰肯主张?故整顿此方,必当在此时也。过此以往,但少一人,事必无济,广东终无宁日矣。⑤

在此,高拱表现出对殷正茂的高度信任,鼓励他坚定改革信念,加大整顿力度,如此才能扭转日益动荡的严峻局势。应该说,高拱的剿抚并用、内外兼治的绥广方略,得到了殷正茂的忠实执行,基本上收到了预

---

① 张廷玉:《明史》卷二二二《殷正茂传》。
② 参见《明穆宗实录》卷五七,隆庆五年五月壬戌。
③ 参见张廷玉:《明史》卷二二二《殷正茂传》。
④ 高拱:《边略》卷五《绥广纪事》。
⑤ 高拱:《边略》卷五《绥广纪事》。

期效果。

综上可见,高拱执政的隆庆中后期,有效地遏制了南倭北虏的入侵,初步改变了百余年来被动挨打、边患频仍的颓败局面,边疆军事形势获得了明显好转。可以说,这同高拱的军事改革密切相关,也同他采取正确的军事谋略密切相关。正如牟钟鉴先生所说:"总括这一时期的边政,西北、东北、西南等处的整顿、改良和巩固,都与高拱决策正确、用人得当、施行坚毅有极大关系。他是一位难得的文武兼备的政治家。"①

五、古今论评

高拱的军事改革及其靖边功绩,既是他一生事业中最卓著的成就,也是明代军事篇章中最辉煌的一页。明清至近现代诸多政治家和史学家都给予了其高度评价。

其一,当时官方之评。隆庆六年(1572)正月,明穆宗朱载坖在晋加高拱柱国中极殿大学士的诰命中,对高拱的靖边功绩作了高度评价:"且值国家多事之时,先为社稷万年之计。乃通海运,乃饬边防,乃定滇南,乃平岭表。制降西虏,坐令稽颡以称藩;威挞东夷,屡致投戈而授首。盖有不世之略,乃可建不世之勋。"②万历三十年(1602),明神宗朱翊钧在追赠高拱太师、谥文襄、特进光禄大夫的诰命中,对高拱的军事谋略也作了充分肯定:"幕画得羌胡之要领,箸筹洞边塞之机宜。化椎结为冠裳,柔犬羊于帖服。利同魏绛,杜猾(华)夏之深忧;策比

---

① 牟钟鉴:《高拱的实政论及其理论基础》,载陈鼓应主编:《明清实学思潮史》(上卷),齐鲁书社1989年版,第269页。
② 高务观:《东里高氏家传世恩录》卷二《少师兼太子太师吏部尚书中极殿大学士兼掌吏部事高拱并妻》。

仲淹，握御戎之胜算。"① 认为他是"经纶伟业"的"社稷名臣"，"纬武经文"的"帝臣王佐"，并把他与春秋时期的军事家魏绛和宋代的改革家范仲淹相提并论。两代皇帝的高度评价，可以说是对高拱的盖棺定论。

其二，明清史家之评。万历三十年（1602），礼部侍郎郭正域为高拱作《墓志铭》，指出："嘉、隆之际，相臣身任天下之重，行宜刚方，事业光显者，无如新郑高公。"② 高拱是"隆万大改革"的开创者和奠基人，他的改革事业为张居正所继承和发展。万历四十二年（1614），户部主事马之骏刊刻《高文襄公集》，在其《序》中指出："隆、万间所称最名相二：曰高新郑公文襄，张江陵公文忠。两公钟异姿，膺殊崇，履鼎贵之位，竖震世之勋，皆大略相埒。"③ 他特别指出高拱的军事谋略及其功绩"实不下李（唐李德裕）、寇（宋寇准）"，甚至"又非李、寇之所敢望也"。

《明经世文编》收录有关高拱军事改革六疏中的三疏，编者陈子龙等在疏文之上加注曰：高拱兵略"经久可行"，"文襄留心戎务如此，真勘定之才也"。这在该书收载的大量明臣边政奏议中，给予如此的高度评价，是不多见的。清初学者孙奇逢也称赞说："公（高拱）于诸边情形无不熟谙而洞悉之，故边人有事来请，公辄为指示方略。政府不谙边务，而边人能立功于外者难矣。"④ 史学家王鸿绪特别赞誉高拱的靖边功劳，言："自是三十余年，边陲晏然，拱之力为多。"⑤ 这些评价是确当的。

对高拱促成俺答贡市实现的历史意义，魏源也给予了充分肯定。言："高拱、张居正、王崇古，张驰驾驭，因势推移，不独明塞息五十

---

① 高务观：《东里高氏家传世恩录》卷五《原任光禄大夫柱国少师兼太子太师吏部尚书中极殿大学士高拱赠太师谥文襄》。

② 郭正域：《合并黄离草》卷二四《太师高文襄公墓志铭》。

③ 马之骏：《高文襄公集序》，载《高拱全集》附录二《高拱生平文献》。

④ 孙奇逢：《中州人物考》卷二《高文襄公拱》。

⑤ 王鸿绪：《明史稿》列传第九二《高拱传》。

年之烽燧,且为本朝开二百年之太平。仁人利溥,民到今受其赐。"① 高拱圆满解决贵州安国亨之乱,也得到了明朝文学家冯梦龙的高度称赞:"如安国亨一事,若非高中玄力为主持,势必用兵。即彼幸而获捷,而竭数省之兵粮,以胜一自相仇杀之夷人,甚无谓也。呜呼!前事不忘,后事之师,吾今日安得不思中玄乎?"②

其三,现代学者之评。明史专家孟森认为,高拱既是"救时良相",也是"驭将之才"。"高拱亦政事才,不失为救时良相","隆、万间军事颇振作,高拱、张居正皆善驭将"。③ 作为时任次辅的张居正和宣大总督王崇古对促成俺答贡市,虽有不可抹杀的功劳,但起决定作用的则是首辅高拱。诚如邓之诚所说:"高拱以招致俺答一事为最成功,虽成于王崇古,而主持者则拱也。隆、万以后,鞑靼扰边之患遂减。"④ 对高拱圆满处理安国亨事件,牟钟鉴亦作了高度论评:"高拱处理边事的指导思想是高明的:一是以抚为主,尽量争取和平解决,不轻用兵;处理边疆民族问题不能照搬内地格式,而要照顾其特殊性,以宽大为怀,灵活处理。二是据实定策,反复调查,核准实情,以极冷静的态度确定行动方案,不为危言所扰乱。开明的民族政策和求实的精神相结合,使他能够从容不迫地解决这一棘手的边境民族事件。"⑤

著名史学家嵇文甫认为,"高拱是一位很有干略的宰相,在许多方面开张居正之先"⑥。"江陵成为中国近古史上特出的大政治家,赫然在人耳目,而新郑就渐渐被人遗忘了。其实新郑于江陵还是先进,江陵的

---

① 魏源:《圣武记》卷一二《武事余记》。
② 冯梦龙:《智囊》卷三《冯之评语》。
③ 孟森:《明清史讲义》(上),中华书局1981年版,第236、249页。
④ 邓之诚:《中华二千年史》卷五(上)《明代之政治·高拱》,中华书局1983年版,第139页。
⑤ 牟钟鉴:《高拱的实政论及其理论基础》,载陈鼓应主编:《明清实学思潮史》(上卷),齐鲁书社1989年版,第268页。
⑥ 嵇文甫:《论高拱的学术思想》,《嵇文甫文集》(下),河南人民出版社1990年版,第451页。

学术和事功有许多地方实在可说是渊源于新郑。"① 事实确实如此。高拱主持隆庆朝的改革开创了"隆万大改革"的先河，而张居正在万历初元的改革只是其合理的延续和发展。正如韦庆远所言："明中叶的改革实际上是从隆庆三年（1569）高拱复出，其后任内阁首辅，张居正任重要阁员时期开始的。""由张居正总揽大权以主持的万历十年改革，基本上是隆庆时期推行的改革方案的合理延续和发展。"隆、万两朝的改革"合称为隆万大改革"。② 高拱推行的包括军事改革和靖边实践在内的隆庆改革，在隆、万改革运动中具有首创地位。这一评价是完全符合历史事实的。

从上述评价可见，高拱既是"社稷名臣""救时良相"，也是"勘定之才""驭将之才"。可以说，他是一位亦相亦帅、为相兼帅的著名军事家。他在军事上的卓越建树，不仅取得了"边陲晏然"之效，维护了国家统一，而且也推动了当时社会经济的发展和政治进步。隆庆后期，"九边生齿日繁，守备日固，田野日辟，商贾日通，边民始知有生之乐"③。这种中兴之势大约保持了三十年之久。

总之，在高拱一生事业中，其靖边功绩最为辉煌："西虏稽颡称臣，东番投戈授首，贵夷詟服，岭寇底宁。"④ 这不仅扭转了嘉靖以来南倭北虏大肆侵扰的局面，开创出隆庆后期"边陲晏然"⑤"中土平安"⑥的新局面，而且也为张居正推行"万历新政"创造了良好的外部条件。可以说，张居正的边政功业乃至整个改革事业是对高拱的继承和发展，如果没有高拱奠定初基，万历新政就很难取得更大成效，二者具有明显的传

---

① 嵇文甫：《张居正的学侣与政敌——高拱的学术》，《嵇文甫文集》（中），河南人民出版社1990年版，第420页。
② 韦庆远：《张居正和明代中后期政局》，广东高等教育出版社1999年版，第4~5页。
③ 方逢时：《论谙达（俺答）贡市疏》，载清乾隆《御选明臣奏议》卷二九。
④ 高拱：《边略·序》。
⑤ 王鸿绪：《明史稿》列传第九二《高拱传》。
⑥ 查继佐：《罪惟录》列传卷一一下《梁梦龙传》。

承和衔接关系。如郭正域说，"江陵负豪杰之才，其整齐操纵，大略用高公之学"①。

如今，郦波先生仍然把高、张对立起来，固守"褒张贬高"的传统历史偏见，不顾客观史实和明清以来诸多政治家、史学家的论定，提出所谓高拱留下来的是"一个内忧外患的烂摊子"，完全抹杀高拱的靖边功业和改革功绩。显然，这种所谓的"烂摊"说，是对历史的误读，也是对读者的误导。

---

① 郭正域：《合并黄离草》卷二四《太师高文襄公墓志铭》。

张居正与"王大臣案"

——兼论道德评判的必要性

明万历元年（1573）正月发生的"王大臣案"，是张居正为专权而冯保挟旧怨，合谋锻造的以构杀前内阁首辅、顾命大臣高拱为目的的冤案。此案在明清时期已成为定案，许多明清历史文献也有明确记载。然而，如今有些学者为了维护张居正的伟人兼"完人"的形象，竭力为其失德失律乃至人性之恶问题进行辩解回护，并对此案提出质疑说："诬陷高拱的王大臣案件，更是真真假假，云笼雾罩……张居正是否参与密谋，没有确证，要说全不知情，那也未必。""张居正有没有参与其事，参与程度有多深，已成为难解的历史之谜。"① 又说："关于王大臣事件，《明史》《国榷》等史书以及明人的一些笔记作品，基本上都列举各种各样的说法，认为张居正先开始与冯保勾结要一起陷害高拱……我觉得没有必要在这儿再次辨析这些典籍的主观臆断之处。""要是张居正在这件事里既做了主谋又做了两面派，为什么'举朝皆恶'的时候单漏掉他呢？"② 那么，诬陷高拱的"王大臣案"是不是"真真假假"？张居正参与密谋到底有没有确证，是否已成为"历史之谜"？明清历史文献的记载是不是"主观臆断"？对这些问题，仍然有必要加以澄清，以还原历史真相。

---

① 刘志琴：《张居正评传》，南京大学出版社2006年版，第152~153、156页。

② 郦波：《风雨张居正》，中国民主法制出版社2009年版，第162页。

一、锻造冤狱,意图构杀高拱

隆庆六年(1572)六月,张居正"附保逐拱"后,担心高拱东山再起,威胁自己的权位,故此又与冯保相勾结,假借万历元年(1573)正月发生的"王大臣案"锻造冤狱,上疏追查幕后"主使勾引之人",企图将前首辅大学士、顾命大臣高拱置于死地。"张居正欲以王大臣事构杀拱。"①"张居正及冯保谋杀前大学士高拱。"② 这是张居正参与密谋此案,构杀高拱的铁证。

此案发生在万历元年(1573)正月十九日,其案发缘由是:

> 是日早朝,乘舆出乾清宫门,有男子伪着内使巾服,由西阶下,直趋而前,为守者所执,索其衣中,得刀剑各一具,缚两腋下。诘之,但道其姓名为王大臣,系(南)直隶常州府武进县人,余无所言。③

本来,这是一桩常见性案件,因为当时确有一些闲杂人员借宫廷守卫不严,冒穿内使巾服混入宫内,朝入暮出。明中叶以后的宫禁,混乱无序的事情多不胜数,这类案件也时常发生。对其处置,无非是由厂卫及五城兵马司审明,杖责充军了事。但这桩案件发生的背景不同:即张居正任内阁首辅与冯保升司礼掌印太监仅有半年,地位未稳,惧怕高拱东山再起,威胁自己的权位。因为高拱于隆庆三年(1569)十二月即有东山再起的先例。在这种情况下,张、冯要利用此案,大兴冤狱,企图一举

---

① 张廷玉:《明史》卷二一四《葛守礼传》。
② 吴承权:《纲鉴易知录·明鉴易知录》卷九《明纪·神宗显皇帝》。
③《万历起居注》,万历元年正月十九日。

将政敌高拱置于死地，以绝后患。"江陵恐新郑复起，将借以杀新郑。"①当日，神宗有旨："王大臣拿送东厂究问，还差的当办事校尉着实缉访来说。"②

兼领东厂的冯保对高拱的怨恨可谓由来已久。嘉靖时期，冯保为司礼秉笔太监。隆庆元年（1567），冯保提督东厂兼掌御马监。这时司礼掌印监缺，按资次，冯保应递升，但因穆宗不悦，高拱便推荐御用太监陈洪，"保由是疾拱"。及陈洪被罢，高拱又推荐孟冲为司礼掌印监。于是"保疾拱弥甚，乃与张居正深相结，谋去之。会居正亦欲去拱专柄，两人交益固"③。穆宗驾崩，冯保斥孟冲而夺其位，既掌司礼又督东厂，权势熏天。这时，高拱发动言官程文、刘良弼、雒遵、陆树德等弹劾冯保，欲削夺其司礼大权，并将这一谋划告知张居正。而居正却背信弃义，私通冯保，并取得神宗生母李太后的支持，于隆庆六年（1572）六月斥逐高拱"回籍闲住"。"迨拱去，保憾犹未释。"④

冯保正是怀着对高拱的怨恨，奉旨负责审讯此案的。王大臣（原名章龙）初供来自总兵戚继光处，冯保密报张居正，张居正闻之大惊，速遣人告知冯保："戚氏方握南北军，地在危疑，且禁毋妄指。此可借以除高拱也。"⑤"戚公方握南北军，禁无妄指，可借以除高氏。"⑥ 张居正的目的十分明确，即务使戚继光摆脱干系，要借助此案除掉高拱。于是，冯保便根据张居正这一密谋，采取刑逼和诱供的方式，唆使王大臣诬咬高拱的同乡、前司礼监陈洪为主使者，继而逼诱其供认是由高拱派人入宫行刺。为达到诬陷高拱的目的，冯保派家奴辛儒给王大臣蟒绮冠服，并附送两剑一刀，在刀剑柄首上镶嵌猫睛异宝饰物作为凭证，以确证此案系高拱所为，并将其送到东厂。同时，又命辛儒教唆王大臣编造

---

① 刘青霞：《房尧第传》，引《高拱全集》附录二《高拱生平文献》。
② 《万历起居注》，万历元年正月十九日。
③ 张廷玉：《明史》卷三〇五《冯保传》。
④ 张廷玉：《明史》卷三〇五《冯保传》。
⑤ 谈迁：《国榷》卷六八，万历元年正月庚子。
⑥ 谷应泰：《明史纪事本末》卷六一《江陵柄政》。

伪供:"屏语大臣曰:'第言高阁老怨望,使汝来刺。愿先首免罪,即官汝锦衣,赏千金。不然,重榜掠死矣。'因使儒界大臣金,美饮食之,即令诬拱家奴同谋。"① 经过这样一番密谋和布置,一场以构杀高拱为主旨的冤案悄然兴起。

张居正不仅为冯保密谋筹划,而且还亲自于案发三天后即正月二十二日,上疏追究"王大臣案"的"主使勾引之人",将矛头直接指向高拱。张疏在《明神宗实录》中有载:

> 臣等窃详,宫廷之内,侍卫严谨,若非平昔曾行之人,则道路生疏,岂能一径便到?观其挟刃直上,则造蓄逆谋,殆非一日。中间必有指使勾引之人。乞敕缉事问刑衙门,访究下落,永绝祸本。②

《万历起居注》也载:

> 臣等窃详,宫廷之内,侍卫严谨,若非平昔曾行之人,则道路生疏,岂能一径便到?观其挟刃直上,则其造蓄逆谋,殆非一日。中间又必有主使勾引之人;据其所供,姓名、籍贯恐亦非真。伏乞敕下缉事问刑衙门仔细究问,多方缉访,务得下落,永绝祸本。③

不难看出,张疏的用意不仅是要将这一案件扩大化,借此广事株连,而且是为了支持冯保在东厂锻造冤案并与之相配合、相呼应。更为严重的是,张居正特别提出务必要多方侦缉,追究幕后"主使勾引之人",以"永绝祸本"。其目的十分明确,就是要构杀高拱,把自己的政敌置于死地。这是张居正参与密谋"王大臣案"的铁证,正如史家王鸿绪所说:

---

① 谈迁:《国榷》卷六八,万历元年正月庚子。
② 《明神宗实录》卷九,万历元年正月癸卯。
③ 《万历起居注》,万历元年正月二十二日。

"拱既去,保憾未释,复构王大臣狱,居正亦从中主之。"① 对张居正这一奏疏,万历小皇帝当即批示:"卿等说的是。这逆犯挟刃入内,蓄谋非小。着问刑缉事衙门,仔细研访主逆勾引之人,务究的实。"② 一时间,朝政笼罩在恐怖氛围之中,大有腥风血雨来临之势。

冯保根据威逼利诱王大臣得到的伪供,逮捕陈洪,并"先使四缇骑驰诣新郑,颐指县官,备拱之逸。县官即发卒围拱第。家人悉窃其金宝鸟兽窜。拱欲自经不得,乃出见缇骑,问:'将何为?'缇骑曰:'非有逮也,恐惊公,而使慰之耳。'拱乃稍稍自安"③。后将高拱家人李宝、高本、高来逮至京师,以所谓的"同案犯"来推定高拱的行刺谋逆大罪。与之相配合,"居正密为书,令拱切勿惊死;已,又为私书安之"④。张居正这两封书信,表面上是以昔日好友的身份予以安慰,但其真正用意是害怕高拱自裁,失去活口,无法定案。⑤

令张居正始料不及的是,以谋杀高拱为目的的冤狱兴起后,由于案情过于离奇,手段过于毒辣,使朝野舆论大哗,异议很大。尤其是那些具有正义感的科道官员纷纷上疏,要求彻查此案。如,刑科给事中提出这是他们的职责所在,不能由东厂擅权专办,并议论说:"此事关我刑科,若无一言,遂使国家有此一事,吾辈何以见人!"⑥ 他们不愿承担枉法杀戮顾命大臣的责任,上疏要求将此案移交法司审理。而张居正不仅竭力阻止他们上疏,告知已经定案、无法更改,而且还严禁其他科道官员再上疏言事。御史钟继英因上本暗指其事而被罚俸半年,景嵩、韩楫、雒遵因弹劾尚书谭纶皆降调外任,借以威众。对张居正锻造冤狱的局势,张的同乡大理寺少卿李幼滋规劝说:

---

① 王鸿绪:《明史稿》列传第九二《高拱传》。
②《明神宗实录》卷九,万历元年正月癸卯。
③ 王世贞:《嘉靖以来首辅传》卷六《高拱传》。
④《万历邸抄》,万历元年春正月庚子。
⑤ 文秉提出张居正致函高拱是胁令其自杀,言:"江陵诱其招构新郑,因使驰告新郑,欲胁令自杀,新郑怡然不为动。"(《定陵注略》卷一《逼逐新郑》)
⑥ 高拱:《病榻遗言》卷四《毒害深谋》。

> 朝廷拿得外人，而公即令追究主使之人，今厂中称主使者即是高老。万代恶名必归于公，将何自解？①

张居正的同年，原太常寺少卿陆光祖也劝诫说：

> 此事关于治道甚重，望翁竭力挽救。万一不能保存旧相，翁虽苦心，无以白于天下后世。不肖忧之至切，夜不能寝，念与翁道义深交，敢僭昧驰告，非为旧相也。②

显然，案发后朝野舆论对张居正是极为不利的，甚至形成与之相对峙的局面。这说明张居正构杀高拱不得人心。当时，张居正手握重权，虽然不会惧怕这些舆论，但是也不敢轻易冒犯。

二、窜改东厂揭帖："历历有据"

张居正不仅上疏追查此案幕后"主使勾引之人"，而且还公然违背祖制，与内府串通，窜改东厂揭帖，留下"历历有据"这一铁铸难移的手迹把柄。这是张居正参与密谋此案、构杀高拱的又一铁证。

对此案的关键情节及案情的前后变化，谈迁在《国榷》中有如实记载，言：

> ……狱具，保遣五校械拱奴，而居正前疏传中外，中外藉藉，谓且逮拱。居正乃密谋吏部尚书杨博。博曰："事大，迫之恐起大

---

① 高拱：《病榻遗言》卷四《毒害深谋》。
② 陆光祖：《陆庄简公遗稿》卷五《与张太岳相公书》。

狱。高公虽粗暴，天日在上，万不为也。"居正色不怿。会大理寺少卿李幼滋，以居正乡人，私语居正："果行之，污及万世矣。"强答曰："吾忧之甚，何谓我为。"居正禁科道不得有言，而御史钟继英疏暗指之。居正怒，拟旨诘问。左都御史葛守礼拉杨博过居正。居正曰："东厂狱具矣，同谋人至，即疏处之。"守礼曰："守礼敢附乱臣党耶，愿以百口保高公。"居正默不应，杨博力为解，居正仍如故。守礼因历数先时如贵溪、分宜、华亭、新郑，递相倾轧，相名坐损，可鉴也。居正愤曰："二公意我甘心高公耶！"奋入内，取一东厂揭帖示博曰："是何与我？"而揭中居正手定四字："历历有据"，而居正忘之。守礼识居正笔，笑而袖之。居正觉曰："彼法理不谙，我为易数字耳。"守礼曰："此事密，不即上闻，先政府耶？吾两人非谓公甘心新郑，以回天非公不能。"居正悟，揖谢曰："苟可效，敢不任。"①

由此可见，张居正所以急刹车，乃是由于其违背祖制，在东厂揭帖上窜改"历历有据"四字证据，并被吏部尚书杨博、都察院左都御史葛守礼抓住所致。这一违制之举，在当时可谓是犯了故违成宪、欺君犯上的大罪。明朝的东厂、锦衣卫等是皇帝在"三法司"之外特设的缉捕机构，由皇帝直接控驭。主管厂卫的特务头子只对皇帝负责，将所办案件直接奏报，不准把案情透露给任何人。任何勋贵重臣，包括首辅大臣在内，非经特许，不准过问任何案件内情，不得调阅任何文件。而当时兼摄东厂的冯保，却将揭贴私下交给首辅张居正过目，而张居正又私阅私改。这一违制之举既是张居正故违成宪、欺君犯上的大罪，也是其参与密谋"王大臣案"、意图株连高拱的铁证。

由于被杨博、葛守礼抓住"历历有据"的手迹把柄，万历元年（1573）正月二十八日，张居正被迫再次上疏，提出严禁王大臣"妄攀主者"，要求"稍缓其狱"，开始为高拱开脱。据《明神宗实录》载：

---

① 谈迁：《国榷》卷六八，万历元年正月庚子。

> 奸人王大臣妄攀主者，厂卫连日追求，未得情罪，宜稍缓其狱。盖人情急则闭匿愈深，久而息弛，真情自露。若推求太急，恐诬及善类，有伤天地之和。①

《万历起居注》又载：

> 闻厂卫连日推求此事，本犯展转支吾，未得情罪。臣以为宜稍缓其狱。盖人情急则闭匿愈深，久而息弛，真情自露，彼时明正法典，乃足以快神人之愤。若推求过急，恐诬及善类，有伤天地和气。②

如果把张居正于正月二十二日和二十八日所上两道疏文加以对比，就不难发现，他对"王大臣案"的态度发生了明显转变：前疏的重点是要多方侦缉"主使勾引之人"，要兴起冤狱，把矛头直接对准高拱；后疏的重点则是要求"宜稍缓其狱"，"若推求过急，恐诬及善类"，这明显又是为高拱开脱。"盖居正初疏，意有所欲中，会廷议汹汹，故有是奏。"③那么，张居正为何在短短六天之内会发生如此大的转变呢？究其原因，就是他违背祖制、窜改揭帖，留下"历历有据"的字证，并被杨博、葛守礼识破；后经杨、葛二人劝导，他意识到兴冤狱、诛高拱，将背上万世恶名。

张居正的主意改变后，便请教杨博如何善后，"'第后局何以结？'博曰：'公患不任耳，任何难？任须世臣乃可共。'居正因奏上，命冯保与葛守礼、左都督朱希孝会讯"④。杨博建议委派刑部长官和世爵参与审

---

① 《明神宗实录》卷九，万历元年正月己酉。
② 《万历起居注》，万历元年正月二十八日。
③ 《明神宗实录》卷九，万历元年正月己酉。
④ 谈迁：《国榷》卷六八，万历元年正月庚子。

判,主要基于两点考虑:一是葛守礼为现任都察院左都御史,代表法司,其本人又是坚决反对诬陷高拱指使弑君、锻造冤狱的,由他参与审判,可以遏制冯保通过东厂独断案情,酿造冤案。二是世爵地位崇高,能受到朝廷尊重,且对厂卫保持一定距离。朱希孝是辅佐朱棣取得政权的功臣朱能的第五代孙,其兄朱希忠袭封成国公,本人任锦衣卫左都督,是著名勋臣,又居特种缉捕武臣之首,当然是参加审判的理想人选。据此,张居正上疏请命葛守礼、朱希孝与冯保三人共同审讯王大臣一案。可以说,审判法庭的改组,葛、朱二人的参与,是挫败冯保通过东厂全权垄断、锻造冤狱的重要因素。

这时,朱希孝已知张、冯密谋借此案诬杀高拱,而反对派也发出强大的舆论声势,惧怕招致杀身之祸。于是,他便急忙拜见张居正,张居正又让他去请教吏部尚书杨博。杨博一方面对他妥为安慰,另一方面又指授方略:"'欲借公全朝廷宰相体耳,何忍陷公?'因示以指。"①

三、速杀王大臣,灭口灭迹

在"王大臣案"的审讯过程中,张居正惧怕构杀高拱的阴谋败露,便先用生漆酒灌哑王大臣,后又匆匆将其处死,以达到灭口灭迹之目的。张居正这种企图掩盖事实真相的手法,不仅证实了构杀高拱的阴谋,而且也为自己日后摆脱干系留下了回旋余地。

葛守礼、朱希孝和冯保奉神宗谕旨,负责审讯王大臣一案。朱希孝根据杨博的指点,派校尉密询王大臣来自何处、何所,为何诬陷高拱为主使者,若说出实情或可免罪。王大臣答道:"始绐我主使者论死,自首亡恙,官且赏。岂知此当实言。"②原来,编造伪供均出自冯保家奴辛

---

① 谈迁:《国榷》卷六八,万历元年正月庚子。
② 谈迁:《国榷》卷六八,万历元年正月庚子。

儒的教唆。朱希孝又命将从河南新郑逮来并被指为"同案犯"的李宝、高本、高来等高府家人，杂于众犯之中，让王大臣辨认，大臣均无法认出。这时，有些朝臣和内监亦为自身利害计，竭力劝阻冯保锻造冤狱。如"东厂理刑白一清谓保初问官二千户曰：'……高公顾命大臣，强我辈诬之，异日能免诛夷耶？'皆曰：'冯公已具案，而张阁老手窜四字。'一清曰：'东厂机密重情，安得送阁改乎？'"① 有一近侍太监姓殷的，年七十余，亦跪奏曰："万岁爷爷不要听他。那高阁老是个忠臣，他如何干这等事！他是臣下来行刺，将何为？必无此事，不要听他。"② 又有管事太监张宏冒死对神宗说："高公不可枉。"③ 凡此均说明诬杀高拱不得人心，阻力很大。"保知难行，即差人报居正曰：'内边有人说话，事不谐矣。'"④

尽管反对诬杀高拱的声势很大，但冯保却一意孤行，"必求其遂"。其审讯过程是：

> 故事，先杂治。大臣呼曰："故许我富贵，何杂治也？"冯保即问："谁主使者？"大臣仰视曰："尔使我，乃问也？"保气夺，强再问："尔言高阁老何也？"曰："汝教我，我则岂识高阁老？"希孝复诘其蟒绔刀剑，曰："冯家奴辛儒所予。"保益惧。希孝曰："尔欲污狱吏耶！"遂罢。⑤

按照当时的审判程序，审讯之前，先将犯人杖刑十五大板，王大臣不堪忍受，遂愤而供出实情，使冯保引火烧身，被指斥为诬杀高拱的主唆者。至此，案件无法再审理下去。第二天，即二月二十日夜，始将王大臣送三法司会审，然王大臣已被张、冯派人用生漆酒灌哑。二十一日，

---

① 谈迁：《国榷》卷六八，万历元年正月庚子。
② 高拱：《病榻遗言》卷四《毒害深谋》。
③ 谈迁：《国榷》卷六八，万历元年正月庚子。
④ 高拱：《病榻遗言》卷四《毒害深谋》。
⑤ 谈迁：《国榷》卷六八，万历元年正月庚子。

再次会审时,王大臣已哑不能言,张居正不问因由,便奏请以滥入宫禁罪论斩。张居正匆匆处死王大臣,了结此案,其真实意图就是要杀人灭口灭迹,惧怕谋杀高拱的阴谋败露,以免遭到时人和后世的指责。

对张居正及冯保杀人灭口,毁灭罪证,许多明清史家甚至外国使臣均有确论。如,《万历邸抄》言:"此即冯珰所为不道而欲诛之以灭其迹者。"① 万历二年(1574)八月,朝鲜国派遣到明朝的使臣许篈指出:

> 夫王大臣之事颇诡秘,似由内官引进,道路之言,皆指太监辈。而方其断罪也,朦胧处决,不为别白核寻之计。只杀其人以灭迹,其事匿也。今当国辅臣不得辞其责。②

黄景昉亦言:

> 王大臣狱,江陵为杨博、葛守礼所持,以达冯珰,业悔之。讯日,比部郎郑汝璧密令携大臣暗处,剪其舌,或云喑之。临期无一言,趣弃市。江陵由此才汝璧,改仪部,复改考功。③

郑汝璧为使张居正构杀高拱的阴谋不被暴露,故被提拔重用。由此可见,张居正匆匆处死王大臣,灭口灭迹,其故意掩盖构杀高拱的阴谋已昭然若揭。

需要指出的是,事过十年之后,在张败死、冯败落时,神宗提出要追查王大臣一案。万历十一年(1583)二月,南京兵部郎中陈希美上疏,首论冯保"乃潜引一男子王大臣,白昼挟刃,直至乾清宫门"行刺,"王大臣既已伏诛,而保系首祸之人,乃夤缘漏网",因此"恳乞圣

---

① 《万历邸抄》,万历元年正月庚子。
② [朝鲜] 许篈:《荷谷先生朝天记》,引韦庆远《张居正和明代中后期政局》,第453页注③。
③ 黄景昉:《国史唯疑》卷八。

明，亟加诛戮"①。本来万历十年（1582）十二月，御史李植论劾冯保十二大罪，神宗已有旨宽处。但两个月后，他又看到陈希美论劾冯保竟敢潜引犯人王大臣谋害自己，于是下令刑部查阅案宗。据《明神宗实录》记载："上览刑部录进王大臣招由。传旨：此事如何这每就了？查原问官与冯保对质。"大学士张四维等言："事经十年，原问官厂即冯保，卫乃朱希孝。今罪犯已决，希孝又死。陈希美奏王大臣系冯保潜引，亦无的据。若复加根究，恐骇观听。上乃置不问。"② 神宗这才放弃了追查此案的念头。

  王大臣被匆匆处死，张居正构杀高拱的阴谋为何没有得逞？究其原因，主要有以下几点：其一，密谋此案过于草率，以致留下"历历有据"四字把柄。如前所述，由于张居正惧怕高拱东山再起，急于达到诛灭政敌、消除后患的目的，以致在要害处留下铁铸难移的把柄，并被杨博、葛守礼抓住，不得不罢手。其二，迫于朝野舆论的强大压力。案发后，朝野舆论普遍同情高拱，几乎无人相信顾命大臣行刺之说。尽管张居正手握重权，不怕朝野舆论，但也不敢轻易冒犯，兴起冤狱，诬杀高拱。如实录所言："时大狱且起，张居正迫于公议，乃从中调停，狱得无冤。"③ 其三，锻造冤案过于骇人听闻，令人难以置信。案发后，大部分朝臣和言官未敢轻率附和，更未有人公开支持，大多采取观望自保的态度；杨博、葛守礼、钟继英、白一清、李幼滋、陆光祖等人也都竭力劝解停释，甚至"愿以百口保高公"。另外，高拱虽然罢官归里，但从政30多年，去职仅半年，不乏官场中的关系，如锦衣卫左都督朱希孝在审讯中也有所回护④。这也是张居正谋杀高拱的阴谋没有得逞的重要原因之一。

---

①陈希美：《罪人既得天讨难容恳乞圣明亟加诛戮以绝乱萌以安宗社疏》，《万历疏钞》卷二。
②《明神宗实录》卷一三四，万历十一年闰二月乙卯。
③《明神宗实录》卷一〇，万历元年二月癸酉。
④参见商传《"王大臣案"小议》，载《高拱、明代政治及其他》，河南大学出版社2011年版，第168页。

四、事后辩白收功，抽逃罪证

张居正其人"深沉有城府"①，当他谋杀高拱的阴谋遇到强大阻力、无法实现时，便立即改换面目，摇身一变，大肆炫耀救解高拱的所谓"功劳"，试图掩盖当初追究高拱行刺之罪的阴谋。天启初年，大学士朱国祯说："王大臣一事，高中玄谓张太岳欲借此陷害灭族，太岳又自鸣其救解之功。"② 又说："张对人曰：'高老一事，我忧愁，今才救得下。'又写书南都及四方之人，皆以救高为功。"③

朱氏所言不虚。万历元年（1573）春，张居正在致许多友人的信函中故意避开不久前奏请追查"主使勾引之人"的事实，极力表白自己一贯反对诬陷株连的主张，把救解高拱收为己功。如，他在《答张操江》中表白说：

> 顷奸人挟刃入内，诬指新郑所使。上自两宫主上，下至闾阎细民，一闻此语，咸以为信；而抵隙者，遂欲甘心焉。中外汹汹，几成大狱。仆窃心知其不然，未有以明也。乃面奏主上，斯事关系重大，窃恐滥及无辜。又委曲开导，以国法甚严，人臣不敢萌此念，请得姑缓其狱，务求真的，乃可正法。荷主上面允。而左右中贵人，亦皆雅相尊信，深谅鄙心，不敢肆其钩距之巧。伏念六七日，至于旬时，果得真情。新郑之诬，始从辨释……不然，此公之祸，固不待言，而株连蔓引，流毒缙绅，今不知作何状矣。嗟乎！如仆苦心，谁则知之？日来为此，形神俱瘁，须发顿白，啮茶茹藁，又

---

① 张廷玉：《明史》卷二一三《张居正传》。
② 朱国祯：《涌幢小品》卷九《阁臣相构》。
③ 朱国祯：《皇明大事记》卷三八《阁臣》。

谁与怜之？耿耿丹心，只自怜耳。①

在《答汪司马南溟》中又辩解说：

> 比来一夫作祟，几至燎原，幸主上明圣，而左右近习，亦皆素谅仆之悃诚，得以潜折祸萌，导迎善气。二三子以言乱政，实朝廷纪纲所系，所谓芝兰当路，不得不锄者，知我罪我，其在是乎？②

另外，在《与广东按院唐公》《答司马万两溪》《答吴尧山言弘愿济世》《答总宪张崌崃言公用舍》《答河漕王敬所言漕运》③ 等多封信函中，张居正大肆渲染救解高拱之功，对朝臣及士大夫的诸多猜测和非议极力辩解表白。从这些书信中可以看出，张居正真可谓费尽心机，"形神俱瘁"了。

就张居正被迫急刹车，终未酿成冤狱而言，似乎于高拱"有功"："王大臣事起，时故相高新郑几不免，赖掌卫朱希忠与江陵相力恳保得解。"④ 但这绝不能掩盖他当初追究幕后"主使勾引之人"的事实，不能否认为构杀高拱而留下"历历有据"的四字罪证，更不能掩饰速杀王大臣灭口而不使阴谋败露的图谋。对此，明清以来诸多政治家、史学家均有定论。如，万历时期内阁首辅申时行说：

> 是时道府以兵卫环新郑家而守之，祸且不测。然众论皆知其冤，颇尤江陵。江陵迫公议，亟从中调剂，保意解，乃独归罪大臣，论斩。⑤

---

① 张居正：《张太岳集》卷三四《答张操江》。
② 张居正：《张太岳集》卷二五《答汪司马南溟》。
③ 参见张居正：《张太岳集》卷二五。
④ 沈德符：《万历野获编》卷六《内监》。
⑤ 申时行：《赐闲堂集》卷四〇《杂记》。

谷应泰说:

> 卖交附珰,漏言市重……而冯保以快己之怨者,即以酬次辅之恩。居正以去保之疾者,还以固纶扉之宠……始乃宫府交通,更唱迭和。冯倚执政则言路无忧,张恃中涓即主恩罔替……至于犯跸具狱,词连拱奴,谋发宰臣……居正之包藏祸心,倾危同列,真狗彘不食其余矣。①

谈迁说:

> 江陵修怨,令新郑放逐足矣。必借王大臣之狱,果正其罪,九族为轻。噫!宰相坐废,或不无怨望,间见一二。若怀奸蹈险,犯天下之大不韪,如专蘖之事,于古未闻也,而谓新郑甘之乎?江陵深机,只自见其愚耳。权保本阉人,求快一时,曾何足论。江陵号察相,不与汶汶等。械阱猝发,中不自制;毁雁逸构,阉室累系。天且以枉高氏者枉张氏也。②

今人黄云眉先生在评《答张操江》一函时也说:

> (张居正)所以明其苦心调剂,灭此祸炬,实则着意远嫌,所谓欲盖而弥彰者也。③

可见,这些政治家和史学家对张居正构杀高拱的阴谋既有对历史真相的明确揭露,又有对道德人性的严厉评判。本来,张居正于隆庆六年(1572)六月"附保逐拱"之后,如愿以偿地荣登首辅之位,冯保亦晋

---

① 谷应泰:《明史纪事本末》卷六一《江陵柄政》。
② 谈迁:《国榷》卷六八,万历元年正月庚子。
③ 黄云眉:《明史考证》六,中华书局1985年版,第1716页。

升司礼掌印太监,与神宗生母李太后结成牢固的政治铁三角,高拱难以对其构成威胁。但不可原谅的是,张居正完全从个人利益出发,假借王大臣一案,谋杀昔日好友高拱,株连高氏九族,清洗朝中所谓的"高党",其用心何其毒也,其人性何其恶也!当冯保派四缇骑驰诣新郑,高拱几欲饮鸩自杀,只是在仆人房尧第的劝阻下,才没有自裁。高拱经此沉重打击,便"惊怖成疾",不久于人世。可以说,在"王大臣案"问题上,张居正不仅越出了封建政治家的道德底线,有其严重的失德失律之处,而且也是其人性之恶的充分暴露,有其不可掩饰的人性阴暗面。

需要指出,最早刊刻于万历末年的《张太岳集》,在其大量的"奏疏"中,唯独不见张居正于正月二十二日和二十八日所上的两道疏文,其原因可能是张居正在世时已经销毁,或其子、后人编纂时已经抽出;在其大量的"书牍"中,张居正给高拱本人及族人共有17封信函(其中给高拱4封)①,其中不乏为高拱辩释表白、死后请恤的信件,但亦唯独不见其前引"居正密为书,令拱切勿惊死"和"又为私书安之"的两封信函。《张太岳集》中有关此案"二疏二函"的史料缺失,只能说明张居正或编纂者故意掩饰谋杀高拱的阴谋,故意抽掉罪证,以免为后世留下把柄,致使后人訾议。不然,这些史料不可能缺载。

尽管《张太岳集》缺载"二疏二函",但它们在《明神宗实录》《万历起居注》《万历邸抄》中却被保留了下来,这为我们澄清"王大臣案"的历史真相提供了最有力的史料佐证。高拱晚年撰著的《病榻遗言》卷之四《毒害深谋》②,对张居正假借"王大臣案"谋害自己的关键情节也有如实的记载。虽然有些明史学者对此书訾议颇多,但其记载

---

① 载《张太岳集》卷三四。
② 参见《高拱全集》(上),第655~658页。

内容的真实性却是毋庸置疑的①,因为诸多明清历史文献如王世贞《嘉靖以来首辅传》、何乔远《名山藏》、朱国祯《涌幢小品》、于慎行《谷山笔麈》、沈德符《万历野获编》、黄景昉《国史唯疑》、张廷玉《明史》、谈迁《国榷》、谷应泰《明史纪事本末》、吴承权《纲鉴易知录》等正史和野史均有大同小异、或简或详的记述,均可作为佐证。如果说高拱《病榻遗言》有关此案的记述是"不实之词"②,那么难道诸多明清历史文献的相关记述都是不实之词吗?显然,这是不可能的。因此,张居正假借"王大臣案"构杀高拱的历史事实是不能掩饰和抹杀的,也是掩饰和抹杀不了的。

五、道德评判的必要性

如今,在明史热潮中,有些学者不顾客观历史事实和诸多明清历史文献的记载,竭力为张居正谋杀高拱的阴谋进行辩护,提出诬陷高拱的"王大臣案""真真假假,云笼雾罩","张居正是否参与密谋,没有确证","已成为难解的历史之谜"。这一观点不能成立。从张居正上疏追究"主使勾引之人",到窜改揭帖,留下"历历有据"四字把柄并被杨

---

① 参见岳金西《高拱〈病榻遗言〉考论——与赵毅教授商榷》,载《古代文明》2009年第3期。

② 如黄仁宇先生说:"高拱在生前就以权术闻名于朝官之间。这一《病榻遗言》是否出自他的手笔还大可研究。即使确系他的手笔或系他的口述,其中情节的真实性也难于判断。"(《万历十五年》,中华书局1982年版,第35页)赵毅先生说:"我们以为《病榻遗言》所述所忆的明代穆宗晚期及神宗初政的一些是非恩怨,有的可信,有的可能是不实之词,真假混杂,虚虚实实……"(《〈病榻遗言〉与高新郑政治权谋》,《古代文明》2009年第1期)许敏先生也说:"高拱临终前完笔的《病榻遗言》……所写细节与史实有相当出入,甚至多有不实之词。"(《关于高拱研究的几个问题》,《中国史研究》2010年第4期)

博、葛守礼抓住，被迫再次上疏要求"稍缓其狱"，"恐诬及善类"，再到匆匆处死王大臣以灭口灭迹等，这一系列历史事实完全可以确证张居正参与密谋了"王大臣案"。因此，"王大臣案"不是"真真假假"，而是千真万确！张居正参与密谋不是"没有确证"，而是铁证如山！不是"难解的历史之谜"，而是历史定案！还有学者秉持历史实用主义态度，判定《明史》《国榷》等史书以及明人的一些笔记作品关于张、冯勾结陷害高拱的记载均属"主观臆断"。这一观点尤为荒谬。因为它几乎全部否定了明清文献有关此案记载的权威性、真实性、可靠性！辩护者取舍史料的标准是：凡是有利于彰显张居正功劳功绩的史料，都要信从采纳；否则，不管是正史或野史，统统判定为"主观臆断"。实际上，这种任意剪裁历史、为我所用的实用主义历史观，才恰恰是主观臆断！其真实目的，无非就是"为了要维护张居正作为一代伟人而兼'完人'的形象，以为如果承认他在一些方面有过失误、失律甚至失德之处，便会从根本上动摇了他辉煌的历史地位。其实这样的担心和辩解都是多余的"①。

金无足赤，人无完人。作为改革家的张居正也不例外。本文揭明张居正假借"王大臣案"构杀高拱的失德、失律乃至人性之恶问题，并不是要否定他的改革功绩和历史地位，而是为了还原历史真相。也只有对张居正进行历史和道德的双重评判，才能还原历史上真实的张居正。我们不能因为张居正有显著的改革功绩，就掩饰、否认甚至抹杀其失德、失律乃至人性之恶问题。如果像有的学者以历史评价与道德评价往往不一致为由，主张"对历史人物的评价，重要的是看重他对历史作用的结果，对动机往往可以略而不计……道德评价的忽略纵然使人们遗憾，但除此没有更好的视角"②，即只要历史评价而忽略道德评价，那么，毫无疑问，这种评价肯定是片面的，不是全面客观的评价。其结果要么是完

---

① 韦庆远：《张居正和明代中后期政局》，广东高等教育出版社1999年版，第25页。

② 刘志琴：《张居正评传》，南京大学出版社2006年版，第156~157页。

全肯定，即肯定一切；要么是完全否定，即否定一切，从而走向两个极端。而这种道德缺位的评价既不是客观公正的治史态度，也不可能揭示历史真相。目前，许多研究张居正的论著中存在的过分褒扬、美化倾向，从某种意义上说，就是只要历史评价而忽略甚至取消道德评价所致。

由学侣到政敌

——高拱与张居正关系之逆变

研究明代隆、万改革整顿的传承与发展,不可不研究高拱与张居正的关系问题。作为隆、万改革整顿的决策者和主持者,高、张既有政见政纲的一致性,又有权力斗争的残酷性。诚如史家嵇文甫先生所云:"谁都知道新郑是江陵的政敌。然而在他们还没有成为政敌以前,他们还是志同道合的好朋友。他们同服务于太学,而以相业相期许,虽然后来时移世易,终致乖离,但当初他们切磋共学的那段因缘,毕竟是不可泯灭的。"① 后来,嵇先生又将这一观点概括为"学侣与政敌"②。

近年来,史学界在研究张居正改革时都或多或少地论及到这一问题,如韦庆远《张居正和明代中后期政局》③、樊树志《张居正与万历皇帝》④、刘志琴《张居正评传》⑤ 等。这些均属明代政治史的研究,自然也把高、张权力斗争的政治关系作为论述的重点,并表现出明显的"褒

---

① 嵇文甫:《晚明思想史论》,《嵇文甫文集》(中),河南人民出版社1990年版,第192页。

② 嵇文甫:《张居正的学侣与政敌——高拱的学术》,《嵇文甫文集》(中),河南人民出版社1990年版,第420页。

③ 韦庆远:《张居正和明代中后期政局》,广东高等教育出版社1999年版,第5~6页。

④ 樊树志:《张居正与万历皇帝》,中华书局2008年版,第43~76页。

⑤ 刘志琴:《张居正评传》,南京大学出版社2006年版,第106~159页。

张贬高"的倾向,至于对他们的学术思想关系、政见政纲关系的论述却付之阙如。鉴于此,本文拟就高拱与张居正由学侣到政敌的逆变过程加以详细梳理,以期对隆庆改革与万历整顿间的传承发展,隆、万交替时期的政局走向等问题有更深入的认识和把握。

一

隆庆朝与其前嘉靖朝和其后万历朝相比,尽管为时短促,仅有六年,但却是由保守走向改革的大转折时期。前三年是以徐阶为首的保守派进行救弊补偏的阶段,后三年是以高拱为首的改革派实施整顿改革的阶段。高拱与张居正同属隆庆内阁中的改革派。隆庆三年(1569)十二月,穆宗召高拱还阁,以大学士兼掌吏部事,由此开始同张居正携手共政、力行改革,并开启了"隆庆大改革"的序幕。他们能够携手共政、力行改革,其原因就在于有其基本相同的经世志向、政见政纲和思想基础。

(一)立志经世的政治盟友

嘉靖二十年(1541)高拱中进士,入翰林院读书,作诗《奉诏读书翰林述怀》,云:"技艺宁足先,修能良可慕";"古则俱在兹,莫柱郸邯步。"[1] 以此表明他不屑于研习诗词技艺、模仿古则教条,而是要精研国家典章,提高平章政事的能力。并提出相臣出于翰林,其职责不只是"备问代言,商榷政务",且负有"辅德辅政,平章四海"[2] 的重任。张居正在翰林时期,其旨趣亦在于研讨典章制度,精研时事政务,当时

---

[1] 高拱:《诗文杂著》卷一《奉诏读书翰林述怀》。
[2] 高拱:《本语》卷五。

"进士多谈诗,为古文,以西京、开元相砥砺,而居正独夷然不屑也。与人多默默潜求国家典故与政务之要切者衷之"①。

高、张在太学时,张为司业,"独与祭酒高拱善,相期以相业"②。张曾言:"追惟平昔期许萧曹丙魏。"③ 高为此撰写《萧曹魏丙相业评》④。其主旨都是要以西汉名相萧何、曹参、魏相、丙吉为榜样,同心合力,振兴朝政。这表明他们有相同的经世志向和治国理想。万历朝大学士沈鲤曾说:高、张同在政府,"其初谋断相资,豪杰自命,即丙、魏、房、杜,固未肯多让也"⑤。礼部尚书李腾芳说:高、张"皆负不世出之才,绝人之识……人称丙魏房杜同心是矣"⑥。高拱在回忆他们共事的经历时也说:"荆人为编修时,年少聪明,孜孜向学,与之语多所领悟,予爱重之。渠于予特加礼敬,以予一日之长,处在乎师友之间,日相与讲析义理,商榷治道,至忘形骸。予尝与相期约,他日苟得用,当为君父共成化理。"⑦ 这说明,在隆庆后期,高、张确是立志经世的政治盟友,有其深厚的政治友情。正因如此,张居正多次言及他与高拱是"香火盟""生死交"⑧。高、张这种志同道合的政治志向和治国抱负,为他们同心协力推行改革提供了重要条件。

(二) 政见相同的改革纲领

高、张不仅有相同的经世志向和抱负,而且在嘉靖末隆庆初还分别

---

① 王世贞:《嘉靖以来首辅传》卷七《张居正传(上)》。
② 王世贞:《嘉靖以来首辅传》卷七《张居正传(上)》。
③ 张居正:《张太岳集》卷三四《答司寇曹傅川》。
④ 高拱:《诗文杂著》卷一《萧曹魏丙相业评》。
⑤ 沈鲤:《张太岳集·序》,载《张太岳集》。
⑥ 谈迁:《国榷》卷六八,隆庆六年六月庚午。
⑦ 高拱:《病榻遗言》卷二《矛盾原由上》。
⑧ 张居正:《张太岳集》(第二册)卷三四《答参军高梅庵》《答司寇曹傅川二》。

提出了指导隆万大改革的政治纲领，即《除八弊疏》和《陈六事疏》。可以说，这两个纲领性文献为他们联手改革奠定了政治基础。

高拱任礼部尚书时，在嘉靖四十五年（1566）三四月间撰就了《挽颓习以崇圣治疏》（即《除八弊疏》）。高拱鉴于嘉靖帝忌听谏言，不久前因试题触忌而几遭重典，海瑞上《治安疏》的前车之鉴，恐为首辅徐阶所不容等种种原因，没有将该疏呈上，但这一疏文却能把握时局发展的大势，提出了一系列大破陈规，立足于变的改革方案。在疏文中，高拱指出时势艰危的根源在于"积习之不善"，并寻根探源，条分缕析，列为"八弊"：即"坏法""黩货""刻薄""争妒""推诿""党比""苟且""浮言"。这些积习前后相因，彼此仿效，已经成为官场风气、习惯势力，大有积重难返之势，"八弊流习于天下，非惟不可以救患，而患之所起实乃由之"①。但是，高拱坚信吏治可修，诸边可靖，兵弱可振，财乏可理，这就必须使用"抉肠涤胃之方""剔蠹厘奸之术"，推行整顿改革。不整顿就没有出路，不改革就不能振兴。于是，他又提出了革除"八弊"的对策："夫舞文无赦，所以一法守也；贪婪无赦，所以清污俗也。于是崇忠厚，则刻薄者消；奖公直，则争妒者息；核课程，则推诿者黜；公用舍，则党比者除；审功罪，则苟且无所容；核事实，则浮言无所售。"② 除弊对策的核心就是：凡事核实，以法治国。"八弊既除，百事自举"，只有破除"八弊"，才能拯救危机，扭转颓势，从而达到"修内攘外，足食足兵"的目的。可以说，该疏是高拱执政后指导隆庆改革的纲领性文献。

隆庆二年（1568）七月，张居正呈上《陈六事疏》。疏言："近来风俗人情，积习生弊，有颓靡不振之渐，有积重难返之几。若不稍加改易，恐无以新天下之耳目，一天下之心志。"③ 因此，他乞请隆庆帝进行整顿改革。在疏文中，张居正既指出时弊之所在，又提出改革之对策。

---

① 高拱：《南宫奏牍》卷一《挽颓习以崇圣治疏》。
② 高拱：《南宫奏牍》卷一《挽颓习以崇圣治疏》。
③ 张居正：《张太岳集》卷三六《陈六事疏》。

针对当时议论太多，相互掣肘，浮言塞责，不务实际，提出"省议论"的对策；针对纲纪不振，法度不行，刑赏不公，奖惩不明，提出"振纲纪"的对策；针对朝廷诏旨废阻不行，行政效率低下，提出"重诏令"的对策；针对选拔人才，眩于声名，用舍进退，名实不符，提出"核名实"的对策；针对灾害频仍，民不聊生，国库空虚，财政危机，提出"固邦本"的对策；针对南倭登岸，北虏侵扰，军力不振，边防大弛，提出"饬武备"的对策。① 综上六策，集中到一点，就是要高度集权，力行强国富民的改革。

高拱的《除八弊疏》和张居正的《陈六事疏》，虽然提出的时间不同：高疏在前，张疏在后；特点不同：高疏笼统，张疏具体；重点不同：高疏重在破除八弊，张疏重在营建新局。但是，这两份疏文的立场和观点则是基本一致的，都是立足于除弊兴利、革旧布新之上的，都是把国家的前途命运寄托于整顿改革、力行实政之上的。可以说，这两份纲领性文献是整顿改革的姊妹篇，起着前呼后应、统筹全局的作用，是指导隆、万大改革的政治纲领。

（三）基本一致的学术思想

高、张的经世志向和政治纲领的相同，其思想根源在于他们的学术主张和思想倾向一致，即二者都是儒法兼宗的思想家，具有变法改革的政治观和富国强兵的价值观，经世实学是他们共同的思想特征。可以说，这是他们能够联手合作，实施改革的思想基础。但由于各自的经历和生活实践的不同，他们的世界观也略有差别。比较而言，高拱的学术思想较纯，他在批判宋明理学的基础上，直接继承了王廷相的气学思想，构筑起以气本论为核心的哲学体系。而张居正的学术思想较杂，他

---

① 张居正：《张太岳集》卷三六《陈六事疏》。

既受到佛教禅宗的影响①，又受到阳明心学的熏染②；早年崇信阳明心学，中年转向经世实学，但始终未脱离阳明心学。

高拱对程朱理学和阳明心学均持批判态度。他驳斥宋儒对《春秋》经义的穿凿附会，批驳理学空谈心性，不务实际，认为"宋儒穷理，务强探力索。故不免强所不知以为知，自以为是"③。与理学"存理灭欲"的价值观相对立，高拱提出"天理，人情之至也，人情即天理也"④的观点，认为人情之外不存在天理，若远人情以为天理，那么这就不是真正的天理。对当时热衷谈论的"朱陆异同"和阳明心学，高拱斥之为"空虚无据"，"徒务口说，依傍他人门户，随场悲喜，以为知道，良可羞也"⑤。在明代盛行的讲学氛围中，高拱不仅从不涉足徐阶主持的讲学活动，而且还痛抑讲学。隆庆三年（1569）末，"新郑高文襄起掌吏部，以与华亭有隙，痛抑讲学"⑥。他一方面禁止各地督学宪臣聚徒讲学，另一方面还通过考察贬谪京官，遏制京师讲会，以经世实学端正学风，改变谈玄论虚、不务实际的官场风气。

高拱学术的特点是阳儒阴法，儒法兼宗。他说："昔仲舒欲罢去诸家，独宗孔氏。予以为宗孔氏者，非必一致，亦有诸家。虽皆讲明正学，乃各互有离合。"⑦他在儒学中注入了法家的思想内容，援法入儒，提出："有时异世殊不宜于今者，亦皆为之，变通之，斟酌损益，务得

---

① 张居正：《张太岳集》卷二五《答李中溪有道尊师》，卷二六《答中溪李尊师论禅》。

② 张居正：《张太岳集》卷二九《答南司成屠平石论为学》，卷三一《答藩伯周友山讲学》，卷三五《启聂司马双江》。

③ 高拱：《本语》卷二。

④ 高拱：《问辨录》卷七《论语》。

⑤ 高拱：《本语》卷三。

⑥ 焦竑：《国朝献征录》卷四一。

⑦ 高拱：《问辨录·序》。

其理。"① "事以位异，则易事以当位；法以时迁，则更法以趋时。"② 这些观点与法家"世异则事异""事异则备变""是以圣人不期修古，不法常可，论世之事，因为之备"③的变法理论，可谓一脉相承，实为同调。高拱阐述的变法理论，实质上就是为其改革提供合法性论证的。

与高拱一样，张居正也是儒法兼宗的思想家。他的学术可概括为三：一是抵制讲学活动。张居正尽管是徐阶的受业弟子，但他却是徐阶讲学活动的坚决反对者。史载："张江陵不喜讲学名色，盖惩徐华亭末流之弊，抑浮薄辈。"④"徐文贞素称姚江弟子，极喜良知之学。一时附丽之者竟依坛坫，旁畅其说。因借以把持郡邑，需索金钱，海内为之侧目。张文忠为徐受业弟子，极恨其事而诽议之。"⑤可见，正是由于当时的讲学空谈心性、不务实际的弊端，才使张居正坚决遏制讲学之风的盛行。显然，在对待讲学态度上，他与徐阶的立场是对立的，而高拱则为同调。二是阐扬经世实学。张居正抵制讲学活动的目的，就是要阐扬经邦济世的实学。他痛斥理学末流是"虚寂之说，大而无当，诚为可厌"⑥，要求"学问既知头脑，须窥实际"⑦。须窥实际，就是要"学者以足踏实地为功，以崇尚本质为行"，亦即"祛积习以作颓靡，振纪纲以正风俗，省议论以定国是，核名实以行赏罚，则法行如流，而事功辐辏矣"⑧。这种务求实效、建立事功的实学无疑是为其整顿改革提供理论服务的。三是儒法兼宗。张居正虽自诩为儒臣，但实际上服膺的则是法家学说。他曾说："夫法制无常，近民为要；古今异势，便俗为宜。"⑨

---

① 高拱：《问辨录》卷二《中庸》。
② 高拱：《问辨录》卷六《论语》。
③ 《韩非子·五蠹》。
④ 黄景昉：《国史唯疑》卷八。
⑤ 沈德符：《万历野获编》卷八《嫉陷》。
⑥ 张居正：《张太岳集》卷二二《答楚学道胡庐山论学》。
⑦ 张居正：《张太岳集》卷三五《答罗近溪宛陵尹》。
⑧ 张居正：《张太岳集》卷一六《辛未会试程策二》。
⑨ 张居正：《张太岳集》卷一六《辛未会试程策二》。

他主张"法后王",并继承了法家"不期修古,不法常可"的变法观点。他称赞汉宣帝"实事求是,而不采虚声;信赏必罚,而真伪无眩",使当时"吏称其职,民安其业"①。可以说,"实事求是"是张居正经世实学的精髓和灵魂。

由上可见,高拱与张居正的经世志向、改革纲领是大体相同的,其学术思想也是基本一致的。这不仅为其联手合作、力行改革奠定了政治基础,而且在学术思想上也为其改革活动提供了合法性论证。正如韦庆远先生所说:"高拱、张居正一生的事功建立在深厚的学术根基之上。隆万大改革之能出现并取得过显赫的成果,绝不是枝节性的就事论事,零打碎敲的孤立性的个别调整,而是撷取了儒、法两大学派的精粹,有所吸收,又有所甄别选汰,构筑成比较系统的变革理论。"②

二

高拱与张居正的经世志向、改革纲领和学术思想基本相同或一致,但在政治上并非铁板一块,而是还存在着激烈的矛盾冲突和权力斗争。隆庆三年(1569)末,穆宗召高拱还阁,以大学士兼掌吏部事,不久又任内阁首辅仍兼吏部事,其手握重权,独断朝纲,这在明史上是仅有的。③张居正在隆庆一朝虽有从阁员到次辅的升迁,但其政治地位始终

---

① 张居正:《张太岳集》卷一六《辛未会试程策二》。

② 韦庆远:《张居正和明代中后期政局》,广东高等教育出版社1999年版,第10页。

③ 沈德符云:"内阁辅臣主看详、票拟而已。若兼领铨选,则为真宰相,犯高皇帝禁矣。……驯至穆宗之三年,高新郑以故官起掌吏部,初犹谓其止得铨柄耳。及抵任,则自以意胁首揆李兴化。条旨云:'不妨部务,入阁办事。'比进首揆,犹长天曹,首尾共三年,则明兴所仅见也。"(《万历野获编》卷七《辅臣掌吏部》)

居于高拱之下。因此，排逐高拱，谋夺首辅之位，成为张居正追逐的最大政治利益。"居正次拱相，拱多面折，居正衔之。"① "张居正素妒臣夫（高拱）轧己，欲共排挤，谋夺其位。"② "居正深中多智，耻居拱下"，"方思所以倾拱"③。凡此均说明，权力斗争是高、张矛盾由产生到激化的根本原因。在权力斗争的驱使下，高、张矛盾于隆庆五年（1571）秋以后全面爆发。具体而言，主要有以下三端：

其一，高拱进退人才，张居正收恩讨好。高拱复政后，以大学士兼掌吏部事，手握重权。但事无巨细，高拱均同张居正商榷，意见取得一致而后实行。但时过不久，高拱发现张居正"全以诈术驭人，言语反复无实。人有不合者，必两利而俱存之。怒甲，则使乙制甲；怒乙，则使甲制乙。欲其斗，则嗾之使斗；欲其息，则愚之使息。使其柄常在我，惟其所为"④。当时，高拱进退人才，而张居正却借此收恩。"凡予进一人，必曰此吾荐之高老者也，既已收恩。退一人，则又曰吾曾劝止之，奈高老不听，何而又以收恩焉。"⑤ 如，高拱复政伊始，遇到给事中戴凤翔弹劾海瑞"沽名乱法"的疏奏。对此，高拱一方面肯定海瑞在应天巡抚任上"厘革宿弊，整肃吏治"的功绩，但同时也指出其"求治过急，更张太骤"的缺失，并提出"遇有两京相应员缺，酌量推用"的处理意见。⑥ 海瑞出于一时激愤，坚持归家修养。张却致书海瑞说："仆谬添钧轴，得与参庙堂之末议，而不能为朝廷奖奉法之臣，摧浮淫之议，有深愧焉。"⑦ 张既然收恩海瑞，那么为何其后柄政长达十年，始终不起用海瑞呢？又如，张曾两次致书南京礼部尚书秦鸣雷："公昔以无妄蒙议，私心尝为不平。会在位者有不悦于公，未敢昌言之也。兹奉玄翁掌铨，

---

① 《明神宗实录》卷八四，万历七年二月乙巳。
② 范守己：《御龙子集》卷六七《代高少师张夫人乞补恤典疏》。
③ 文秉：《定陵注略》卷一《逼逐新郑》。
④ 高拱：《病榻遗言》卷二《矛盾原由上》。
⑤ 高拱：《病榻遗言》卷二《矛盾原由上》。
⑥ 高拱：《掌铨题稿》卷二三《复给事中戴凤翔论巡抚海瑞疏》。
⑦ 张居正：《张太岳集》卷二二《答应天巡抚海刚峰》。

又雅敬重,故得以赞其区区。""公之起用,仆与有力。"① 显然,张是在收买人心。据《张太岳集》统计,在高、张共事两年半内,张与人有139封书信,其中类似这样的书信不下十分之一。对吏部进退人才,张为何要私通书信呢?其真正用意,正如高拱罢官后所说:"欲笼络一世之人,使之归己,而因以众树党也,而就中纳贿无算。此事人所共知,予亦闻之。"② 可以说,高拱进退人才,而张居正则讨好收恩,是导致他们相互猜疑、产生裂痕的重要因素。

其二,高拱揭露张居正贪贿问题。这是高、张矛盾进一步加深的又一重要因素。据史料记载,高拱揭露张居正纳贿有两起:一起是收受前任首辅徐阶的贿赂。王世贞说:"拱无子,而居正多子。一日戏谓居正:'造物者胡不均,而公独多子也!'居正曰:'多子多费,甚为衣食忧。'拱忽正色曰:'公有徐氏三万金,何忧衣食也!'居正色变,指天而誓,辞甚苦。拱徐曰:'外人言之,我何知!'以故两自疑。"③《明史》本传也说:"拱客构居正纳阶子三万金,拱以消居正。居正色变,指天誓,辞甚苦。拱谢不审,两人交遂离。"④ 这说明,张居正收受徐阶之贿确是事实,但其数额不是"三万金",而是"三千银"。高拱回忆说:"辛未秋,徐(阶)因一通判送银三千、玉带、宝玩等物于渠,渠受之。有松江人顾绍者知其事,揭示于予,证据明白。渠惶甚,莫适为居。予为解慰,以为小人告讦不信,而执绍付法司解回。渠始稍宁,而称我曰:'毕竟是公光明也。'然虽眼底支吾,而本情已露,相对甚难为颜面。于是遂造言讪谤,发意谋去我矣。"⑤ 上述史料对张居正受贿数额尽管有不同记述,但其贪贿则是不争的事实。

另一起是张居正接受名将戚继光的贿赂。隆庆六年(1572)春,福

---

① 张居正:《张太岳集》卷二三《答南宗伯秦华峰》,卷二四《与南宗伯秦华峰》。
② 高拱:《病榻遗言》卷二《矛盾原由上》。
③ 王世贞:《嘉靖以来首辅传》卷七《张居正传(上)》。
④ 张廷玉:《明史》卷二一三《张居正传》。
⑤ 高拱:《病榻遗言》卷二《矛盾原由上》。

建巡按御史杜化中参论将官金科、朱珏赃罪重大，巡抚何宽却违反司法程序，嘱托运史问理，二犯遂得轻纵。案尚未结，二犯又向总兵戚继光行贿，并通过兵部，将其督发浙江重用。此系"纳贿招权，支吾卖法"的大案。张因纳贿，甚为惶恐。而高"不知所谓，因访之，则此事乃荆人之为也。荆人久招纳戚继光，受其四时馈献金银宝玩，不啻数万计，皆取诸军饷为之者"。"金科、朱珏富甚，久以贿投戚继光门下。前被论时，即纳贿求解，而继光遂引入荆人家，各馈千金。荆人特令兵部复行巡抚勘问，而又作书何宽，令其出脱，而继光仍复取用。实皆荆人展转为之。"① 杜化中系河南人，张怀疑高知其详情。其实，此乃隆庆二年（1568）之事，高尚家居，并不知情。张害怕东窗事发，嘱托兵部为戚继光开脱。这时，巡抚何宽已升大理寺卿，当由吏部处置。张不得已才将实情告诉高拱："前兵部复巡抚勘乃吾意，吾亦曾有书与何宽。今若如化中言，吾何颜面？愿公曲处。"② 于是，高拱批示："总兵官戚继光等兵部径自查复"，令侍郎谷中虚、都御史何宽"回籍听勘，待事明之日，另行奏请处分"③。显然，高拱这一批示有意使张居正摆脱干系，保持他们携手共政的关系。然而，当高罢官后，张却歪曲事实，说什么戚继光"数年间大忤时宰意，几欲杀之。仆委曲保全，今始脱诸水火"④，并在万历初年为其翻案。由上可见，高拱揭发张居正两次纳贿，使他们"猜疑""交离"的矛盾进一步加剧，从而促使张居正决意斥逐高拱。

其三，张居正为争功，唆使言官弹劾高拱。张居正争权，必然首先争功。因此张在其信函中不断发出争功信息，制造争功舆论，试图把隆庆改革功绩特别是靖边功绩完全攫为己有。如说："虏孙（指俺答孙把汉那吉）来降之事，主上用愚计，幸而时中。"⑤ "此三策者（指西北"俺答封贡"、贵州"安氏之乱"及广西古田平叛事），皆大违群议，而

---

① 高拱：《病榻遗言》卷二《矛盾原由上》。
② 高拱：《病榻遗言》卷二《矛盾原由上》。
③ 高拱：《掌铨题稿》卷二三《复福建巡按御史杜化中论侍郎谷中虚等疏》。
④ 张居正：《张太岳集》卷三二《与楚抚院汪南明》。
⑤ 张居正：《张太岳集》卷二二《寄陈松谷相公》。

仆独以身任其事,主上用仆之策,幸而时中矣。"① 又说:"仆数年图画边事,苦心积虑,冒险涉嫌,惟公知之……东师奏凯,西虏款关,区区一念报国赤忠,庶几得以少见矣。"② 还说什么"主上用仆之策""赖主上纳用愚计"③。在此,张居正所言是不符合历史事实的。隆庆时期无论是促成"俺答封贡",大败土蛮的"辽左大捷",还是平息贵州水西"安氏之乱",广西古田平叛,其创议、决策、实施都出自高拱,而非张居正,张居正只是起了赞襄、协助的作用。对此,诸多学者作了明确论证。④

张居正争功的真正目的是要觊觎相位,谋夺首辅之权。为此,他深结与高拱素有矛盾的太监冯保,合谋排逐高拱。隆庆六年(1572)春,张趁穆宗有病之机,令其密党唆使言官曹大野弹劾高拱。隆庆帝见疏大怒,命处治曹大野,司礼监拟旨:"曹大野这厮排陷辅臣,着降调外任。"⑤ 冯保携此拟旨与张商量。张遂抹去"这厮排陷辅臣"及"降"字,改为"曹大野妄言,调外任",为曹大野开脱。不仅如此,张居正还嫁祸于人,对高拱说:"曹大野是赵大洲(贞吉)乡人,闻此事是大洲所为。""闻大洲布散流言于南北,今北果有矣,恐南亦有之,公不可不防。"⑥ 张居正阳奉阴违的面目可见一斑。在此情况下,高只好上疏求退,并对所谓"大不忠十事"一一加以辩驳,谨述其实。隆庆帝慰留

---

① 张居正:《张太岳集》卷二三《答两广殷石汀论平古田事》。
② 张居正:《张太岳集》卷二四《答总宪孙华山》。
③ 张居正:《张太岳集》卷二三《答关中宪使李义河述时政》。
④ 参见李勤奎《促成"俺答封贡"的首功当属高拱》,载《驻马店师专学报》1992年第1期;颜广文《高拱与"俺答封贡"》,载《广东教育学院学报》2004年第1期;李良品《明代贵州水西"安氏之乱"的起因、性质与处置》,载《贵州社会科学》2008年第2期;王雄《高拱与明隆庆朝的北边防御》,载《广播电视大学学报(哲社版)》2009年第4期。
⑤ 高拱:《病榻遗言》卷二《矛盾原由上》。
⑥ 高拱:《病榻遗言》卷二《矛盾原由上》。

说:"卿忠清公惧,朕所深知",不允所辞。① 高再疏乞休,"仍不允辞"②。这时,众多言官弹劾刘奋庸和曹大野"潜构奸谋,倾陷元辅",乞加重处。但高拱却"请宥奋庸,复大野职。穆宗不许,调大野陕西乾州判官,奋庸降一级调湖广兴国知州"③。可见,张居正是这一事件的幕后指使者,"大野亦张居正所指也"④。目前风波虽暂告平息,但张居正排逐高拱之意已决。

三

如果说隆庆五年(1571)秋以后高、张矛盾还处于潜伏状态,那么到隆庆六年(1572)上半年则已经公开化、表面化了。这时,张居正利用隆、万交替的有利时机,与冯保相结,并取得神宗生母李太后的支持,下诏驱逐高拱,由张居正主持内阁政务,史称"附保逐拱"。这既是高、张权力争斗的必然结果,也标志着高拱执政时代的结束。

隆庆六年(1572)正月,穆宗患病。五月二十五日,"上大渐",召阁臣高拱、张居正、高仪受顾命。三人入寝殿见皇上已昏沉不醒,皇后、皇贵妃拥于榻,皇太子立榻右。太监冯保以《遗诏》与皇太子:"朕不豫,皇帝你做。一应礼仪,自有该部题请而行。你要依三阁臣,并司礼监辅导,进学修德,用贤使能,无事怠荒,保守帝业。"⑤冯保又以《遗诏》授高拱:"朕嗣祖宗大统,方今六年。偶得此疾,遽不能起,有负先帝付托。东宫幼小,朕今付之卿等三人,同司礼监协心辅佐,遵

---

① 《明穆宗实录》卷六八,隆庆六年三月辛亥。
② 《明穆宗实录》卷六八,隆庆六年三月癸丑。
③ 《明穆宗实录》卷六九,隆庆六年四月丁巳。
④ 谈迁:《国榷》卷六七,隆庆六年四月丁巳。
⑤ 高拱:《病榻遗言》卷一《顾命纪事》。

守祖制，保固皇图。卿等功在社稷，万世不泯。"① 高拱读罢遗诏，泣奏而出。二十六日卯时初刻，帝崩；巳刻传遗旨："着冯保掌司礼监印。"二十七日，冯保打出一报，内开皇太子遗诏，明载"你要依三阁臣，并司礼监辅导"②，以此明示他亦为顾命之臣。

这两份《遗诏》与冯保掌司礼监印的遗旨，引起"百官骇愕，相顾失色"。他们认为这是"矫诏""矫旨"，特别是宦官冯保受顾命明显违背祖制。高拱曾回忆说：

（隆庆六年）三月十六日，忽报上疾重，阁下宜赴宫门候宣。拱与居正即趋入至恭默室迤北，有居正心腹吏姚旷手持红纸套，内有揭帖半寸许厚，封缄完固，自后飞走而过。拱问送与何人？旷答云："与冯公公。"即疾驰而入。盖不知其主人瞒我而遂直言之也。拱即问居正是何所言？居正面赤惶怖，遽答云："乃《遗诏》事宜耳。"拱默然，以为我当国，凡事当自我同众而处，独奈何于斯际而有私言于保乎？③

对两份《遗诏》"司礼监辅导"之说，高拱认为"皆居正所为"，并提出"自古有国以来，曾未有宦官受顾命之事"④。张、冯窥伺国柄，故以顾命与司礼监。次日即传冯保掌司礼监印。可见，《遗诏》确系"矫诏"，为居正所草，冯保宣示，两宫认可。这样在张的谋划下，冯受顾命并掌司礼监印已成事实，高拱陷入被动。

对冯保受顾命一事，诸多史料均持否定态度。如《明穆宗实录》将"朕今付之卿等三人，同司礼监协心辅佐"一句，改为"朕今付之卿等

---

① 高拱：《病榻遗言》卷一《顾命纪事》。
② 高拱：《病榻遗言》卷一《顾命纪事》。
③ 高拱：《病榻遗言》卷一《顾命纪事》。
④ 高拱：《病榻遗言》卷一《顾命纪事》。

三人，宜协心辅佐"，断然删掉"同司礼监"四字①。《明史·高拱传》指出："初，帝意专属阁臣，而中官矫遗诏命与冯保共事。"②《明史纪事本末》亦同意矫诏说："时太监冯保方居中用事，矫传大行遗诏云：'阁臣与司礼监同受顾命。'廷臣闻之俱骇。"③ 而王世贞的《嘉靖以来内阁首辅传》独持异说：穆宗"召拱、居正见，而凭几执拱手，顾皇后言：'以天下累先生。'且复为谕，属（嘱）拱等后事，事与冯保等商榷而行。俄而上晏驾"④。王氏之论同高拱所说大相径庭，也同两份《遗诏》的内容相去甚远。作者指名道姓要阁臣"事与冯保等商榷而行"，似乎冯保位在顾命大臣之上。张居正在回忆受顾命时则云："先帝临终，亲执臣手，以皇上见托。"⑤ 在这里，王世贞言穆宗"凭几执拱手"，张居正则言"亲执臣手"，而"臣"当然是指他自己。这不过是自我抬高罢了。

隆庆六年（1572）五月二十六日，穆宗崩逝，颁布《遗诏》。此诏不提三位顾命大臣"同司礼监协心辅佐"，只提"内外文武群臣协心辅佐"⑥。二十八日，高拱等上《劝进仪注》。六月十日，举行即位大典，皇太子朱翊钧登极，是谓明神宗，改元万历。

神宗即位后，高与张、冯的斗争已到了剑拔弩张的程度。高拱曾说："荆人宦保交结盘据，内援外应，既密既久。""凡吾一言，当即报保；行一事，即为计授保。使从中假旨梗我，而彼袖手旁观，佯为不知。凡荆人谋，皆保为之也；凡保之为，皆荆人为之谋也。"⑦ 于是，在神宗登极之日，高拱奏上《特陈紧切事宜以仰裨新政疏》。该疏的核心内容是要削夺司礼权，使之归于内阁。显然，这是对矫诏的抗争。穆宗

---

① 《明穆宗实录》卷七〇，隆庆六年五月己酉。
② 张廷玉：《明史》卷二一三《高拱传》。
③ 谷应泰：《明史纪事本末》卷六一《江陵柄政》。
④ 王世贞：《嘉靖以来首辅传》卷六《高拱传》。
⑤ 张居正：《张太岳集》卷四三《乞鉴别忠邪以定国是疏》。
⑥ 《明穆宗实录》卷七〇，隆庆六年五月庚戌。
⑦ 高拱：《病榻遗言》卷三《矛盾原由下》。

时,冯保即深为皇太子及其生母李贵妃所信赖,其时又升为掌印太监,小皇帝当然听命于两宫太后及掌印太监,不可能听从首辅大臣。这时的皇权实际掌控于李太后手中。高拱削夺司礼权,必然引起两宫猜疑,使阁权与皇权发生直接碰撞。不出所料,高疏奏上,"保果不怿,乃不送阁,而从中票出曰:'知道了,遵祖制。'盖不纳之辞也"。高以补本再进,冯则以补本发下拟票曰:"览卿等所奏,甚于时政有裨,具见忠荩,都依拟行。"① 此时的拟票,已无任何实际意义。

当时,张、冯交结为奸,锻造了一系列骇人听闻的反常事件。于是给事中程文、雒遵、陆树德,御史刘良弼等人分别上疏纠劾冯保,指斥其矫诏、矫旨,实为"大奸""大恶",并条列"四逆六罪",乞请皇帝"亟将冯保拿问,明正刑典"②。这不仅要置冯保于死地,而且还把矛头指向张居正。冯见疏上,问计张居正,张说:"勿惧,便好将计就计为之。"于是,张嗾使冯将科道奏本扣压,当夜即密谋驱逐高拱。

张居正其人"深沉有城府,莫能测也"③。而高拱却性急耿直,不善心计,当言官弹劾冯保时,"拱使所厚,语居正曰:'当与公共立此不世之功。'因语云云。居正阳笑曰:'小事耳,何足言不世功?'而密遣人报保"④。因献计冯保以饰词激怒后妃,借刀杀人。冯保其人阴狠毒辣,老谋深算。据《明史》本传载:"穆宗崩,拱于阁中大恸曰:'十岁太子,如何治天下。'保潛于后妃曰:'拱斥太子为十岁孩子,如何作人主。'后妃大惊,太子闻之亦色变。"⑤ 史家谈迁则有不同记载:"拱得旨,曰:'安有十岁天子而能自裁乎?'内臣还报,保失色,故谬其词激上曰:'高先生云十岁儿安能决事?'上怒,入告两宫,皆讶之……十岁儿之说,酿毒不可解。"⑥ 王世贞所记更为离奇:冯保"言于皇后、贵妃

---

① 高拱:《病榻遗言》卷三《矛盾原由下》。
② 高拱:《病榻遗言》卷三《矛盾原由下》。
③ 张廷玉:《明史》卷二一三《张居正传》。
④ 王世贞:《嘉靖以来首辅传》卷六《高拱传》。
⑤ 张廷玉:《明史》卷三〇五《冯保传》。
⑥ 谈迁:《国榷》卷六八,隆庆六年六月丁卯。

曰：'拱欺太子幼冲，欲迎立其乡周王以为功，而己得国公爵矣。'又多布金于两宫之近侍，俾言之。皇后与贵妃皆错愕"①。冯保的谗言使后妃深信不疑，六月十六日早朝，宣诏驱逐高拱。诏曰："今有大学士高拱专政擅权，把朝廷威福都强夺自专，通不许皇帝主管，不知他要何为？我母子三人惊惧不宁。高拱便著回籍闲住，不许停留。"② 顷刻之间，高拱罢相，政局突变。高叩头以出，众官骇愕。是时九卿科道皆欲上疏论救，张恐以祸福。侍郎魏学曾"独大言曰：'上践阼伊始，辄逐顾命大臣，且诏出何人，不可不明示百官。'要诸大臣诣居正邸争之。诸大臣多不往，居正亦辞以疾"③。百官不敢上疏辩白，而张为掩饰其事，独自上疏，言不由衷地说："高拱历事三朝，三十余年，小心端慎，未尝有过。""人臣之罪，莫大于专权。拱读书知礼义，又岂敢自于国纪，以速大戾。"④ 后又为高拱请准驰驿回籍。这些矫揉造作的姿态，不过是为了避嫌而已。至此，张遂代高为首辅，主持内阁政务。

高拱"踉跄去国，诚非其罪"⑤，但亦有其必然性。《明神宗实录》说：

> 上冲年在疚，拱默受成于两宫，权不自制，惟恐外廷之擅。而顾命之臣自负付托之重，专行一意。以致内猜外忌，同列阴行其谋，而内竖黠者，亦谋间旧以自固，相比伺隙，骤移两宫之意。而权复偏有所归，先后同辙，相寻以败。专擅之疑，深中圣心。⑥

这段史料把高拱罢相的原因归纳为三：其一，皇帝幼小，"权不自制，惟恐外廷之擅"，因此必然听命于两宫。而"两宫抱虚名于内，势

---

① 王世贞：《嘉靖以来首辅传》卷六《高拱传》。
② 高拱：《病榻遗言》卷三《矛盾原由下》。
③ 张廷玉：《明史》卷二二八《魏学曾传》。
④ 高拱：《病榻遗言》卷三《矛盾原由下》。
⑤ 黄景昉：《国史唯疑》卷八。
⑥《明神宗实录》卷二，隆庆六年六月庚午。

必任大珰"①。且冯跟随李贵妃母子多年，其对冯当然是言听计从，深信不疑的。其二，张、冯交结为奸，阴行其谋。前者幕后操纵，后者幕前表演。冯窥伺可乘之机，以高"专政擅权"的逸言，"骤移两宫之意"。"专擅之疑"，深中帝后之心，故此一举击败高拱。其三，高拱策略失误。隆庆末年，高锋芒毕露，粗直无谋，视张为副手；而张则争功自傲，"耻居拱下，阴与保结为生死交，方思所以倾拱"②。穆宗崩逝，高失去靠山，他不仅不知重新争宠固位，反而以顾命大臣自居，上疏削夺司礼大权，并使言官纠劾论冯，而冯疯狂反扑，大进逸言，结果使自己罢官回籍。谈迁认为，高拱"未信而谏，衅起同室"③。可以说，"未信而谏"是高拱在隆、万之交最严重的策略失误，其直接导致了他的失败。

四

隆庆六年（1572）六月十六日，高拱被逐回籍，张、冯升居高位，双方本可相安无事，但张、冯唯恐高拱东山再起，便假借"王大臣案"，必欲诛灭高氏而后快。此案虽是"附保逐拱"的余波，权力斗争的余绪，但却暴露了张居正作为封建政治家的人性阴暗面。

万历元年（1573）正月十九日早朝，"上出乾清宫门，见一内使趋走周章。左右执之搜检，则无须男子假内使巾服者也。问其名，曰：'王大臣（本名章龙）。'问：'何自来？'曰：'自总兵戚继光所来。'时内阁张居正闻知，急遣人密谓保曰：'奈何称戚总兵禁勿？'复言：'此

---

① 谈迁：《国榷》卷六八，隆庆六年六月庚午。
② 文秉：《定陵注略》卷一《逼逐新郑》。
③ 谈迁：《国榷》卷六八，隆庆六年六月庚午。

自有作用，可借以诛高氏灭口。'随票旨着冯保鞫问，追究主使之人"①。史家谈迁、谷应泰均记载张居正所说："此可借以除高拱也。"② "可借以除高氏。"③ 由此可知张、冯假借"王大臣案"诬陷诛杀高氏的险恶用心。

冯保兼领东厂，负责此案。他教唆王大臣诬称太监陈洪与高拱合谋行刺皇上，并先将高拱的同乡陈洪下狱，又令家奴辛儒给王大臣行刺刀具，并送东厂，追究主使之人。再令辛儒教唆王大臣："第言高阁老怨望，使汝来刺。愿先首免罪，即官汝锦衣，赏千金，不然重榜掠死矣。" "畀大臣金，美饮食之，即令诬拱家奴同谋。"④ 与冯保相配合，张居正亦上疏追查主使者，疏言：

> 臣等窃详，宫廷之内，侍卫严谨。若非平昔曾行之人，则道路生疏，岂能一经便到！观其挟刃直上，则造蓄逆谋，殆非一日。中间必有指使勾引之人。乞敕缉拿问刑衙门，访究下落，永绝祸本。⑤

显然这是把矛头指向高拱。小皇帝当即批示："卿等说的是。这逆犯挟刃入内，蓄谋非小。着问刑缉事衙门，仔细研访主逆勾引之人，务究的实。"⑥

由张居正密谋，冯保实施的以诬陷高氏的冤案悄然兴起。"时章龙狱兴，诬连高拱。居正密为书，令拱切勿惊死"⑦。显然这是张居正要冯捉拿活人，否则无法定案。于是"保先使四缇骑驰诣新郑，颐指县官，备拱之逸。县官即发卒围拱第……拱欲自经（刭）不得，乃出见缇骑，

---

① 高拱：《病榻遗言》卷四《毒害深谋》。
② 谈迁：《国榷》卷六八，万历元年正月庚子。
③ 谷应泰：《明史纪事本末》卷六一《江陵柄政》。
④ 谈迁：《国榷》卷六八，万历元年正月庚子。
⑤ 《明神宗实录》卷九，万历元年正月癸卯。
⑥ 《明神宗实录》卷九，万历元年正月癸卯。
⑦ 《万历邸抄》，万历元年癸酉卷。

问将何为？缇骑曰：'非有逮也，恐惊公而使慰之耳。'拱乃稍稍自安"①。后将家人李宝、高本、高来逮至京师，以所谓的"同案犯"来定高拱的行刺之罪。张居正的奏疏传之中外，舆论大哗，谓之逮高。大理寺少卿李幼滋是张居正的同乡，劝诫张居正："朝廷拿得外人，而公即令追究主使之人。今厂中即称主使者即是高老。万代恶名必归于公，将何自解？"张却矢口否认，"何谓我为，吾忧之甚，忧不如死"②。不仅如此，张居正还严禁科道上疏言事。

揭露并阻止张、冯陷害高拱阴谋的关键性人物，是吏部尚书杨博和左都御史葛守礼。对此，史家谈迁记述道：

> 居正前疏传中外，中外藉藉，谓且逮拱。居正乃密谋吏部尚书杨博。博曰："事大，迫之恐起大狱。高公虽粗暴，天日在上，万不为也。"居正色不怿。会大理寺少卿李幼滋，以居正乡人，私语居正："果行之，污及万世矣。"强答曰："吾忧之甚，何谓我为。"居正禁科道不得有言，而御史钟继英疏暗指之。居正怒，拟旨诘问。左都御史葛守礼拉杨博过居正。居正曰："东厂狱具矣，同谋人至，即疏处之。"守礼曰："守礼敢附乱臣党耶，愿以百口保高公。"居正默不应，杨博力为解，居正仍如故。守礼因历数先时如贵溪、分宜、华亭、新郑，递相倾轧，相名坐损，可鉴也。居正愤曰："二公意我甘心高公耶！"奋入内，取一东厂揭帖示博曰："是何与我？"而揭中居正手定四字"历历有据"，而居正忘之。守礼识居正笔，笑而袖之。居正觉曰："彼法理不谙，我为易数字耳。"守礼曰："此事密，不即上闻，先政府耶？吾两人非谓公甘心新郑，以回天非公不能。"居正悟，揖谢曰："苟可效，敢不任。"③

---

① 王世贞：《嘉靖以来首辅传》卷六《高拱传》。
② 高拱：《病榻遗言》卷四《毒害深谋》。
③ 谈迁：《国榷》卷六八，万历元年正月癸卯。

张居正之所以急刹车，没有兴起大狱，乃是由于百密一疏，一时不察，被杨、葛两位老臣抓住东厂揭帖中张居正亲手窜改"历历有据"的手迹把柄。这在当时是犯了故违成宪、欺君犯上的大罪。① 故此，张被迫再次上疏，要求稍缓其狱，开始为高拱开脱。据实录记载：

> 奸人王大臣妄攀主者，厂卫连日追求，未得情罪，宜稍缓其狱。盖人情急则闭匿愈深，久而怠弛，真情自露。若推求太急，恐诬及善类，有伤天地之和。报闻。盖居正初疏，意有所欲中，会廷议汹汹，故有是奏。②

张虽有是奏，但冯并不善罢甘休。皇帝令其与葛守礼、朱希孝审讯此案。朱希孝按照杨博授意进行审讯。其审讯的大致过程是：

> 校尉密询大臣何自来，则来自保所，语尽出保口。校尉语大臣："入宫谋逆者法族，奈何甘此？若吐实或免罪。"大臣茫然笑曰："始绐我主使者论死，自首亡恙，官且赏。岂知此当实言。"适高氏奴逮至，希孝杂诸校，令物色，大臣不辨也。及会讯，风霾大晦，寻雨雹不止。东厂理刑白一清谓保初问官二千户曰："天意若此，可不畏乎！高公顾命大臣，强我辈诬之，异日能免诛夷耶？"皆曰："冯公已具案，而张阁老手窜四字。"一清曰："东厂机密重情，安得送阁改乎？"倾之，天稍明，出讯大臣。故事，先杂治。

---

① 按，东厂、锦衣卫等是皇帝在"三法司"之外特设的缉捕机构，由皇帝直接控驭。主管厂卫的特务头子只对皇帝负责，将所办案件直接奏报，不准把案情透露给任何人。任何勋戚重臣，包括内阁首辅在内，非经特许，不准过问任何案件的内情，不得调阅任何文件。时冯保兼摄东厂，却将揭贴私下交给首辅张居正，而张居正又窜改揭帖，留下"历历有据"四字手迹，这是违背祖制、欺君犯上的大罪。如果闹将开来，张、冯必将身败名裂。这是张居正急刹车，开始为高拱开脱的根本原因。

② 《明神宗实录》卷九，万历元年正月己酉。

大臣呼曰："故许我富贵，何杂治也？"冯保即问："谁主使者？"大臣仰视曰："尔使我，乃问也？"保气夺，强再问："尔言高阁老何也？"曰："汝教我，我则岂识高阁老？"希孝复诘其蟒绔刀剑，曰："冯家奴辛儒所予。"保益惧。希孝曰："尔欲污狱吏耶！"遂罢。保外饮大臣生漆酒，喑之……于是上下刑部拟罪，竟论大臣斩。①

王大臣一案，事关高拱"行刺朝廷"的谋逆大罪，因此，他不得不力加辩驳，揭露张、冯欲置自己于死地的真相。他在《病榻遗言》中记述尤详：

> 冯保既已为此，必求其遂，入宫犹以高老行刺事奏于上。有一近侍太监殷姓者，年七十余，亦即跪奏曰："万岁爷爷不要听他。那高阁老是个忠臣，他如何干这等事！他是臣下来行刺，将何为？必无此事，不要听他。"随顾谓保曰："冯家（内中同行列者相呼以姓曰：某家云），万岁爷爷年幼，你当干些好事，扶助万岁爷爷，如何干这等事？那高胡子是正直忠臣，受顾命的，谁不知道？那张蛮子夺他首相，故要杀他灭口。你我是内官，又不做他首相，你只替张蛮子出力为何？你若干了此事，我辈内官必然受祸，不知多少哩，使不得，使不得。"保大沮出。而太监张宏亦力言其不可。保知难行，即差人报居正曰："内边有人说话，事不谐矣。"盖科官请命之第六也，居正知事不济，乃即语科官曰："此事我当为处，只不妨碍高老便了。你们不必上本吧。"……此是二月十九日事。二十日夜，始将王大臣送法司，然已中毒，哑不能言。二十一日，三法司同审，更不问所以，王大臣亦无一言，当将处决了事。②

上述两段材料都提到王大臣被处决前已被毒哑。那么，是何人所

---

① 谈迁：《国榷》卷六八，万历元年正月庚子。
② 高拱：《病榻遗言》卷四《毒害深谋》。

为？据史家黄景昉说："讯日，比部郎郑汝璧密令携大臣暗处，剪其舌，或云暗之。临期无一言，趣弃市。江陵由此才汝璧，改仪部，复改考功。"① 郑汝璧为使张、冯的阴谋不被暴露而立功，故此被张提拔重用。

王大臣被匆匆处死，灭口灭迹，张、冯诛杀高的阴谋没有得逞。② 于是张便立即改换面目，以所谓救高者自居："高老事几乎不免，我为他忧愁，昼夜不能寝食，吐血若干，须白了若干，今才救得下也"，并"写信南都及四方之人，皆以救高为功"③。如，他致书南京提督操江张岳说："顷奸人挟刃入内，诬指新郑所使"，两宫主上、中外臣民咸以为信。"而抵隙者，遂欲甘心焉。中外汹汹，几成大狱。"仆乃面奏主上，委曲开导，"请得姑缓其狱，务求真的"；而左右中贵人"深谅鄙心，不敢肆其钩距之巧"。后果得真情，"新郑之诬，始从辨释"。"如仆苦心，谁则知之？""须发顿白"，"又谁与怜之"④？万历元年（1573）春，张居正发出以救高收功的书信多达六封⑤。在这些信笺中，他甚至说"不惜百口为之昭雪"，宣扬"以救高老为功"。真可谓费尽心机，"形神俱

---

① 黄景昉：《国史唯疑》卷八。
② 商传提出此案未牵连高拱之原因：其一，隆庆六年六月庚午，距高拱罢官一月有余，即张、冯权力联盟之初成时期，尚未形成专擅的局面，故其尚无擅杀前朝老臣的权力。其二，此案发生后的中外舆论于居正是不利的。朝野舆论普遍同情新郑，几乎无人相信行刺之说。其三，内廷无意以此案而罪及新郑。此案审讯过程中，张、冯先后上本追查主使者，却未见在旨追办。这说明神宗及太后无意追定新郑行刺之罪。其四，高新郑虽罢官归里，但在内阁首辅之位多年，又去职未久，不乏官场中的关系，如锦衣卫左都督朱希孝、刑部侍郎郑汝璧在审案过程中亦有所回护。(《"王大臣案"小议》，载《高拱、明代政治及其他》，河南大学出版社2011年版，第168页)
③ 高拱：《病榻遗言》卷四《毒害深谋》。
④ 张居正：《张太岳集》卷三四《答张操江》。
⑤ 张居正：《张太岳集》卷二五《答汪司马南溟》《与广东按院唐公》《答司马万两溪》《答吴尧山言弘愿济世》《答总宪张崛峡言公用舍》《答河漕王敬所言漕运》。

痒"了。

事过十年之后,在张败死、冯败落时,神宗提出要追查王大臣一案。万历十一年(1583)初,神宗命刑部录进王大臣的供词,并传旨:"此事如何这每就了,查原问官与冯保对质。"大学士张四维等言:"事经十年,原问官厂即冯保,卫乃朱希孝。今罪犯已决,希孝又死。陈希美奏王大臣系冯保潜引,亦无的据。若复加根究,恐骇观听。"于是,"上乃置不问"①。这才放弃了追查此案的念头。然而,张、冯谋划此案并企图诛杀高氏的史实是不能抹杀的,也是抹杀不了的。

政治是无情的,而历史是公正的。对王大臣一案,后世史家有公正的评论。天启初年,大学士朱国祯言:"王大臣一事,高中玄谓张太岳欲借此陷害灭族,太岳又自鸣其救解之功。看来张欲杀高甚的。"② 谈迁言:"江陵修怨,令新郑放逐足矣。必借王大臣之狱,果正其罪,九族为轻。噫!宰相坐废,或不无怨望,间见一二。若怀奸蹈险,犯天下之大不韪,如专聂之事,于古未闻也,而谓新郑甘之乎?江陵深机,只自见其愚耳。"③ 谷应泰亦言:张"卖交附珰,漏言市重","至于犯跸具狱,词连拱奴,谋发宰臣,风生内侍……居正之包藏祸心,倾危同列,真狗彘不食其余矣"④。有些评说虽有过激之处,但却是符合史实的,均认定王大臣案连及高拱;主谋者张居正,实施者冯保。其案发和结案过程,在《明实录》《国榷》《名山藏》《涌幢小品》《万历野获编》《明史纪事本末》《明史》等文献中均有大同小异的记载。然而,如今有些学者否认张居正"附保逐拱",否认他与"王大臣案"的牵连⑤,甚至

---

① 《明神宗实录》卷一三四,万历十一年闰二月乙卯。
② 朱国祯:《涌幢小品》卷九《阁臣相构》。
③ 谈迁:《国榷》卷六八,万历元年正月庚子。
④ 谷应泰:《明史纪事本末》卷六一《江陵柄政》。
⑤ 刘志琴说:"张居正是否参与密谋,没有确证,要说全不知情,那也未必。""张居正有没有参与其事,参与程度有多深,已成为难解的历史之谜。"(《张居正评传》,南京大学出版社2006年版,第153、156页)

否认高拱《病榻遗言》记载的真实性①。在这些学者看来,如果承认张居正有过失误、失德、失律之处,便会动摇其辉煌的历史地位。其实,这样的担心是多余的,也是不必要的。

总之,高拱与张居正既是学侣又是政敌。一方面,高、张具有基本相同的经世志向、政见政纲和学术思想,这使得他们在隆庆后期能够联手合作,力行改革,在吏治、边政、清丈、条鞭、漕运等方面都取得了阶段性的显著功绩,为振兴朝政,延缓明王朝的衰败做出了重要贡献。但另一方面,他们作为才干超群、有大魄力的政治家,在用人行政、惩治贪贿、疏通漕运、恢复海运等政策措施上又存在着重大分歧,特别是到隆庆五年(1571)秋以后,这些分歧又演变为一场你死我活的权力斗争,最终形成张居正"附保逐拱"和假借"王大臣案"谋杀高拱的重大历史事件。在某种意义上说,"张胜高败"是由于张居正"深沉有城府,莫能测"的性格优长和高拱"性迫急,不能容物"②的性格弱点所导致的必然结果,也表现出封建专制体制下权力斗争的残酷性、张居正的失德之处和人性之恶。然而,如果从当时改革发展的进程来看,高拱被张居正所逐,确是个人的不幸,但他开创的隆庆改革事业又被张居正部分地继承发展③,又是高拱不幸中之有幸。诚如高拱在《答同年符后冈书》中所言:"如其得行,当毕

---

① 黄仁宇先生说,该书"是否出自他(高拱)的手笔还大可研究。即使确系他的手笔或经他的口述,其中情节的真实性也难于判断"(《万历十五年》,中华书局1982年版,第35页)。又说:"该书被认为是高拱所作,但真实性可疑。高拱著作本身的真实性和可靠性可疑。"(《隆庆和万历时期(1567~1620)》,载《剑桥中国明代史》,中国社会科学出版社1992年版,第556页)赵毅先生说,该书内容"真假混杂,虚虚实实","多有不实之词"(《〈病榻遗言〉与高新郑政治权谋》,《古代文明》2009年第1期)。

② 王世贞:《嘉靖以来首辅传》卷六《高拱传》。

③ 如,高拱执政期间推行的破除海禁、开海通洋的漕政改革,吏部两月一次推升府同知以下官员的合议制度的改革,至张居正执政后均被取消。因此说,张居正并没有完全继承高拱的改革事业,只是部分继承。

吾志;如其不可,以付后人;倘有踵而行者,则吾志亦可毕矣。"① 从这种意义上说,高拱也是成功者。

---

① 高拱:《政府书答》卷四《答同年符后冈书》。

学侣与政敌

——嵇文甫论高拱与张居正之关系

著名马克思主义史学家嵇文甫（1895~1963）先生一生研究过许多历史人物，例如，对明朝隆庆内阁重臣高拱和张居正就作了开创性研究，并提出高、张既是"学侣"又是"政敌"①的论断。嵇先生的这一论断不仅对扭转明清以来形成的将高、张绝对对立即"袒文襄则绌文忠，袒文忠则绌文襄"②"进江陵者退新郑，进新郑者退江陵"③的片面认识具有重要意义，而且也成为现今学界研究隆庆改革与万历整顿及高、张在学术上和政治上传承关系的滥觞，具有重要的学术价值。

一

嵇先生认为，高、张没有成为政敌之前，还是志同道合的好友。因为他们有基本相同的从政经历和政治志向，即"相期以相业"。

---

① 嵇文甫：《张居正的学侣与政敌——高拱的学术》，《嵇文甫文集》（中），河南人民出版社1990年版，第420页。
② 马之骏：《高文襄公集序》，清乾隆《新郑县志》卷二六《艺文志》，第526页。
③ 李永庚：《重修文襄高公祠堂记》，清乾隆《新郑县志》卷二七《艺文志》，第542页。

嵇先生说："谁都知道新郑是江陵的政敌。然而在他们还没有成为政敌以前，他们还是志同道合的好朋友。他们同服务于太学，而以相业相期许，虽然后来时移世易，终致乖离，但当初他们切磋共学的那段因缘，毕竟是不可泯灭的。"① "他和居正始而同在翰林，同在太学，又同入内阁，做宰相，以学问相切磋，以事功相期许，左提又携，若一体而不可分。"② 又说："他们同在翰林院，同在国子监，以至同在内阁之初，都相处甚好。"③ 事实确实如此。高拱入翰林，作《奉诏读书翰林述怀》，诗曰："技艺宁足先，修能良可慕。""古则俱在兹，莫枉郸鄣步。"④ 他不屑于研习诗词技艺、模仿古则教条，而是要精研国家典章制度，提高平章政事的能力，并指出相臣出于翰林，其职责不只是"备问代言，商榷政务"，且负有"辅德辅政，平章四海"⑤ 的重任。张居正在翰林时，其旨趣亦在于研求国家典章，精研时事政治。当时"进士多谈诗、为古文，以西京、开元相砥砺，而居正独夷然不屑也。与人多默默潜求国家典故与政务之要切者衷之"⑥。高、张在太学时，张为司业，"独与祭酒高拱善，相期以相业"⑦。张曾言："追惟平昔，期许萧曹丙魏。"⑧ 高亦为此撰写《萧曹魏丙相业评》⑨。其主旨都是要以西汉著名丞相萧何、曹

---

① 嵇文甫：《晚明思想史论》，《嵇文甫文集》（中），河南人民出版社1990年版，第192页。

② 嵇文甫：《张居正的学侣与政敌——高拱的学术》，《嵇文甫文集》（中），河南人民出版社1990年版，第420页。

③ 嵇文甫：《再论高拱的学术思想》，《嵇文甫文集》（下），河南人民出版社1990年版，第680页。

④ 高拱：《诗文杂著》卷一，《高拱全集》（上），第665页。

⑤ 高拱：《本语》卷五，《高拱全集》（下），第1276页。

⑥ 王世贞：《嘉靖以来首辅传》卷七《张居正传》，《张居正集》附录一，第440页。

⑦ 王世贞：《嘉靖以来首辅传》卷七《张居正传》，《张居正集》附录一，第439页。

⑧ 张居正：《答司寇曹傅川》，《张居正集》第二册，第1185页。

⑨ 高拱：《诗文杂著》卷一，《高拱全集》（上），第699~700页。

参、魏相、丙吉为榜样，同心合力，振兴朝政。这表明他们有其相同的政治志向。万历时期大学士沈鲤曾言："公（江陵）与新郑，时同在政府。其初谋断相资，豪杰自命，即丙、魏、房、杜，固未肯多让也。"①高拱罢官后，在回忆他们共事的经历时也说："荆人为编修时，年少聪明，孜孜向学，与之语多所领悟，予爱重之。渠于予特加礼敬，以予一日之长，处在乎师友之间，日相与讲析义理，商榷治道，至忘形骸。予尝与相期约，他日苟得用，当为君父共成化理。"②在高拱罢官之后，张居正还多次言及他们是"香火盟""生死交"③。据此，嵇先生说："这虽然是高拱的一面之辞，颇有些以老前辈自居的口吻，但是看张居正书牍中每提到高拱也的确很尊重他，直到他们的关系破裂后还是如此。本来，高拱比张居正长13岁，当他们初在翰林院的时候，张居正还只是个二十几岁的青年，而高拱已经是三四十岁的人了。说是在'师友之间'，说是'自交玄老，长多少学问见识'，当非虚语。"④由此可见，高、张还没有成为政敌以前，他们确为志同道合的学侣，有其"相期以相业"的政治志向和师友之情。

在嵇先生看来，高、张成为学侣不仅在于其有相同的政治志向，而且还在于他们在学术和事功上有传承关系，即江陵的学术和事功渊源于新郑。嵇先生说："无论在政治上，学术上，他们都有密切的联系。"⑤"江陵有这样一位学侣，互相切磋了好几年，当然不能不受很大影响。

---

① 沈鲤：《张太岳集·序》，《张居正集》附录一，第500页。
② 高拱：《病榻遗言》卷二《矛盾原由上》，《高拱全集》（上），第632页。
③ 张居正：《答参军高梅庵》《答司寇曹傅川》，《张太岳集》（第二册），第1193、1203页。
④ 嵇文甫：《再论高拱的学术思想》，《嵇文甫文集》（下），河南人民出版社1990年版，第680~681页。
⑤ 嵇文甫：《再论高拱的学术思想》，《嵇文甫文集》（下），河南人民出版社1990年版，第680页。

这是论江陵学术渊源和进学历程所不可不注意的。"① 又说:"其实新郑于江陵还是先进,江陵的学术和事功有许多地方实在可说是渊源于新郑。"② 那么,高、张的学术和事功的渊源何在呢?根据嵇先生的论述,他们的学术渊源(其事功渊源,下文详述)可归纳为两个方面:

其一,法后王。高、张虽然都以儒臣自命,但实际服膺的则是法家学说。正如嵇先生所说:"新郑学术,尚通、尚实,有许多地方开清儒之先。拿他和江陵比较起来,他似乎是纯儒,而江陵则出入佛、老、申、韩,更恢张,更带霸气。"③ 嵇先生又以高拱在《本语》中提出的帝王教育、翰林教育和张居正所作《辛未会试程策》《答楚学道金省吾论学政》等文为例,说:"居正大讲本朝祖宗法度,也就是尊重当代典章制度,从这里发挥出'法后王'一大段议论,而这种思想同样见于甚至可以说渊源于高拱。"④ 高拱"认定每一个朝代各有其精神命脉所在,所以本朝祖宗的典则家法,实为当嗣君者最主要的学习课程。至于古圣经典以及《贞观政要》等书,都只是'异代'之事,'他人'之事,只可以备参证,而并不能直接拿来应用。以祖宗之事,行之祖宗之天下,……不是充分表现一种尊重近代的精神,一种贵今主义么?当时江陵大讲'法后王',亦正同此意"⑤。又说:"从这些言论里面,分明可以看出他的崇尚实际和贵今主义,和那班迂儒动辄高谈唐虞三代者迥乎不同。试把上面提到的张居正讲'法后王'的那篇文章对照来看,就知道

---

① 嵇文甫:《晚明思想史论》,《嵇文甫文集》(中),河南人民出版社1990年版,第195页。

② 嵇文甫:《张居正的学侣与政敌——高拱的学术》,《嵇文甫文集》(中),河南人民出版社1990年版,第420页。

③ 嵇文甫:《张居正的学侣与政敌——高拱的学术》,《嵇文甫文集》(中),河南人民出版社1990年版,第434页。

④ 嵇文甫:《再论高拱的学术思想》,《嵇文甫文集》(下),河南人民出版社1990年版,第682~683页。

⑤ 嵇文甫:《张居正的学侣与政敌——高拱的学术》,《嵇文甫文集》(中),河南人民出版社1990年版,第429~430页。

他们的见解是一脉相通的。"① 可见，高、张作为改革家，是把"法后王"作为其共同的政治理念和价值取向的。

其二，反讲学。嘉、隆、万三朝是阳明心学的极盛时代。嘉靖后期，徐阶曾和著名王学家聂豹、欧阳德等在北京灵济宫讲学，听讲者有时多达五千人，讲风之盛可见一斑。嵇先生认为："高拱和张居正生长在这样气氛中，自然也不能不受其影响，居正和一班王学家有来往，明见于他的许多书信。但是他指斥那班讲学家只是'虚谈'，是'以虚见为默证'，是'虾蟆禅'。他教人'足踏实地'，'崇尚本质'，反对'舍其本事，别开一门以为学'。直至后来，他毁书院，杀何心隐，和那班讲学家完全站在对立的地位。……他一则说'师心'，再则说'信心'，这倒有些阳明心学味道。可是他并没有从此走入玄虚一路，而倒学得个大胆，敢想敢干，自己独立搞一套。对于高拱我也是这样看法。在高拱著述中，没有发现他和那班讲学家有多少来往，也没有发现他多么激烈反对他们。可是他也讲'本心'，讲'真心'，……这不是和上述居正'信心冥解'之说也有些相类么？他也是独立自搞一套，不为那班讲学家门户所束缚。……他独立于程、朱、陆、王以外，既没有跟着当时王学家跑，却也不是一直回到程朱。"② 嵇先生所言不虚。史载：隆庆三年（1569）末，"新郑高文襄起掌吏部，以与华亭有隙，痛抑讲学"③。"徐文贞素称姚江弟子，极喜良知之学。一时附丽之者竞依坛坫，旁畅其说。因借以把持郡邑，需索金钱，海内为之侧目。张文忠为徐受业弟子，极恨其事而诽议之。"④ 高、张在隆庆后期携手共政期间，一方面禁止各地督学宪臣聚徒讲学，另一方面还通过考察贬谪京官，遏制京师讲会，以经世实学端正学风，改变谈玄论虚、不务实际的官场风气。在嵇

---

① 嵇文甫：《再论高拱的学术思想》，《嵇文甫文集》（下），河南人民出版社1990年版，第685页。

② 嵇文甫：《再论高拱的学术思想》，《嵇文甫文集》（下），河南人民出版社1990年版，第685~686页。

③ 焦竑：《国朝献征录》卷四一。

④ 沈德符：《万历野获编》卷八《娇陷》，《高拱全集》附录二，第1637页。

先生看来，尽管高、张在一定程度上受到阳明心学的影响，但反讲学则是他们共同坚守的学术立场。

由上可见，嵇先生提出江陵学术渊源于新郑的论断不仅符合历史事实，而且也成为现今史学界把高、张视为隆庆内阁的改革派，并提出他们具有相同的学术基础或渊源即反讲学、倡实学、尚变法的滥觞。

二

以往有些学者囿于历史偏见或狭隘的地域观念，把高、张对立起来，认为张是改革家，而高则是"奸相""横臣"，完全抹杀高拱的改革功绩。这种"褒张贬高"的倾向即使在现在的学术界还有一定的影响。

嵇先生则认为，高、张不仅在学术上有渊源，而且在事功上也有传承关系，即高拱改革开张居正之先，成效卓然。嵇先生说："他综核名实，特别注意官吏的考察法。他替刘晏辨护，斥胡致堂'徒以不言利为高，而使人不可为国'。这一切都和江陵为同调。"① "我们知道，张居正之为治，大要在整饬纪纲，综核名实。高拱作风亦大略近是。拱是练达吏事的。当他在礼部时，已能厘革宿弊，使奸吏为之股栗。"② 又说："拱有干济才，勇于任事。既为首辅，更慨然以天下为己任，其筹边、课吏、用人、行政，不数年间，成效卓然。"③ 嵇先生所言不虚。就筹边而言，高拱执政期间，大力推行了一系列边政改革，在西北、东北、南方都卓有建树："西虏稽颡称臣，东蕃投戈授首，贵夷輂服，岭寇底宁。"④ 就课吏而言，高拱为了提高行政效率，激励官员勤政廉政，采取

---

① 嵇文甫：《晚明思想史论》，《嵇文甫文集》（中），第194~195页。
② 嵇文甫：《再论高拱的学术思想》，《嵇文甫文集》（下），第681页。
③ 嵇文甫：《论高拱的学术思想》，《嵇文甫文集》（下），第450页。
④ 高拱：《边略·序》，《高拱全集》（上），第551页。

了许多考核措施：如细化考核条规，健全考核制度；唯考政绩，不得因袭故套；考察考语，务核名实；扩大考察范围，严申考察纲纪；奖勤罚懒，劝廉惩贪；惩汰官吏，不得循以定数；等等。正如嵇先生所言："高拱多么通达治体，多么留心人才，多么干练，多么有办法。有人说：高拱是个第一流的吏部尚书。的确不错。他这种综合才能并不下于张居正。他有许多整饬吏治、考察官吏的方法，和后来张居正所行正相类。"① 就用人而言，嵇先生说："他拔取了许多人才。特别是在边防方面，如辽东的李成梁，宣大的王崇古，广东的殷正茂……都卓立功勋。他们都为高拱所信任，在现存高拱给他们的书信中，肫切开示，指授方略，和居正无二致。后来把许多边防功都归给居正，而不知高拱实开其先，也应当分得一份。"② 就行政而论，高拱采取的改革措施主要有：破除"拘挛之说"，进士举人并用；滥举官员，举主连坐；建立人事档案制度，组建候补官员梯队；州、县正官年轻化，"五十以上者不得为州县之长"；荫叙官员，视政绩而酌用；调整用人政策，完善地区回避制度；裁减冗员，精简机构，整治士风；等等。"总之，高拱是一位很有干略的宰相，在许多方面开张居正之先。"③ 然而，"江陵成为中国近古史上特出的大政治家，赫然在人耳目，而新郑就渐渐被人遗忘了。其实新郑于江陵还是先进，江陵的学术和事功有许多地方实在可说是渊源于新郑"④。

在这里，嵇先生不仅充分肯定了高拱的改革功绩，而且还提出了高拱改革开张居正之先，江陵的事功渊源于新郑的论断。如今史学界提出

---

① 嵇文甫：《再论高拱的学术思想》，《嵇文甫文集》（下），河南人民出版社1990年版，第682页。
② 嵇文甫：《再论高拱的学术思想》，《嵇文甫文集》（下），河南人民出版社1990年版，第682页。
③ 嵇文甫：《论高拱的学术思想》，《嵇文甫文集》（下），河南人民出版社1990年版，第451页。
④ 嵇文甫：《张居正的学侣与政敌——高拱的学术》，《嵇文甫文集》（中），河南人民出版社1990年版，第420页。

高拱主持的隆庆改革实为明中期改革运动的始创,由张居正总揽大权以主持的万历十年改革,基本上是隆庆时期推行的改革方案的合理延续和发展,隆、万两朝的改革运动合称为"隆万大改革"的观点,从某种意义上说就是对嵇先生上述论断的继承和发展。

三

嵇先生认为,高、张既是"学侣"又是"政敌"。他说:"一提起高拱,总联想到张居正。因为高拱的首辅地位是由居正夺去,向来非议居正者总以逐高拱为他的一大罪状,他们在当时政争中互相敌对是很突出的。"① 这一判断是符合史实的。隆庆六年(1572)五月二十六日,穆宗去世,终年三十六岁,在位仅六年。高、张同受顾命,而高拱此时位在居正之上,两人关系由此也发生急剧变化。高拱由于穆宗崩逝而失去了最大的靠山。神宗即位后,他不懂得如何重新取宠固位,反而本着以往办事干练的作风,开罪于近侍权宦冯保,又丝毫察觉不到身边张居正虎视眈眈觊觎相位,这就使他在权力争斗中处于十分被动的地位。而张居正则与冯保相勾结,利用帝位交替的良机,取得神宗生母李太后的支持,于六月十六日下诏驱逐高拱。于是高拱落魄而去,内阁首辅大权遂归于居正。这场政争被史家称为居正"附保逐拱"。

在嵇先生看来,这场政争致使"张胜高败",其原因就在于他们的性格不同。他说:高拱"为人强直自遂,与前后诸相多不合。始与张居正相善,彼此以相业相期许。及同居相位,渐致离贰。未几,穆宗逝

---

① 嵇文甫:《再论高拱的学术思想》,《嵇文甫文集》(下),河南人民出版社1990年版,第680页。

世,神宗即位。居正与宦官冯保相勾结,终将拱排去"①。又说:"高拱的失败,也正由于他'性稍急'。所以后来批评他的,有的说'狠躁',有的说'愎而疏',其实无非偏于'急'这一面,无非指他那伉直坦率,不象徐阶和张居正,能委曲顺应,隐忍待时而已。"② 嵇先生认为,高拱具有"强直自遂""伉直坦率"的性格缺弱,而张居正所拥有的"委曲顺应,隐忍待时"的性格特长,是导致"张胜高败"的主要因素。

应该说,嵇先生以性格论成败不全面,不深刻,但也有一定的道理。一般而言,性格多面,各不相同,对普通人来说很难论其好坏,但对政治家而言,某些性格缺弱对其政治生命则有着致命影响。关于高拱的性格特点,王世贞有谓:"拱为人有材气,英锐勃发,议论蜂起,而性迫急,不能容物,又不能藏畜需忍。有所忤,触之立碎,每张目怒视,恶声继之,即左右皆为之辟易。"③ 由此可以看出,高拱为人有才气,具有英锐勃发、议论风生的豪爽性格,这是能够成就他成为无所畏惧、勇往直前的政治改革家的主要因素所在。尽管王世贞对高拱存有偏见,"极口诋毁",其《高拱传》亦"非实录"④,但也不可否认高拱的性格确实有急躁偏狭、缺乏容忍的缺弱之处,即史书所说的"性强直自遂,颇快恩怨";"才略自许,负气凌人"⑤。这是高拱作为政治家、改革家的大忌。他的不加掩饰的直性,加之盛气凌人的傲慢,常使阁臣同僚难堪,很难与其持久和谐相处。尽管其无恶意,但若遇有一定的权欲

---

① 嵇文甫:《论高拱的学术思想》,《嵇文甫文集》(下),河南人民出版社1990年版,第450页。
② 嵇文甫:《再论高拱的学术思想》,《嵇文甫文集》(下),河南人民出版社1990年版,第681页。
③ 王世贞:《嘉靖以来首辅传》卷六《高拱传》,《高拱全集》附录二,第1445页。
④ 朱国桢:《涌幢小品》卷九《中玄定论》,《高拱全集》附录二,第1657页。
⑤ 张廷玉:《明史》卷二一三《高拱传》,《高拱全集》附录二,第1457、1459页。

者,不免发生不快和冲突。高拱这一秉性的延伸便是其没有城府、不谙权术的表现,"高公持正,而暗于事几"①"性刚而机浅"②。这样在激烈的权力角逐中容易入人陷阱,遭人暗算。与性直坦率的高拱相比,张居正可谓擅于心计,老谋深算。因此,当穆宗崩逝后,高拱便自然地被城府机深的张居正逐出政坛。

尽管高拱是权力争斗的失败者,但他开创的改革事业被张居正继承和发展,成为万历十年更大规模改革的起点。从这种意义上说,高拱与张居正一样,也是成功者。诚如高拱自己所说:"如其得行,当毕吾志;如其不可,以付后人;倘有踵而行者,则吾志亦可毕矣。"③ 据此,嵇先生提出高、张"权位相逼,竟至离贰,拱被逐而居正独握政权,以成万历初年之治"④,"有许多事情江陵似乎还是继承他抄袭他的。他是一个在政治上和学术上都有特别表现的人物,是一个站在时代前面开风气的人物"⑤。在这里,嵇先生不仅说明了高、张在政治和学术上的传承关系,而且也充分肯定了高拱的政治地位和学术地位。在政治上,高拱开创了"隆万大改革"的先河,即首先奠定了隆万大改革的理论基础——"事以位异,则易事以当位;法以时迁,则更法以趋时"的变法思想(高拱主持嘉靖四十四年乙丑会试,在程士文中提出了这一变法思想;张居正主持隆庆五年辛未会试,在程策中阐发了他的变法思想),首先提出了隆万大改革的政治纲领——《挽颓习以崇圣治疏》(作为隆万大改革的两份纲领性文献,高疏于嘉靖四十五年提出,张居正的《陈六事疏》于隆庆二年呈上),首先把改革思想和纲领付诸吏治、边政、军事、

---

① 范守己:《曲洧新闻》,清乾隆《新郑县志》卷三一《杂志》,第662页。
②《明神宗实录》卷三七〇,万历三十年三月丁卯。
③ 高拱:《政府书答》卷四《答同年符后冈书》,《高拱全集》(上),第543页。
④ 嵇文甫:《张居正的学侣与政敌——高拱的学术》,《嵇文甫文集》(中),河南人民出版社1990年版,第420页。
⑤ 嵇文甫:《张居正的学侣与政敌——高拱的学术》,《嵇文甫文集》(中),河南人民出版社1990年版,第434页。

法治、经济等方面的改革实践,他的改革还为张居正的改革奠定了人事、政策基础。在学术上,高拱是明代实学思潮的先驱者,也是著名的唯物主义思想家。嘉、隆、万三朝是王阳明心学和经世实学的勃兴时期。他通过批判阳明心学空虚寡实之弊,阐发了他的实学思想,即"天地之间唯一气"的元气实体论;"在天有实理,在人有实事"的实理实事论;"事必求其实","虚心以求其是"的求实求是论;"官修实政而民受实惠"的实政实惠论。他的实学思想对明清之际实学思潮的鼎盛也产生了一定影响。从明清唯物主义思想发展史来看,"高拱是满可以配得上王廷相的一位唯物主义思想家"①,"他是一位不下于王廷相而更超过黄绾的思想家"②。高、王既是明代唯物主义阵营的重要代表,也是从宋代张载到明清之际王夫之唯物主义思想发展的中间环节。因此,高拱的唯物主义思想具有承上启下的学术地位。于是可见,嵇先生对高拱的政治地位和学术地位的判定是符合历史事实的。

总之,在高拱与张居正学术思想、事功渊源和权力斗争的研究方面,嵇先生不仅开了先河,而且他所提出的"学侣与政敌"的论点即使在今天看来也是极具学术价值的。如今史学界将高、张定性为志向相同、学术一致、事功相埒的思想家、政治家和改革家,从某种意义上说就是对嵇先生论点的继承和发展。

---

① 嵇文甫:《论高拱的学术思想》,《嵇文甫文集》(下),河南人民出版社1990年版,第461页。
② 嵇文甫:《再论高拱的学术思想》,《嵇文甫文集》(下),河南人民出版社1990年版,第691页。

家世与诗文

高拱家世考述

——兼论明清新郑高氏家风

明清时期，河南新郑高氏家族可谓名门望族。高氏族人多有金榜题名者，世代为官从政。其中，最为杰出的当数明代嘉、隆、万时期的高拱。他从嘉靖二十年（1541）登进士第始，至隆庆六年（1572）六月被罢官，共从政30余年。其间，虽有两起两落的仕途曲折，但在隆庆后期还是登上了权位的最高峰①，可谓位极人臣，权倾一时②。特别是在隆庆四年至六年（1570~1572）主政期间，针对当时的诸多积弊，大刀阔斧地推行了"隆庆改革"，并取得了卓著功绩，使隆庆后期呈现出中兴之势。可以说，高拱的显赫地位及其取得的卓著功绩，大大提升了新郑高氏家族的社会声誉，至今仍然得到民间的广泛传播和颂扬。

---

① 高拱入仕后，提职凡十四次，即："初任翰林院编修；二任翰林院侍读；三任翰林院侍讲学士；四任太常寺卿管国子监祭酒事；五任礼部左侍郎；六任礼部左侍郎兼翰林院学士；七任吏部左侍郎兼翰林院学士掌詹事府事；八任礼部尚书兼翰林院学士；九任礼部尚书兼文渊阁大学士，入阁办事；十任少保兼太子太保礼部尚书武英殿大学士；十一任少傅兼太子太傅吏部尚书武英殿大学士；十二任少傅兼太子太傅吏部尚书武英殿大学士兼掌吏部事；十三任少师兼太子太师吏部尚书建极殿大学士兼掌吏部事；十四任少师兼太子太师吏部尚书加勋柱国进兼中极殿大学士兼掌吏部事。"（高务观：《东里高氏家传世恩录》卷二《诰命》）

② 明沈德符言："内阁辅臣主看详、票拟而已。若兼领铨选，则为真宰相，犯高皇帝禁矣……驯至穆宗三年，高新郑以故官起掌吏部，初犹谓其止得铨柄耳……条旨云：'不妨部务，入阁办事。'比进首揆，犹长天曹，首尾共三年，则明兴所仅见也。"（《万历野获编》卷七《辅臣掌吏部》）

目前，学术界对高拱研究颇多，在改革事功、著作整理和学术思想等方面成果丰硕。① 但对其家族世系及高氏家风问题却鲜有论及。鉴于此，本文拟就高拱的家世渊源、家族世系及高氏家风等问题加以考述，期望对高拱身世研究有所裨益。

一、家世溯源

关于新郑高氏家族的远祖，高拱曾在《高氏族谱序》中有追述，言：

> 高家为先贤子羔之后。元以前谱牒遗失，宗派无传。惟元时有同高曾祖父之兄弟六十有八人，为吾七代伯叔祖，乃子羔五十七世孙也。然又四方远处迁徙靡增，迄于今无谱也。嘉靖戊［丙］寅岁②，余于佐政之暇，谨将五十七世以下宗枝分为六十八派，按次修至六十三四代之间，亦可为吾家敦宗睦族之一助矣。具有未及采访不获列于谱者，望后世并为详考续入焉。新郑肃卿氏拱敬识。③

由谱序可知，新郑高氏家族是春秋时期齐国人子羔之后。元代之前，高

---

① 参见牛建强等主编：《高拱、明代政治及其他》，河南大学出版社 2011 年版；岳天雷：《高拱实政实学论纲》，吉林大学出版社 2006 年版；岳天雷：《高拱研究文集》，中州古籍出版社 2011 年版；岳天雷：《高拱年谱长编》，中州古籍出版社 2016 年版；赵世明：《高拱与隆庆政治》，西南交通大学出版社 2014 年版。另外，海内外发表有关高拱的学术论文 130 余篇，硕博论文 10 余篇，不再一一赘举。
② "戊寅"系"丙寅"之误。丙寅岁，即嘉靖四十五年。从嘉靖元年壬午到嘉靖四十五年丙寅，其间并无"戊寅岁"。根据下文"余于佐政之暇……"可推定其为嘉靖四十五年高拱入阁之后所作。
③ 高拱：《诗文杂著》卷二《高氏族谱序》。

氏无谱。有记载的是子羔五十七世孙，即元代的高曾祖父兄弟六十八人。其中，元末明初徙居河南新郑的高成，是高拱六世祖。其后，由于四处迁徙，人数增益，至明中期尚无高氏族谱。嘉靖四十五年（1566），时任礼部尚书的高拱在修撰高氏族谱时，通过采访整理，将子羔五十七世以下宗支分为六十八派。其中，第五十九宗高成为新郑高氏一宗。

嘉靖四十五（1566）年，高拱始修元末明初徙居新郑的六世祖高成以下谱系，其题记言："一代祖成，元时世居洪洞，相传为椿树胡同之高氏。元末兵变，偕祖母唐氏东走至新郑东北，地名老沙窝荆棘中，潜匿数日，闻洪武定鼎，因家焉。"高拱先世为山西洪洞县人。六世祖高成，于元末避兵乱，始徙居河南省新郑县（今新郑市）东北高老庄。成生二子：大，绝嗣；二生四子：亮、祥、福、举。亮生四子：旺、敏、瑢、珍。旺生五子：昇、松、魁、进、登。其中，高魁即为高拱之祖。

表1 新郑高氏五代世系表

一代	二代	三代	四代	五代
高成	高大	绝嗣，养义子高四	绝嗣，养义子高言	绝嗣，招婿崔兴①
	高二	高亮	高旺	高昇（嗣一子）
				高松（生八子）
				高魁（生三子）
				高进（生四子）
				高登（生二子）
			高敏	高山（生二子）
				高云（生二子）
				高攀（无后）
				高纶（生五子）
			高瑢	高阜（生二子）
			高珍	高爵（生三子）
				高禄（生二子）
				高寿（早卒）

① 据河南新郑高老庄《高氏族谱》载："五代崔兴无子，养义子马俊，俊生马名，名生高周、高全。周无子，全生高星、高参。星生守业、四业。四业绝，守业生昌，昌生可明。其后无考。"

续表

一代	二代	三代	四代	五代
高成	高二	高祥	高学	高钦（生二子）
				高锐（生一子）
				高铣（无后）
			高怀	高珮（生二子）
				高银（早卒）
		高福	高聪	高秀（无考）
				高德（生一子）
				高明（无后）
			高锦（无后）	
		高举	高宣（无后）	
			高环	高堂（生三子）
				高汉（无后）
				高洪（无后）
				高增（生一子）
			高平（无后）	

二、家族世系

万历六年（1578），高拱病逝。万历三十年（1602）四月，明神宗为高拱平反昭雪，其嗣子高务观承荫尚宝司司丞。第二年，务观编纂《东里高氏家传世恩录》，并乞请时任顺天府尹刘日昇撰序，序曰："新郑高文襄捐馆二十五年矣，今上始追公秉摅忠劳，予一切特恩。令子符丞君辑，恭请部覆诸牍及蒙赐纶诰，汇成一编付梓。"①

祖高魁，字文元，号两峰。景泰二年（1451）三月生，成化二十二年（1486）丙午科举人，初任山东金乡县知县，凡六年。正德二年（1507），升工部都水清吏司主事，督抽荆州商税。正德五年（1510），

---

① 刘日昇：《慎修堂集》卷八《圣恩录序》。

擢升工部虞衡司郎中，进阶中宪大夫，管理蓟州冶铁。因感时政维艰，连疏乞休，居家十余年。嘉靖四年（1525）十月二十三日卒，享年76岁。嘉靖六年（1527）十二月，高魁祀新郑县乡贤祠，"以表正乡俗，风化后人"①。后人为他建有"世科石坊"，又建"四代一品"石坊。应高魁之子、时任山东按察司佥事高尚贤之请，著名思想家王廷相（字子衡，号浚川，河南仪封人）为其撰墓志铭，略言："佥事君于予为僚友，泣血缄状来请铭。嗟乎！昔予获侍于佥事君也，仰其温然圭璧之德，毅然刚方之气，则固已异之矣。孰谓不有自哉？乃为铭。"②魁娶李氏，封宜人，赠淑人，加赠一品夫人。配李氏，封安人。魁生三子：尚义、尚信、尚贤。尚义、尚信早卒。

父高尚贤，字大宾，号凤溪。正德五年（1510）庚午科解元，正德十二年（1517）丁丑科会试中八十四名进士，殿试二甲第十四名。初授工部营膳清吏司主事，监临清砖厂，以廉干称。正德十六年（1521）八月，转任礼部仪制清吏司主事，后升礼部精膳清吏司员外郎。嘉靖二年（1523）九月初二日，任山东按察司佥事，提督儒学。嘉靖四年（1525）丁父忧，服除。嘉靖七年（1528）补陕西按察司佥事。嘉靖十年（1531）正月十九日，升光禄寺少卿。偶以题奏失误，解任以归。成化二十年（1484）三月十四日生，嘉靖十五年（1536）七月十八日卒，享年53岁。著有《凤溪遗稿》，不存于世。高拱僚友郭朴（字质夫，河南安阳人，嘉靖十四年进士）为其撰碑铭，言："公事亲至孝，抚兄子如己子。平生至行，率以古人自期。莅官举职，尤慎典宪……诗文多不存稿，没后搜辑仅百余篇，为《凤溪遗稿》云……朴自为诸生诵公之文，即知仰公之德。后与都宪公同举进士厚善，服官翰林与少师公僚友，周旋者二纪余，晚同入赞机务，闻公行业家世颇详。兹属朴文诸神道之

---

① 高务观：《东里高氏家传世恩录》卷四《刻已故郎中进阶中宪大夫高魁入乡贤记》。

② 王廷相：《王氏家藏集》卷三一《明故工部都水司郎中进阶中宪大夫高公墓志铭》。

石，谨举其概而系之。"① 高拱另一僚友葛守礼（字与立，山东德平人，嘉靖八年进士）为其父撰《祭凤溪高师文》。

表2 高魁家世一览表

五代	六代	七代
高魁 成化丙午科举人，历任工部虞衡司郎中，累赠光禄大夫柱国少师兼太子太师吏部尚书中极殿大学士	高尚义（早卒）	
	高尚信（早卒）	
	高尚贤 正德庚午科解元，正德丁丑科进士，历任光禄寺少卿，累赠光禄大夫柱国少师兼太子太师吏部尚书中极殿大学士	高捷，嘉靖甲午科举人，乙未科进士，南京右金都御史提督操江
		高掇，金吾右卫千户
		高拱，嘉靖戊子科举人，辛丑科进士，少师兼太子太师吏部尚书中极殿大学士兼掌吏部事加柱国赠太师，谥文襄
		高操（早逝）
		高才，嘉靖己酉科举人，前军都督府经历
		高拣，贡生，历任南直凤阳府通判

由上可见，高拱家族在高魁之前数代还默默无闻，但从高魁中举之后，特别是高尚贤登进士第之后，高氏家族才渐趋勃兴。

三、兄妹子孙考

高拱母亲沈氏，累赠一品夫人，生五子、三女；继母黄氏，诰封太安人，生一子。凡六男三女。长兄捷，次兄掇，拱排行第三，弟操早逝，次弟才，次弟拣。

长兄高捷，字渐卿，号存庵。嘉靖十三年（1534）甲午科乡试第十

---

① 郭朴：《明故光禄寺少卿高公神道碑》，载清乾隆《新郑县志》卷二六《艺文志》。

二名，嘉靖十四年（1535）乙未科会试第二百二十名进士，殿试三甲一百九十一名。初任户部贵州清吏司主事。嘉靖二十三年（1544）十一月，转任兵部职方清吏司主事。嘉靖二十四年（1545）八月，升兵部职方清吏司员外郎。后任山东兖州府知府、山西按察司副使、江西布政司右参政。嘉靖三十五年（1556）六月，命江西右参政高捷为南京都察院右佥都御史提督操江，兼管巡江，率军多次击退倭寇入犯。嘉靖三十七年（1558）闰七月，因有权宰嫉功畏直，嗾使乡人、南京给事中陈庆劾捷，降调曹濮兵备副使，寻升陕西右参政。但权宰余怒未息，再次使言官诬劾，遂弃官归里。捷刚直豪爽，节侠自喜；为官惠贫摧强，植弱察奸；素闲武略，立功不傲。归里后，"家居杜门谢客，口不谈世事，足不履公庭。课农教子，化导乡里"①。弘治十五年（1502）生，隆庆二年（1568）卒，享年67岁。高捷娶邵氏，赠淑人；继王氏，封淑人；陈氏，诰封太宜人。生一子务滋，养义子孟男。高孟男娶刘氏，无后。高务滋②，字孟存，号兰畹，万历四十四年（1616）丙辰岁贡生，以子瑞雏贵，赠奉政大夫，右军都督府经历司经历，娶徐氏、柴氏、黄氏、王氏，俱诰赠太宜人，生二子：瑞雏③、瑞隆。长子瑞雏，字玄若，号壑昂，廪膳生，荫官生，任南京右军都督府经历司经历，诰封奉政大夫。娶王氏、李氏，俱诰封宜人，生一子：有闻。有闻，字景仲，号伯昌，

---

①《新郑县志》卷一六《高捷》。

② 县志撰曰："高务滋，字孟存，中丞捷子。六龄失怙，以孝闻。为诸生，学问渊博，屡冠多士。虽棘围数蹶，然好学不倦，泊如也。万历时，当宁欲物色之，将予以官，终不能致，士论重之。平居慷慨好义，周困济危不可胜纪。时开府樊奖以'学有本源'题其门。著《晰疑操存解》。年六十八终。里人私谥孝惠先生。以子瑞雏赠右府经历，奉政大夫。"（黄本诚纂修：《新郑县志》卷一九《高务滋》）

③ 县志撰曰："高瑞雏，字玄若，号壑昂，都宪捷之长孙也。性嗜坟典，早岁入黉序，以官生任南京右军都督府经历。守正不阿，居官廉慎，与人无忤。致仕后隐居村野，日以读书为事。邑令慕其贤，屡请入乡饮不赴。远迩称为完人。"（《新郑县志》卷一六《高瑞雏》）

增广生员，娶文氏，生一子：曰诗。曰诗，字雅言，奉祀生，娶唐氏，生五子。曰诗之子玉生，字润涵，号乾枢，中清雍正丙午科武举，任江南凤阳中卫督运千总，娶冯氏，生一子。次子瑞隆，字泰符，岁贡，考授通判。娶王氏、缪氏，生一子：有恒。

表3　高捷家世一览表

七代	八代	九代	十代	十一代
高捷　嘉靖甲午科举人，乙未科进士，南京右佥都御史提督操江	高务滋，贡士	高瑞雏，荫官生	高有闻，广生	高曰诗，奉祀
		高瑞隆，贡士	高有恒，监生	高曰温，生员
	义子高孟男，监生（无后）			

次兄高掇，字汝方，号梧阜。中嘉靖四年（1525）乙酉科武举，授金吾右卫千户，诰封武略将军。正德三年（1508）生，万历六年（1578）卒，享年71岁。高掇娶杨氏，封宜人，生二子：长子淑男，字文台，廪膳生，少逝；次子国彦，字三槐，监生，娶张氏①，无出，以堂弟务实之次子高樸承嗣。高樸，字玄胄，监生，任上林苑监丞，诰封修职郎。娶张氏、蔡氏、黄氏、赵氏，俱封八品孺人，无出，以堂弟栅之第四子为嗣子，即翼之②。

表4　高掇家世一览表

七代	八代	九代	十代	十一代
高掇　金吾右卫千户	高淑男，廪膳生（少逝）			
	高国彦，监生	嗣高樸，监生	嗣高翼之，生员	生二子

---

① 县志撰曰："张氏，国子生高国彦妻。夫殁，断发毁容，誓无二志，立侄为嗣，力训成名。年七十，邑人上其事，旌之。"（《新郑县志》卷二〇《人物志》）

② 县志撰曰："高翼之，字惟一，明诸生。遭乱隐居，逃禅以自晦。学官逼其应试，乃逃入伏牛山穷绝之境，经数日困饿几殆，家人踪迹得之归，遂佯狂绣佛以终焉。"（《新郑县志》卷一九《高翼之》）

五弟高才，字德卿，号梅庵。嘉靖二年（1523）三月生，中嘉靖二十八年（1549）己酉科亚元。任都督府都事，升前军都督府经历，诰封奉政大夫。高才为官"御众宽和，军民咸颂为惠。人尝以新郑为六省孔道，驿递辽远，邑人疲于奔命，请诸文襄具题，复设郭店一驿。至今往来便捷，道路无疲毙忧者，皆其力也。致仕归，筑室黉宫之侧，号曰'梅庵'，杜门却扫，唯日与门人探讨经史。恂恂一老布衣然"①。高才娶任氏，赠宜人；继张氏，封宜人；刘氏，诰封太宜人。生一子高务本。务本，字中立，生员，荫锦衣卫正千户，诰封武略将军。娶孟氏、郭氏、李氏、王氏，俱封宜人，生十子：长子高枝，无后；次子高杞，字禹服，生员，娶李氏，生一子懋昭；三子高杓，无后；四子高四，出外无考；五子高椿，生员，无后；六子高樽，无后；七子高格，无后；八子高楷，无后；九子高朴，任千总，无后；十子高樟，字伴枫，娶张氏，无出，以胞兄杞之子懋昭承嗣双祧。

表5　高才家世一览表

七代	八代	九代	十代	十一代
高才嘉靖己酉科举人，前军都督府经历	高务本，生员	高枝（无后）		
		高杞，生员	高懋昭（承嗣双祧）	
		高杓（无考）		
		高四（无考）		
		高椿，生员（无后）		
		高樽（无后）		
		高格（无后）		
		高楷（无后）		
		高朴，任千总（无后）	以下另载	
		高樟	高懋昭（承嗣双祧）	

　　六弟高拣，字俊卿，号竞庵。据新郑县志记载，两河典试之时，主考官多为高拱门生，拱为避嫌，没让高拣应试。直到嘉靖中期，高拣才

①《新郑县志》卷一六《高才》。

得以明经受选。任凤阳府通判，获理本府印务兼摄寿州知州事。革除苛捐杂税，舒缓民困；有逼良为娼者，严加惩治。及任寿州，痛革贪腐陋习，清正士风，正阳之民倚为父母。晚年归家，仍然秉持清廉家风。他曾告诫家人："吾箧中无剩物，所余六十金为我治殓具。吾家世守清白，尔告我子若孙，勿变家法也。"① 高拣娶孙氏，诰封安人，继娶张氏、孙氏、于氏，生七子。长子务实②，字曙阳，廪膳生，荫武英殿中书，诰封登仕佐郎。以子橹贵，诰赠承德郎，尚宝司司丞。娶陈氏，诰封太安人。生三子：长械，嗣；次樵，过继堂伯国彦为嗣；三橹③。二子务观，过继胞三伯高拱为嗣。三子务勤，字勉中，岁贡生，娶范氏，生一子擢。四子务俭，字致中，首斋长，廪膳生，娶金氏，生一子基。基娶刘氏，生一子永祐。五子务忠，字会中，增广生，娶王氏，生二子：长昆、次岑，岑过继胞七叔务若为嗣。六子务正④，字建中，生员，娶陈氏，生三子：长琴、次槃、三采。七子务若，字由中，生员，娶郑氏⑤，嗣一子：岑。

---

①《新郑县志》卷一六《高拣》。

②县志撰曰："高务实，字曙阳，凤阳判拣之冢嗣，少师文襄之犹子也。万历间以诸生授武英殿中书。性笃孝，生事葬祭，尽志尽礼。居官二十余年，忠诚自矢。洎家居，同里有王氏杀妇之诬，务实为辩明之。又有晋人邢守礼客居于郑，隆冬被盗，裸体将殍，解衣力救得苏。晓善养生，八十犹健。易簀前三日，见一道士，叙述往因，人以是知其根器不凡云。"（《新郑县志》卷一六《高务实》）

③县志撰曰："高橹，字元印，务实子。为人直率，不立边幅。承祖文襄荫尚宝司司丞。尝使楚，赈活饥民数千；使蜀，雪刘良、张贤等冤。后归里，会蜀兵噪郑，郑人危若累卵，适刘良子在军，感橹德，解兵南归，郑幸得免。晚年积药济人，岁费无算。崇祯辛巳大饥，多方设计赡养饥民，赖以全活甚众。其生平慷慨好施，类如此。"（《新郑县志》卷一六《高橹》）

④县志撰曰："高务正，事亲极孝，兄弟友爱无间，与人交必以诚。少勤儒业，晚娱花石。常书'座上客常满'及'小园日日花开之'句以自况。年登八旬，累召乡饮不至，里中称为善人。"（《新郑县志》卷一八《高务正》）

⑤县志撰曰："郑氏，生员高务若妻。年十九，夫殁乏嗣，誓以身殉，姑力救得免。苦守三十余年，竭力奉姑。谋继弗遂，忧郁成疾而卒。"（《新郑县志》卷二〇《人物志》）

表6 高拣家世一览表

七代	八代	九代	十代	十一代
高拣，贡生，南直凤阳府通判	高务实，荫中书	高械	以下另载	
		高楒	嗣高翼之	生二子
		高栅，生员	高维之	以下另载
			高绪之	以下另载
			高翼之（过继）	
	高务观，荫司丞（过继）			
	高务勤，贡生	高㩉	以下另载	
	高务俭，廪生	高基	高永祐	
	高务忠，生员	高昆	以下另载	
		高岑（过继）		
	高务正，生员	高琴	以下另载	
		高槃	以下另载	
		高采	以下另载	
	高务若，生员	嗣高岑	以下另载	

高拱姊妹三人。"长适士人董万言，夫亡守志，贞节蒙旌；次适举人马斯徂；次适知府刘巡。"① 三妹高氏，嘉靖七年（1528）闰十月初九日生，嘉靖十四年（1535）许聘河南鄢陵人刘巡②。出嫁十有三年，生有二男五女。嘉靖三十五年（1556）十二月十二日卒，年29岁。高拱撰祭文曰："闻当归岁，吾辈羁守于此，不能执绋一送，徒南向号恸，有泪如泉。今特遣人陈奠，代致一哭，千里寄哀，如兄亲至焉。妹其知

---

① 郭朴：《明故光禄寺少卿高公神道碑》，载《新郑县志》卷二六《艺文志》。
② 刘巡，字豫田，号宪甫，河南鄢陵人。以父刘讱（1484～1559，字思存，别号春冈。正德十二年进士）荫官，初任左府都事，升顺天府治中，累官江西南康府知府。

乎，其不知乎？呜呼伤哉，尚飨！"① 其后，高拱又撰墓志铭，言："嘉靖丙辰腊月十二日，予妹官生刘宪甫之妻孺人卒于鄢陵。宪甫以讣报予，托铭圹中之石。予方卧病，强起恸哭曰：'嗟乎！妹胡遽至此哉，吾安忍汝铭也，然又安忍不汝铭？'乃扶病收泪而为之……嗟乎！予妹拟步而行，择言而发，顺而能正，慧而能藏，庶哉女之君子者矣，而竟不寿以死，谓天道何哉！嗟嗟！谓天道何哉！"②

高拱娶河南中牟张氏为妻，累封一品夫人，无子。侧室曹氏生三女，薛氏生一子高莱，早夭。因高拱无子，六弟高拣次子务观过继给高拱，为其嗣子，过继时间大约在万历六年（1578）高拱临终之前。③

高拱长女启祯。高拱从政期间，家居京城宣武门内稍东偏城下。嘉靖二十三年（1544）五月二十一日，侧室曹氏生长女启祯。嘉靖二十五年（1546），高拱曾奉使回家，顺便携启祯由京师归新郑老家抚养。嘉靖二十六年（1547），启祯四岁而许聘河南钧州人李通政④子茹。但高拱墓志铭云："长女许都御史孟君淮⑤子兆梅。"⑥ 嘉靖三十七年（1558）二月十八日，启祯殁，年15岁。二十四日，将枢权厝广宁门外钧州人滕周之舍的静室中。高拱记曰："嘉靖甲辰，予年三十有三岁矣。始生子长女启祯于京师。生之者予邑曹氏也，其日五月二十有一，其地宣武门内稍东偏城下。儿二岁予携归新郑，四岁而许聘钧人李通政方村之子

---

① 高拱：《诗文杂著》卷四《亡妹祭文》。
② 高拱：《诗文杂著》卷三《刘室孺人高氏墓志铭》。
③ 高拱逝世不久，张居正曾致函高拱五弟高才言："今嗣继既定，吾契且忍痛抑哀，料理家事。"（《张太岳集》卷三四《答参军高梅庵》）
④ 李通政，即李登云，字子渐，号钧阳，河南钧州（今禹州）人。李乘云之弟，与其弟李凌云连中嘉靖十三年进士，时人有"河东三凤"之誉。登云初授大理寺评事，曾奉诏修律令。后晋通政使，升工部左侍郎。辞官归里后，蔬食布衣，终生俭约。
⑤ 孟淮（1513~1577），字豫川，号卫原，河南祥符人。嘉靖十七年进士，授大理评事，累官右副都御史。
⑥ 郭正域：《合并黄离草》卷二四《太师高文襄公墓志铭》。

茹。六岁复携至京师。居八年余,而予又卜寓城下,与儿生所相望二百武而遥,居五月,为戊午二月十八日儿殁,才十五岁耳。嗟乎!生于斯,死于斯,数固然钦?"①

次女启宗。嘉靖二十五年(1546)二月二十九日生于新郑,亦为侧室曹氏所出。嘉靖三十六年(1557),启宗"许广平知府郭中②子坤,并未有行"③。嘉靖三十八年(1559)七月二十三日,启宗殁,时年14岁,高拱将柩祔厝于广安门外滕周之舍,其撰墓记曰:"去岁予丧长女。乃今为嘉靖己未七月二十三日,复丧予次女启宗。嗟嗟!惨毒至此,予岂木石能堪之耶?二儿皆曹氏出,岁丙午予为编修奉使过家,以二月二十九日生启宗于新郑县。时先太宜人在堂,保爱周至,双璧足道哉。无何,先太宜人弃养。既免丧,则儿四岁矣,遂携至京师。丁巳,许聘大梁郭知府之子坤。戊午,郭氏纳征,拟一二载间议亲迎,而遽有兹变,伤哉!"④

三女五姐。嘉靖二十九年(1550)四月十四日生于京邸,其生母仍为侧室曹氏。嘉靖三十七年(1558),五姐九岁,许配给大梁孟都宪之子某,而郭正域《太师高文襄公墓志铭》则言:"三女适兵部侍郎曹金⑤次子治和。"⑥嘉靖四十二年(1563)十一月初三日,五姐复殁,年仅14岁。初十日,将柩权厝宣武门外女僧庵中,俟便还葬。高拱撰墓记曰:"予为编修时,以嘉靖庚戌四月十四日生儿京邸,其生母曹氏。儿

---

① 高拱:《诗文杂著》卷三《启祯儿权厝记》。
② 郭中,祥符人,嘉靖二十六年丁未科进士,官至广平府知府,与其父凤翱、叔凤仪俱有名。
③ 郭正域:《合并黄离草》卷二四《太师高文襄公墓志铭》。
④ 高拱:《诗文杂著》卷三《启宗儿权厝记》。
⑤ 曹金,字汝砺,号傅川,河南祥符人。嘉靖二十六年进士,授南通州知州。隆庆改元,迁山东兖州府同知,累迁陕西左布政使,入为顺天府尹、刑部右侍郎改兵部右侍郎兼金都御史巡抚陕西。后寻引疾请归。万历六年,高拱病逝后,张居正曾嘱托曹金为高拱撰写行状,但不见史载。
⑥ 郭正域:《合并黄离草》卷二四《太师高文襄公墓志铭》。

本予第四女，而以予弟举人女为序曰五姐云……先是九岁时已许聘大梁孟宪都之子某。予方议卜居大梁，冀他日与儿朝夕，乃遽有此。方病时，会予仲兄户侯自家至，为视医药，既乃视含敛，周悉诸内姻，闻者皆来，哭尽哀曰：'安有若斯之年，而聪明慧懿乃若斯也！'噫，嗟嗟伤哉！"① 至此，高拱三个女儿于十四五岁时均殁，可谓人生之遗憾。

嗣子高务观，字象玄。万历二十五年（1597）丁酉科乡试中副榜，荫尚宝司司丞，诰封承德郎。万历六年（1578）七月初二日，高拱病逝。二十余年后，神宗举行建储大典，嗣子务观具疏，请求为高拱平反。万历三十年（1602）四月初六日，神宗为高拱平反昭雪，其诰命云："赐故辅臣高拱赠太师，谥文襄，准给诰命一通，荫一子尚宝司司丞。嗣子高务观承荫。又准奉祀生一员，胞侄高务本袭。"② 务观承荫，"奉使册韩藩，赋诗托寄，恬淡宁静，不扰驿递。继赍饷秦中。故事，解交有滴珠陋规，务观止取正数，诣陕藩仍以例索，且疑公乾没。公正色曰：'我清白家子，岂等寻常逐末辈乎？'藩惭谢。平生矫矫自立，毅然不苟，人咸谓不坠家声云"③。务观娶端木氏，邑人端式女；继娶张氏，中牟张文化女，俱封安人。又娶马氏，诰封太安人。端木氏、张氏生五女八子。五女："长适大理寺左少卿连格④子生员得寿，早卒，因亲不忍革股，以三女续焉；次女适范县知县陈洪猷子阶；四女、五女具未字。"⑤ 八子：长子杠，字济寰，文襄公嫡孙。隆庆六年（1572）正月袭锦衣卫千户，升南京金书，诰封昭武将军上轻车都尉。高杠娶孟氏、胡氏、王氏、刘氏，俱诰封淑人，生一子：永泰。永泰生二子：元徽、元英。二子则益，字友三，廪膳生，荫中书舍人，升户部广西司主事，诰封

---

① 高拱：《诗文杂著》卷三《儿五姐权厝记》。
② 高务观：《东里高氏家传世恩录》卷四《刻已故郎中进阶中宪大夫高魁入乡贤记》。
③ 《新郑县志》卷一六《高务观》。
④ 连格，字小嵩，河南钧州（今禹州）人。嘉靖四十三年中举，万历五年登进士第。初任大同知县，后官终御史。
⑤ 郭正域：《合并黄离草》卷二四《太师高文襄公墓志铭》。

承德郎，娶金氏，封安人，无出。三子则谦①，字景抑，清顺治二年（1645）拔贡生，拣选推官，娶范氏、刘氏、邢氏，嗣子永祉。四子则明，字普周，廪膳生，娶桑氏，生一子：永昌。继娶吕氏②，无后。五子则远，字屆长，增广生，娶连氏，无后。六子则超，字凌霄，奉祀生，娶文氏，生一子：永奕。七子则显，字海扬，生员，娶张氏，生二子：永次，嗣；永祉，过继与三胞伯则谦为嗣。八子则上，字丽天，廪膳生，娶徽王府女朱氏为徽府仪宾，生一子：永禄，聘王氏③，未婚而少逝。

表7 高拱家世一览表

七代	八代	九代	十代	十一代
高拱，嘉靖戊子科举人，辛丑科进士，少师兼太子太师吏部尚书中极殿大学士兼掌吏部事加柱国赠太师，谥文襄	高莱（夭折）			
	嗣高务观荫尚宝司司丞	高杠，袭千户	高永泰，生员	高元徽，生员
				高元英，生员
		高则益，廪膳生（绝嗣）		
		高则谦，贡生	嗣高永祉	以下另载
		高则明，廪膳生	高永昌	以下另载
		高则远，增广生（无后）		
		高则超，奉祀生	高永奕	以下另载
		高则显，生员	高永次	以下另载
			高永祉（过继）	
		高则上，廪膳生	高永禄（少逝）	

在高拱的兄弟子孙中，最为杰出的是长兄高捷、五弟高才和六弟高拣。他们在为官从政中不仅秉忠为国，恪尽职守，为明王朝振兴起了一

---

① 县志撰曰："高则谦，文襄公孙，颖敏嗜古，居家孝友。处交游坦怀磊落，无富贵气，亦不以得失介怀。顺治二年拔贡生，后隐居不仕，赋诗养静以终其身。"（《新郑县志》卷一九《高则谦》）

② 县志撰曰："吕氏，庠生高则明继室。适明数月，夫殁，投缳以救免。孝翁姑，抚前妻子女甚慈。后遭流寇，子女俱亡，伶仃孤苦，节操愈坚。顺治十五年公举，抚军贾，按院李皆旌之。"（《新郑县志》卷二〇《人物志》）

③ 县志撰曰："王氏，王璠女。许字生员高永禄，未婚而禄卒。女闻之不食，旬日死，虽合圹以葬。"（《新郑县志》卷二〇《人物志》）

定作用，而且还严于律己，惠济穷困，从而为高氏家族赢得了良好声誉，使其在政治上达到了繁盛。可以说，作为河南新郑名门望族的高魁、高尚贤、高捷、高拱、高才和高拣，是高氏家族中不可或缺的重量级人物。

四、新郑高氏家风

明清时期，新郑高氏家族在世代繁衍中，还形成并孕育出许多优良家风。这是中华文明的重要组成部分，至今仍然具有重要借鉴意义。

其一，孜孜向学，恪守孝道。如其祖高魁"公天性仁孝，且慷慨有气节。平生奉亲无惰容，虽菽水之养，父母亦安之，欢如也……其孝友廉义，著于乡间"①。父高尚贤"居家筑室郊墅，玩心理学，乡郡髦俊多执经受业。台谏暨抚按宪臣屡荐公，经纶蕴藉，学问该博，闭门养高，罔随时好，清才逸思，可备诗林云……公事亲至孝，抚兄子如己子。平生至行，率以古人自期"②。兄高捷虽"素闲武略"，但致仕后好读古文词，好诵秦汉间文字，玩理精微，并为邑人"日为讲解，课文艺，一时登第者如闫邦克、毛节皆出其门"③。高拱"幼颖异，五岁善对偶，八岁日诵数千言"④。"苦学问，攻经义，为文不好琐屑，而沉雄开爽，出人意表。"⑤ "资禀颖异，多读书，能文章。"⑥ "学问攻古义，为文沉雄开

---

① 王廷相：《王氏家藏集》卷三一《明故工部都水司郎中进阶中宪大夫高公墓志铭》。
② 郭朴：《明故光禄寺少卿高公神道碑》，载《新郑县志》卷二六《艺文志》。
③ 高务观：《南京右佥都御史提督操江高公讳捷列传》。
④ 高有闻：《高文襄公文集·高公讳拱列传》。
⑤ 郭正域：《合并黄离草》卷二四《太师高文襄公墓志铭》。
⑥ 孙奇逢：《中州人物考》卷二《高文襄公拱》。

爽，出人意表。"① "刻苦学问，通经义，务识大旨，为文不好称词藻，而沉重有气力。"② 其弟高才"幼英敏，日诵数千言。既长，于书无所不读"③。其侄高务实"性笃孝，生事祭葬，尽志尽礼"④。其孙高杠"襁褓失恃，事继母以孝闻，异母弟八人，友爱无间……居官清慎廉明，居乡和平敦厚，时论雅推之"⑤。总之，恪守孝道使高氏族人以孝治家，积德行善；孜孜向学又使高氏族人多金榜题名，为官从政。这种"尊德性"与"道问学"的结合，成为高氏家族优良家风的重要内容。

其二，奉行俭约，廉洁自律。如其祖高魁为官"刻廉励节，期自身始，冬不必炉，暑不必盖，饭不必肉，一布裘六年，邑士大夫信而服之"⑥。居乡"逢借贷而券常焚，本都不息；遇荒年而粥常设，饥多不殍。平时共财于侄弟，临终散财于族人"⑦。父高尚贤为官"持廉秉公，无间显隐，且自奉俭约，虽跻卿位，而器无错银，衣无锦制，其操可知已"⑧。高拱也自言："仆虽世宦，然家素寒约，惟闭门自守，曾无一字入于公门，亦曾无一钱放于乡里。"并乞请新郑县尹对其族人严加管教，"族人虽众，仆皆教之以礼，不得生事为非。今脱有生事为非者，亦乞即绳以法，使皆有所畏惮，罔敢放纵……使家族之人知守礼法而罔陷于恶，岂不善欤！"⑨对这种廉洁自律的家风，后世有高度评价。清官海瑞说："中玄是个安贫守清介宰相。"⑩ 范守己说："高拱辅翼先帝，忠勤正

---

① 过庭训：《本朝分省人物考》卷八七《高拱传》。
② 王世贞：《嘉靖以来首辅传》卷六《高拱传》。
③ 《新郑县志》卷一六《高才》。
④ 《新郑县志》卷一六《高务实》。
⑤ 《新郑县志》卷一八《高杠》。
⑥ 王廷相：《王氏家藏集》卷三一《明故工部都水司郎中进阶中宪大夫高公墓志铭》。
⑦ 高务观：《东里高氏家传世恩录》卷四《刻已故郎中进阶中宪大夫高魁入乡贤记》。
⑧ 郭朴：《明故光禄寺少卿高公神道碑》，载《新郑县志》卷二六《艺文志》。
⑨ 高拱：《政府书答》卷三《与新郑县尹书》。
⑩ 海瑞：《海瑞集》上编［京官时期］《乞治党邪言官疏》及《附录》。

直;赞政数年,清介如一;门无苞苴之人,家无阡陌之富。"① 支大纶说:"拱精洁峭直,家如寒士。"② 孙奇逢也说:高拱"自辅储至参钧轴,历三十年而田宅不增尺寸","中州家范之严,咸称高氏"③。由此可见,廉洁自律是高氏家族世代为官从政的行为准则,奉行俭约是高氏家族恪守的伦理道德规范。正因如此,高氏家族大都以清官的形象出现在历史舞台上。

其三,公正无私,扶贫济困。如高魁:"族党姻旧生无以育、死无以葬者,公皆给之,赖以为命者百余家。"④ 父高尚贤"锄强矜困""塞源汰浮"⑤。兄高捷居官"惠穷摧强,立条格以厘豪猾,弊奸,邑称神明焉";居家遇"年荒,出所储谷数百斛济之,全活者众。遇霪雨冰雪,辄煮粥食道贫"⑥。其弟高才"年饥为粥于路,全活甚多。遇瘟疫大行,则施药以济病者"⑦。弟高拣"岁饥赈粟,疫行施惠,资助婚娶。又如兑军折布,苏绝民累,虽累费金钱,略无吝色"⑧。如,高拣无偿捐赠200亩沃田以养贫生,"时有高生讳拣,乃少师元翁老先生弟,敬服翁之德义,慨然以已业膏腴田二百亩,并庄基牛只车辆农器俱全,约百金余,拣书致以献,愿不价"⑨。可以说,这种扶贫济困、公而无私的优良风尚,使得高氏家族赢得了后世百姓的广泛赞扬。

其四,为国尽忠,敢于担当。这是新郑高氏家族在为官从政中的鲜

---

① 范守己:《御龙子集》卷六六《险邪大臣阴结党渎乱朝政贼害忠直乞加追戮以正法纪疏》。
② 谈迁:《国榷》卷六五,隆庆元年五月丁丑。
③ 孙奇逢:《中州人物考》卷五《高郎中公魁》。
④ 王廷相:《王氏家藏集》卷三一《明故工部都水司郎中进阶中宪大夫高公墓志铭》。
⑤《新郑县志》卷一六《高尚贤》。
⑥ 高有闻:《南京右佥都御史提督操江高公讳捷列传》。
⑦《新郑县志》卷一六《高才》。
⑧《新郑县志》卷一六《高拣》。
⑨ 安九域:《创置学田记》,载《新郑县志》卷二六《艺文志》。

明体现。祖高魁"与人同事，遇险难则以身任之"①。父高尚贤"学不近名，职不避难，行无矫饰，交无附丽"。职任光禄寺少卿，"协其僚，稽故典，裁浮冗，严出纳，岁计羡积逾常，贪横亦为之缩"②。兄高捷任南京右佥都御史提督操江，遇倭寇入犯，留都震恐，无人能御，高捷"乃躬擐甲胄，屯江口，尽集商船，授以金鼓。贼众悚慑，夕遂遁去。公追斩数百余级"③。立有赫赫军功。高拱"秉心易直，确有执守，夙夜惟以国事为念"④。主政"慨然以天下为己任，凡晨理阁事，午视部事"⑤，殚精竭虑以谋国治，并大刀阔斧地进行了一系列洗刷颓风、振兴朝政的改革。官方和时人有其高度评价。如穆宗提出：高拱"乃通海运，乃饬边防，乃定滇南，乃平岭表。制降西虏，坐令稽颡以称藩；威挞东夷，屡致投戈而授首。盖有不世之略，乃可建不世之勋"⑥。神宗亲政初期虽然逐拱归家，但在万历三十年（1602）初两道诰命中对他评价最高，言："高拱锐志匡时，宏才赞理。当畿庭之再入，肩大任而不挠……幕画得羌胡之要领，箸筹洞边塞之机宜。化椎结为冠裳，柔犬羊于帖服。利同魏绛杜猾夏之深忧，策比仲淹握御戎之胜算。"⑦ 又言："高拱博大精详，渊宏邃密，经纶伟业，社稷名臣……慷慨有为，公忠任事。迨殚内宁之略，益宏外御之勋。岭表滇南，氛净长蛇封豕；东夷西虏，烟消埃鹭庭乌。洵称纬武经文，不愧帝臣王佐。"⑧ 从一定意义上说，高拱取

---

① 孙奇逢：《中州人物考》卷五《高郎中公魁》。
② 郭朴：《明故光禄寺少卿高公神道碑》，载《新郑县志》卷二六《艺文志》。
③ 《新郑县志》卷一六《高捷》。
④ 孙奇逢：《中州人物考》卷五《高郎中公魁》。
⑤ 郭正域：《合并黄离草》卷二四《太师高文襄公墓志铭》。
⑥ 高务观：《东里高氏家传世恩录》卷二《少师兼太子太师吏部尚书加勋柱国进兼中极殿大学士兼掌吏部事高拱封妻》。
⑦ 高务观：《东里高氏家传世恩录》卷五《原任光禄大夫柱国少师兼太子太师吏部尚书中极殿大学士高拱赠太师谥文襄》。
⑧ 高务观：《东里高氏家传世恩录》卷五《原任光禄大夫柱国少师兼太子太师吏部尚书中极殿大学士高拱赠太师谥文襄追赠特进光禄大夫》。

得不世之功并成为帝臣王佐、救时良相，是与这种敢于担当、秉忠为国之家风的长期熏陶密不可分的。

总之，新郑高氏家族的优良家风，既培养了高氏家族治家育人，为官从政的优良品德，也塑造了高氏家族的良好形象，提升了高氏家族的社会声誉，至今在新郑及周边地区还得到广泛的传播和颂扬。当然，高氏家风也是中华传统文明的重要组成部分，至今仍然值得继承与弘扬。

高拱与恩师、同年关系考略

明嘉、隆、万时期的著名政治家和思想家高拱,于嘉靖二十年(1541)中进士,由此登上政治舞台,从政30余年。特别是隆庆三年至六年(1569~1572),在他职任内阁大学士,不久晋升首辅并兼掌吏部事期间,开创并主持了"隆庆大改革",取得显著功绩。后因张居正"附保逐拱",于隆庆六年(1572)六月被罢官。归里六年后,于万历六年(1578)七月逝世,享年66岁,谥文襄。

高拱在求学、从政、主政和赋闲时期,结成了广泛的社会人际关系。其中,他与恩师、同年、门生之间的关系,便是其重要的社交关系。梳理和考辨这些关系,既有助于厘清高拱的求学历程和社会生活实态,也有助于把握以他为核心的"隆庆大改革"群体之形成。

一、恩师和同门

据高拱《诗文杂著》和郭正域《太师高文襄公墓志铭》记载,高拱早年求学时期,曾拜李麟山、贾咏为师学习,还有胡东鲁、马颖谷两位同门。其中,马颖谷与高拱之间还有姻亲和同门的双重关系。

恩师李麟山,名良,字遂伯,号麟山。其先世为山西洪洞人,始祖李二为避兵乱,徙居山东长清。嘉靖七年(1528)中举,嘉靖八年

(1529）登进士第。历官"汉中府推官,平妖寇,拟升河南道监察御史,以不奉时相,改评事。历升陕西佥事,山西参议副使,河南参政,亟升右佥都御史,巡抚宣府,赞理军务"①。曾诰封中宪大夫,都察院右佥都御史。"在陕西御套虏,有黑水口之捷,总制松石,刘君表其赞襄之功。在山西守巡冀北道,外御强虏,内制横军,边围晏然,百姓祠祀之。在宣大六年,知形势明战守习训练,一膺巡抚之寄,即上奏疏无虑数十,咸切肯綮,又见屯戍单寡建并守之,议凿凿可行。"②李良"执法守己,不阿时好,独见短于权要,议当回京调用,而先生浩然,志不可夺矣。居十年,惟课农教子,焚香读书,表率乡俗,以居家守礼,居乡守义,居官守法"③。嘉靖四十一年（1562）四月二十四日,李麟山卒,享年51岁。据文献记载,高拱中举之前,即嘉靖二年（1523）,其父高尚贤开始提督山东学政时,11岁的高拱便跟随其父在山东济南师从李麟山学习,时间长达五六年之久。高拱以礼部左侍郎为尊师撰祭文曰:"礼部左侍郎、门生高拱谨以牲帛庶品之仪,致祭于中宪大夫都察院右佥都御史尊师麟山李公之灵曰:公为士不屈于权门,从宦独持乎风节。功在王室,名在钟鼎,天下靡不仰焉。乃徼围事殷,壮犹允赖,而公已退;暨荐剡飙起,老成将用,而公已殂。事就而天左其会,几合而命夺其成,天下靡不悲焉。拱自龆龄获侍门墙余三十载,德音莫忘。"④ 此前,高拱曾作《长清李氏族谱序》⑤。

恩师贾咏（1464~1547）,字鸣和,号南坞,河南临颍人。弘治九年（1496）进士,授翰林院编修。正德元年（1506）,任经筵讲官。正德六

---

① 张鼎文:《右佥都御史麟山李公良墓志铭》,载焦竑《国朝献征录》卷六三。
② 张鼎文:《右佥都御史麟山李公良墓志铭》,载焦竑《国朝献征录》卷六三。
③ 张鼎文:《右佥都御史麟山李公良墓志铭》,载焦竑《国朝献征录》卷六三。
④ 高拱:《诗文杂著》卷二《李麟山祭文》。
⑤ 高拱:《诗文杂著》卷二《长清李氏族谱序》。

年（1511），任翰林院修撰。正德九年（1514），任侍读学士，掌南翰林院事。正德十一年（1516），擢升南国子监祭酒。正德十六年（1521），晋升礼部左侍郎。嘉靖三年（1524），任吏部左侍郎，掌詹事府事。后升礼部尚书，文渊阁大学士，参与机务。七月，加光禄大夫、柱国、少保。八月，贾咏蒙冤致仕。嘉靖七年（1528），高拱中举之后，便师从赋闲在家的贾咏学习。嘉靖二十三年（1544）十月初六日，贾咏八十大寿，已是阁臣的门生严嵩手书"天恩存问"四个大字，后立石坊。嘉靖二十六年（1547）八月三十日，贾咏卒，享年84岁，赠太保，谥文靖。嘉靖二十七年（1548）十一月，严嵩撰《文靖贾公神道碑》，兵部尚书路迎撰《墓志铭》。嘉靖四十一年（1562），贾咏冤案昭雪，高拱为恩师撰《贾氏家乘序》，曰："南坞之谢政归也，式化鄙间，期自族始。敦叙以正纪，联属以缀恩，穆如秩如，有既睦之风矣。而谓支繁易涣，训久易忘，收涣备忘，存乎纪述，是故家乘作焉……书成而属予为序，庸告后人……予公之门人也，世有通家之谊，故序其乘不以誉而以规。"①

同门胡东鲁（1485~1549），与高拱同师贾咏之门。东鲁，字望之，号三源，河南鄢陵人。弘治九年（1496）进士。嘉靖初期任礼部郎中，嘉靖二十三年（1544）升四川布政使司左参议。成化二十一年（1485）正月初九日生，嘉靖二十八年（1549）十一月十三日卒，享年65岁。大约在嘉靖三十年（1551）左右，高拱应胡东鲁之子胡勃如之请为其撰墓志铭，略言："公少颖隽，有奇气。十岁能文……稍长师事大学士南坞贾公，又与今司寇春冈刘公同笔研……公宦况素薄，既释任，实副初志。即闭门谢客，阅书史，训迪子姓，不复谈及世事……居五载，为己酉十一月十三日以疾殁，距生成化乙巳正月初九日，享年六十又五……勃如等将以年月日葬公于龙冈山下之新茔，乃泣血缄状使使逾千里来乞铭。嗟乎！予素辱公厚，知公懿行为详，矧在葭莩之末谊，又不

---

① 高拱：《诗文杂著》卷二《贾氏家乘序》。

可辞。"①

同门马颖谷,字号、籍贯未详,为拱弟高才的亲家,结缘于两家先辈参加乡试科举,高拱与颖谷又同出尊师李麟山之门,两家有其通家之谊。嘉靖四十一年(1562)十二月初三日,马颖谷卒。时任礼部左侍郎兼翰林院学士的高拱为其撰祭文,略言:"眷生礼部左侍郎兼翰林院学士高拱、举人高才,谨以牲帛庶品之仪,致祭于中顺大夫顺天府府丞颖谷亲家马公之灵曰:惟我先子与公之翁秋闱春省,逵渐通同。惟公之翁与我先子托好松梦,缔交兰芷。乃拱与公幼共师门。乃才与公朱陈世婚,亲乃益亲,厚之又厚。"②

二、同年和好友

高拱于嘉靖七年(1528)举于乡,于嘉靖二十年(1541)登进士第。其后,与高拱来往密切的同年好友大约20余人。

同年王材(1509~1586),字子难,号稚川,江西抚州黎川人。嘉靖二十年(1541)进士,改庶吉士,历官翰林院检讨,《大明会典》修纂官,会试同考官,南京、北京司业,南京太常少卿,署南京祭酒、嘉议大夫、通政大夫等。为人忠直,因与首辅严嵩不合,受诬陷被罢官。他怡然归里,以诗书自娱。大约在嘉靖三十六年(1557)四月,王材由国子监司业升南京太常少卿,高拱赋诗《送王稚川南京司业》相送,诗曰:"石渠金马记同招,视草明光岁更饶。何幸蒹葭常倚玉,固知雕鹗自凌霄。春风暖入钟陵道,北斗光临泮水桥。回首故人方朔在,年年避

---

① 高拱:《诗文杂著》卷三《明故朝列大夫四川布政使司左参议胡公墓志铭》。
② 高拱:《诗文杂著》卷四《马颖谷祭文》。

世紫宸朝。"① 此时，高拱也奉使归新郑，王材亦赠《送高中玄太史奉使归新郑》诗文相送。

同年萧端蒙（1521~1554），字曰启，号同野，广东潮阳人。嘉靖二十年（1541）进士，选庶吉士。嘉靖二十一年（1542）任山东道御史，二十四年（1545）巡按贵州，二十五年（1546）因病归家。其后被重新起用为浙江道御史。嘉靖三十年（1551），奉诏至延安、绥德等地挑选精兵入卫京城，不久巡按江西。嘉靖三十三年（1554），卒于回京复命途中，年方34岁。著有《萧御史同野集》。嘉靖四十五年（1566），时任礼部尚书的高拱为其撰祭文，言："官止台史，年才强壮，竟客死于兹。寿欤，祺欤，理固然欤？莫不可得而知也。忆昔同第南宫，偕游翰苑，见君识鉴弘远，文采烂发，已可卜胸中之奇……兹者殡躬既启，素旐载驰。怅灵辀兮莫挽，聊祖别兮路歧。望岭云兮万里，朔方徽兮永违。冀晤聚之如昔，惟梦寐之来斯。"②

同年秦柱（1536~1585），字汝立，江苏无锡人。嘉靖二十年（1541）进士。授中书舍人，迁鲁府审理。秦柱为人耿直，不畏权贵。万历时期，吴中行、赵用贤等人上疏弹劾张居正夺情，吴中行等被捕受杖数十，校尉以布曳出长安门，驱出都城。吴中行气息已绝，秦柱则带医生为其医治并侍奉汤药，由此得罪张居正。不久，考核被罢。嘉靖二十三年（1544）正月二十七日，被誉为"两京五部尚书"的秦金（秦柱之祖父）卒。秦金，字国声，号凤山，距生成化三年（1467），享年77岁。高拱应秦柱之请为其撰碑阴，略言："粤若锡山秦公，凤迈乃德，策名于时……呜呼休哉，继自今讵惟秦之子若孙，宜鉴于兹，以保令闻。凡厥有位者咸若时，亦克有誉于永世。"③ 隆庆六年（1572）六月，高拱罢官回籍，秦柱曾百里相送。"大学士高拱得罪，仓黄去京师，门

---

① 高拱：《诗文杂著》卷一《送王稚川南京司业》。
② 高拱：《诗文杂著》卷四《萧同野祭文》。
③ 高拱：《诗文杂著》卷四《秦公敕诰碑阴》。

生皆避匿，秦柱独追送百里外。"①

同年宋伊，字汝任，号陟台，河南裕州（今方城）人。嘉靖二十年（1541）进士，历官昆山令、户科给事中等职。汝任自幼丧母丧父，但其发愤精进，"卒成闳器，振声于时"。但不幸的是汝任无嗣而早逝，于嘉靖二十七年（1548）十一月十三日下葬。高拱为汝任撰墓志铭，铭曰："予有同年友曰裕州宋汝任者，讳伊，号陟台……汝任无嗣，吴孺人娶伯氏子禄承其祀，而为卜城城南二里之原，将以戊申十一月十三日归窆，于是仕涕泣缄状逾数百里来请铭。嗟乎！予自登第友天下士，始识汝任，实心许其贤，乃汝任亦雅善予，事多予咨不间肝膈，予以是益稔知其蕴有遐期，讵谓其不胤短死至是惨乎？"②

同年符汝登，字后岗，河南宁陵人。嘉靖七年（1528），高拱与符汝登同为戊子科举人，由此成为好友。汝登自幼丧父（其父符琦，字廷圭），虽屡次会试，但未进士及第。经高拱劝导，汝登放弃科考，被选为青城令尹，并迎养其母于青城。在选为青城令尹时，高拱赋诗一首，以表达送别同年好友的深情厚谊。诗曰："北阙承恩重，东城望泽深。郎星千里动，卿月一方临。莫羡王乔舄，须鸣子贱琴。征书他日下，应慰故人心。"③ 汝登之母周氏卒于嘉靖二十三年（1544）十二月初四日，次年十一月十七日与其父合葬。时任思州府知府的符汝登乞请高拱撰墓志铭④，时间大概在嘉靖三十四年（1555）后不久。隆庆五年（1571），高拱主政时曾致书符后岗，言："仆本薄劣，谬当重任，乃不自知其不肖，欲为主上进忠直，黜谗邪，振纪纲，正风俗，崇举敦明之治，实夙夜尽瘁，不敢自有其身……于是明祖宗之法，以唤醒久迷之人心；破拘挛之说，以振起久隳之士气。事务乎循名核实，而志在乎尊主庇民，率

---

① 张廷玉：《明史》卷一九四《秦金传》。
② 高拱：《诗文杂著》卷三《明故征仕郎户科给事中宋公墓志铭》。
③ 高拱：《诗文杂著》卷一《送符后岗尹青城》。
④ 高拱：《诗文杂著》卷三《明赠承德郎宛平县知县符公暨配赠安人周氏合葬墓志铭》。

之以身，戒之以言，使天下皆知治道如此而兴，非若向者可苟然而为也。"① 此函明确地表达了高拱坚定的改革愿望和决心。

同年吴三乐，字号不详，河南洛阳人。嘉靖二十年（1541）进士。其父吴瀚（字受夫，号耐庵）嘉靖二十九年（1550）八月初八日卒，距成化二十二年（1486）六月二十八日生，享年65岁。其后，高拱应同年吴三乐之请，为其父撰行状，略言："三乐既请恤典于上，将奔归，以某年月日举窆穸之事。惟玄堂之石，冀得师相元老名笔，垂托不朽。拱忝通家，后且在中秘与车驾司同笔砚，久知公懿行为详，故谨撮其大较，仰备采择，然实有未能殚述者焉。"②

同年裴宇，字子大，山西河东人。嘉靖二十年（1541）进士。隆庆元年（1567）五月，任南京吏部右侍郎，巡抚应天等处。十月，升南京工部尚书。隆庆二年（1568）二月，改南京礼部尚书。此前，即嘉靖三十年（1551）八月初七日，高拱应同年、太史裴宇之请，为其父裴爵、母杨氏撰行状，略言："太史君既闻讣京师，则泣血匍匐谓拱曰：'嗟乎！宇三载不待予亲也，乃今不禄，实以未能躬视含饭为恨。惟是愿得巨公名笔，铭诸玄堂之石，垂托不朽。庶哉可少纾予终天之哀。'先行实有足述者，愿撮其凡以备采择。拱忝通家后，不敢以不文辞，乃为撰叙其事。时嘉靖辛亥八月七日。"③ 裴爵，字仁夫，号怀恬，生于成化十四年（1478）正月十一日，卒于嘉靖三十年（1551）六月二十六日，享年74岁。裴宇是其次子。

同年杨宗气，字正系，号活水，浙江归安（今湖州）人。嘉靖二十年（1541）进士，授工科给事中，升刑科都给事中，擢山东参政。嘉靖四十二年（1563），至都察院右副都御史巡抚山西提督三关。嘉靖四十

---

① 高拱：《政府书答》卷四《答同年符后冈书》。
② 高拱：《诗文杂著》卷四《明故通议大夫都察院右副都御史耐庵吴公行状》。
③ 高拱：《诗文杂著》卷四《明故直隶吴桥县知县封翰林院检讨征仕郎怀恬裴公暨配赠孺人杨氏行状》。

三年（1564）六月，升总督粮储、南京右副都御史。隆庆四年（1570）六月二十日卒，距正德九年（1514）生，享年57岁。此前，嘉靖三十四年（1555）七月二十九日，高拱曾为其父工科给事中杨时遇（字道亨，号直庵）撰墓志铭，略言："于是嗣子按察君缄状走使逾千里来谓拱曰：'气也于君有肺腑交，昔先考妣受制命实君代言。惟先行宜稔知，愿撮其凡，勒诸玄堂之石，用诏有永。'拱辱通家后谊，不可以辞……史拱曰：'昔予第进士，读书中秘时实与按察君同馆舍，见其明毅慷慨，有古人弘济之志，每私心敬异之。及见直庵公正而惇，直而不僻。虽在耄耋，忠义之训亹亹不绝于口。乃后按察君飏历中外，慎身持法，人惮服如神明。凡所建立咸如直庵公意旨。嗟乎！贤豪之生于世也，固必有自哉！'"①

同年晁瑮（1511~1575），字石君，号春陵，河南颍川（今禹州）人。他是明代文学家和目录学家。嘉靖二十年（1541）进士，授翰林院检讨，官至国子监司业。家富藏书，藏书楼名曰"宝文堂"。喜访录，工词赋，嘉靖中，文学著作有《晁氏宝文堂书目》三卷，藏书家李开先曾赋诗《寄题晁春陵藏书屋》赞曰："世史子长名姓芳，雄文巨笔述明昌。牙签悉付僎奴掌，缃帙频劳使者将。蝌蚪周书掘冢得，龙蛇禹刻出山藏。读书莫凿匡衡壁，自有窗前明月光。"其父晁德龙（字时见），嘉靖三十三年（1554）卒，距成化十三年（1477）生，享年78岁。高拱应同年、晁德龙长子晁瑮之请为其撰祭文②。其后，高拱又为其撰行状，略言："公讳德龙，字时见，姓晁氏。晁氏系出周景王子朝之后，历汉及唐，代有令闻……惟是愿得巨公名笔，铭诸隧道之石，垂托不朽。庶哉可纾予终天之哀。矧先行实有足述者，愿撮其凡以备采择。'拱辱通家后，义不可以辞，乃为撰叙其事。"③

---

① 高拱：《诗文杂著》卷三《明封文林郎工科给事中直庵杨公暨配陈孺人墓志铭》。
② 高拱：《诗文杂著》卷四《晁封君祭文》。
③ 高拱：《诗文杂著》卷四《明封翰林院检讨征仕郎晁公暨二配孺人行状》。

好友顾定芳（1489~1555），字世安，号东川，上海青浦人。嘉靖十七年（1538），定芳被招至京师，为太医院御医。定芳平生轻财好义，时与重臣夏言相交，夏被诬处死后，宾客四散，命子从礼哭而收尸。嘉靖三十年（1551），因病致仕，高拱为其撰致仕序，略言："先生仲子方以中翰，供奉纶阁，厥同寅诸君咸重先生之别，索予言为赠。予辱交最久，相知甚深，故为叙其进退之间，有关于世者如此。若乃朋友之谊，暌阔之情，则有不待述者焉。"① 顾东川于嘉靖三十四（1555）年病故，享年67岁。

好友骆安，字时泰，号月崖，湖广宁远人。曾任锦衣卫指挥佥事。距生成化八年（1472），卒于嘉靖二十八年（1549）十月十三日，享年77岁。嘉靖二十八年（1549）十二月二十日下葬。高拱应骆安之弟骆定、骆寅之请，为其撰墓志铭，言："于是公弟定暨寅以其兄僚魏君状来乞铭。予素辱公交厚，知公懿行为详，胡可以不文？……公慷慨朴实出于天性，事父母以孝闻，友爱二弟终其身无间，处乡好义乐施，赴人之急有烈士风。遇事能断，虽纠棼（纷）必解，盘错必利，人以是服公，亦以为忌，卒滞大用，惜哉！"②

好友孟淮（1513~1577），字豫川，号卫原，河南祥符（今开封）人。嘉靖十七年（1538）进士，授大理评事，累官右副都御史。孟淮是高拱其弟高才之姻亲。其母谢氏于嘉靖四十五年（1566）二月二十日逝世，高拱应孟淮乞请撰祭文，略言："忝眷礼部尚书兼翰林院学士高拱、举人高才，谨以牲币庶品之仪，致祭于敕封太安人尊亲孟母谢氏之灵。……拱等辱交贤胤，素崇友道。婚嫁相期，葭莩联好。惟慢何依，云天莫吊。遣使修仪，陈词致悼。"③

---

① 高拱：《诗文杂著》卷二《侍医顾东川致仕序》。
② 高拱：《诗文杂著》卷三《明故明威将军锦衣卫指挥佥事骆公墓志铭》。
③ 高拱：《诗文杂著》卷四《孟老夫人祭文》。

三、门生弟子

高拱早年在开封"大梁书院"任教,嘉靖四十四年(1565)又主持京闱会试,在所录取的弟子中,与高拱有密切关系的约有30人。

门生卢熿(1518~1571),字道含,号鹤川,郑州南七里河人。卢熿是高拱早年在开封"大梁书院"任教期间的门徒。嘉靖十九年(1540)举于乡。嘉靖三十五年(1556)登进士第,授行人司行人。历官户部员外郎、郎中、山西按察司佥事等。隆庆五年(1571)三月初八日卒,享年54岁。卒后,高拱为其撰墓志铭,略言:"君少有慧性,稍长即博稽群籍,补博士弟子员,遂从予受学。予每教以修身之理,与夫用世之道,君即一一领会,欣然其有得也。"①

门生吴兑(1525~1596),字君泽,号环洲,浙江山阴(今绍兴)人。嘉靖三十八年(1565)进士。《明史》言:"举乡试出高拱门,拱之初罢相也,兑独送至潞河。及拱再起兼吏部,遂起擢之。"②可见,吴兑为高拱的门生。隆庆五年(1571)秋,擢升为右佥都御史,巡抚宣府。在高拱力主西北"俺答封贡"事件中,得到吴兑鼎力相助,封俺答为顺义王,其子弟部落为都督等官,又在大同、宣府等地开马市11处,同时又开设了便于蒙汉人民自由贸易的月市或小市。吴兑与互市的主要倡导者宣大总督王崇古、大同巡抚方逢时一道为维护来之不易的和平,殚精竭虑,用心谋划。万历五年(1577),吴兑代方逢时任宣大、山西总督。七年后,任兵部左侍郎、蓟辽总督、兵部尚书等职。后御史魏允贞劾其附高拱、张居正,乃去职。

门生韩楫(1528~1605),字伯通,号元川,山西蒲州(今永济市西

---

① 高拱:《诗文杂著》卷三《山西按察司佥事卢君墓志铭》。
② 张廷玉:《明史》卷一九四《秦金传》。

蒲州）人。嘉靖四十四年（1565）进士。在高拱主政的隆庆时期，韩楫任吏科给事中，多次上疏就吏治、边政、军事、荒政等方面提出改革建议，高拱亦多有采纳①。在"隆庆大改革"中，韩楫有显著贡献。隆庆六年（1572）二月，升提督四夷馆太常寺少卿韩楫为通政司右通政，提督腾黄。隆庆后期，在高拱与张居正矛盾中，韩楫站在座主高拱一方，因而受到张派言官的弹劾和攻击。隆庆六年（1572）六月，高拱下野，七月，韩楫降调外任。②

门生雒遵，字道行，号泾波，陕西泾阳人。嘉靖四十四年（1565）进士，授户部主事。隆庆六年（1572）任吏科都给事中。在高拱弹劾宦官冯保专权擅政中，雒遵给予座主高拱大力支持和配合。六月，高拱罢归，雒遵被贬为浙江布政使，后任太原府推官、尚宝司卿。万历五年（1577）九月，张居正丧父，神宗令尚宝司护送，雒遵坚辞不肯。万历十年（1582），张居正去世，冯保被贬南京，雒遵升为太仆寺卿，不久改光禄寺卿，后调都察院右佥都御史，巡抚四川。万历十三年（1585），雒遵因功入朝，以都御史掌都察院事。后辞归。

门生陆树德，字与成，江苏松江（今上海市松江区）人。高拱同年、尚书陆树声（字与吉，号平泉，嘉靖二十年进士）之弟。嘉靖四十四年（1565）进士，任严州推官，后为尚宝卿。历任太常少卿、南京太仆卿、右佥都御史、山东巡抚。隆庆六年（1572）四月，诏陆树德为东宫侍讲。树德素行清严，约束僚吏。穆宗驾崩，神宗即位，高拱罢官，树德上疏为高拱鸣冤，弹劾宦官冯保专权擅政，因而遭到冯保忌恨。不久乞归。

门生刘良弼，字赍卿，号肖岩，江西南昌人。嘉靖四十四年（1565）进士，初任金坛县知县。隆庆三年（1569）选云南道御史，六年（1572）五月，在张居正"附保逐拱"浪潮中，刘良弼为其座主高拱大鸣不平。万历四年（1576）巡按天顺，六年（1578）升大理寺右寺

---

① 高拱：《掌铨题稿》卷一八《复吏科给事中韩楫条陈疏》。
②《明神宗实录》卷三，隆庆六年七月癸巳。

丞，八年（1580）转右少卿，十年（1582）任太仆寺卿，十一年（1583）改光禄寺卿，升巡抚广西右佥都御史。著有《中丞肖岩刘公遗稿》。

门生嵇元夫，字长卿，号竹城，浙江归安（今浙江省湖州市）人。其父为高拱的座主。高拱于元夫又有营救之恩。明朱国祯《涌幢小品》卷十七《酌水》对此有简略记载。清朱彝尊言："长卿父编修世臣，嘉靖辛丑分校礼闱，高文襄出其门。长卿少年简傲，获罪嘉兴某推官，坐死。文襄营救获免，招入都，执其手语朝士曰：'此天下才也。'及文襄去位，乘牛车出国门，次日始有驰传后命。长卿《芦沟送新郑相公》诗云：'单车去国路悠悠，绿树鸣蝉又早秋。燕市伤心供帐薄，凤城回首暮云浮。徒闻后骑宣乘传，不见群公疏请留。三载布衣门下客，送君垂泪过芦沟。'盖纪其实也。"①

门生宋之韩（1532~1600），字元卿，号敬斋，河北武安人。嘉靖四十四年（1565）进士，任户部员外郎、吏部都给事中。隆庆六年（1572）五月，神宗即位。程文、宋之韩等鉴于自古无司礼监辅导皇帝之例，认定这是宦官冯保专擅朝政、假传圣旨，故上《劾冯保四逆六罪疏》。疏中历数冯保罪行，要求神宗"敕下三法司，亟将冯保拿问，明正典刑"②。宋之韩疏文触犯了当朝权奸冯保，故被解职归田。万历二十八年（1600）卒，享年68岁。

门生杜化中（1534~1600），字民孚，号西泉，河南扶沟人。嘉靖四十四年（1565）进士，初受直隶顺德府推官，后迁工部主事，转广东道监察御史，又迁东平知州。隆庆六年（1572）元月二十四日，时任福建巡按御史的杜化中，参劾福建南路参将王如龙、福建游击将军署都指挥佥事金科、都司军政佥书署都指挥佥事朱珏、兵部左侍郎谷中虚等侵克兵粮，侵削军饷，行贿戚继光等事，在高拱支持下，最终谷中虚、何宽

---

① 朱彝尊：《静志居诗话》卷一八《嵇元夫》。
② 高拱：《病榻遗言》卷三《矛盾原由下》。

回籍听勘,莫如善致仕,李廷观冠带闲住,李一中降用等处罚。① 这是高拱与张居正矛盾激化的重要因素,最终导致张居正"附保逐拱"。

门生许国(1527~1596),字维桢,号颖阳,安徽歙县人。嘉靖四十四年(1565)进士。历官检讨、国子监祭酒、太常寺卿、詹事、礼吏二部侍郎。万历十二年(1584)以云南"平夷"有功,晋太子太保武英殿大学士。万历十三年(1585)十月,高拱同僚张四维卒。许国在为四维撰写的墓志铭中,记述了座主高拱蒙受的不白之冤:"初在词林,与新郑、江陵二公为莫逆交。二公继在政府有隙。新郑去国而公适赴召命从获鹿取道会新郑于栾城。江陵知之,迎谓公曰:'上方震怒,安得私见罪人?'公曰:'畴昔事高公犹事公也,一亲一疏,谓交道何?'江陵嘿然……公或数言余于上,而人不及知也。公又为余言:'欲白新郑冤,请恤而未得间,今以遗公。'余出新郑门下,深愧其言三事状所不及载者。"② 万历二十四年(1596)卒,享年70岁,谥文穆。著有《许文穆公集》。

门生周世选(1531~1606),字文贤,号卫阳,河北故城人。嘉靖四十一年(1562)进士,初为刑部观政进士,后任常州府推官,有案亲自裁决,明断之誉闻于朝廷。万历六年(1578),高拱病逝,周世选为其座主撰祭文,言:"历事三朝,致身自盟。才猷烨烨,莫与为京。剖决电迅,议论风生。独持国是,总揽权衡。顺内外攘,相业峥嵘。既归田野,坚守幽贞。行谊昭昭,著在乡评。诚一代之元老,为士绅之章程。宜享百年,胡为其倾逝也?"③ 同年,周世选任南京兵部尚书。任内,他亲临海上巡防,并指挥常州郡传檄拒敌,大破入侵倭寇。万历三十四年(1606),世选卒。著有《卫阳先生集》十四卷。

门生张孟男(1534~1606),字元嗣,号震峰,河南中牟人,高拱内侄。嘉靖四十四年(1565)进士,授广平府推官,后升刑部员外郎、尚

---

① 《明穆宗实录》卷六五,隆庆六年正月癸未。
② 许国:《吏部尚书中极殿大学士赠太师谥文毅张公墓志铭》,载《高拱全集》附录二。
③ 周世选:《卫阳先生集》卷一二《祭大学士高公文》。

宝司司丞、太常寺卿、大理寺卿、南京工部右侍郎、南京工部尚书、南京户部尚书等职。孟男为人正直，不畏权势，且勤于政事，政绩卓著。万历三十四年（1606）卒，距嘉靖十三年（1534）生，享年72岁。被追封为太子太保。孟男出身官宦世家，其十二祖为元代礼部尚书张圭，高祖为屯留令，曾祖张嵩积善行孝，以孝著称。祖父继祖为周府审理，父以文教被赠为太子少保。

门生匡铎，字淑教，号松野，山东胶州人。嘉靖四十四年（1565）进士，任北直隶涞水县知县。隆庆时期，任高拱祖籍新郑县知县，与高拱多有信函来往。如，与河南巡抚李邦珍致函高拱修筑新郑县城墙、致函高拱增设郭店驿站等事务，高拱也致函匡铎要其严加管束高氏族人等。① 其后，匡铎升监察御史、兵科给事中。隆庆末年，外放北直隶大名府知府。因府境内的漳、卫两河常发水灾，被贬为夷陵州（今宜昌）知州，又调任河南南阳府同知。晚年，升刑部郎中，继任陕西宁夏道按察司佥事。

门生沈鲤（1531~1615），字仲化，号龙江，河南归德（今商丘）人。嘉靖四十四年（1565）进士，授检讨。据史载："大学士高拱，其座主又乡人也，屡见外，未尝以私谒。"但在隆庆末年，张居正"附保逐拱"浪潮中，沈鲤立朝侃直，主持正义，抨击宦官专权干政。神宗即位，进左赞善，累迁吏部左侍郎。万历十二年（1584）擢礼部尚书，拜东阁大学士，又加少保，改文渊阁。因与沈一贯共事相左，致仕归。万历四十三年（1615）六月卒，享年85岁。万历皇帝在祭文中称赞他"乾坤正气，伊洛真儒"。赠太师，谥文端。著有《亦玉堂稿》《文雅社约》《南宫草》。

门生李纯朴，字文伯，号怀野，四川定远人。嘉靖四十四年（1565）进士。历官刑部、户部主事，鉴通州，广西道御史。享年49岁。著有《怀野文集》等。

门生宋良佐，字守忠，江西万载人。嘉靖四十四年（1565）进士。

---

① 参见高拱《政府书答》卷四。

高拱罢官，宋良佐曾上疏为高拱鸣冤。其后，良佐官至大理寺右少卿。

门生钟继英（1528~1591），字乐华，号心瞿，广东东莞人。嘉靖四十四年（1565）进士。隆庆元年（1567）任河南道监察御史，巡视长芦盐政，平反冤狱；上书穆宗，停止内廷操练习武；督学南畿，尽心搜罗人才；洗宜兴名士吴梦熊不白之冤，使其免死出狱。万历间累官湖广按察副使。著《武谷备遗》。

另外，高拱还有同年陈豫野、林树声，门生涂梦桂、程文、光懋、杨家相、陈懿德、吴文佳、杨相等多人。限于篇幅，不再详考。

总之，以高拱为中心而形成的社会人事关系网络，既构成了高拱社会交往的主要对象，也是高拱生存的政治和社会环境。大致来说，恩师对高拱的世界观和价值观的形成以及仕途的发展，同年好友对其社会交往和政治活动的顺利展开，门生弟子对其"隆庆改革"的大力支持和鼎力襄助，都发挥了重要的影响和作用。因此，研究高拱其人、其事、其学，梳理和考辩以高拱为中心而形成的社会人际关系网络非常必要。

附表 高拱恩师、同年、门生等一览表

序号	姓名	字、号	籍贯	登第时间	时任官职	关系
1	贾咏	字鸣和，号南坞	河南临颍	弘治九年进士	礼部尚书	恩师
2	李良	字遂伯，号麟山	山东长清	嘉靖八年进士	右金都御史	恩师
3	胡东鲁	字望之，号三源	河南鄢陵	弘治九年进士	四川布政司参议	同门
4	马颖谷	未详	未详	未详	顺天府府丞	同门
5	符汝登	字后岗，号未详	河南宁陵	嘉靖七年举人	青城令尹	同年
6	王材	字子难，号稚川	江西黎川	嘉靖二十年进士	南国子监祭酒	同年
7	萧端蒙	字曰启，号同野	广东潮阳	嘉靖二十年进士	巡按江西御史	同年
8	秦柱	字汝立，号未详	江苏无锡	嘉靖二十年进士	鲁府审理	同年
9	吴三乐	未详	河南洛阳	嘉靖二十年进士	未详	同年
10	裴宇	字子大，号未详	山西河东	嘉靖二十年进士	南京工部尚书	同年
11	杨宗气	字正系，号活水	浙江归安	嘉靖二十年进士	南京右副都御史	同年
12	骆安	字时泰，号月崖	湖广宁远	嘉靖二十年进士	锦衣卫指挥佥事	同年
13	陈豫野	未详	未详	嘉靖二十年进士	未详	同年

续表

序号	姓名	字、号	籍贯	登第时间	时任官职	关系
14	陆树声	字与吉,号平泉	江苏松江	嘉靖二十年进士	礼部尚书	同年
15	晁瑮	字石君,号春陵	河南颍川	嘉靖二十年进士	国子监司业	同年
16	宋伊	字汝任,号陕台	河南裕州	嘉靖二十年进士	户科给事中	同年
17	卢煌	字道含,号鹤川	河南郑州	嘉靖三十五年进士	山西按察司佥事	门生
18	吴兑	字君泽,号环洲	浙江山阴	嘉靖三十八年进士	宣府巡抚	门生
19	周世选	字文贤,号卫阳	河北故城	嘉靖四十一年进士	南京兵部尚书	门生
20	穆文熙	字敬甫,号未详	山东东明	嘉靖四十一年进士	兵部侍郎	门生
21	齐康	未详	未详	嘉靖四十一年进士	广东道监察御史	门生
22	韩楫	字伯通,号元川	山西蒲州	嘉靖四十四年进士	通政司右通政	门生
23	雒遵	字道行,号泾波	陕西泾阳	嘉靖四十四年进士	都御史掌都察院事	门生
24	陆树德	字与成,号未详	江苏松江	嘉靖四十四年进士	东宫侍讲	门生
25	刘良弼	字赉卿,号肖岩	江西南昌	嘉靖四十四年进士	右佥都御史	门生
26	宋之韩	字元卿,号敬斋	河北武安	嘉靖四十四年进士	吏部都给事中	门生
27	许国	字维桢,号颖阳	安徽歙县	嘉靖四十四年进士	武英殿大学士	门生
28	匡铎	字淑教,号松野	山东胶州	嘉靖四十四年进士	陕西宁夏道按察司佥事	门生
29	涂梦桂	字时芳,号未详	南昌丰城	嘉靖四十四年进士	未详	门生
30	程文	字载道,号碧川	江西东乡	嘉靖四十四年进士	礼科给事中	门生
31	宋良佐	字守忠,号未详	江西万载	嘉靖四十四年进士	大理寺右少卿	门生
32	光懋	字子英,号未详	济南阳信	嘉靖四十四年进士	未详	门生
33	李纯朴	字文伯,号怀野	四川定远	嘉靖四十四年进士	广西道御史	门生
34	杨家相	字君卿,号未详	应天江宁	嘉靖四十四年进士	江西道御史	门生
35	陈懿德	字伯求,号未详	松江华亭	嘉靖四十四年进士	尚宝司丞	门生
36	钟继英	字乐华,号心瞿	广东东莞	嘉靖四十四年进士	湖广按察副使	门生
37	吴文佳	字士望,号未详	承天景陵	嘉靖四十四年进士	吏科给事中	门生
38	崔廷试	未详	陕西渭南	嘉靖四十四年进士	监察御史	门生
39	杜化中	字民孚,号西泉	河南扶沟	嘉靖四十四年进士	广东道监察御史	门生
40	沈鲤	字仲化,号龙江	河南归德	嘉靖四十四年进士	礼部尚书,大学士	门生
41	姚继可	字光父,号未详	河南襄城	嘉靖四十四年进士	宣大御史	门生

续表

序号	姓名	字、号	籍贯	登第时间	时任官职	关系
42	张孟男	字元嗣,号震峰	河南中牟	嘉靖四十四年进士	南京户部尚书	门生
43	顾定芳	字世安,号东川	上海青浦	未详	太医院御医	好友
44	嵇元夫	字长卿,号竹城	浙江归安	未详	未详	好友
45	晁德龙	字时见,号南庄	河南颍川	未详	未详	好友
46	尹百祥	字巨川,号未详	河南郑州	未详	御医	好友
47	李遂	字邦良,号克斋	江西丰城	嘉靖五年进士	南京兵部尚书	好友
48	朱家相	字伯邻,号南川	河南归德	嘉靖十七年进士	兵部郎中	好友
49	孟淮	字豫川,号卫原	河南祥符	嘉靖十七年进士	山西巡抚	好友
50	刘自强	字体干,号未详	河南扶沟	嘉靖二十三年进士	刑部尚书	好友

高拱与姻亲、乡梓关系考略

据《诗文杂著》统计，与高拱家族结成姻亲、乡梓关系的约有40余人。其中包括既是同年、同僚又是姻亲、乡梓，或既是姻亲又是乡梓的双重关系。梳理和考辨这些关系，对研究明清河南新郑高氏家族的世系概况，高拱在地方社会活动，以及还原高拱作为政治家的鲜活形象，无疑具有十分重要的意义。

一、姻亲关系考

据高拱《诗文杂著》、郭正域《太师高文襄公墓志铭》和清乾隆《新郑县志》等史料记载，与高拱及其直系亲属结成姻亲关系的约有7个家族，即鄢陵刘氏家族，中牟张氏家族，祥符孟氏、郭氏和曹氏家族，钧州李氏和连氏家族。其中，包括已有婚约而未成婚的家族。

姻亲刘巡，字豫田，号宪甫，河南鄢陵人，出生于官宦世家，其祖刘璟、父刘讱均曾任刑部尚书。刘巡以父刘讱荫官，初任左府都事，后升顺天府治中，累官江西南康府知府。高拱的三妹孺人高氏与刘巡为姻亲关系。高拱之父尚贤与刘巡之父刘讱为同年，正德五年（1510）同举于乡，十二年（1571）同第进士，且"意气相许交密，而敦谊埒昆弟，以鄢距新郑百里而近,预有婚媾之盟"①。孺人高氏生于嘉靖七年(1528)闰十月初九日,刘巡生于嘉靖九年(1530),小孺人高氏二岁。订婚日期为嘉靖十四年(1535)春,于嘉靖二十三年(1544)冬结婚。婚后生有二男五女。孺人高氏因生幼女中寒,嘉靖三十五年(1556)十二月十二日卒,时年29岁,葬于嘉靖丙辰(1556)二月十八日。其后,高拱撰《刘室孺人高氏墓志铭》②。刘讱,字思存,别号春冈,生于成化十九年(1483)十一月,正德十二年(1517)进士,历官监察御史、通政参议、大理寺卿、刑部侍郎、工部和刑部尚书等。因阳武知县王联之子诬告,被罢官。嘉靖三十八年(1559)九月卒,享年76岁。其后,高拱曾为刘讱撰写行状③。

姻亲张孟男,字元嗣,号震峰,河南中牟人,生于嘉靖十三年(1534),为高拱妻张氏的侄子。孟男出身官宦世家,其十二祖为元代礼部尚书张圭,高祖为屯留令,曾祖张嵩积善行孝,以孝著称。祖父为周府审理,父张文教被赠为太子少保。嘉靖四十四年(1565),孟男中进士,初授广平府推官,历官刑部员外郎、尚宝司司丞、太常寺卿、大理寺卿、南京工部右侍郎、南京工部尚书、南京户部尚书等。隆庆六年(1572)六月,高拱罢官,时任尚宝司司丞的张孟男送别高拱。孟男至文襄邸,"文襄反袂拭面,涕泪沾袍怖哉!诸大夫遂无化我也。吾早不知子,生无相见,死无相哭。公从容慰藉曰:四时之序,成功者退,士之甚勇之甚,何为此言?幸而退足改乐耳。质明,携箪食与脡脯,祖文襄于郊"④。万历三十四年(1606),孟男卒,享年72岁。其因生前为人正直,不畏权势,且勤于政事,政绩卓著,死后被追封为太子太保。

姻亲孟淮,字豫川,号卫原,河南祥符(今开封)人。嘉靖十七年(1538)戊戌科进士,历官都御史、巡抚山西改应天府尹。孟淮娶苏氏,

---

① 高拱:《诗文杂著》卷三《刘室孺人高氏墓志铭》。
② 高拱:《诗文杂著》卷三《刘室孺人高氏墓志铭》。
③ 高拱:《诗文杂著》卷四《故资政大夫刑部尚书春冈刘公行状》。
④ 李维桢:《明南京户部尚书张公传》,载清同治《中牟县志》卷九《艺文志》。

生四子三女。其中,高拱长女启祯"许都御史孟君淮子兆梅"①。但因启祯早逝而未成婚。启祯生于嘉靖二十三年(1544)五月二十一日,高拱侧室曹氏所生。两年后,高拱奉使归家,携启祯由京师归新郑老家抚养。嘉靖三十七年(1558)二月十八日,启祯殁,年仅15岁。高拱曾作《启祯儿权厝记》②,以示怀念。孟淮三女许聘高拱侄子高务本,孟淮四弟孟洙(嘉靖三十五年进士,官至知府)二子兆祯,聘高拱五弟高才之女为妻。故此,高拱云:"拱等忝交贤胤,素崇友道。婚嫁相期,葭莩联好。"③"予与京兆公素厚善,而又兄弟相联姻,固今朱陈也。"④

姻亲郭中,字、号未详,河南祥符(今开封)人,陕西按察司副使郭凤翱之子,举嘉靖二十六年(1547)丁未科进士,官至广平府知府。与其父郭凤翱、其叔郭凤仪俱有名。高拱次女启宗曾"许广平知府郭中子坤,并未有行"⑤。启宗生于嘉靖二十五年(1546)二月二十九日,为高拱侧室曹氏所出。高拱曾言:"儿四岁矣,遂携至京师。丁巳,许聘大梁郭知府之子坤。戊午,郭氏纳征,拟一二载间议亲迎。"⑥ 然而,启宗于嘉靖三十八年(1559)七月二十三日夭折,时年14岁,与郭坤并未成亲。

姻亲曹金,字汝砺,号傅川,河南祥符(今开封)人。嘉靖二十六年(1547)进士,授南通州知州。隆庆改元,迁山东兖州府同知,累迁陕西左布政使,入为顺天府尹、刑部右侍郎改兵部右侍郎兼佥都御史巡抚陕西,后引疾请归。高拱三女五姐"适兵部侍郎曹金次子治和"⑦。五姐生于嘉靖二十九年(1550)四月十四日,殁于四十二年(1563)十一月初三日,年仅14岁。高拱撰墓记曰:"予为编修时,以嘉靖庚戌四月

---

① 郭正域:《合并黄离草》卷二四《太师高文襄公墓志铭》。
② 高拱:《诗文杂著》卷三《启祯儿权厝记》。
③ 高拱:《诗文杂著》卷四《孟老夫人祭文》。
④ 高拱:《诗文杂著》卷三《明敕封太安人孟母谢氏墓志铭》。
⑤ 郭正域:《合并黄离草》卷二四《太师高文襄公墓志铭》。
⑥ 高拱:《诗文杂著》卷四《孟老夫人祭文》。
⑦ 郭正域:《合并黄离草》卷二四《太师高文襄公墓志铭》。

十四日生儿京邸,其生母曹氏……予方议卜居大梁,冀他日与儿朝夕,乃遽有此。方病时,会予仲兄户侯自家至,为视医药,既乃视含敛,周悉诸内姻,闻者皆来,哭尽哀曰:安有若斯之年,而聪明慧懿乃若斯也!"① 万历六年(1578),高拱病逝后,张居正与告归家居的曹金曾有五封书信往来,叙说与高拱的深厚情谊,乞请恤典及其嘱托代为撰写行状等事宜,言:"玄老行状,事核词工,足垂不朽。不毂不过诠次其语,附以铭词耳。"② 曹金所撰高拱行状,不见史载。

姻亲马颖谷,生卒年、籍贯不详,官至顺天府府丞,为高拱五弟高才之亲家。两家结缘于父辈同年乡试科举,高拱与马颖谷又同出贾咏之门,故有通家之谊。马颖谷卒于嘉靖四十一年(1562)十二月。其后,高拱为其撰祭文。③

姻亲连格,字小嵩,河南钧州(今禹州)人。嘉靖四十三年(1564)中举,万历五年(1577)登进士第。初任大同知县,后官终御史。连格之子得寿娶高拱嗣子高务观长女和三女为妻。务观"女五人:长适大理寺左少卿连格子生员得寿,早卒,因亲不忍割股,以三女续焉"④。连格出身于官宦世家,其父连泮,号嵩阳,由生员任霍山县典吏。泮好学,文章有名于时,与新郑高存庵兄弟、襄城姚文轩、颍上邢后坡、大梁(今开封)曹少川及长葛朱兰皋、张元进,号称"中原八俊"。泮死时,两个儿子连格、连标年幼,由友人张元进抚养成人。后格、标二人相继登进士第。

姻亲李乘云,字子雨,号荆阳,河南钧州(今禹州)人。嘉靖十年(1531)举人,十一年(1532)进士,十五年(1536)初任山东道监察御史,二十一年(1542)任平阳州知州,二十七年(1548)任霸州兵备,三十二年(1553)辞官归里,不久辞世,享年47岁。高拱曾为其

---

① 高拱:《诗文杂著》卷三《儿五姐权厝记》。
② 张居正:《张太岳集》卷三四《答司马曹傅川》。
③ 高拱:《诗文杂著》卷四《马颖谷祭文》。
④ 郭正域:《合并黄离草》卷二四《太师高文襄公墓志铭》。

撰祭文①。

姻亲李登云，字子渐，号钧阳，乘云之弟，嘉靖十三年（1534）举人，十四年（1535）进士。初授大理寺评事，曾奉诏修律令。后晋通政使，升工部左侍郎。辞官归里后，居州北八里营。此前，登云始任金吾卫指挥佥事时，高拱曾撰序示贺②。

姻亲李凌云，字子鹏，乘云二弟，嘉靖十三年（1534）中举，嘉靖十三年（1538）进士。初授兵部主事，历任兵部员外郎中、重庆府知府。调任湖广兵备副使后，因母亲去世返里，后又升山西右参政，上疏辞谢。卒于家。乘云同胞七人：长乘云、次登云、次凌云、次披云、次望云、次庆云、次灿云。乘云、登云、凌云三登甲科，时有"河东三凤"之誉。

二、乡梓关系考

高拱在求学任教、从政主政以及罢官之后乡居期间，在河南新郑故里及其周边州县结成了广泛的乡梓关系。这些乡梓既有前辈、同辈和晚辈，也有恩师、同门和弟子，还有同年、同僚和好友，等等。

乡梓魏廷璧，号南坡，河南鄢陵人，以义授承事郎。嘉靖二十一年（1542）八月，廷璧八十大寿，高拱为其撰寿序，言："岁壬寅，鄢陵魏公寿八十，八月某日维厥诞辰……高子既闻斯命也，不获辞而又无所加于公之言也，乃为述之而有斯序。"③

乡梓陈东光，字叔晦，号平冈，河南钧州（今禹州）人。嘉靖十四年（1535）进士，选翰林院庶吉士。时大学士考评陈东光所撰《原政

---

① 高拱：《诗文杂著》卷四《李荆阳祭文》。
② 高拱：《诗文杂著》卷二《六盘李君荣授金吾卫指挥佥事序》。
③ 高拱：《诗文杂著》卷二《魏翁八十寿序》。

论》《读五伦书有感诗》等文,皆占第一,名声大振。东光历官翰林院检讨、江西瑞州知府、四川布政使等,卒于官。此前,高拱曾为其父陈淮滨分教徽州撰序,言:"淮滨先生,钧之良士也。钧固多才,而博学能文辞者尤称淮滨,乃其行亦卓不伦,固所谓学之有本者也。"①

乡梓朱家相,字伯邻,号南川,河南归德(今商丘)人,生于正德四年(1509)十一月,嘉靖十七年(1538)进士。嘉靖二十二年(1543)任工部都水司主事,后调兵部郎中。嘉靖三十年(1551)十一月卒,享年43岁。其后,高拱为其撰墓志铭,略言:"昔哉!伯邻性仁孝,事亲务得欢心,不专潞瀣,与人谦和无忤……嗟乎!予与伯邻同乡荐也,而又同朝久,交谊最深,则胡可以铭。"②

乡梓许赞,字廷美,号松皋,河南灵宝人。生于成化九年(1473)七月,弘治九年(1496)进士,授大名推官。嘉靖十五年(1536)任陕西道监察御史,后迁刑部侍郎,以辨疑狱、公断案而知名。嘉靖二十二年(1543)晋吏部尚书,入阁参与机务。因政事尽决于嵩,故上疏休致。致仕后,在郑州黄河岸边建许家花园,占地540亩,遍植奇花异木。嘉靖二十七年(1548)七月卒,享年76岁,谥文简。因高拱与许赞同在秘阁、交谊深厚,故高拱为其撰碑铭③。

乡梓徐泮,字崇教,号潢涧,晚号守庵,河南固始人。生于弘治五年(1492),嘉靖四年(1525)举于乡,八年(1529)登进士第,任山东青州府知府。嘉靖三十一年(1552)六月卒,享年61岁。高拱为其撰墓表云:"公宦况素薄,既释位实副初志,即闭门谢客,阅书史,训迪子姓,不复谈及世事。时或集亲友,道旧故,雅歌投壶,陶陶遂遂,有靖节之风焉。"④

乡梓晁德龙,字时见,别号南庄,河南颍川(今禹州)人。生于成

---

① 高拱:《诗文杂著》卷二《陈淮滨分教徽州序》。
② 高拱:《诗文杂著》卷三《明奉政大夫兵部车驾司郎中朱君墓志铭》。
③ 高拱:《诗文杂著》卷二《明故光禄大夫柱国少傅兼太子太傅吏部尚书文渊阁大学士赠少师谥文简许公神道碑铭》。
④ 高拱:《诗文杂著》卷二《明中顺大夫山东青州府知府徐公墓表》。

化十三年（1477），少失学，于诸子必择师教之。嘉靖三十三年（1554）七月卒，享年78岁。其后，高拱为其撰祭文①。又应德龙长子、同年晁瑮之请，高拱为其撰行状，略言："惟是愿得巨公名笔，铭诸隧道之石，垂托不朽。庶哉可纾予终天之哀。矧先行实有足述者，愿撮其凡以备采择。拱辱通家后，义不可以辞，乃为撰叙其事。"②

晁瑮，字石君，号春陵，明文学家和目录学家。嘉靖二十年（1541）进士，授翰林院检讨，官至国子监司业。家富藏书，藏书楼名"宝文堂"。著有《晁氏宝文堂书目》三卷。

乡梓王邦瑞，字维贤，号凤泉，河南宜阳人。正德十二年（1517）进士，改庶吉士，授广德州知州。嘉靖时，历官南京吏部郎中、陕西提学佥事、固原兵备副使，后升金都御中，巡抚宁夏。召为兵部侍郎，并改吏部。嘉靖二十九年（1550）八月，奉命总督京城九门，后擢兵部尚书。因王邦瑞为咸宁候仇鸾所诬陷而落职。嘉靖三十九年（1560）六月起故官，四十年（1561）十二月卒，享年67岁。赠太子少保，谥襄毅。不久，高拱为其撰行状，略言："历官四十余年，所至必有建立，百姓爱戴如父母，每有去后之思。律己甚严，秋毫无染。自关中提学被谪抵家，止余俸金七两，朝夕不继，乃躬耕宜阳之廉庄以自给。"③

乡梓宋伊，字汝任，号陟台，河南裕州（今方城）人。生于正德十一年（1516）九月，嘉靖二十五年（1546）举于乡，二十年（1547）登进士。历官昆山令、户科给事中等职。嘉靖二十七年（1548）十一月卒，年仅33岁。其后，高拱为其撰墓志铭。略言："嗟乎！予自登第友天下士，始识汝任，实心许其贤，乃汝任亦雅善予，事多予咨不间肝膈，予以是益稔知其蕴有遐期，讵谓其不胤短死至是惨乎？"④

乡梓尹百祥（1525~1598），字巨川，河南郑州人。因医术高超，被

---

① 高拱：《诗文杂著》卷四《晁封君祭文》。
② 高拱：《诗文杂著》卷四《明封翰林院检讨征仕郎晁公暨二配孺人行状》。
③ 高拱：《诗文杂著》卷四《明资政大夫兵部尚书赠太子少保谥襄毅凤泉王公行状》。
④ 高拱：《诗文杂著》卷三《明故征仕郎户科给事中宋公墓志铭》。

誉为"尹神仙"。嘉靖末年,尹百祥进京会见高拱返郑时,高拱便挥毫赋诗一首:"乌头早续杏林春,远志高标更除尘。厚朴晚须成大器,从容金尚德润身。百年阴德当归后,六枝神功独活人。别玄参辰应念我,天南星斗望中深。"① 诗文每句嵌有一味中药名,赞颂尹巨川博大精深的医术和高尚医德。

乡梓张卤,字召和,号浒东,河南仪封(今兰考)人。生于嘉靖二年(1523),嘉靖三十八年(1559)进士,任婺源、高平县令,拜礼科给事中。隆庆四年(1570)晋太常少卿、南京都察院佥都御史提督操江,巡抚浙江。万历六年(1578)巡抚保定,提督紫荆、倒马等关。因忤逆当朝首辅张居正,乞休。万历二十六年(1598)卒,享年76岁。此前,高拱曾为张卤之母撰墓志铭。言:"嗟乎!予与都宪雅厚,固秘知太恭人贤也,何可以不铭。"②

乡梓张一桂,字稚圭,号玉阳,河南祥符(今开封)人,生于嘉靖十九年(1540),隆庆二年(1568)进士,选庶吉士,授翰林院编修。后因主持顺天府乡试,遭流言蜚语,调南京兵部员外郎。万历六年(1578),高拱病逝,张一桂为其撰祭文,云:"瞻彼中州,相业炳焕。文达称才,文靖能断。公生其后,实绍其芳。匪芳则绍,实集其长。偶罹霜露,何恙不已。彼苍弗整,台光夜圮。声闻五位,恩恤骈蕃。哀荣终始,怡然九原。"③ 万历十八年(1590),张一桂改南京国子监,终礼部侍郎兼翰林院侍读学士。万历二十年(1592)八月卒,享年53岁。

乡梓范守己,字介儒,河南洧川(今长葛古桥)人。隆庆四年(1570)中举,万历二年(1574)进士。历任云间(今上海松江区)司理、南京户曹、山西提学、秦中参议、建昌兵备、兵部侍郎、太仆卿,总理钦天监等职。范守己不仅学问渊博,而且为人耿直,秉公持正,为隆庆六年(1572)六月张居正"附保逐拱"大鸣不平。故此,他于万历

---

① 高拱:《诗文杂著》卷一《赠御医尹巨川》。
② 高拱:《诗文杂著》卷三《明诰封太恭人雷氏墓志铭》。
③ 张一桂:《漱秋堂文集》卷一七《馆阁会祭少师高文襄公文》。

十一（1583）、十二年（1584）连上《险邪大臣阴结奸党渎乱朝政贼害忠直乞加追戮以正法纪疏》《代高少师张夫人昭雪抑枉疏》和《代高少师张夫人乞补恤典疏》①，为高拱辩诬鸣冤，乞赐赠谥恤典，并赋诗《次新郑恸高少师肃卿》②，以示怀念。

乡梓郭朴，字质夫，世称东野先生，河南安阳人。嘉靖十四年（1535）进士，四十年（1561）、四十四年（1565）两任吏部尚书，四十五年（1566）三月，郭朴兼任武英殿大学士，与高拱同时入阁。十二月，穆宗即位。徐阶草拟遗诏，未同高拱、郭朴商议，引起高、郭不满。隆庆元年（1567）五月高拱被劾回籍，九月郭朴致仕。万历二十一年（1593）卒，年83岁。赠太傅，谥文简。郭朴与高拱有同乡之谊。嘉靖四十二年（1563）三月，郭朴之父静庵卒。其后，高拱曾为其撰祭文，略言："久辱通家，凤瞻福履。德容在目，德音在耳。九源难作，感念曷已。有腥在俎，有酒盈樽。有恸充臆，宣之以文。公灵有知，闻乎不闻？"③

乡梓吴三乐，河南洛阳人，嘉靖二十年（1541）进士。嘉靖二十九年（1550）八月，三乐之父吴瀚卒，享年65岁。其后，高拱为其父撰行状，略言："三乐既请恤典于上，将奔归，以某年月日举窆窆之事。惟玄堂之石，冀得师相元老名笔，垂托不朽。拱辱通家，后且在中秘与车驾司同笔砚，久知公懿行为详，故谨撮其大较，仰备采择，然实有未能殚述者焉。"④

乡梓郜永春，字子元，号仰遽，河南长垣人。嘉靖四十一年（1562）进士，授南陵知县，后升河南监察御史。未几，出巡河南，提

---

① 范守己：《御龙子集》卷六六《险邪大臣阴结奸党渎乱朝政贼害忠直乞加追戮以正法纪疏》，卷六七《代高少师张夫人昭雪抑枉疏》《代高少师张夫人乞补恤典疏》。

② 范守己：《御龙子集》卷三七《次新郑恸高少师肃卿》。

③ 高拱：《诗文杂著》卷四《郭静庵祭文》。

④ 高拱：《诗文杂著》卷四《明故通议大夫都察院右副都御史耐庵吴公行状》。

出河南盐法败坏，是由势要横行，大商专利所致。其主张与权臣不合，遂乞请归里，隐居十六年。万历十五年（1587）再起，官至山西按察使。著有《问学直指》《廉吏规鉴》《论孟大义》等。隆庆五年（1571），邹永春于新郑城内为高拱立过街石坊，额题"少师大学士"①，纪念高拱功德。

乡梓杨相，字君佐，河南新郑人。嘉靖七年（1528），拱父尚贤曾撰《杨处士墓表》。高拱言："先大人撰述八泉先生（杨相子杨自效）之翁若母（刘氏）也，在嘉靖七年夏，其勒石之日为丁未（1547）秋。"②杨相生于景泰五年（1454），卒于嘉靖四年（1525），享年72岁。杨相娶刘氏，卒于正德十三年（1518），享年64岁。高拱撰《墓表》略言："呜呼！处士可谓夫矣，育德而晦。孺人可谓妇矣，积善而贻。然则不求为身之荣，而终为后日之名；不求为家之润，而终为子弟之享。"③

乡梓马文升，字负图，号约斋，河南钧州（今禹州）人。景泰二年（1451）进士。成化年间，历官左副都御史、辽东巡抚、南京兵部尚书。弘治二年（1489）迁兵部尚书，又改吏部尚书、少师兼太子太师。正德元年（1506）被劾乞休，五年（1510）六月卒。谥端肃，享年85岁。家居期间，马文升建造"明农堂"庄园，在今禹州市梁北镇秦村观耜园处。嘉靖二十一年（1542），高拱为"明农堂"撰对联云："一片野心都被青山留住，九重丹诏休教彩凤衔来。"④

乡梓王廷相，字子衡，号浚川，河南仪封（今兰考）人。生于成化十年（1474），弘治十五年（1502）进士。嘉靖时，官至南京兵部尚书兼都察院左都御史掌院事。嘉靖二十年（1541），因勋臣郭勋事牵连罢归。嘉靖二十三年（1544）九月卒，享年71岁。其后，高拱为其撰行状云："甲辰九月七日以疾终，士林闻之，无问识与不识，咸出涕曰：

---

① 高务观：《东里高氏家传世恩录》卷五《坊表》。
② 高拱：《杨处士碑阴》，载《新郑县志》卷二六《艺文志》。
③ 高尚贤：《杨处士墓表》，载《新郑县志》卷二六《艺文志》。
④ 高拱：《诗文杂著》卷一《明农堂联》。

'嗟嗟！浚川翁没矣！'巡按吴君以公盛德，不果用而止，乃与巡抚清戎者会疏论公一世名流，荐绅属望；致身廊庙，庇民之绩甚多；远迹江湖，恋主之诚无替；宜加恤典，以慰人心。"① 拱父尚贤与廷相为僚友，交往甚密。应尚贤之请，廷相曾为其父高魁撰墓志铭②。高拱在开封大梁书院读书期间，曾拜读过王廷相著作，深受其气学思想和改革思想的影响，并对其作了高度评价，言："公德器弘粹，气禀刚大，修身力学，以圣贤自期。下事浮藻，旁搜远揽，上下古今，惟求自得，无所循泥。灼见其是，虽古人所非者不拘；灼见其非，虽古人所是者不执。立言垂训，根极理要，多发前贤所未发焉。"③

总之，高拱不仅是一位政绩卓著的政治家和改革家，主持并实施了"隆庆大改革"，而且在他人生的各个时期，还十分重视和珍惜与其结成的姻亲之情和乡梓之谊。他所撰写的诸多诗文、寿序、墓铭、墓表、祭文、行状和碑铭，明显地透露和表达出他对姻亲、乡梓怀有的深情厚谊。这从一个方面反映了他作为政治家的情感生活和乡土情谊。梳理高拱与姻亲、乡梓的关系，对全面把握明代新郑高氏家族的世系概况，厘清高拱在地方的社会活动或社交关系网络具有重要意义。

附表　高拱姻亲、乡梓一览表

序号	姓名	字、号	籍贯	登第时间	时任官职	关系
1	马文升	字负图，号约斋	钧州	景泰二年进士	吏部尚书，大学士	乡梓
2	许　赞	字廷美，号松皋	灵宝	弘治九年进士	吏部尚书，大学士	乡梓
3	贾　咏	字鸣和，号南坞	临颍	弘治九年进士	礼部尚书，大学士	乡梓

---

①高拱：《诗文杂著》卷四《前荣禄大夫太子太保兵部尚书兼都察院右金都御史掌院事浚川王公行状》。

②王廷相：《王氏家藏集》卷三一《明故工部都水司郎中进阶中宪大夫高公墓志铭》。

③高拱：《诗文杂著》卷四《前荣禄大夫太子太保兵部尚书兼都察院右金都御史掌院事浚川王公行状》。

续表

序号	姓名	字、号	籍贯	登第时间	时任官职	关系
4	胡东鲁	字望之,号三源	鄢陵	弘治九年进士	四川布政司参议	乡梓
5	王廷相	字子衡,号浚川	仪封	弘治十五年进士	南京兵部尚书	乡梓
6	王邦瑞	字维贤,号凤泉	宜阳	正德十二年进士	兵部尚书	乡梓
7	符汝登	字后岗,号未详	宁陵	嘉靖七年举人	青城令尹	乡梓
8	徐泮	字崇教,号潢涧	固始	嘉靖八年进士	青州府知府	乡梓
9	刘㓝	字思存,号春冈	鄢陵	正德十二年进士	刑部尚书	姻亲
10	刘巡	字豫田,号宪甫	鄢陵	以父刘㓝荫官	江西南康府知府	姻亲
11	孟淮	字豫川,号卫原	祥符	嘉靖十七年进士	山西巡抚	姻亲
12	孟洙	未详	祥符	嘉靖三十五年进士	知府	姻亲
13	郭凤翱	未详	祥符	正德九年进士	陕西按察司副使	姻亲
14	郭中	未详	祥符	嘉靖二十六年进士	广平府知府	姻亲
15	马颖谷	未详	未详	未详	顺天府府丞	姻亲
16	连泮	字未详,号嵩阳	钧州	未详	霍山县典吏	姻亲
17	连格	字小嵩,号未详	钧州	万历五年进士	大理寺左少卿	姻亲
18	李乘云	字子雨,号荆阳	钧州	嘉靖十一年进士	霸州兵备	姻亲
19	李登云	字子渐,号钧阳	钧州	嘉靖十四年进士	工部左侍郎	姻亲
20	李凌云	字子鹏,号未详	钧州	嘉靖十七年进士	山西右参政	姻亲
21	曹金	字汝砺,号傅川	祥符	嘉靖二十六年进士	陕西巡抚	姻亲
22	张孟男	字元嗣,号震峰	中牟	嘉靖四十四年进士	南京户部尚书	姻亲
23	魏廷璧	字未详,号南坡	鄢陵	未详	以义授承事郎	乡梓
24	陈东光	字叔晦,号平冈	钧州	嘉靖十四年进士	四川右布政使	乡梓
25	郭朴	字质夫,号东野	安阳	嘉靖十四年进士	吏部尚书,大学士	乡梓
26	朱家相	字伯邻,号南川	归德	嘉靖十七年进士	兵部郎中	乡梓
27	晁德龙	字时见,号南庄	颍川	未详	未详	乡梓

续表

序号	姓名	字、号	籍贯	登第时间	时任官职	关系
28	晁瑮	字石君,号春陵	颍川	嘉靖二十年进士	国子监司业	乡梓
29	吴三乐	未详	洛阳	嘉靖二十年进士	未详	乡梓
30	宋伊	字汝任,号陕台	裕州	嘉靖二十年进士	户科给事中	乡梓
31	尹百祥	字巨川,号未详	郑州	未详	御医或儒医	乡梓
32	卢煌	字道含,号鹤川	郑州	嘉靖三十五年进士	山西按察司佥事	乡梓
33	张卤	字召和,号浒东	仪封	嘉靖三十八年进士	浙江巡抚	乡梓
34	邵永春	字子元,号仰遽	长垣	嘉靖四十一年进士	河南监察御史	乡梓
35	杜化中	字民孚,号西泉	扶沟	嘉靖四十四年进士	广东道监察御史	乡梓
36	沈鲤	字仲化,号龙江	归德	嘉靖四十四年进士	礼部尚书,大学士	乡梓
37	张一桂	字稚圭,号玉阳	祥符	隆庆二年进士	礼部侍郎	乡梓
38	安久域	字嵩东,号未详	钧州	隆庆五年进士	四川参议	乡梓
39	范守己	字介儒,号未详	洧川	万历二年进士	兵部侍郎	乡梓
40	杨相	字君佐,号未详	新郑	未详	未详	乡梓

高拱律诗考略

学术界对高拱的哲学思想和政治思想研究颇多，成果丰硕，但对其文学思想的研究则相对薄弱[①]，特别是其诗词文献更是无人论及。这是对高拱学术思想研究有待加强的领域。

高拱一生撰有18部著作，《诗文杂著》即是其中的重要一部。该书除杂著部分外，诗词部分凡59首，有"古乐府""五言古""七言古""五言律""七言律""五言排律""五言绝""七言绝"八种体式。其中，可以比较明确判定具体撰作日期、所涉历史人物或事件者，凡28首。这些诗词反映了高拱从政30余年及入阁两起两落的心态变化及其心路历程。本文拟就这些诗文的撰作日期、所涉历史人物或事件加以简略考述。

【五言律】阎贵妃挽歌

（一）

褕翟承恩日，螽斯衍庆年。
岂期哀博望，仍复别甘泉。
避辇风犹在，当熊事已前。
独令青史上，重续仲仁篇。

[①] 对高拱文学思想的研究，到目前为止，仅有两篇论文，即罗宗强：《隆庆、万历初当政者的文学观念》，《文学遗产》2005年第4期；邱真真：《高拱文学思想研究》，兰州大学2013年硕士论文。

(二)

仙梦辞椒掖，虞歌发绣栊。

云深鸾驭远，月冷凤楼空。

弓鼎追先帝，香花委旧宫。

千年埋玉处，青鸟下秋风。①

这是高拱中进士前后，为凭吊嘉靖帝爱妃病逝的阎贵妃所撰的两首诗。阎贵妃，是嘉靖十年（1531）三月册选的"九嫔"之一，封丽嫔。嘉靖十二年（1533）八月生皇长子朱载基，两个月后朱载基夭折。嘉靖十三年（1534）晋丽妃，嘉靖十五年（1536）晋贵妃。嘉靖十八年（1539）年，册封王昭妃所生皇次子为太子。次年正月将阎氏和王昭妃同时晋封为皇贵妃②。嘉靖十九年（1540）正月初十日，阎贵妃病卒，享年二十余岁，谥号"荣安惠顺端僖皇贵妃"，葬于天寿山世宗皇贵妃太子墓园。《明世宗实录》言："上感阎贵妃之薨，诏以今月十日告庙册封诸妃嫔曾出皇子及皇女者。"③ 高拱赋诗《阎贵妃挽歌》二首，借以凭吊，时在嘉靖十九年（1540）阎贵妃病卒之后不久。

【五言古】奉诏读书翰林述怀

哲人振英驾，志士感良遇。

矧余驽钝姿，而乃忝恩顾。

厕迹白玉堂，日夕仰弘度。

良时不再至，驰景迅颓暮。

感遇惜春华，勉旃赴前路。

岂无子云草，亦有司马赋。

技艺宁足先，修能良可慕。

陟岳贵及颠，涉溟宜问渡。

---

① 高拱：《诗文杂著》卷一《阎贵妃挽歌》。
② 关于阎贵妃的晋升情况，清毛奇龄在其《彤史拾遗记》中有详细记载。
③《明世宗实录》卷二三三，嘉靖十九年正月乙亥。

古则俱在兹，莫柱邯郸步。①

　　这首诗词是高拱登进士第、并被选为翰林院庶吉士之后所撰。嘉靖二十年（1541）二月，辛丑会试。高拱登辛丑科进士，会试第四十九名，殿试三甲第四十五名。十一月，考选庶吉士。帝谕大学士夏言考选庶吉士。夏言等会同吏、礼二部并翰林院官于东阁考试，取正副四十五人卷进呈。帝钦定三十三名。高拱被选为翰林院庶吉士，钦定为第八名，送翰林院读书。此时，高拱赋诗《奉诏读书翰林述怀》，以抒发情怀。由诗文可见，高拱不屑于研习诗词技艺、模仿古则教条，而是要精研国家典章制度，提高平章政事的能力。

【七言古】中流砥柱歌寿太宰闻公
大河九曲来昆仑，苍茫万里浮乾坤。
悬崖绝阪任倾没，当冲一柱岿然存。
芙蓉直峭凌烟雾，不向他山资倚附。
冥杳应知参井邻，嵯岈那许猿猱度。
天生神物障鸿涛，况有神人修作劳。
孤标上作擎天柱，巨轴深撑断足鳌。
龙门碣石互吞吐，白练翻飞自今古。
独压坤维震荡中，鲸掀鼍踊空号怒。
灵秘千年会降神，太宰浩气凌苍旻。
浇之不浊撼不动，万仞之壁同嶙峋。
凤抱孤忠事天子，贤豪总入衡铨里。
百辟咸瞻岱华峰，九重自识尚书履。
坐镇畏途还雅风，江河力挽使朝东。
风波满眼一时定，柱石应推第一功。
忆昔题诗杏园处，即随鸾凤丹霄翥。
岂期今日共金貂，却喜从来依玉树。
玉树金貂春复春，素交岁晚更相亲。

---

① 高拱：《诗文杂著》卷一《奉诏读书翰林述怀》。

  各将水蘖酬初约，欲比琼瑶愧不伦。
  生年七十古来少，龙马精神共矫矫。
  召公欲去周公留，整顿还期济时了。
  保乂由来属老成，千秋万载翊承明。
  预将缣素图雄观，为证他年带砺盟。①

  这是一首祝寿诗文。闻公，即闻渊（1480~1563），字静中，号石塘，浙江鄞县（今宁波市鄞州区）人。明弘治十八年（1505）进士，历官礼部、刑部主事，考功、文选郎中。嘉靖初，进应天、顺天府尹，累迁南京兵部、刑部侍郎，进南京刑部、吏部尚书。嘉靖二十一年（1542），召为刑部尚书。嘉靖二十六年（1547），进吏部尚书，累加太子太保。时严嵩势横，侵夺部权，数以小过夺闻渊俸。嘉靖二十八年（1549）九月十二日，闻渊七十寿辰，并乞致仕。高拱赋诗《中流砥柱歌寿太宰闻公》，以谢昔日题诗杏园之恩。

【五言律】种槐

  佳树映三台，门墙独尔栽。
  芳荫他年被，灵根此日培。②
  雨露自先得，风霜应不摧。
  岂期柯叶盛，终拟栋梁材。

  这是高拱出任裕王侍讲期间所赋诗文。嘉靖三十一年（1552）八月十九日，裕王（即后来的隆庆帝）、景王同时出阁讲读，高拱任裕王首席讲读官，至嘉靖三十九年（1560），凡9年。史载："嘉靖壬子秋八月十又九日，裕王殿下出阁讲读。上命翰林院编修拱暨检讨陈氏（以勤）充讲读官，拱说《四书》，陈说《书经》。既又有谕，先《学》《庸》《语》《孟》，而后及经，于是乃分说《四书》。……夫拱诚寡昧，其说固荒陋也。然非睿学克懋，则荒陋之说何以自效？故特存之，用志日进

---

① 高拱：《诗文杂著》卷一《中流砥柱歌寿太宰闻公》。
② 高拱：《诗文杂著》卷一《种槐》。

之功云尔,敢谓有所裨益乎哉!"① 高拱任讲读官期间,赋诗《种槐》,期盼裕王能够继承祖业,成为治国经世之才。其后,高拱主政,力行"隆庆大改革",获得隆庆帝支持,这同高拱对裕王的长期教导是分不开的。

【五言律】观兰亭修禊图
修禊当年事,兹图意不穷。
遗容千载识,佳兴一时同。②
景物丹青里,风流想像中。
相看浑欲赋,逸思愧群公。

这是一首赞美明朝画家文征明(1470~1559)的代表作《兰亭修禊图》的诗。该画作描绘东晋穆帝永和九年(353),王羲之与谢安等人在浙江山阴(今绍兴)兰亭溪上修禊的故事。画中层峦幽涧,茂林修竹,环境清谧,树木、建筑、人物刻画皆极精工,全图于绚烂精微之中不失淡雅之致。尾纸有作者临王羲之《兰亭序》全文,款署:[征明临],又[壬寅五月]自题一段。壬寅,即为嘉靖二十一年(1542),作者时年七十三岁。大约十年后,即嘉靖三十一年(1552),高拱任侍讲官期间,为明朝画家文征明的画作《兰亭修禊图》赋诗一首《观兰亭修禊图》。

【七言律】送王稚川南京司业
石渠金马记同招,视草明光岁更饶。
何幸蒹葭常倚玉,固知雕鹗自凌霄。
东风暖入钟陵道,北斗光临泮水桥。
回首故人方朔在,年年避世紫宸朝。③

这是一首恭贺同年好友王稚川升迁的诗。王稚川,即王材(1509~1586),字子难,号稚川,江西抚州黎川人。嘉靖二十年(1541)进士,改庶吉士,后任翰林院检讨、《大明会典》修纂官、会试同考官。嘉靖

---

① 高拱:《日进直讲·序》。
② 高拱:《诗文杂著》卷一《观兰亭修禊图》。
③ 高拱:《诗文杂著》卷一《送王稚川南京司业》。

三十六年（1557）四月，"升国子监司业王材为南京太常少卿"①。这时，高拱为其同年王稚川赋诗相送，作《送王稚川南京司业》。稚川后署南京祭酒、嘉议大夫、通政大夫等。他为人忠直，因与首辅严嵩不合，受诬陷被罢官。他怡然归里，以诗书自娱。大约此时，高拱也奉使归里，王稚川亦赠《送高中玄太史奉使归新郑》诗相送。

【五言律】送翰撰唐小渔奉使册封就便省觐

词赋龙头客，公台鼎足家。

九天持使节，千里泛仙槎。

宝牒宗盟重，金符帝宠赊。

更谐将母愿，恩遣胜皇华。②

这是一首送别同僚唐小渔的诗。唐小渔，即唐汝楫（1514~1597），字思济，号小渔，浙江兰溪人。嘉靖二十九年（1550）庚戌科状元，授翰林院修撰，官至左春坊右谕德。嘉靖四十年（1561）六月初三日，翰林院修撰唐汝楫充裕王府讲官，因高拱也曾任讲读官，故高拱赋诗《送翰撰唐小渔奉使册封就便省觐》一首，以此相送。因汝楫之父唐龙依附严嵩，嘉靖四十一年（1562）严嵩倒台，汝楫亦被罢职。隆庆元年（1567），隆庆帝登极后为其平反。晚年自号白云、紫霞二洞主人，著有《小渔先生遗稿》。

【五言排律】圣寿无疆诗

九天开寿域，万国庆昌期。

瑞气随龙幄，欢声绕凤墀。

重离当此日，育震忆当时。

云绕呈祥早，河清发兆奇。

承基昭嗣服，御极致雍熙。

礼乐回三代，威灵摄四裔。

圣仁群品被，景物万年宜。

---

① 《明世宗实录》卷四四六，嘉靖三十六年四月丙申。

② 高拱：《诗文杂著》卷一《送翰撰唐小渔奉使册封就便省觐》。

黄道添新岁，清秋协诞期。

　　老人连帝座，王母降瑶池。

　　华祝扬休历，嵩呼切忭私。

　　拟陈全鉴录，愿献紫霞卮。

　　舜寿宁为上，文龄未足追。

　　皇图天地永，遐算一如斯。①

　这是一首向嘉靖帝祝寿的诗文。嘉靖四十五年（1566）八月初十日，嘉靖皇帝甲子寿辰，将年太岁，大祭岁神，诰命王侯，大赦天下。高拱赋诗《圣寿无疆诗》一首，以此贺寿。

　　【七言律】孔庙陪祀有作

　　上丁二月礼先师，未丧斯文今在兹。

　　执爵顾于千载后，捧璋应忆两楹时。

　　多官入室瞻遗器，髦士圜桥展盛仪。

　　自愧鄙儒叨小相，惟将端甫奉前规。②

　嘉靖四十五年（1566）二月初五日，嘉靖帝祭先师孔子，遣礼部尚书高拱行礼。高拱上疏谢恩，言："嘉靖四十五年（1566）二月初五日，祭先师孔子。伏蒙圣恩，遣臣拱行礼。臣不胜荣幸，不胜感戴，除报名廷谢外，谨稽首顿首称谢者。"③并赐高拱大红五彩飞鱼罗衣一袭。高拱赋诗《孔庙陪祀有作》一首。

　　【七言律】至前一日朝天官习仪用韵

　　严宵风静漏声稀，拟列鹓班拜紫微。

　　烟合星坛笼御仗，日辉珠阙晃朝衣。

　　翠华想像龙文结，清跸依稀凤辇归。

　　明日占云应书瑞，洞霞五色见天机。④

---

① 高拱：《诗文杂著》卷一《圣寿无疆诗》。
② 高拱：《诗文杂著》卷一《孔庙陪祀有作》。
③ 高拱：《献忱集》卷四《谢遣祭先师孔子疏》。
④ 高拱：《诗文杂著》卷一《至前一日朝天官习仪用韵》。

嘉靖四十五年（1566）五月二十四日，嘉靖帝命大学士高拱分献行礼前一日，高拱赋诗《至前一日朝天官习仪用韵》一首。

【七言律】习仪罢道院小憩用韵

蓬莱宫阙到人稀，仙侣重来历翠微。

早向璇霄瞻法驾，暂因芝室解朝衣。

地偏渐觉鸾声远，风肃虚疑鹤驭归。

相对不嫌清坐久，从来去住本忘机。①

嘉靖四十五年（1566）五月二十五日，大祭地于方泽，例遣大臣分献行礼，命大学士高拱分献。高拱疏谢言："该太常寺题，嘉靖四十五年（1566）五月二十五日，大祭地于方泽，例遣大臣分献行礼，节奉圣旨：'遣大学士高拱分献，钦此。'臣初蒙恩遣，荣戴之忱，尤倍恒品，谨稽首顿首称谢者。"② 大学士高拱分献行礼之后，又赋诗《习仪罢道院小憩用韵》一首。

【五言排律】许松翁庆源堂

间气凝清洛，荣光萃碧嵩。

地灵腾凤羽，泽远胜兰丛。

元恺千年会，夔龙一代雄。

棘槐成世业，簪履擅名宗。

雅望归时哲，清朝宅上公。

庙廊资柱石，寰宇荷帡幪。

遐想开先德，深惟裕后功。

溯源寻故址，肯构饰新工。

肇迹仪刑远，承家奕业同。

浚祥今再始，长发正无穷。③

---

① 高拱：《诗文杂著》卷一《习仪罢道院小憩用韵》。

② 高拱：《献忱集》卷五《谢遣方泽分献疏》。

③ 高拱：《诗文杂著》卷一《许松翁庆源堂》。

【五言排律】许松翁世芳楼

玄圃垂休地，珠楼表胜年。

重甍邻斗极，飞宇控郊廛。

杳蔼丹青动，岩峣锦绣悬。

隔窗摇草树，卷幔引山泉。

花气千丛合，松声万壑连。

琪琳添壮丽，瑶岛洽神仙。

览胜依层汉，游神俯八埏。

轻云随剑履，高鸟识貂蝉。

清赏追前泽，芳华寄后贤。

柱栏千载茂，长此乐尧天。①

许松翁，即许赞（1473~1548），字廷美，号松皋，河南灵宝人，前吏部尚书许进之子，弘治九年（1496）进士。嘉靖年间，许赞任吏部尚书时建有许家花园。"世芳楼"和"庆源堂"可能是许家花园中的两座建筑。时任翰林院侍读学士的高拱，借"世芳楼"和"庆源堂"的雄伟高大，歌颂许赞的丰功伟业。许赞登进士第后，历官大名府推官、编修、临淄知县、浙江佥事，升光禄寺卿、刑部侍郎。嘉靖八年（1529）进刑部尚书，改户部尚书。嘉靖十五年（1536）进吏部尚书，加少傅兼太子太傅。嘉靖二十三年（1544）九月入阁，兼文渊阁大学士。嘉靖二十四年（1545）十一月二十二日，引疾乞休，忤旨，落职闲住。嘉靖二十七年（1548）七月二十五日卒，享年76岁。后赠少师，谥文简。著有《松皋集》二十六卷。因高拱与许赞同在秘阁、交谊深厚，故其后高拱为许赞撰《神道碑铭》②。

【七言绝】闻蝉

何处寒蝉抱叶吟，日高风静响沉沉。

---

① 高拱：《诗文杂著》卷一《许松翁世芳楼》。

② 高拱：《诗文杂著》卷三《明故光禄大夫柱国少傅兼太子太傅吏部尚书文渊阁大学士赠少师谥文简许公神道碑铭》。

无端清切惊残梦，暗引悲秋万里心。①

　　隆庆元年（1567）六月，因高拱与首辅徐阶存在政见分歧，徐阶发动众多言官弹劾高拱，弹章多达30余篇。尽管穆宗极力挽留，但朝臣不允，无奈，高拱只好以病为由，乞求回归新郑故里。《闻蝉》诗，表达了高拱经邦济世的梦想无法实现之悲凉。

【七言古】子昂画马图歌赠河南李中丞
　　卷中此马画者谁，毛鬣欲动风骨奇。
　　尺缣能收上闲骏，意态便欲随风驰。
　　天闲十二纷相矗，想是晴郊初出牧。
　　大宛雄姿宿应房，渥洼异种龙为族。
　　金羁玉勒不须夸，且看连钱五色花。
　　忽见麒麟出东枥，还疑騄駬涉流沙。
　　沙边青草茸茸起，上有垂杨覆河水。
　　圉人骑放绿荫中，参差牝骎成云绮。
　　皆能逐电不见尘，蕃息日适河之滨。
　　边关已息烽烟警，上苑因同首蓿春。
　　吴兴妙手谁堪伍，遗墨流传自今古。
　　人间驽辈徒纷纷，哲匠抡求心独苦。
　　拟将此幅比琼瑶，寄赠佳人云路迢。
　　天阙昔曾窥立仗，霜台今复忆乘轺。
　　手持黄纸临中土，甲兵十万胸中吐。
　　皋夔事业待经邦，韩范威名先震虏。
　　氛祲潜消塞北场，河山坐镇汴封疆。
　　成皋归来放战马，嵩阳今作华山阳。
　　宵旰九重犹拊髀，奇勋早奏明光里。
　　愿征颇牧入禁中，坐令天下之马休。②

---

①　高拱：《诗文杂著》卷一《闻蝉》。
②　高拱：《诗文杂著》卷一《子昂画马图歌赠河南李中丞》。

这是一首高拱首次退职期间，以《子昂画马图》相赠，勉励河南巡抚励精图治、建立功业的诗。李中丞，即李邦珍（1515~1593），字子怀，号同川，福建兴化莆田人。嘉靖二十九年（1550）进士，历任浙江道、福建道监察御史。嘉靖四十一年（1562），升授文林郎。隆庆元年（1567）三月，任南京通政使司右通政，十一月改任大理寺左少卿，升中宪大夫。隆庆二年（1568）三月二十七日，升大理寺左少卿李邦珍为都察院右佥都御史，河南巡抚。这时，退职新郑故里的高拱以《子昂画马图》相赠，并赋诗《子昂画马图歌赠河南李中丞》一首，期望李中丞经邦济世，建功立业。万历二十一年（1593），李邦珍卒，享年78岁。为悼念其功绩，追封为正奉大夫，神宗御制祭文，并遣山东布政使左参政汪应蛟前去致祭。

【五言律】晓霞

旭日晨开景，寒烟结彩霞。
流文连海峤，散影绕天涯。
落共孤飞鹜，光分数点鸦。
长风吹断处，万锦下晴沙。①

【五言律】院中闻莺

玉署忽闻莺，关关自有情。
往来难辨处，断续若频惊。
乍弄羌儿笛，新调秦女筝。
余音风卷去，万户作春声。②

这是高拱复政之初所赋的二首诗。隆庆三年（1569）十二月二十二日，"起少傅兼太子太傅吏部尚书武英殿大学士高拱，以原官不妨阁务兼掌吏部事"③。闻此喜讯，高拱赋诗《晓霞》和《院中闻莺》二首，

---

① 高拱：《诗文杂著》卷一《晓霞》。
② 高拱：《诗文杂著》卷一《院中闻莺》。
③《明穆宗实录》卷四〇，隆庆三年十二月庚申。

以此抒发内心喜悦之情。

【七言古】玉河春水曲

东皇一夜吹风起，万里春归帝城里。
早见冰消太液池，虹桥帘洞皆春水。
春水元从天上来，洗天浴日真奇哉。
晴波倒影白玉阙，回流曲抱黄金台。
云涛烟浪自潆沅，雪花文藻相萦回。①
金疏喷薄苍龙吼，石堰斜铺俯螭首。
出省犹翻上苑花，缘堤远映千门柳。
我知主上敷阳和，衍庆流祥润泽多。
冯夷起舞阳侯歌，淑气先通紫禁河。
愿言流向人间去，千溪万曲皆恩波。

隆庆四年（1570）正月十八日，原任少傅兼太子太傅吏部尚书武英殿大学士高拱抵达京城，赋七言古《玉河春水曲》一首，明确表示要报答主恩，挽刷颓风，力行改革，振兴朝政。

【七言律】中秋内直观月

兔魄分秋影更圆，禁城相对益堪怜。
素波渐转金河里，宝镜俄悬玉殿前。
地静寒生桐叶露，天空香散桂花烟。
斋居犹有通宵兴，一别西风又隔年。②

隆庆四年（1570）八月十五日，中秋佳节。高拱内阁守班，赋诗《中秋内直观月》一首。

【七言律】寿相公限体

瑞钟光岳会生申③，剑履中朝领缙绅。
早有殊方来翡翠，遂合当代绘麒麟。

---

① 高拱：《诗文杂著》卷一《玉河春水曲》。
② 高拱：《诗文杂著》卷一《中秋内直观月》。
③ "生申"，即属猴者诞生，因高拱属猴。

殷勤东阁延贤日,夙夜公家报主身。

丹篆永期绵鹤算,黄扉长拟赞鸿钧。①

这是一首高拱作于六十岁生日的诗。隆庆五年(1571)十二月十三日,内阁首辅高拱六十岁诞辰(生于正德七年,1512),赋诗《寿相公限体》一首。其阁臣、同僚贺寿、寿序凡8篇。

表1 高拱六十寿文寿序一览表

序号	作者	寿文寿序篇名	文献出处
1	张居正	《翰林为师相高公六十寿序》	《张太岳集》卷七
2	张居正	《门生为师相中玄高公六十寿序》	《张太岳集》卷七
3	马自强	《寿少师高公六十序》	《马文庄公集》卷二
4	张四维	《寿高端公六十序》	《条麓堂集》卷二一
5	申时行	《寿少师高公六十序》	《赐闲堂集》卷一五
6	张一桂	《寿少师中玄高公六秩叙(代作)》	《漱秋堂文集》卷一
7	吴中行	《高中玄相公六十寿序(代吕馆师作)》	《赐余堂集》卷八
8	李维桢	《少师高公寿序(代)》	《大泌山房集》卷二七

【五言律】送符后岗尹青城

北阙承恩重,东城望泽深。

郎星千里动,卿月一方临。

莫羡王乔舄,须鸣子贱琴。

征书他日下,应慰故人心。②

嘉靖七年(1528),高拱与符后岗(名汝登,字后岗,河南宁陵人)同中戊子科举人,由此成为好友。汝登自幼丧父(其父符琦,字廷圭),虽屡次会试,但未进士及第。经高拱劝导,汝登放弃科考,被选为青城令尹,并迎养其母于青城。在选为青城令尹时,高拱赋诗《送符后岗尹青城》,以此表达送别同年好友的深情厚谊。大约隆庆五年(1571),高

---

① 高拱:《诗文杂著》卷一《寿相公限体》。
② 高拱:《诗文杂著》卷一《送符后岗尹青城》。

拱主政时曾致书符后岗,言:"仆本薄劣,谬当重任,乃不自知其不肖,欲为主上进忠直,黜邪佞,振纪纲,正风俗,崇举敦明之治,实夙夜尽瘁,不敢自有其身……于是明祖宗之法,以唤醒久迷之人心;破拘挛之说,以振起久隳之士气。事务乎循名核实,而志在乎尊主庇民,率之以身,戒之以言,使天下皆知治道如此而兴,非若向者可苟然而为也。"①此函明确表达了高拱坚定的改革愿望和决心。

【五言排律】初夏谒见皇太子诗

　　南风开雉扇,东阁驻鸾旌。
　　共仰前星彩,欣瞻少海清。
　　谦光追夏启,敬德迈周成。
　　自愧商山老,深惭邺下英。
　　承华随日表,甲观见龙行。
　　感激思天意,千年欲太平。②

隆庆六年(1572)五月二十八日,皇太子,即朱翊钧登基,是为明万历皇帝,庙号神宗。神宗,于嘉靖四十二年(1563)八月生,隆庆二年(1568)册封为皇太子。隆庆六年(1572),年方十岁。大学士兼吏部尚书高拱上劝进仪注,并赋五言律诗《初夏谒见皇太子诗》一首,期盼德绍先圣,皇位永固。

【七言律】壬申六月十八日南归至内丘阻雨感赋

　　自是天家雨露宽,孤臣千里湿征鞍。
　　塞垣回首烟尘静,农田关心稼穑艰。
　　可喜一朝驱毒暑,不眠中夜袭轻寒。
　　却惭未满甘霖望,徒使苍生拭目看。③

壬申年,即隆庆六年(1572),此年六月十六日,罢大学士高拱。十七日清晨,高拱辞朝即行归里。张廷玉《明史》记曰:"大学士高拱

---

① 高拱:《政府书答》卷四《答同年符后冈书》。
② 高拱:《诗文杂著》卷一《初夏谒见皇太子诗》。
③ 高拱:《诗文杂著》卷一《壬申六月十八日南归至内丘阻雨感赋》。

得罪，仓惶去京师，门生皆避匿，（秦金之）孙柱①独追送百里外。"②高拱罢官南归至芦沟，诗人、好友嵇元夫赋诗《立秋日芦沟送新郑少师相公》③相送。高拱于六月十八日南归至内丘（今河北省内丘县）阻雨，赋七言律一首，再次表达被逐庙堂的沧桑悲怆之感。

【五言律】别墅
素心耽旷寂，沉迹向林垌。
岩壑天开胜，龟龙地伏灵。
著书云外阁，观稼雨中亭。
烟路谁驰勒，山猿莫浪惊。④

【五言律】秋暮东园与友人话旧
班荆依复磴，列藉抚幽泉。
高树延残日，荒城澹夕烟。
感时心欲碎，叹逝泪同涓。

---

① 秦柱（1536~1585），字汝立，江苏无锡人，系嘉靖初南京礼部尚书秦金之孙。秦柱以诸生授中书舍人。时吴中行上疏反对张居正夺情，被施杖刑下诏狱。秦柱则带医生侍奉汤药，于是得罪张居正，被贬鲁府审理，之后考核被罢。家富藏书，藏书楼有"雁里草堂"，所藏多有善本。清藏书家黄丕烈称其为"奇书"。卒后，藏书星散。嘉靖二十三年正月，高拱曾为其祖父秦金撰《秦公敕诰碑阴》。
② 张廷玉：《明史》卷一九四《秦金传》。
③ 嵇元夫，字长卿，浙江归安（今浙江省湖州市）人。其父为高拱的座主。高拱于元夫又有营救之恩。清朱彝尊言："长卿父编修世臣，嘉靖辛丑分校礼闱，高文襄出其门。长卿少年简傲，获罪嘉兴某推官，坐死。文襄营救获免，招入都，执其手语朝士曰：'此天下才也。'及文襄去位，乘牛车出国门，次日始有驰传后命。长卿《芦沟送新郑相公》诗云：……盖纪其实也。"（朱彝尊：《静志居诗话》卷一八《嵇元夫》）嵇元夫赋七言律诗《立秋日芦沟送新郑少师相公》一首，吟曰："单车去国路悠悠，绿树鸣蝉又早秋。燕市伤心供帐薄，凤城回首暮云浮。徒闻后骑宣乘传，不见群公疏请留。三载布衣门下客，送君垂泪过芦沟。"（载《高拱全集》附录三）
④ 高拱：《诗文杂著》卷一《别墅》。

去去还留语，霜明草阁颠。①

隆庆六年（1572）七月，高拱罢官后，回归故里，居住在新郑市城内东大街名叫"适志园"的家中。园内有"澄心洞"亦即"八卦洞"②，这是他的卧室，洞上建有"景仰堂"，这是他的书房。高拱晚年所撰三部学术代表作《春秋正旨》《本语》《问辨录》，都是在"八卦洞"完成的。故此，他对"八卦洞"怀有深厚感情，并赋诗《别墅》《秋暮东园与友人话旧》二首。

【七言律】赠御医尹巨川

乌头早续杏林春，远志高标更除尘。

厚朴晚须成大器，从容金尚德润身。

百年阴德当归后，六枝神功独活人。

别玄参辰应念我，天南星斗望中深。③

尹巨川（1525~1598），名百祥，郑州西郊三官庙人。因精通医理，医术高超，被誉为"尹神仙"，在河南郑州地区远近闻名。大约隆庆六年（1572）初，尹巨川进京会见辅臣高拱返郑时，高拱便挥毫赋诗《赠御医尹巨川》。诗文每句嵌有一味中药名，以此赞颂尹巨川博大精深的医术和高尚医德。尹巨川的后代珍爱其诗，便镌刻在墓碑上，后人捐献给国家，现存郑州市博物馆。此碑通高2米许，碑座已失。

【七言古】见落叶有感

飘飘落叶随风吹，叶落何时还故枝？

盛年光景能几何，俟河之清日月多。

铺糟歠醨且共欢，何为忧虞坐自煎。

不见荧荧帐中烛，短发颓龄不可续。④

---

① 高拱：《诗文杂著》卷一《秋暮东园与友人话旧》。
② 高拱撰有"澄心洞联"和"适志园联"，《诗文杂著》卷一有名无联。
③ 高拱：《诗文杂著》卷一《赠御医尹巨川》。
④ 高拱：《诗文杂著》卷一《见落叶有感》。

【七言律】秋声

何处森森过竹篱，夜窗初听转凄其。

奔腾欲动欧公赋，坎坛应添宋玉悲。

响入疏桐人静后，韵随寒雨客愁时。

晚来试问萧条意，惟有庭前落木知。①

《见落叶有感》和《秋声》二首诗，作于隆庆六年（1572）秋高拱罢官归里之后。诗文以秋风落叶、万物凋敝为意象，抒发其罢官失意、胸中苦闷、年衰无望之悲情。

【古乐府】君子有所思

西河有蛟，北山有虎。

渔樵不敢窥，行人心独苦。

心独苦兮奈若何，湛卢②倒柄将奈何？③

这是一首高拱再次罢官后，描写官场险恶、不幸被逐的诗。隆庆六年（1572）冬，高拱归家后，通过对仕途坎坷和官场险恶的反思，赋诗《君子有所思》。这是一首政治寓意深刻的诗作。作者入阁两起两落：两起是指世宗、穆宗父子先后拔擢重用作者入阁；两落是指作者被两个政敌先后驱逐出阁，先是徐阶，后为张居正。此诗表达的是作者反思两落时的心境、悲情。"西河有蛟"应解读为东海有凶恶之巨蛟，暗指徐华亭；"北山有虎"应诠释为南方有凶猛之恶虎，隐喻张江陵。"行人"暗指作者自己。东方巨蛟和南方恶虎，连渔人、樵夫都不敢偷窥，更何况同路的行人呢？与巨蛟、恶虎为伴，即使手握宝剑利器湛卢也无可奈何。

【五言律】郑庄宴集用韵

上公开胜宴，剑履集城南。

---

① 高拱：《诗文杂著》卷一《秋声》。

② 湛卢，春秋时越国欧冶子（浙江宁波人）在福建湛卢山铸剑，后人将宝剑称为湛卢。

③ 高拱：《诗文杂著》卷一《君子有所思》。

地敞花香入，亭虚水气含。

窥筵喧杂鸟，列障起层岚。

敢接夔龙武，追陪愧盍簪。①

万历三年（1575），高拱赋闲在家，赋诗《郑庄宴集用韵》，借春秋时期郑庄公宴集，感叹自己不能像舜之重臣夔、龙一样，实现经世治国的宏大志愿。

总之，在明代文坛上，高拱的诗词文赋无论是在数量上抑或艺术水准上，都不及"后七子"之一的王廷相。但高拱的诗文具有明显的政治性特点，或高亢或深沉、或喜悦或悲怆、或明快或隐忍，都是随着高拱在政治上的起伏变化而表现出的不同心境，当然，这也反映了他在不同历史时期的心态变化和心路历程。

高拱律诗目录一览表

序号	诗体	诗题	文献来源
1	古乐府	《君子有所思》	《诗文杂著》卷一
2	五言古	《早霁出苑中望西山积雪》	《诗文杂著》卷一
3	五言古	《奉诏读书翰林述怀》	《诗文杂著》卷一
4	五言古	《相公爱贤堂》	《诗文杂著》卷一
5	五言古	《杨翁仰宸楼》	《诗文杂著》卷一
6	五言古	《咏葵》	《诗文杂著》卷一
7	七言古	《玉河春水曲》	《诗文杂著》卷一
8	七言古	《中流砥柱歌寿太宰闻公》	《诗文杂著》卷一
9	七言古	《子昂画马图歌赠河南李中丞》	《诗文杂著》卷一
10	七言古	《见落叶有感》	《诗文杂著》卷一
11	五言律	《送宋柏崖分教赣榆》	《诗文杂著》卷一
12	五言律	《送刘金宪之山西》	《诗文杂著》卷一

① 高拱：《诗文杂著》卷一《郑庄宴集用韵》。

续表

序号	诗体	诗题	文献来源
13	五言律	《送裴逊山守睢阳》	《诗文杂著》卷一
14	五言律	《送少宗伯康砺峰之南部》	《诗文杂著》卷一
15	五言律	《送翰撰唐小渔奉使册封就便省觐》	《诗文杂著》卷一
16	五言律	《送李少参之广州》	《诗文杂著》卷一
17	五言律	《种槐》	《诗文杂著》卷一
18	五言律	《秋暮东园与友人话旧》	《诗文杂著》卷一
19	五言律	《题砺峰思先垄卷》	《诗文杂著》卷一
20	五言律	《别墅》	《诗文杂著》卷一
21	五言律	《郑庄宴集用韵》	《诗文杂著》卷一
22	五言律	《送符后岗尹青城》	《诗文杂著》卷一
23	五言律	《首夏》	《诗文杂著》卷一
24	五言律	《观兰亭修禊图》	《诗文杂著》卷一
25	五言律	《雨中闻雁》	《诗文杂著》卷一
26	五言律	《移芍药》	《诗文杂著》卷一
27	五言律	《晓霞》	《诗文杂著》卷一
28	五言律	《院中闻莺》	《诗文杂著》卷一
29	五言律	《阎贵妃挽歌》	《诗文杂著》卷一
30	七言律	《至前一日朝天官习仪用韵》	《诗文杂著》卷一
31	七言律	《习仪罢道院小憩用韵》	《诗文杂著》卷一
32	七言律	《孔庙陪祀有作》	《诗文杂著》卷一
33	七言律	《郑王饯席口占奉赠》	《诗文杂著》卷一
34	七言律	《寿相公限体》	《诗文杂著》卷一
35	七言律	《送杨南泉使清江浦就便省觐》	《诗文杂著》卷一
36	七言律	《送徐华原按滇南》	《诗文杂著》卷一

续表

序号	诗体	诗题	文献来源
37	七言律	《寿朱鸿川祖母》	《诗文杂著》卷一
38	七言律	《送阎又泉司成之南都》	《诗文杂著》卷一
39	七言律	《送冯太守之广州》	《诗文杂著》卷一
40	七言律	《寿孙太夫人》	《诗文杂著》卷一
41	七言律	《十六夜月》	《诗文杂著》卷一
42	七言律	《秋声》	《诗文杂著》卷一
43	七言律	《送许龙石先生赴南都》	《诗文杂著》卷一
44	七言律	《壬申六月十八日南归至内丘阻雨感赋》	《诗文杂著》卷一
45	七言律	《送王稚川南京司业》	《诗文杂著》卷一
46	七言律	《中秋内直观月》	《诗文杂著》卷一
47	七言律	《雨后望西山》	《诗文杂著》卷一
48	七言律	《颁历》	《诗文杂著》卷一
49	七言律	《赠御医尹巨川》	《诗文杂著》卷一
50	五言排律	《圣寿无疆诗》	《诗文杂著》卷一
51	五言排律	《初夏谒见皇太子诗》	《诗文杂著》卷一
52	五言排律	《内苑闻莺》	《诗文杂著》卷一
53	五言排律	《许松翁庆源堂》	《诗文杂著》卷一
54	五言排律	《许松翁世芳楼》	《诗文杂著》卷一
55	五言排律	《对菊》	《诗文杂著》卷一
56	七言排律	《春雨》	《诗文杂著》卷一
57	五言绝	《董草咏》	《诗文杂著》卷一
58	五言绝	《菊咏》	《诗文杂著》卷一
59	七言绝	《闻蝉》	《诗文杂著》卷一

明清缅怀高拱律诗考述

据清乾隆《新郑县志》及明清历史文献记载，明清时期文学家和诗人不仅歌颂高拱的丰功伟业、道德文章，而且也为其被诬罢官而大鸣不平，并留下缅怀高拱的诗凡9首。本文拟就这些诗的作者概况、撰作日期、所涉历史事件等问题加以简略考释。

　　　　　立秋日芦沟送新郑少师相公
　　　　　　　[明] 嵇元夫
　　　单车去国路悠悠，绿树鸣蝉又早秋。
　　　燕市伤心供帐薄，凤城回首暮云浮。
　　　徒闻后骑宣乘传，不见群公疏请留。
　　　三载布衣门下客，送君垂泪过芦沟。①

这篇诗借秋寒之意，既表达了高拱被逐出庙堂、官场失意的悲凉，又表现了作者对高拱单车去国、垂泪相送的哀伤之情。隆庆六年（1572）六月十六日，罢大学士高拱。十七日清晨，高拱辞朝，返归河南新郑故里。南归至芦沟，好友、诗人嵇元夫赋七言律诗相送。作者嵇元夫，字长卿，浙江归安（今浙江省湖州市）人。嘉靖二十年（1541）辛丑科考，元夫之父为高拱座主，高拱是其门生。其后，高拱于元夫又有营救之恩。明朱国祯言："嵇竹城（元夫），川南太史之子也。以简傲忤嘉禾节推，坐死。高中玄当国，出太史门，营救得免。中玄执手示六

---

① 朱彝尊：《静志居诗话》卷一八《嵇元夫》。

卿云：'此座主之子，天下奇才也。'……高失位，随至芦沟桥，检囊中仅三十金付之。"①清朱彝尊亦言："长卿父编修世臣，嘉靖辛丑分校礼闱，高文襄出其门。长卿少年简傲，获罪嘉兴某推官，坐死。文襄营救获免，招入都，执其手语朝士曰：'此天下才也。'及文襄去位，乘牛车出国门，次日始有驰传后命。长卿《芦沟送新郑相公》诗云……盖纪其实也。"②

次新郑恸高少师肃卿
[明] 范守己

秉国当年赞帝猷，先朝玉戽俨宸旒。
姚崇死去名长在，卢杞生全恨不休。
东里新祠高郑相，西州旧路恸羊侯。
所忠未有君王问，封禅遗书肯上投。③

这篇诗文不仅盛赞高拱的相业功绩，而且还为其忠君报国反被诬陷罢官而大鸣不平。作者范守己，字介儒，河南洧川（今长葛古桥）人。隆庆四年（1570）中举，万历二年（1574）进士。曾任云间（今上海松江区）司理、南京户曹、山西提学、秦中参议、建昌兵备等职。又曾屡奉钦命，以学院身份主考江南，故后人称"范学院"。他上通天文，下知地理，既有文韬，又有武略，故官至兵部侍郎，晚年升任太仆卿，总理钦天监，为华夏历法做出了贡献。万历十一年（1583）二月，范守己上《险邪大臣阴结奸党渎乱朝政贼害忠直乞加追戮以正法纪疏》，为高拱鸣冤，乞赐赠谥。但因与高拱素有矛盾的宦官冯保阻挠，赠谥没有结果。万历十二年（1584），在追论张居正风波渐趋平息后，故相高拱之妻一品夫人张氏委托范守己代其上疏，即《代高少师张夫人昭雪抑枉

---

① 朱国祯：《涌幢小品》卷一七《酌水》。
② 朱彝尊：《静志居诗话》卷一八《嵇元夫》。
③ 范守己：《次新郑恸高少师肃卿》，载清乾隆《新郑县志》卷二八《艺文志》。

疏》《代高少师张夫人乞补恤典疏》[①]，再次为高拱抑枉昭雪、乞补恤典。万历十二年（1584）左右，范守己赋诗《次新郑恸高少师肃卿》一首，以缅怀高拱的丰功伟绩。

过新郑访故相高文襄公楼堂旧址

[明] 马之骏

题记：过新郑，访故相高文襄公"宝谟楼""鉴忠堂"旧址，因睹其遗像、楼及堂各有穆庙御书赐额，仰瞻感述，恭寄短章。

昭陵昔御宇，植德迈轩燧。
文襄奋诗流，穆穆钟镛器。
匪繇丹青画，早获舟楫利。
藻镜有兼资，风雷无凡施。
为霖泽八埏，有谋告必遂。
洒落君臣间，胶漆未堪譬。
鼎湖攀遗髯，贻谋颇渊秘。
执手玉几时，睿衷谅深寄。
功高崇辱身，时远异同议。
斯人已山阿，斯堂尚天地。
梁栋吐奎光，宸章满函笥。
帝锡以嘉名，挥毫出游戏。
至今五色错，仍呵百灵避。
欷歔念方今，灵锁九阍闭。
拱默固一心，痯瘝渐多事。
治国在圜转，积诚未堪致。
造膝已渺茫，鞠躬苦憔悴。
缅思远步艰，转觉前修异。
晨星半沦没，好音畴堪嗣。

---

① 载范守己《御龙子集》卷六七《代高少师张夫人昭雪抑枉疏》《代高少师张夫人乞补恤典疏》。

> 展卷挹余采，岂泯典型义。
> 载咏破斧诗，泚然雪余涕。①

作者马之骏（1578~1617），字仲良，回族，河南新野人，明代著名文学家。万历三十八年（1610），与其兄马之骐同中进士，马之骐殿试高中一甲第二名，马之骏中二甲第五十一名。马之骏历任户部主事、郎中。曾遭贬谪，降广德州同知，迁应天府通判，转顺天，后复官户部主事。马之骏自幼曾随任职嘉兴、淮安等地的父亲居住江南。其父马化龙为万历五年（1577）进士，故有南阳新野"一门三进士"的佳话。马之骏博洽典籍，善诗文，著有《妙远堂集》。万历四十二年（1614）五月，时任户部主事的马之骏与其兄马之骐依据高拱初刻四十二册本，刻成《高文襄公集》四十二卷，又增补《病榻遗言》二卷，统编为四十四卷，并由马之骏作序，是谓"万历本"。根据其题记可知，他在往返于京师与河南南阳家乡途中，曾路经新郑停留。期间，他曾访问过高拱故宅"宝谟楼""鉴忠堂"旧址，瞻仰过穆宗所题御书匾额，并睹其遗像，为此他赋有五言古诗《过新郑访故相高文襄公楼堂旧址》，吟诵高拱的道德文章功业。大致可以判定，这篇诗文作于马之骏刻成《高文襄公集》之时，即万历四十二年（1614）左右。

过新郑高相废园

[清] 王廷璧

> 绿野莺花地，萧条剩废砖。
> 龙衣方借补，鹤氅已归田。
> 蛙乱秋池月，鸡鸣冷巷烟。
> 何如李卫国，凝泪洒平泉。②

这首诗的作者王廷璧，字昆良，河南祥符（今开封）人，清顺治九年（1652）进士，历官刑部主事、陕西凉庄兵备道按察司副使等职。著有《聚远楼诗集》。此诗大约作于清顺治九年（1652），即王廷璧中进士

---

① 马之骏：《妙远堂全集·过新郑访故相高文襄公楼堂旧址》。
② 《新郑县志》卷二八《艺文志》。

以后，描述了高拱陵园年久失修、萧条破败之景象。高拱陵园始建于万历七年（1579），位于新郑市区西北约 1 公里的阁老坟村西北方向。陵园坐北向南，北靠"郑韩故城"北城墙，南临"梳妆台"。陵园前方建一石牌坊，自此北行约 60 米，即是陵园拱形大门楼，高约 8 米，陵园四周建有围墙，墙高 2.3 米，厚 0.6 米。围墙南北长 190 米，东西宽 95 米。进入大门北行 56 米处建有二门楼。进入二门经甬道直通大殿。甬道两旁对称排列有石狮、石羊、石猴、石猪、石龟、石马、石人等。石人高约 2 米，身着皂服，手持朝笏侍立。过二门北行 56 米处即是"明三暗五"的大殿。殿前筑有祭坛，两侧建有东西厢房。过大殿北行 60 米即是墓冢。冢高 8 米，周长 95 米，顶圆底方。冢前和左右植有翠柏五株。明清时期，陵园颇为壮观。后因年久失修，屡经战火，建筑物及其他设施逐渐败坏倒塌。

行经新郑

［清］吕履恒

邻国东偏驿路开，轻风南陌静尘埃。

川原浩浩随云草，楼堞苍苍上雨苔。

巷废谁怜京叔美，祠荒还纪国侨才。

元臣华表停车问，欲采芳兰荐夜台。[①]

这首诗描述作者对高拱陵园祠堂杂草丛生、荒废凋零景象的哀叹，深为当年相国重臣身后悲凉、世事沧桑而叹息。高拱祠堂始建于明崇祯十年（1637）二月，新郑知县韩永馨申请建高拱专祀祠堂，并上《明太师高文襄公专祀申文》，其后获批："奉部题请文襄公高拱专祀，准建祠移主，春秋祀典，俱照大祭内拨用，纂入县志，永为定规。又准奉祀二员：孙高则超、侄孙高基承袭。"[②] 祠堂位于新郑市城区北门内西侧。坐北向南。大门前建有石牌坊，石刻"明柱国太师高文襄公专祠"。大门为正开砖建拱形门楼，门额石刻"万代瞻仰"四个大字。进入正门，庭

[①]《新郑县志》卷二八《艺文志》。

[②] 高务观：《东里高氏家传世恩录》卷四《明太师高文襄公专祀申文》。

院有太湖石，东厢房后墙刊有宋苏轼草书《醉翁亭记》石刻，还有高拱、文彭、刘巡等跋文石刻。西厢房为奉祀人宿舍。最北面的正殿，明三暗五，供奉高文襄公灵牌。作者吕履恒（？～1729），字元素，号坦庵，河南新安人。祖父、父亲为明、清进士，吕履恒自幼承继家学，博览群书，十八岁为秀才，然三次乡试不利，最终于康熙三十三年（1694）中进士。官至户部侍郎。履恒工诗，著有《梦月岩集》二十卷，文末附诗二十四首。清王阮亭评价说："《梦月岩》诗高浑超诣，正以不甚似杜为佳。"①

新郑高文襄公故宅
[清] 刘应陛

井巷岿然故宅存，十年踪迹谢华轩。
可怜身后蒙骖乘，不及疲驴出蓟门。②

这首诗大约作于刘应陛（字觐宸，号胎簪，河南信阳人）于清乾隆三十年（1765）中举之后。诗中描述了高拱故宅尚存，但已显露破败凋零之象。由景及人，进而为当年相国重臣高拱被逐出庙堂，骑着毛驴返回故里的惨状而哀叹，尤其是为高拱赋闲在家，张居正与宦官冯保惧怕高拱东山再起，相互勾结，假借万历元年（1573）发生的"王大臣案"，企图诛连高拱使其身后蒙冤而叹息。

重修高文襄公祠
[清] 赵御众

颜坊驾祠牖，俎豆附城衢。
我来敬瞻拜，忾焉增踟蹰。
先生在揆席，挺挺大臣模。
庙筹格丹枫，稽古追都俞。
当其顾命时，姬旦期与徒。
平生秉刚德，太阿光斗枢。

---

① 徐世昌：《晚晴簃诗汇》卷五四。
②《新郑县志》卷二八《艺文志》。

胡为轻去国，弓剑不可呼。
阴霾煽白日，祸机伏交芦。
皇恩本浩荡，归马眷长途。
欷歔松柏声，空山老庭庑。
虽蒙身后荣，忠悃抑已孤。
野火跳封豕，倾栋竟谁扶？
每读所遗稿，南枝啼夜乌。
贤宰来何暮，榛莽重芟诛。
表章力潜通，孰谓精爽无？
挹藻涤香几，勒碑树贞瑜。
严霜下明月，酌水束生刍。
兴废鉴神理，先后同抠趋。
滔滔溱洧流，宁复注斯须。①

谒高文襄公墓

[清] 赵御众

离离石马碧秋冈，阁老衣冠冷墓堂。
隆庆六年悬剑鸟，尚书九德忆文襄。
和羹未办盐梅实，去国才留月旦长。
闻道江陵同顾命，不知谁侍白云乡。②

这两首诗既颂扬了高拱的相业功绩、道德文章和高贵品格，又记述了高拱罢官下野、蒙冤受诬和平反昭雪的艰难历程。此诗作于清康熙七年（1668）八月重修高拱祠堂之后。据清康熙新郑县知县李永庚所记，高拱祠堂、坟茔于康熙七年（1668）三月重修，八月完工。"新郑邑治北有明相国高文襄公祠，令以时祀，乘典载之久矣。迨鼎革后，燹飙雨剥，栌栋鳞次倾圮，神靡所依，灌土而馨，若野祭焉。予履任即瞻拜其

---

① 《新郑县志》卷二八《艺文志》。
② 《新郑县志》卷二八《艺文志》。

下,既慕且忾,意图构新。而百务未理,郁藏中心。越庚戌岁,始克谋诸邑缙绅先生,及高氏诸博士弟子员,捐俸醵资,庀材鸠工,起于三月,以八月落成。凡工若干,堂五楹,缭周垣而颜其额,丹垩几案悉备,俎豆阶除,焕然可观。……呜呼!郑多君子,典型在望。溱洧之水,湛然祀公祠者,将谓千秋之下,尚有同心欤!谨记。"①

谒高文襄公祠

[清] 漆士昌

依然祠宇不沉沦,石榜鳞榱洞牖新。
风雨当年承顾命,山川异代识元臣。
霜天想像明如月,城阙萧条浩有神。
阶下碑文廉吏重,又从知己露全身。②

这首诗的作者漆士昌,生卒年不详,湖广江陵人,曾师从清初著名理学家孙奇逢。此诗作于清康熙七年(1668)八月高拱祠堂重修之后。诗借明月、浩神之意象,深情地表达了作者对高拱忠君爱国、廉洁勤政、相业功勋的敬仰之情。

在明清文坛上,这些缅怀高拱的诗文虽然艺术水平并不是很高,大多属于纪实性的诗作,但却是对高拱这一悲剧性人物的真情实感的流露和表达,其或敬仰、赞美、颂扬,或悲悯、惋惜、感叹。可以说,这些诗一方面表达了作者对高拱忠君爱国、道德文章和相业功绩的敬仰之情,另一方面也为其被诬陷蒙冤、罢官归里而大鸣不平。其大致反映了高拱后世形象的演变。

---

① 清康熙《新郑县志》卷四《重修文襄高公祠堂记》。
② 《新郑县志》卷二八《艺文志》。

思想与文献

高拱实学精神论析

高拱是明朝嘉靖、隆庆时期著名的政治家和改革家，也是明清实学思潮的先驱者之一。他的实学思想是在概括和总结其实政经验的基础上，通过批判空虚寡实的宋明理学而形成的，并建构起以元气实体论、求实求是论、实理实事论和实政实功论为主要内容的实学思想体系。①在高拱的实学思想体系中，蕴含着许多有价值的精神品格，今天，继承与弘扬这些精神，仍然具有非常重要的现实意义。

一、"务实而不务名"的务实精神

"崇实黜虚"是高拱实学思想的基本特征。所谓"崇实黜虚"，就是鄙弃以空虚寡实、虚谈心性为特征的程朱理学，提倡以求其实、做实事、修实政为主要内容的务实精神。高拱的务实精神在其哲学思想中具有丰富的内涵。

在认知论上是"事必求其实"的求实精神。有人问蒲苇，沈括以为蒲苇，伊川以为果蓏，二说孰是？高拱回答说："皆非也。世称果蓏为蒲芦，考之他书云'蒲芦，葫芦之细腰者也'。果蓏、土蜂腰细有似于

---

① 参见拙文《高拱的实学思想及其实政价值》，《中州学刊》2000年第5期。

蒲芦，故人以为蒲芦。即此而言，则是果裸之取像于蒲芦，非蒲芦之为果裸也。"① 在他看来，认识事物决不能捕风捉影，望文生义；也不能盲人摸象，似是而非。本来，把蒲芦训为蒲苇或果裸，都是无关义理的小事。但他之所以考证他书，追根求源，训蒲芦为葫芦，主要精神是"欲学者事必求其实耳"②。"事必求其实"，就是按照事物的实情来认识事物。他认为，事物的实情即"本情"不仅是客观存在，而且可以被认识。高拱认为："夫事有本情而人有本心，出吾本心以发事之本情，则议道而道不睽，作之于事可推四海而准，通千古而不谬。"③ "本心"即是主体本来具有的认识能力，"本情"即为客体自身固有的实情。"出吾本心"是为了"发事之本情"，即认识和把握客体的本来面目、实际状况。否则，认识就会背离本情而发生谬误。在此，他既阐明了事物本情的客观性，又高扬了主体本心的能动性，把主体的能动性思想安放到求实的基础上，从而体现出他的认识论的唯实精神。

在实践观上是"修人事以胜天灾"的实事精神。何谓实事？高拱说："夫防其未生，救其既形，备饬虑周，务以人胜，此实事也。"④ 这就是说，自然灾害发生之前要有所预防，发生之后要加以挽救，思虑周详，有备无患，务必做到尽人事以胜天灾。"修人事以胜之，庶乎有不为害。"⑤ 在他看来，在天灾面前，有备与无备，后果截然不同。"善论治者，不计灾与不灾，但视备与弗备。如其备，不灾犹善，灾犹可无恐也。如其弗备，不灾犹未可矣，且如有灾，何乎？"⑥ 不管灾与不灾，关

---

① 高拱：《问辨录》卷二《中庸》。按，杨少涵认为高拱把《中庸》"政犹蒲卢"之"蒲卢"训解为葫芦，"有进于郑（玄）、朱（熹）而接近于圆融了"。（杨少涵：《〈中庸〉"政犹蒲卢"郑、朱注之歧异与会通》，《中山大学学报（社科版）》2015年第5期）
② 高拱：《问辨录》卷二《中庸》。
③ 高拱：《本语·序》。
④ 高拱：《程士集》卷四《天人之际》。
⑤ 高拱：《程士集》卷四《天人之际》。
⑥ 高拱：《程士集》卷四《天人之际》。

键是有备与无备。只要能够"修人事",做到有备,则天也不能违背人意,就会永远立于无患的不败之地。正如他说:"天定胜人,人定亦胜天也。"① 由此可见,高拱阐发的"人定胜天"即"修人事以胜天灾"的实事精神,其目的就是要破除对天意的迷信崇拜,消除对天灾的恐惧心理,把人们的注意力从天意拉回实事,从迷信拉向实际。

在价值观上是"修举务实之政"的实政精神。高拱考察官吏的指导思想是"务实而不务名"②。其原则是"务核名实"或"综核名实"③,即考察的考语要与考察对象的实际情况相符合。其一,言行必实,反对虚名,他说:"言必责实,则捷给为佞者不可饰言也;行必责实,则儇利任术者不可饰行也。"④"但问其政之美恶,勿论其名之有无。如有实心干理,不肯逢迎时好者,虽无赫赫之声,亦必荐举。否则,虽有赫赫之声,亦必参究。"⑤ 其二,举劾必实,陟黜允当。他强调荐举必实,只要"才能卓异,可备任使者,不拘出身资格,一体据实荐扬"⑥。又强调纠劾必实,"纠劾庶官,务要遵照事例。拟为民者,必述其贪酷之实;拟闲住者,必述其不谨罢软之实;拟致仕者,必述其老疾之实;拟降调者,必述其行止未亏,才尚可用,而止不宜于繁剧有司之实"⑦。其三,功罪必实,赏罚分明。他说:"功必责实,则比周为誉者,不可饰功也;罪必责实,则巧文曲避者,不可饰罪也。"⑧ 如对边防官吏的考核,"有能保惠穷困,俾皆乐业者,以三年为率,比内地之官加等升迁。有能捍患御敌特著奇绩者,以军功论,不次擢用"。如果"用之不效无益地方

---

① 高拱:《问辨录》卷一〇《孟子》。
② 高拱:《掌铨题稿》卷一八《复给事中吴文佳条陈疏》。
③ 高拱:《本语》卷五。
④ 高拱:《程士集》卷四《天人之际》。
⑤ 高拱:《掌铨题稿》卷一八《复给事中吴文佳条陈疏》。
⑥ 高拱:《掌铨题稿》卷一八《复给事中吴文佳条陈疏》。
⑦ 高拱:《掌铨题稿》卷四《明事例以定考核疏》。
⑧ 高拱:《程士集》卷四《设官建事》。

者,降三级别用,若乃观望推诿,以致误事者,轻则罢黜,重则军法治罪"①。只有功实则赏,罪实则罚,才能使各级官员勤于政事,为国效力。

由上可见,高拱实学的基本特征是"务实而不务名",认识上"求其实",实践上"做实事",政治上"修实政",摒弃一切空洞说教、虚文旧套。这种务实精神,值得继承发扬。

二、"虚心以求其是"的求是精神

从务实精神出发,高拱又阐发了"虚心以求其是"②的求是精神。所谓求是精神,就是探索事物规律和追求客观真理的科学精神。他说:"儒家有言'只要成就一个是而已'。夫'是'岂易成哉?……彼察理不精,……安能便是?"③ 这里的"是"就是"理",指的是事物发展的规律的客观真理。不深入事物内部精确地考察其本质联系和必然联系,就不能认识和把握事物的规律而获得客观真理。

在高拱看来,"是"是在事物运动变化中表现出来的,因而要"求其是",就必须运用"圆而通"④的辩证方法。"圆而通"就是融会贯通而无偏倚、无阻碍。那种"方而不圆"的片面观点,"执一不通"的孤立观点,不能正确认识事物;只有"合而圆"的全面观点,"会而通"的联系观点,才能正确认识事物。高拱认为,认识事物,处理问题,难免先从"一方""一隅"开始,但始终囿于"一方""一隅",就不能达到"圆而通"。如果东向望不见西墙,南向望不见北方,不知其"合之

---

① 高拱:《掌铨题稿》卷二《议处边方有司以固疆围疏》。
② 高拱:《本语》卷三。
③ 高拱:《本语》卷三。
④ 高拱:《问辨录》卷六《论语》。

圆""会之通",就是"非圆非通",而非圆非通,就不可能正确认识事物之"是"。要做到"圆而通",必须"求之以问学,练之以事行,会之以深思,涵之以积养,渣滓既尽,自圆自通"①。只有通过问学、事行、深思、积养等一系列认识和实践活动,才能以"圆而通"的正确方法,使认识与客体达到一致,获得对事物规律和真理的认识与把握。

在实践中探求真理,还要做到"虚心"。何谓"虚心"?高拱认为,"学者穷理,正须虚心平气,以得精微之旨"②。"虚心平气"就是要遵重客观事实,消除主观成见。既不能"有意探求",歪曲真相;更不能"无中生有",故弄玄虚。如果"强为贯通,必至牵合",如果"过为分析,不免破碎"。这样,"得其理者鲜矣"③。要做到"虚心平气""忘人忘己",还必须坚持真理,克服谬误。他说:"人苟是,便当从;如其不是,不从而已。吾苟是,便当守;如其不是,不从而已。"④ 人们只有不断克服认识的主观性、片面性和表面性,才能使主观认识不断地接近规律,符合真理,反映事物的真实面目。

纵观高拱的一生,他有着强烈的追求客观真理和探索事物规律的精神,一心只在求得个真情实理,从不人云亦云,以程朱的是非为是非。这种精神在现时代有着重要的价值和意义。

三、"贵乎知而能行"的实践精神

高拱坚持事必"求其实""求其是"的求实求是精神,必然提倡身体力行的实践,因而实践精神也是其实学思想的重要品格。

---

① 高拱:《问辨录》卷六《论语》。
② 高拱:《本语》卷三。
③ 高拱:《本语》卷三。
④ 高拱:《本语》卷二。

他认为，实践是认识的来源。主体的实践过程，就是主体运用感官通过"践履"认识客体的过程。何谓"践履"？他说："践者，履其实也。恭作肃，便是践貌之实；从作乂，便是践口之实；明作哲，便是践目之实；聪作谋，便是践耳之实；睿作圣，便是践心之实。"① 在这里，他借用《尚书·洪范》中的"五事"，即貌、言、视、听、思，把"践履"诠释为"践实""履实"，实质上就是现代哲学所说的"实践"之意。显然，他已经认识到主体的貌、口、目、耳、心这五种感觉器官必须通过"践履"才能获得对客体的认识。这个观点十分接近现代认识论关于客观对象通过人的眼、耳、鼻、舌、身这五个器官能反映到头脑中来的提法。在此，高拱并没有把五种感觉器官等同看待，而是特别强调"践心之实"在认识中的主导地位和作用。"性具于心，性尽则心尽，而众体从之，斯为践形而已矣。"② 在他看来，主体的认识本性就在于心这个思维器官，心统率众体器官，众体器官服从于心，心能够在"践履"中通过思维而获得对事物的认识和把握。

关于知与行的关系，高拱主张行贵于知。他说："学者读书，贵乎知而能行。"③ 在他看来，知不等于行，二者有着差别和界限；行贵于知，只有行才能获得真知。这里蕴含着"实践决定认识"的合理因素。由此出发，他反对王阳明"知行合一"的观点，认为这种观点与孔子之意不合，也与事实不符。假如"知即是行，未有知而不行者也"，那么"不行不可以为知也"④。他把这种"知即是行"的观点斥之为"异说"，"吾不敢从"。如果说王阳明"知即是行"的观点是一种先验论的良知说，那么，高拱"行贵于知"的观点则是一种唯实论的实践观。

实践既是认识的来源，又是检验认识正确与否的标准。高拱指出："金必火而后知其精与不精，刀必割而后知其利与不利。"⑤ 他认为，对

---

① 高拱：《问辨录》卷一〇《孟子》。
② 高拱：《问辨录》卷一〇《孟子》。
③ 高拱：《本语》卷六。
④ 高拱：《问辨录》卷二《中庸》。
⑤ 高拱：《本语》卷二。

一切认识、知识,包括圣人的经典在内,都不得轻信与盲从,而应"验之以行事,研之以深思"①,用实践事实来检验认识,用逻辑思考来研究知识。他认为,一切军政大事都应该用事实去检验、责实、察实、核实,讲求实效。如何检验?在他看来,"参验"是判明真假是非最可靠的方法。所谓"参验",就是通过对事实的考察比较,对认识的正确与否进行验证。他还特别强调"参验"时要事必躬亲,"自见""自闻"和"亲识",绝不能偏听偏信,虚言妄说。

可以说,实践经验是高拱实学思想形成的基础,实践品格是其务实精神和求是精神的体现,实践精神是激励他进行实政改革的力量源泉。

四、"大儒而有驳正"的批判精神

高拱的实学思想是通过批判宋明理学而形成的,因而批判精神是其实学思想的固有本性。

在本体论上,高拱通过批判程朱"理先事后""理本气末"的理本论,阐发了"理"根源于"气"的元气实体论。他说:"儒者有言'虽无其事,实有此理',此亦大谬。夫理也者,事之理也。既无其事,理于何有?"②他肯定"理"只是"事之理",有其事必有其理,无其事亦无其理,事与理是不可分离的。与此相同,气与理也是不可分离的:"气聚则理聚,与生俱生;气散则理散,与死俱死。理气如何离得而可分言之耶?"③那么,理气谁本谁末呢?他认为:"物,气之为;则,理之具。有物必有则,是此气即此理也。"④"气"是构成万物的本体,即

---

① 高拱:《问辨录·序》。
② 高拱:《本语》卷三。
③ 高拱:《问辨录》卷八《论语》。
④ 高拱:《问辨录》卷一〇《孟子》。

物质实体;"理"是万物运行的法则,即客观规律。物质实体内蕴着客观规律,客观规律依赖于物质实体。他说:"盖天地之间,惟一气而已矣。"① 气的运行变化生成天地万物,天地万物是由实体之气构成的。于是,高拱就把程朱精神性的"虚理"改造成为物质性的"实理",从而阐明了气与理相统一的元气实体论观点。

在天人观上,高拱通过批判理学家宣扬的"天人感应"说和"灾异谴告"说,阐发了他的实理实事论。南宋理学家蔡沈在其《书集传》中对"天人感应"这种神秘思潮大加宣扬。对此,高拱批驳道:"《书》注未善者多,而《洪范》更甚。如五行自五行,五事自五事,乃比而属之……岂不牵合无当乎?"② 他认为,蔡传把五行配五事、庶征和龟兆,纯粹是比属牵合,望文生义,于理不通。进而高拱对程颐在《遗书》中宣扬的"《春秋》书灾异,盖非偶然"的"灾异谴告"说也进行了批驳。他说:"天道远,人道迩。灾异本不可以事应言,故《春秋》书灾异不书事应,乃其理本如此,非圣人有隐意于其间也。而后儒必以事应言之,殊失圣人虚平之旨。"③ 在他看来,天道与人道,灾异与人事,二者既不相通也不感应。程颐从灾异引出事应,或以事应附会灾异,完全是对孔子本意的歪曲。由此出发,高拱阐发了他的"实理实事"论。他说:"在天有实理,在人有实事,而曲说不与焉。何谓实理?夫阴阳错行,乖和贞胜,郁而为沴,虽天不能以自主,此实理也。何谓实事?夫防其未生,救其既形,备饬虑周,务以人胜,此实事也。至谓天以某灾应某事,是诬天也;谓人以某事致某灾,是诬人也。皆求其理而不得,曲为之说者也。"④ 在这里,"实理"是指阴阳二气交错运行,有时正常和顺,有时反常背扭,这是一种自然规律。"实事"是指自然灾害发生前要有所预防,发生后要加以挽救,思虑周详,有备无患。至于"天以

---

① 高拱:《程士集》卷四《天人之际》。
② 高拱:《本语》卷三。
③ 高拱:《本语》卷一。
④ 高拱:《程士集》卷四《天人之际》。

某灾应某事""人以某事致某灾"这种天人感应和灾异谴告的说法,不过是诬天诬人的曲解之说罢了。所以,他说:"盖实理、实事、实言,非感应之说也。""圣门皆言实理,感应之说曾未之闻。"① 在此,高拱断然否定神学目的论和宿命论,阐明了他的实理实事的天人观。

在人性论上,高拱反对宋儒将人性二重化为义理之性和气质之性。他批驳道:"气质之性固在形气中矣,而义理不在形气中乎?不在形气之中,而将何所住着乎?盖天之生人也,赋之一性,而宋儒以为二性,则吾不敢如也。"② 在他看来,彻底的人性论应是一元的,不是二元的。一切皆从气来,则性也是气,心也是气,"且性从'生','生'非气欤?从'心','心'非气欤"③?所以,"人只是一个性,此言气质之性,又有何者非气之性乎"④?人既然只有一个"气质之性",那么,何谓"气质之性"?他说:"形色,气之为也,而天性即此焉,气之未始不为理也。天性,理之具也,而形色即此焉,理之未始不为气也。"⑤ "性字从生从心,则人心所具之生理也。"⑥ 这里的"形色"是指人的形体肤色,"天性"是指人的本质属性。"气质之性"是由形气所构成的人体的生理、心理活动。这里虽然没有说明人性的社会内涵和阶级属性,但指出心性根源于气,存在于形气、形色之中,则具有合理因素。高拱的人性一元论,其实际作用就是要把心性之学从理学家那种空疏伪善的悬浮状态中拉回到实地上来,使它与现实人生更贴近,与人的自然性情更合拍。

在义利观上,宋明理学"重义轻利",侈谈心性,不言功利,造成空疏不实学风。鉴于此,高拱从理论上批判超功利主义,重新解释义利之说。他说:"聚人曰财,理财曰义,又曰义者利之和,则义固未尝不

---

① 高拱:《问辨录》卷二《中庸》。
② 高拱:《问辨录》卷一〇《孟子》。
③ 高拱:《问辨录》卷八《论语》。
④ 高拱:《问辨录》卷八《论语》。
⑤ 高拱:《问辨录》卷一〇《孟子》。
⑥ 高拱:《问辨录》卷二《中庸》。

利也。义利之分，惟在公私之判。苟出乎义，则利皆义也；苟出乎利，则义亦利也。"① 在他看来，"利"就是聚集人才创造财货，"义"就是为国家管理财货。"义"不是抽象概念，而是公共利益的总和。如果为公众谋利益，"利"就是"义"，"义"就是"利"。据此，他痛斥理学家是"迂腐好名者流，不识义利，不辨公私，徒以不言利为高，乃至使人不可以为国"，"是亦以名为利者耳，而岂所谓义哉？"② 理学家"以不言利为高""以名为利"的空谈，其危害性就在于轻视事功，"误于国事"。高拱对超功利主义的批判，从理论上澄清一些混乱认识，是想号召封建官吏为国家的振兴富强做些切实的工作。

由上可见，高拱的元气实体论、实理实事论、自然实性论和义利价值论都是通过批判宋明理学而阐发的，从而鲜明地体现出他的实学思想的批判精神品格。

五、"挽刷颓靡之习"的改革精神

高拱的批判精神，落实到现实，表现为锐意的改革实践。为了挽救明朝中期的政治危机，高拱实施了隆庆朝的重大改革活动。他多次表示，要为国家"正纪纲，明宪度，进忠直，黜欺邪，革虚浮，核真实"③；"扶纪纲，正风俗，用才杰，起事功，以挽刷颓靡之习"④。这是他进行改革的理论纲领，也是他推行实政的指导方针。

高拱在其执政期间，全面实践了他的改革纲领。在吏治、边防、兵制、赋税、漕运等诸多领域进行了全面改革。他认为，改革能否奏效，

---

① 高拱：《问辨录》卷一《大学》。
② 高拱：《问辨录》卷一《大学》。
③ 高拱：《掌铨题稿·序》。
④ 高拱：《政府书答》卷一《答宣大王崇古书一》。

实政能否推行，成败的关键在于吏治，因此必须把吏治改革放在最重要的地位。高拱的吏治改革内容主要有：（1）增加推升官吏的透明度，堵塞营私舞弊的漏洞。"盖光天化日之下，十目十手所共指视，非惟人不得私，即予欲有所私，亦不能也。"①（2）建立官吏档案制度，记录各级各类官吏的德才状况，以此作为考察任用的依据。"某也德，德何如；某也才，才何如；书诸册。某也不德，不德何如；某也不才，不才何如；书诸册。某也所自见，某也所自闻，某也得之何人，书诸册。皆亲识封记之。"②（3）改革重进士、轻举人的旧制，提出进士、举人"初只以资格授官，授官之后则惟考政绩，而不必问其出身"③。（4）州县长官年轻化，"五十以上者授以杂官，不得为州县之长。盖州、县之长责任艰重，须有精力者乃可为之。彼其精力既衰，胡可以为哉"④？（5）省府州县的正官不得在本省为官，而学官、驿递官、闸坝官可官于"本省隔府地方，不必定在异省。彼其道途易达，妻子易携，必重其官而安心于所职。如有败于职者，即重惩之，彼亦且甘心也"⑤。（6）刑部及其属官通过长久任职而专业化，使他们精贯律例，增加阅历，审判得当，这样"使贤者得以修职，而可收久任之功；不肖者无以自容，而不为久任之病"，达到"刑罚清而万民服"⑥的目的。（7）加强盐政、马政和钱粮官吏的选拔任用，因为盐政、马政"皆系紧官要职"，"必重其官，乃可责以实效"。"钱粮衙门，国用民生所系，盖重任也。"⑦（8）改革兵部编制，把"一尚二侍"的旧体制改为"一尚四侍"的新体制，以此加强兵部的领导力量。加强培养兵部司属官吏，使他们掌握兵学，熟悉边政，以补充边防兵备、巡抚、总督之缺。（9）增加边防军

---

① 高拱：《本语》卷五。
② 郭正域：《合并黄离草》卷二四《太师高文襄公墓志铭》。
③ 高拱：《掌铨题稿》卷五《议处科目人才以兴治道疏》。
④ 高拱：《掌铨题稿》卷五《议处科目人才以兴治道疏》。
⑤ 高拱：《掌铨题稿》卷五《议处卑官地方以顺人情疏》。
⑥ 高拱：《掌铨题稿》卷一六《议处刑部司官究律久任疏》。
⑦ 高拱：《掌铨题稿》卷五《议处马政盐政官员以责实效疏》。

事官吏的俸禄，使他们扎根边疆，安心工作。实行边关总督轮流休假制度，"使其精神得息而不疲，智慧长裕而不竭，以勤王事，为济必多"。(10) 在蓟、辽、宣、大、延绥、宁夏、甘肃、闽、广等边疆地区选拔兵部司属官吏，因为他们生于其地，熟悉情况，可以提供真实情报。① 这些改革措施对于巩固边防起到了积极作用，达到了"官修实政而民受实惠"的目的。

高拱在隆庆朝推行的吏治改革取得了阶段性的显著实效，为万历初年张居正的改革奠定了基础。正如韦庆远所说："高拱叱咤于隆庆中期以后的政坛，进行了重要的整顿与改革，为其后的万历朝十年大改革奠下基础。"② 因此，研究隆、万时期的改革，不能把高拱和张居正割裂开来，更不能将二者对立起来。高拱与张居正一样，是一位著名的实政改革家。

---

① 以上参见高拱：《边略》卷一《议处本兵司属以裨边务疏》《敌情紧急议处当事大臣疏》《推补兵部右侍郎并分布事宜疏》《议处边方有司以固疆圉疏》《议处边方久缺正官疏》。

② 韦庆远：《隆庆皇帝大传》，辽宁教育出版社1997年版，第204页。

经权思想的逻辑进路

——兼论朱熹和高拱在经权史上的地位

经权思想是儒家政治哲学、道德哲学和历史哲学的重要内容。自从孔子将权提升为方法论范畴之后,后世儒学家、经学家作了诸多诠释和发挥,形成儒学经权思想史。其中,汉儒的"反经合道"说、宋儒程颐的"权便是经"说、朱熹的"经是已定之权,权是未定之经"说和明儒高拱的"经乃有定之权,权乃无定之经"说,是构成儒家经权思想演进的主要逻辑环节或否定之否定的辩证过程。探讨这一辩证过程的内在逻辑进路,对深化儒家经权思想的研究,把握儒家经权思想的特质具有重要意义。

一

据赵纪彬先生考证,"权"的观念大约起源于氏族社会末期和夏王朝早期,其字形字义发展经历了四个步骤:由"拳力""勇力"到"权力""能力",又到"标准",最后到"权谋""权变"。但把"权"提升为方法论范畴的,则是春秋末叶的孔子。[①] 孔子说:"可与共学,未可

[①] 参见赵纪彬:《释权》,载《困知二录》,中华书局1991年版,第250~261页。

与适道；可与适道，未可与立；可与立，未可与权。"① 可见，"学——道——立——权"是一个循序渐进的提升过程，而权衡权度、通权达变则是这个过程的最高境界②。这种由"学"到"权"的过程里，虽然没有明确提出"经"③的概念，但却蕴含着经权相统一的趋向。这是一方面。但另一方面，"权"作为权衡权度的智慧和灵活变通的方法，并不是完全按照由"学"到"权"的逐次提升所能达到的，即学未必能适道，适道未必能立，立未必能权。这种由"学"到"权"的过程中又内含着经权互悖的趋向。权的这两种意蕴，分别启发了后儒的两种经权说：前者发展为程颐的"权便是经"说，后者发展为汉儒的"反经合道"说。

孟子继承了孔子的经权互悖思想。他在回答淳于髡提出"嫂溺，则援之以手"的问题时说："嫂溺不援，是豺狼也。男女授受不亲，礼也；嫂溺，援之以手者，权也。"④ 男女授受不亲，是不易之常礼，但在嫂溺时，若不援手去救，便是豺狼之心；而用援之以手的权变方法救助，则符合儒家仁者爱人之道。在他看来，礼与道相比较，道德伦理比礼仪制度更重要，当二者发生冲突时，宁可违背常礼，也要实现常道。违背常礼，便是反经，但反经并非不合道理，而是合乎仁者爱人的仁道。"权"就是违礼反经的变通方法。

汉儒以孟子经权互悖思想为基础，进而提出"反经合道"说。《春秋公羊传》桓公十一年（前701）记载："古人之有权者，祭仲之权是

---

① 《论语·子罕》。
② 哲学视野中的"权"范畴，有权衡和权变二义。一般来说，权衡是智慧，权变是方法；权衡是权变的基础，权变是权衡的表现；亦即权衡是权变的更高要求，只有恰当的权衡，才有合格的权变；不然，没有权衡的恰当判断，就不会有正确的权变方法。
③ 朱熹将"立"训解为"经"。如说："'可与立'，便是可与经。""立便是经。'可与立'，则能守个经。"（《朱子语类》卷三七）
④ 《孟子·离娄上》。

也。权者何？权者反于经，然后有善者也。"① 祭仲是郑国国卿，为郑庄公娶妻邓曼，生太子忽。宋国国卿雍氏也将女儿雍姞嫁给郑庄公为妻，生公子突。鲁桓公十一年（前701）五月，郑庄公死，祭仲立太子忽为昭公。但当时宋强郑弱，宋庄公及其宠信的雍氏想让祭仲立突为郑国国君，于是密谋设计，将路经宋国的祭仲拘捕，并以死亡威胁说："为我出忽而立突。"如不立突，必死。如果"祭仲不从其言，则君必死，国必亡；从其言，则君可以生易死，国可以存易亡"②。在这君与国生死存亡的关键时刻，在这守经还是反经的两难矛盾中，祭仲深知国重君轻之义，便选择了反经的非常措施，于同年九月迎突归郑，立为厉公。昭公忽只得出走卫国。按照封建宗法制度，立长不立幼是守经，立幼而黜长则是反经。祭仲为使郑国免遭君死国亡的危险，权衡轻重，不惜黜长立幼，出忽立突，反经行权，确保君生国存。故公羊家称赞祭仲为"知权"，肯定其反经行为的合理性。在公羊家看来，行权可以反经，但必须合道。所谓反经，即是违反封建礼仪制度；所谓合道，是指符合本体之道。因此，经与道的关系是：道在经之上，道为主，经为从；经从属于道，即一般原则服从于更为普遍的本体之道。据此，公羊家对权作了如下界定："权之所设，舍死亡无所设。行权有道，自贬损以行权，不害人以行权。杀人以自生，亡人以自存，君子不为也。"③

董仲舒把祭仲行权诠解为"前枉而后义者，谓之中权"④。"前枉"即是反经，"后义"即是"然后有善者"。他说："夫权虽反经，亦必在可以然之域；不在可以然之域，故虽死亡，终弗为也。"⑤ 反经之权有"在可以然之域"和"不在可以然之域"两种情况。只有"在可以然之域"，才"可与适权矣"。在经权发生冲突、不能两全时，就需要权衡孰

---

① 《春秋公羊传·桓公十一年》。
② 《春秋公羊传·桓公十一年》。
③ 《春秋公羊传·桓公十一年》。
④ 《春秋繁露·竹林》。
⑤ 《春秋繁露·玉英》。

轻孰重，这样才能够权相适宜、灵活变通，即"中权"。董仲舒还根据其阴阳理论，进一步论证经权的互悖性。他说："天以阴为权，以阳为经。阳出而南，阴出而北。经用于盛，权用于末。以此见天之显经隐权，前德而后刑也。"① 以阴阳配经权，既有经南权北、经盛权末、经显权隐、经顺权逆等性质上的差别，又有"先经而后权，贵阳而贱阴"②的贵贱等级上的差异。在他看来，权作为灵活变通的方法，对守经而言是反经；但行权的后果必须是"善"，否则就不能称为权。《淮南子》也说："权者，圣人之所独见也。故忤而后合者，谓之知权；合而后舛者，谓之不知权。"③ 反经而后合道谓之知权，守经而后背道谓之不知权，"唯圣人为能知权"④。总之，汉儒提出权变可以"反经"，但对权变的后果作了严格限制，即必须符合以"义"或"善"为内涵的道德价值标准。

二

汉儒提出经权互悖的"反经合道"说，与汉初黄老道学盛行的学术氛围是密不可分的。汉儒在道学思想氛围中，站在道学的立场上，否认经的神圣性、绝对性和至上性，论证反经的合理性、合法性，提升权衡权变的地位和价值，其原因就在于汉儒之"道"并非纯粹的儒家之道，而是吸纳了黄老道家"道生天地"⑤的本体之道的观念，从而表现出援

---

①《春秋繁露·玉英》。
②《春秋繁露·阳尊阴卑》《淮南子·泛论训》《淮南子·泛论训》。
③《淮南子·泛论训》。
④《淮南子·泛论训》。
⑤《老子》言："道冲而用之或不盈，渊兮似万物之宗。""道生之，德畜之，物行之，器成之，是以万物莫不尊道而贵德。""道"生天地万物的过程是："道生一，一生二，二生三，三生万物。"（《老子》第四、五一、四二章）

道入儒、以道释儒的相容精神或综合趋向①。在汉儒那里，"道"作为形而上的宇宙本体范畴，是高于经、大于经的。"道"是宇宙的最高法则，而经只是"道"体现在政治和伦理中的一般原则，即政治制度、宗法制度、三纲五常、伦理道德。因此，在汉儒看来，权变可以"反经"，但必须"合道"。这种褒权贬经，甚至权主经从的"反经合道"说，必然遭到宋儒程颐的严厉批判。

与汉儒秉持"道学"立场不同，程颐首先站在"理学"的立场上，将"天理"视为本体性、普遍性范畴②，而经只是"天理"在政治、伦理领域中的具体体现。因此，他不能容忍汉儒用儒家之外的原则即"道"对经的否定、背反和僭越，动摇经的至高无上的地位，否则就必然使权流于"变诈"或"权术"，从而背离儒家思想的逻辑轨道。其次，汉儒将权视为"反经"的权变或方法，而程颐则更明确地强调权的权衡之义。如他在阐释《论语》"可与共学"章时说："'权'与权衡之权同，秤物而知其轻重者也。人无权衡，则不能知轻重。"③ "权之为言，

---

① 杨国荣先生以董仲舒为例作了明确说明："董仲舒既以儒家为本位，同时又以开放的心态对待各家。后者不仅表现在援法入儒，而且体现于对墨、阴阳、五行、黄老等诸家的吐纳之上；诚如不少论者所指出的，董仲舒对天道和人道的考察，多方面地吸取了从先秦到汉初的各家之说，从而展现了一种相容的精神。相对于先秦诸子各树一帜、彼此相辟而言，汉代思想家更多地表现出综合的趋向与沟通的胸怀，后者从一个侧面反映了天下一致而百虑、殊途而同归的时代特点。"（杨国荣：《善的历程——儒家价值体系的历史衍化及其现代转换》，上海人民出版社1994年版，第161页）由此可见，以董仲舒为代表的汉代公羊家权说存在着援道入儒、吸纳黄老道家思想的情况。

② 在二程哲学中，"天理"作为本体论范畴，具有总体性、形上性和普遍性之特征。如说："万物皆只是一个天理。"（《河南程氏遗书》卷二上）又说："天下之事归于一是，是乃理也。"（《河南程氏外书》卷一）"天下物皆可以理照，有物必有则，一物须有一理。"（《河南程氏遗书》卷一八）"今一言以蔽之曰，万物一理耳。"（《河南程氏粹言》卷一）

③《河南程氏外书》卷六。

秤轻重之义也。"① "权只是秤锤，秤量轻重。"② 在他看来，权衡是权变的更高要求，只有恰当的权衡，才有合格的权变；不然，没有权衡的恰当判断，就不会有正确的权变方法。从下文可以明显地看到这一点。再次，以董仲舒为代表的公羊家虽然将儒学推向独尊地位，提出"罢黜百家，独尊儒术"的主张，但为了更化改制，重建汉代大一统，不得不突破经的限制而提升权的地位和价值。而程颐所处的北宋则是自魏晋以来老庄之学盛行、佛教风靡的时代，为了抗拒佛老对儒学的侵蚀，重新确立儒家的正统地位，他不得不吸纳佛老而又改造佛老，甚至批判佛老，以维护儒家之经的尊崇地位，遏制权对经的否定、背反和僭越。

正是由于上述学术立场、对权范畴的训解及其面临时代课题之不同，使程颐对汉儒的"反经合道"说和老子的"权诈之术"说力持批判态度。先看对汉儒的批判。他说："汉儒以反经合道为权，故有'权变''权术'之论，皆非也。"③ "世之学者，未尝知权之义，于理所不可，则曰姑从权，是以权为变诈之术而已也。"④ "古今多错用权字，才说权，便是变诈或权术。"⑤ 再看对老子的驳斥。他说："老氏之学，更挟些权诈，若言与之乃意在取之，张之乃意在翕之，又大意在愚其民而自智，然则秦之愚黔首，其术盖亦出于此。"⑥ "予夺翕张，理所有也，而老子之言非也。与之之意，乃在乎取之；张之之意，乃在乎翕之，权诈之术也。""老子语道德而杂权诈，本末舛矣。申、韩、苏（秦）、张（仪）皆其流之弊也。申、韩原道德之意而为刑名，后世犹或师之。苏、张得权诈之说而为纵横，其失益远矣，今是以无传焉。"⑦ 在程颐看来，汉儒、老子以权为"权诈之术"，是对权的严重曲解。汉儒"以反经合道

---

① 《河南程氏粹言》卷一。
② 《河南程氏遗书》卷一八。
③ 《论语集注·子罕》。
④ 《河南程氏粹言》卷一。
⑤ 《河南程氏遗书》卷一八。
⑥ 《河南程氏遗书》卷一五。
⑦ 《河南程氏粹言》卷一。

为权"必然流于"变诈之术",老子"语道德"(即"经")而又挟杂权诈之术,其根本原因就在于片面强调经权对立互悖的性质,削弱了经("道德")对权的主导、制约作用,在权衡权变实践中摆脱了经的限制,否定了经的绝对性、至上性和神圣性。这正是造成后世以行权为借口而离经叛道、犯上作乱的重要理论根源。正如朱熹所说:"伊川见汉儒只管言反经是权,恐后世无忌惮者皆得借权以自饰,因有此论耳。"①

三

程颐的学术使命,就在于消解汉儒为反经寻找合道的理论根源,消除老子语道德而杂权诈的思想基础,遏制后世借权以自饰而离经叛道、犯上作乱的异端倾向,维护经的绝对性、至上性和神圣性。因此,他明确提出与汉儒"反经合道"说相对峙的"权便是经"说。他说:"今人说权不是经,便是经也。"②"权只是经也。自汉以下,无人识权字。"③这一经权说旨在通过对经权同一性、一致性的论证,一方面说明权衡权变不能离经,更不能反经,而必须以权行经,以权济经,即维护经的绝对地位和根本原则;但另一方面,这一命题实际上又蕴含着把权提升到经的高度的可能性,肯定权衡权变的政治和道德价值,论证权衡轻重和权变方法的必要性、合法性。

那么,程颐是如何通过论证经权的同一性、一致性而得出"权便是经"的结论的呢?

其一,就经权范畴的内涵来看,程颐是通过把经对权的规范或主导作用绝对化,限制权衡权变的效用范围,使权等同于经或提升为经的。

---

① 《朱子语类》卷三七。
② 《河南程氏遗书》卷一八。
③ 《论语集注·子罕》。

何谓"经"？他说："庸只是常，犹言中者是大中也，庸者是定理也。定理者，天下不易之理也，是经也。"① "经"是不易之理即"定理"。作为"定理"，"经"在政治哲学上是指既定的、永恒不变的原则，在时代内涵上是指封建社会的大纲大法，即政治制度、宗法制度、伦理道德及纲常名教等。经之为"定"，明显地体现出经的绝对性、永恒性、不变性的特点："经者，百世所不变也。"② 何谓"权"？他认为，权只是在经所不及处而采取的应急措施或权宜之计，即权衡轻重利弊以通其变，以补经之不足。他以汉文帝杀薄昭当与不当为例说："汉文帝杀薄昭，李德裕以为杀之不当，温公以为杀之当，说皆未是。据史，不见他所以杀之之故，须是权事势轻重论之。不知当时薄昭有罪，汉使人治之，因杀汉使也；还是薄昭与汉使饮酒，因忿怒而致杀之也？汉文帝杀薄昭，而太后不安，奈何？既杀之，太后不食而死，奈何？若汉治其罪而杀汉使，太后虽不安，不可免也。须权他那个轻，那个重，然后论他杀得当与不当也。论事须着用权。古今多错用权字，才说权，便是变诈或权术。不知权只是经所不及者。"③ 在他看来，作为定理之经只是大纲大法，不能完全规范变化多端的"事势"，因而在具体运用中就会出现不足或不及的情况，而权就是在经所不足或不及处所采取的灵活变通的方法或应急措施，从而正确判断和恰当处置"事势"的轻重利弊。可见，经作为永恒不变的原则和大纲大法，决定或制约着权衡权变，而权衡权变必须严格限定在经所许可的范围之内，不许超越。否则，就会使权陷入变诈之术，从而丧失行权的政治价值和道德价值。这即是朱熹所概括的"常则守经，变则行权"。显然，伊川是通过把经对权的规范作用绝对化，限定行权的效用范围，使权等同于经、提升为经的。

其二，从经权关系上说，程颐把"义"视为连接经与权的纽带、贯通经与权的桥梁，从而得出"权便是经"的结论。何谓"义"？《礼记》

---

① 《河南程氏遗书》卷一五。
② 《河南程氏经说》卷八。
③ 《河南程氏遗书》卷一八。

言："义者，宜也，尊贤为大。"① 孟子说："敬长，义也。"② "义之实，从兄是也。"③ 可见，义即是适宜，即符合儒家以"尊贤""敬长""从兄"为主要内容的伦理纲常和道德规范。就此而言，义同经的时代内涵是完全一致的。从义与权的关系来看，权既然是在不得已的情况下所采取的权宜之计或应急措施，以此达到对事势的正确判断和恰当处置，当然这亦是适宜。故此，程颐说："何物为权，义也。"④ "夫临事之际，称轻重而处之以合于义，是之谓权，岂拂经之道哉？"⑤ 如果权量轻重"以合于义"，那么权岂有违背"经之道"？既不违背"经之道"，怎能以"反经合道"为权？故权便是经。"权量轻重，使之合义，才合义，便是经也。今人说权不是经，便是经也"⑥。在这里，他实际上是把经与权视为"义"的两种不同属性：经体现出"义"的伦理纲常和道德规范等永恒不变的属性，权则表现出"义"在不同境遇中灵活变通的属性。既然经、权都是"义"的体现或表现，当然，"义"就成为二者连接的纽带、贯通的桥梁，从而使权等同于经，把权提升为经。关于这一点，朱熹有明确阐述："'义'字大，自包得经与权，自在经与权过接处。""经自是义，权亦是义，义字兼经、权而用之。"⑦ "义可以总括得经、权，不可将来对权。义当守经，则守经；义当用权，则用权。所以谓义可以总括得经、权。"⑧ 可见，程颐通过经权同一性的论证，试图克服汉儒"反经合道"说只见经权对立不见其统一的片面性，消解二者之间的紧张和冲突，有其合理因素。然而，这种同一性则是只见同一不见对立的绝对同

---

① 《礼记·中庸》。
② 《孟子·告子上》。
③ 《孟子·离娄下》。
④ 《河南程氏遗书》卷一五。
⑤ 《河南程氏粹言》卷一。
⑥ 《河南程氏遗书》卷一八。
⑦ 《朱子语类》卷三七。
⑧ 《朱子语类》卷三七。

一性，把权直接等同于经①，抹杀二者间的确定界限②，甚至取消权的相对独立性③。这样，程颐的"权便是经"说同汉儒的"反经合道"说一样，又陷入了另一极端的片面性。可见，程颐的"权便是经"说虽然内蕴着以权济经、以权行经的经权同一性的合理因素，但对汉儒"反经合道"说的批判却有矫枉过正之偏颇。

总之，程颐的"权便是经"说强调经的绝对性、至上性和神圣性，试图以经与权的绝对同一消解汉儒为反经寻找合道的理论依据，避免后世以行权为借口而离经叛道、犯上作乱的异端倾向。这种对经的强化和尊崇，不仅使程颐的经权说显现出经学独断论倾向，而且也使儒家的经权说由肯定阶段发展到否定阶段。

四

针对汉儒和程颐经权观的紧张关系或冲突，朱熹和明儒高拱站在辩证否定的立场上，对二者的经权观提出批评。朱熹说："汉儒谓'权者，反经合道'，却是权与经全然相反，伊川非之，是矣；然却又曰'其实未尝反经'，权与经又却是一个，略无分别，恐如此又不得。"④"若说权自权，经自经，不相干涉，固不可。若说事须用权，经须权而行，权只是经，则权与经又全无分别。"⑤ 高拱认为汉、程经权说是"且开且合，

---

① 高拱言："程（颐）则言其一事，然而非一物也。""故谓'衡即是权，权即是衡'，不可也。"（《问辨录》卷六《论语》）
② 朱熹说："经与权，须还他中央有个界分。如程先生说，则无界分矣。""伊川说权，便道权只在经里面。"（《朱子语类》卷三七）
③ 朱熹说："若如伊川说，便用废了那权字始得。"（《朱子语类》卷三七）
④ 《朱子语类》卷三七。
⑤ 《朱子语类》卷三七。

而不得其理也"①。"若曰'反经可以合道',是谓背其星子而可以得其分两也,有是理乎?其说经权二字,非惟原无分晓,纵使其不流于变诈,亦自不是权也。"②"谓权不离经也则可,而曰'权即是经',是曰'权即是衡'也,则不可。"③ 可见,朱、高对汉儒和程颐的经权观均持批判态度。

朱、高的学术使命,就在于克服汉儒、程颐的理论缺陷,运用中国传统的体用思维方式,进行否定之否定,即融会贯通,辩证否定,从而构筑起"经是已定之权,权是未定之经"或"经乃有定之权,权乃无定之经"的辩证经权观。

就经与权的差异或对待而言,其一,经权有体与用、秤衡与秤锤之分。经是体,是秤衡;权是用,是秤锤。朱熹说:"权,秤锤也,称物轻重而往来以取中者也。"④ 又说:"经与权,须还他中央有个界分。"⑤ "权与经,不可谓是一件物事。毕竟权自是权,经自是经。"⑥ 高拱亦谓:"夫权者,何也?秤锤也。秤之为物,有衡有权。衡也者,为铢、为两、为斤、为钧、为石,其体无弗具也,然不能自为用也。权也者,铢则为之铢,两则为之两,斤则为之斤,钧则为之钧,石则为之石,往来取中,至于千亿而不穷,其用无弗周也,然必有衡而后可用也。"⑦ 经即是秤衡,秤衡上有铢、两、斤、钧、石等度量标志,这犹如事物的本体,本体自是本体,而不能独自为用;权即是秤锤,其作用是使本体之经的铢、两、斤、钧、石得以体现或实现,由体而转化为用。可见,经与权有衡之体与锤之用的差别和对立。

其二,经权有本与末、原则性与灵活性之别。经是本,具有原则性

---

① 《问辨录》卷六《论语》。
② 《问辨录》卷六《论语》。
③ 《问辨录》卷六《论语》。
④ 《孟子集注·离娄上》。
⑤ 《朱子语类》卷三七。
⑥ 《朱子语类》卷三七。
⑦ 《问辨录》卷六《论语》。

或稳定性；权是末，具有灵活性或趋时性。朱熹说："权与经岂容无辨……然经毕竟是常，权毕竟是变。"① "权得其中，固是与经不异，毕竟权可暂而不可常。"② 高拱也说："经也者，立本者也，犹之衡也；权也者，趋时者也，[犹之锤也]。"③ 在他们看来，经作为典章制度的原则性，必须坚持，不能改变，这是立国之本。"经只是一个大纲……且如君仁臣忠，父慈子孝，此是经常之道，如何动得！"④ "且如君臣兄弟，是天地之常经，不可易者。"⑤ 而权作为实施封建典章制度的方法和手段，又必须运用，不可取消，这是根据经所不及而采取的灵活处置的重要举措。"盖经者只是存得个大法，正当底道理而已。盖精微曲折处，固非经之所能尽也。所谓权者，于精微曲折处曲尽其宜，以济经之所不及耳。"⑥ 可见，经为本，具有原则性或稳定性；权为末，具有灵活性或趋时性。因此，经权有原则稳定之本与灵活趋时之末的差异和对立。

其三，经权又有"有定"与"无定"、永恒性与变通性之异。经作为封建典章制度是有定的，即永恒性；而权作为实施封建典章制度的方法和手段则是无定的，即变通性。朱熹说：经权"固是不同。经是万世常行之道，权是不得已而用之，大概不可用时多"⑦。"盖天下有万世不易之常理，又有权一时之变者。如'君君、臣臣、父父、子子'，此常理也；有不得已处，即是变也。"⑧ 高拱也说："经者，秤之衡也，斤两各具星子，有定而不可易。如父子之必亲，君臣之必义，以至其它，莫不皆然者也。权[者]，秤之锤也，往来取中，变通而不穷。如亲务得

---

① 《朱子语类》卷三七。
② 《朱子语类》卷三七。
③ 《问辨录》卷六《论语》。
④ 《朱子语类》卷三七。
⑤ 《朱子语类》卷三七。
⑥ 《朱子语类》卷三七。
⑦ 《朱子语类》卷三七。
⑧ 《朱子语类》卷五八。

乎亲之正，义务得乎义之正，以至其他，莫不皆然者也。"① 经是定理，权是应用。经作为"万世常行之道"，是在正常时期解决各种矛盾的普遍有效的规范，如父子有亲，君臣有义，这是经，犹如秤衡上显示斤、两的星子，确定而不可变易。因此，经是超越时代的"常行道理"，具有永恒性特征；而权作为"不得已而用之"，是在非常时期面对不能两全问题所采取的特殊方法和举措，如行亲务得其正，行义务得其正，这犹如秤锤在秤衡的星子上往复移动，取其适中，变通而不穷其用。"经是经，权是权。且如'冬日则饮汤，夏日则饮水'，此是经也。有时天之气变，则冬日须着饮水，夏日须着饮汤，此是权也。权是碍着经行不得处，方使用得，然却依前是常理，只是不可数数用。"② 权是不得已的应急措施或权宜之计。显然，经权又有有定性与无定性、永恒性与变通性的差异和对立。总之，经权的差异虽在"毫厘之间，亦当有辨"③。

在朱、高看来，经与权既有差异性，又有统一性。其一，经与权相互依存，不可分离。朱熹说："权与经须有异处。虽有异，而权实不离乎经也。"④ "只是虽是权，依旧不离那经，权只是经之变。"⑤ "权与经固是两义。然论权而全离乎经，则不是。"⑥ "事有必不得已处，经所行不得处，也只得反经，依旧不离乎经耳，所以贵乎权也。"⑦ 高拱也说："权自是权，固也，然不离经也；经自是经，固也，然非权不能行也。"⑧ "谓'衡即是权，权即是衡'，不可也；然使衡离于权，权离于衡，亦不可也。盖衡以权为用，权非用于衡，无所用之；分之则二物，而合之则

---

① 《问辨录》卷六《论语》。
② 《朱子语类》卷三七。
③ 《朱子语类》卷三七。
④ 《朱子语类》卷三七。
⑤ 《朱子语类》卷三七。
⑥ 《朱子语类》卷三七。
⑦ 《朱子语类》卷三七。
⑧ 《问辨录》卷六《论语》。

一事也。"① 经与权作为矛盾的对立面，总是相辅相成，不可分离的。典章制度的原则性和具体实施的灵活性，政治伦理规范的稳定性和发展的变动性，都是相互依赖、常相为用的。因此，经与权"无常无变，无大无小，常相为用，而不得以相离"②。

其二，经与权相互包含，相互贯通，存在着由此达彼的桥梁。朱熹说："合于权，便是经在其中。"③ "经自经，权自权。但经有不可行处，而至于用权，此权所以合经也。"④ "须是分别经、权自是两物，到得合于权，便自与经无异。"⑤ "权者，乃是到这地头，道理合当恁地做，故虽异于经，而实亦经也。"⑥ 这就是说，行权必须符合"道"，而"道"又内含原则性或普遍性之经。这种"经合于权"，"权合于经"，具有以经用权，以权行经或经中有权，权中有经的意涵。"权者即是经之要妙处也"⑦。高拱也说："故有言衡而不言权者焉，如曰'律度量衡'是也，然而权在其中也。有言权而不言衡者焉，如曰'权然后知轻重'是也，然而衡在其中也。何者？二物而一事者也。"⑧ 权在衡（经）中，因其权在衡中，所以言衡（如"律度量衡"）就包含着权而不言权。反之，衡（经）在权中，亦因其衡在权中，所以言权（如"权然后知轻重"）就渗透着衡而不言衡。经与权喻示着衡与锤两种不同物体，有其差异性，但二者又总是你中有我，我中有你，互渗互涵，相辅相成。"圣人言权不言经，非遗之也，言权而经在其中也。"⑨ 经中有权，权中有经，存在着由此达彼的桥梁。

---

①《问辨录》卷六《论语》。
②《问辨录》卷六《论语》。
③《朱子语类》卷三七。
④《朱子语类》卷三七。
⑤《朱子语类》卷三七。
⑥《朱子语类》卷三七。
⑦《朱子语类》卷三七。
⑧《问辨录》卷六《论语》。
⑨《问辨录》卷六《论语》。

其三，经与权在一定条件下又相互过渡、相互转化。朱熹言："经是已定之权，权是未定之经。"① 高拱亦言："盖经乃有定之权，权乃无定之经。"② 这就是说，经是已定、有定之权，权是未定、无定之经。这里的权，指的是在政治实践和道德践履中的方法和措施。这种权本来是未定或无定的，具有多变性和灵活性，但在一定条件下，通过概括和总结，把政治实践和道德践履的方法和措施提升为一种原则和制度，就成为已定、有定之经，使之具有原则性和固定性。这里的经，是指政治实践、道德践履的原则和制度，这本来是已定或有定的，但在具体实施过程中，其方法和措施又可加以具体的、灵活的运用，这样本来已定、有定之经又转化为未定、无定之权。在他们看来，经与权、已定与未定、有定与无定的关系不是固定的、绝对的，而是辩证的、相对的，二者相互渗透，相互贯通，并在一定条件下相互过渡，相互转化。未定、无定之权可以转化为已定、有定之权，即经；已定、有定之经又可以转化为未定、无定之经，即权。

由上可以看出，朱熹、高拱力图消解汉宋儒家经权观的紧张关系和冲突，既汲取其长，又避免其短，并加以融会贯通，建构起对立统一的辩证经权观。他们这种综合创新的努力，不仅化解了汉宋经权观之间的矛盾，而且也大大提升了儒家经权思辨水平。

总之，从汉儒的"反经合道"说，到程颐的"权便是经"说，再到朱熹的"经是已定之权，权是未定之经"说和高拱的"经乃有定之权，权乃无定之经"说，是构成儒家经权观的否定之否定的辩证过程，也是正、反、合的逻辑展开过程。如果说，汉儒的"反经合道"说处于肯定阶段（正），程颐的"权便是经"说是对汉儒经权观的否定，从而发展到否定阶段（反），那么，朱熹的"经是已定之权，权是未定之经"说和高拱的"经乃有定之权，权乃无定之经"说则是对程颐经权观的再次否定，即否定之否定（合）。汉儒，程颐、朱熹和高拱经权观的三个阶

---

①《朱子语类》卷三七。
②《问辨录》卷六《论语》。

段两度否定,使儒家的经权观呈现出相对完整的周期,也显现出否定之否定的辩证发展规律。这就是朱熹和高拱在儒学经权思想史上所具有的重要地位。诚如赵纪彬先生所言:"汉人提出'反经合道'说,宋人群起而攻之;宋人提出'常则守经,变则行权'说,清人又反对宋人,回过头来复活并发展了汉人的'反经合道'说。权说史上这三个相互訾应的环节,恰是一个'否定之否定'的辩证过程。"[①] 此论甚确。

[①] 赵纪彬:《释权》,载《困知二录》,中华书局1991年版,第261页。

中华点校本《高拱论著四种》辨误

高拱是明代隆庆改革的开创者和主持人,也是批判宋明理学和明季时弊的著名思想家和哲学家,为推动明代社会发展和学术进步做出了重大历史贡献。

高拱于嘉靖四十五年(1566)三月入阁,于隆庆六年(1572)六月被罢官。罢官之后,其志不屈,一面静心读书,一面著书立说。他一生共撰有 18 种著作①,佚失 3 种②,现存 15 种。从明万历三年至清康熙三十三年(1575~1694)的 120 年间,高拱全集性著作共刊刻过 3 次。第一次是明万历三年至六年(1575~1578),高拱亲自主刻,无书名,后人名曰初刻"四十二册本",简称"初刻本"。第二次是明万历四十二年(1614),新野进士户部主事马之骏、马之骐兄弟以初刻本为底本刊刻的《高文襄公集》四十四卷本,简称"万历本"。第三次是清康熙二十五年至三十三年(1686~1694),高拱胞侄曾孙高有闻"遵依原本"即家本

---

① 高拱撰著的 18 种著作是:《外制集》《日进直讲》《献忱集》《程士集》《南宫奏牍》《玉堂公草》《纶扉稿》《掌铨题稿》《政府书答》《边略》《病榻遗言》《春秋正旨》《问辨录》《本语》《诗文杂著》《逸书》《避逸录》《春冈年谱》。

② 佚失的 3 种著作有:《逸书》《避逸录》《春冈年谱》。

重刻的"笼春堂藏板"《高文襄公文集》八十八卷本,简称"笼春堂本"①。

1993年,中华书局出版了流水点校的《高拱论著四种》。这个点校本是"以清康熙二十八年(1689)'笼春堂'刻本为底本,以明万历刻本和《四库全书》本为主要参校本,并参考了其它单行本"②。这一点校本的出版无疑为研究高拱的学术思想乃至明代思想史提供了一些便利资料。但是,我们在阅读和使用这个点校本的过程中,却发现其中存在着许多标点和校勘方面的问题。本文拟从四个方面就点校问题加以辨析,不确之处,敬祈方家指正。

一、标点和断句错误

点校本存在的问题之一是因标点和断句错误,致使原著语句支离破碎,甚至歪曲、颠倒了原著句意。据不完全统计,此类问题全书约有五十余处。

(1)"……非独是郑想,当时小国多是如此。"(第12页)

按,句中逗号点错,应该在"郑"字之后。正确标点应该是:"非独是郑,想当时小国多是如此。"

(2)"后人虽当极敝,必要万全少有,不然便加苛责。"(第20页)

按,句中第二、第三个逗号点错,"万全"与"少有"点放在一起,句意不明。正确标点应该是:"后人虽当极敝,必要万全,少有不然,便加苛责。"

---

① 关于初刻本、万历本和笼春堂本所收书目、编订原则、卷数差别和内容异同等问题,笔者曾作过详细考辨。参见岳天雷《高拱著作版本考辨》,载《古籍整理研究学刊》2005年第1期。

② 流水点校《高拱论著四种·点校说明》,中华书局1993年版,第4页。

(3)"却于其死,加太傅及赠礼,皆备想当时,也要委曲周旋他。"(第45页)

按,句中第二、第三个逗号点错,"皆备"与"想当时"点在一起,句意不通。正确标点应该是:"却于其死,加太傅及赠礼皆备,想当时也要委曲周旋他。"

(4)"每当推升时,令该司以天下官单,俱送后堂二侍郎与阁司官吏共同查对……"(第54页)

按,句中第二个逗号点错,应在"俱送后堂"之后。正确标点应该是:"每当推升时,令该司以天下官单俱送后堂,二侍郎与阁司官吏共同查对……"

(5)"格致诚正,修明德之事也;齐治平,新民之事也……"(第95页)

按,句中第一个逗号点错,应在"修"字之后。"格致诚正修"和"齐治平"两句是儒家经典《大学》提出的"八目",其中每目之间应该加顿号。正确标点应该是:"格、致、诚、正、修,明德之事也;齐、治、平,新民之事也……"可见点校者对儒家"八目"并不熟悉。

(6)"人心本虚无物,则正喜、怒、忧、惧,皆心之用……"(第97页)

按,句中第一个逗号点错,应在"虚"字之后,"无物"与"则正"应该点在一起。语义源于《礼记·大学》传之七章:"身有所忿懥,则不得其正。"程颐训"身"为"心"。据此,正确的标点应该是:"人心本虚,无物则正,喜、怒、忧、惧,皆心之用……"

(7)"夫《洪范》八政,首诸食货;《禹谟》三事,终于厚生理财,王政之要务也。"(第99页)

按,在这里,高拱是以"《洪范》八政,首诸食货;《禹谟》三事,终于厚生"作为论据,来论证他的观点"理财,王政之要务"的重要性与正确性的。因此,"厚生"之后应该断开,添加句号。然而点校本却把"终于厚生"与"理财"点在一起,不予断句,结果使作者的观点与《尚书》的原文、论点与论据混淆在一起,造成层次不清,歪曲了作者的原意。据此，正确的标点应该是："夫《洪范》八政，首诸食货；《禹谟》三事，终于厚生。理财，王政之要务也。"

（8）"性含灵而能应理，具体而无为。"（第102页）

按，句中逗号点错，应点在"应"字之后。正确标点应该是："性含灵而能应，理具体而无为。"

（9）"若夫'遁世不见，知而不悔'……"（第106页）

按，引语出自《中庸》第十一章。这里的"见"字作"被"字解；"知"字作了解或任用解。句意是：埋没在世上不被人了解和任用也不后悔。这句话中"见"字之后是不应断开的，而点校者却在"见"字之后加了逗号。结果使原话变得十分费解。高拱在四种论著中引用此话不下五六处之多，而点校本都作了如上的错误处理，足见点校者对这句古语并不理解。

（10）"道无穷尽，固有终，古圣人所不知者焉；固有终，古圣人所不能者焉。"（第107页）

按，句中逗号点错，"固有终古"应该点在一起。固，意即本来，一定；终古，即久远。"固有终古"，意为本来是无限久远的。正确标点应该是："道无穷尽，固有终古，圣人所不知者焉；固有终古，圣人所不能者焉。"

（11）"曰：天是个甚命？又是个甚知命？即是知天，不言知命，所乐谓何？"（第126页）

按，句中标点明显错误。此句是高拱分别反问"天"和"命"两个概念的含义，因此"天"和"命"不能点在一起。正确的标点应该是："曰：天是个甚？命又是个甚？知命即是知天，不言知命，所乐谓何？"

（12）"如鉴之至明于物，无择妍媸在彼，各甚分明……"（第126页）

按，句中逗号点错，"于物"与"无择"不能断开。"妍媸"，意即美好和丑陋。正确标点应该是："如鉴之至明，于物无择，妍媸在彼，各甚分明……"

（13）"乃后儒遂泛解一器小，以实之非，惟未得圣人本旨，抑亦昧

乎！阙如之训矣。"（第134页）

按，句中"阙如"一词，出自《论语·子路》第三章，而点校者未加引号，逗号亦点错。正确标点应该是："乃后儒遂泛解一器小以实之，非惟未得圣人本旨，抑亦昧乎！'阙如'之训矣。"

（14）"王者功成作乐，其功大者，其乐备，美者，声容之盛。"（第135页）

按，前三句是高拱对《礼记·乐记》"王者功成作乐，治定制礼；其功大者其乐备，其治辩者其礼具"的摘引，因此"其功大者其乐备"不能断为两句，第三个逗号应改为句号。正确标点应该是："王者功成作乐，其功大者其乐备。美者，声容之盛。"

（15）"欧阳永叔谓圣人教人性，非所先可谓误矣。"（第140页）

按，句中逗号点错。欧阳永叔，即宋欧阳修，字永叔。欧阳修认为圣人教化，不先改变人性（恶性）是错误的。因此，正确标点应该是："欧阳永叔谓圣人教人，性非所先，可谓误矣。"

（16）"修身之事，最要紧切不可放些空罅也。"（第152页）

按，此句逗号点错，应点在"最要紧"之后。正确标点应该是："修身之事最要紧，切不可放些空罅也。"

（17）"且当时天下九州固如此分向，使为十州也，又何如分乎？"（第156页）

按，此句第一个逗号点错，应点在"向"字之前。正确标点应该是："且当时天下九州固如此分，向使为十州也，又何如分乎？"

（18）"见冕衣裳者，而敬人之常也。"（第157页）

按，依据文义，逗号应点在"敬"字之后。正确标点应该是："见冕衣裳者而敬，人之常也。"

（19）"父之仇，不与共戴天；兄弟之仇，不反兵而斗怨。亦有不容不报者……"（第181页）

按，根据上下文，句号应该放在"怨"字之前。正确标点应该是："父之仇，不与共戴天；兄弟之仇，不反兵而斗。怨亦有不容不报者……"

（20）"宰予即明言以请正，是不欺也，是有求教之实心也。"（第192页）

按，句中第一个逗号点错，应点在"请"字之后。依据句意，正确标点应该是："宰予即明言以请，正是不欺也，是有求教之实心也。"

（21）"且即如孟子言，徒杠之成，必十一月，舆梁之成，必十二月……"（第205页）

按，此语出自《孟子·离娄下》："岁十一月徒杠成，十二月舆梁之成，民未病涉也。"因此，"言"字之后用逗号不妥，应该用冒号；两"成"字之后的两逗号应该取消，如此句意才能上下连贯。正确标点应该是："且即如孟子言：徒杠之成必十一月，舆梁之成必十二月……"

（22）"夏秋之间雨，则山水泛涨……"（第205页）

按，从句意来看，逗号应点在"间"字之后，即"夏秋之间，雨则山水泛涨……"

（23）"不曰五霸、三王之罪人乎？"（第208页）

按，此语原出《孟子·告子下》："五霸者，三王之罪人也。"其意十分明白：五霸是三王的罪人。而点校者在"五霸"之后，却加上了顿号，这里虽然只有一个标点之差，却严重歪曲了原意，使"五霸"与"三王"并列，把"五霸"开脱为不是"三王"的罪人了。正确标点应该是："不曰五霸，三王之罪人乎？"

（24）"然既有其才，又有其节信，非君子不能也。"（第348页）

按，句中第二个逗号点错，应点在"节"字之后。正确标点应该是："然既有其才，又有其节，信非君子不能也。"

（25）"动而应事便要敬，谨而不敢怠忽则仁，即在执事之时矣。"（第388页）

按，从上下文来看，两个逗号明显点错。正确标点应该是："动而应事，便要敬谨而不敢怠忽，则仁即在执事之时矣。"

总之，类似上述标点和断句的差错，点校本中还有多处，不再例举。造成这种差错的原因，可能是：点校者没有认真查阅高拱引用的大量经典，该点的未点，不该点的却点了，导致语序不顺，句意不明，甚至歪曲了文本的原意；点校者没有认真阅读上下文，以致对高拱文本理解有出入，甚至有较大的偏差，从而出现大量差错。

二、引文处理不当，体例不一

点校本存在的第二个问题是对引文该加引号的未加，不该加引号的却加上引号，甚至错加引号。这一问题，可归纳为三个方面：

其一，应该加引号，而点校本却未加引号。

（1）"曰：笔则笔，削则削，亦天子欤？"（第79页）

按，"笔则笔，削则削"一句，出自《史记·孔子世家》。原文是："至于为《春秋》，笔则笔，削则削，子夏之徒不能赞一辞。"因此"笔则笔，削则削"应该加引号，而点校本却未加。

（2）"此即上文知、仁、勇三者，天下之达德也，所以行之者一也。"（第111页）

按，"知、仁、勇三者，天下之达德也，所以行之者一也"一句，出自《中庸》第二十章的经文，本应加引号而点校本却未加。

（3）"'父母之所爱亦爱之，父母之所敬亦敬之。'至于犬马尽然，而况于人乎？"（第123页）

按，这四句话均出自《礼记·内则》曾子语，故此应该全引。而点校本却漏引后面两句，显然是不妥的。

（4）"曰：不有祝鮀之佞，难免于世，非祝鮀其人欤？获罪于天，无所祷也……"（第177页）

按，"不有祝鮀之佞"一句，出自《论语·雍也》第十四章孔子语，应该加引号；"获罪于天，无所祷也"一句，出自《论语·八佾》第十三章孔子答王孙贾语，也应加引号。而点校本均未加引号，明显不准确。此句的正确标点应该是："曰：'不有祝鮀之佞'，难免于世，非祝鮀其人欤？'获罪于天，无所祷也'……"

（5）"必至于动容，周旋中礼而后已，乃成修己之学。"（第188页）

按，"动容周旋中礼"一句，出自《孟子·尽心下》第三十三章，孟子曰："动容周旋中礼者，盛德之至也。"可见，"动容"与"周旋中礼"不能用逗号断开，"动容周旋中礼"应该加引号，而点校本却未加。正确标点应该是："必至于'动容周旋中礼'而后已，乃成修己之学。"

（6）"曰：功之首，罪之魁，然否？"（第208页）

按，"功之首，罪之魁"一语，出自《春秋三传》卷首《纲领二》，宋邵雍语。因此应该加引号，而点校本却未加引号。正确标点应该是："曰'功之首，罪之魁'，然否？"

（7）"奋乎百世之上，百世之下，闻者莫不兴起也。名之曰幽厉，虽有孝子慈孙，百世不能改也。"（第209页）

按，此语前三句出自《孟子·尽心下》，后三句出自《孟子·离娄上》。因此应该分开加引号，而点校本则未加引号。且"幽""厉"之间应用顿号断开。正确标点应该是："'奋乎百世之上，百世之下，闻者莫不兴起也。''名之曰幽、厉，虽有孝子慈孙，百世不能改也。'"

（8）"上焉者，学为乡愿，其下则巧言令色，足恭匿怨，友其人者而已矣。"（第220页）

按，"巧言、令色、足恭"，"匿怨友其人"，语出《论语·公冶长》第二十四章。因此应该分开加引号，而点校本却未引加，且标点点错。正确标点应该是："上焉者，学为乡愿，其下则'巧言、令色、足恭'，'匿怨友其人'者而已矣。"

（9）"……这便是意。……这便是必。……这便是固。……这便是我。"（第353页）

按，这一段话是高拱对《论语》中"子绝四：毋意，毋必，毋固，毋我"的解释，因此"意""必""固""我"应该加引号，而点校本却未加引号，显然不妥。正确标点应该是："……这便是'意'。……这便是'必'。……这便是'固'。……这便是'我'。"

其二，应该分开加引号，但点校本却合引在一起。

（10）"孟子云：'所恶于智者，为其凿也。如智者行其所无事，则

智亦大矣。'"（第 165 页）

按，在《孟子·离娄下》中，引号中的两句话并不连接，而且原文"行"字之前有一"亦"字。这是高拱对《孟子》的摘引。因此，应该加注分引，而点校本却合并引在一起，明显不妥。

（11）"问：'取之而燕民不悦，则勿取。古之人有行之者，文王是也。取之而燕民悦，则取之。古之人有行之者，武王是也。'其说何如？"（第 199 页）

按，在《孟子·梁惠王下》的原文中，引号中的前两句话在后，后两句话在前。由于语序不同，本应该分开加引号，而点校本却合并引在一起，这也是不妥当的。

其三，不应该加引号，而点校本却错加引号。

（12）"曰：此正后儒曲说，求其理而不得，从而为之辞者也。'夫有其理，必有其事，既无其事，理于何在'？"（第 104 页）

按，此语为高拱回答问者的对话，不应该加引号。而点校本却把后三句加上引号，造成体例不一，明显不当。

（13）"故程子曰：'权即是经。自汉以来，无人识权字为此也。'"（第 163 页）

按，引号中的最后三个字"为此也"，并非程颐之言，而是作者高拱的话。点校本把"为此也"也放入引号内，显然是错误的。

（14）"盖曰'知而不仁，则不能守仁'。而不庄则无威，庄而不以礼，则恭不中节……"（第 188 页）

按，此句有两处错误：一是不该加引号而加引号，二是标点错误。从文义上看，语意是层层递进的关系，因此正确标点应该是："盖曰：知而不仁，则不能守；仁而不庄，则无威；庄而不以礼，则恭不中节……"

需要指出，高拱在四种论著中对四书五经及其以后儒学文献的引用，只有很少一部分是原文，绝大部分是节录和意引，或对原文顺序略加改变，对文句略加减字、添字而引用的。显然，点校者没有认真检索高拱引用的经典文献，才造成了上述三个方面的引号错误。

另外,点校本对语录体著作使用引号比较混乱,致使全书体例不统一。如《本语》六卷,前四卷都是语录体,点校本把问和答均加上引号,但在答、问中却又有16处、56段、179行没有加引号。卷五不是语录体,当然不加引号。但卷六之中夹杂有问答,点校本又是有的加引号,有的不加引号。再加上点校本不分卷次,使得《本语》这一论著标注的引号极其混乱。《本语》这种时而加引,时而不引的做法,使人莫名其妙,无所适从。这就不禁使人产生疑问:到底语录体著作中没有加引号的属于谁的文字呢?如果属于高拱的,那么加引号的又属于谁的文字呢?如果都属高拱的,那为什么有的加引号,有的又不加引号呢?除《本语》体例不一外,全书同属语录体的还有《春秋正旨》和《问辨录》,二者的点校本都没有加引号,这样又导致全书体例不统一。笔者认为,语录体论著一律不加引号,反倒更清楚些。当然对作者引用的经典文献和古人原话还是应该加引号的。

三、当校而不校,校勘不当

点校本存在的第三个问题是校勘问题,主要有三:

其一,当校而未校。

(1)"韩宣子适楚,见《易象》与《鲁春秋》。曰:'周礼尽在鲁矣。'"(第77页)

按,这句话前后矛盾:韩宣子"适楚",即到了楚国,怎么会看到《易象》与《鲁春秋》,并说"周礼尽在鲁"呢?可以断定,"适楚"是"适鲁"之误。笔者查阅晋杜预的《左传序》,原文确是韩宣子"适鲁",而不是"适楚"。

(2)"曰:获麟之事何如?或曰感麟而作,故文止于所起;或曰文成而麟至,以为瑞应。孰是?"(第82页)

按,这里的两个"或曰"之后,是高拱节录晋杜预、范宁两人不同的观点,原话出自《春秋三传序》,本应作注却遗漏了。

(3)"诚身在于克己,克己则气顺,则德弘。"(第165页)

按,此语是高拱在《问辨录》中引用他在《程士集》中的原文。笔者查阅点校底本即笼春堂版《问辨录》卷六,以及《程士集》卷四,原文均是:"诚身在于克己,己克则气顺,气顺则德弘。"而点校本不仅把第二句的"己克"颠倒为"克己",而且还把第三句中递进的"气顺"二字无故删去了。这里的颠倒和删字,很难用印刷校对错误和粗心大意来解释,只能说明点校者态度是很不严肃的。

其二,旁注错误。

(1)"〔一〕'理',《四库全书》本作'所'。"(第144页旁注)

按,点校本旁注不当,《四库全书》本亦为"理"字,并非"所"字。

(2)"〔一〕'孔子'上原有'问'字,据上下文义删。"(第161页旁注)

按,其实,根据上下文义,是绝对不应删掉这个"问"字的。因为上文交代得很清楚:"予尝典试春官,以权策士,而为文以明其说。今录于左。"下面便是引证《程士集》卷四中以权策问的内容和作者自己的"为文"主张。下文也说得十分明白:"孔子云"之后,一连串提出七个策问权说的问题,提问之后便是作者自己根据提问对权说的论述。明代科举考试的策问,题目前一般都冠以"问"字。笔者查阅高拱《程士集》卷四,开头便是一个"策"字,其后五个命题之前分别冠有五个"问"字,其中第四个便是"问:孔子云⋯⋯"于此可见,根据上下文义和《程士集》中的原文原貌,都是不应该删去这个"问"字的。而点校本把"问"字随意删掉,完全是出于主观臆断。

其三,书名、官名和人名错校。

(1)"《司徒》'以乡三物教万民'。"(第93页)

按,这里不仅把"司徒"这个官名误作书名,又把并非《礼记·王制》中的原文错误地加上引号。笼春堂本中的这句话是:"司徒以乡三物教万民",而《四库全书》本中的这句话则是:"司徒总政令以教万民。"点校本既以《四库全书》本为主要参校本之一，理应出校，但令人遗憾的是，点校本却漏而不校。

（2）"《帝典》曰：'放勋，光被四表，格于上下，以亲九族。九族既睦，平章百姓，百姓昭明，协和万邦，黎民于变时雍。'"（第154页）

按，此语出自《尚书·尧典》。从《尚书》目录来看，全书并无《帝典》一篇，可以断定"帝典"不是篇名，因而加上书名号是错误的。根据《尧典》原文来看，"帝典"显系"帝尧"之误，此句原文是："帝尧曰放勋"，意思是帝尧名叫放勋。"放勋"之后，高拱在引文中删去了"钦明文思安安，允恭克让"十个字；在"以亲九族"之前，删去了"克明俊德"四个字。对此，点校本均未校勘审定，而是想当然地加上了一些错误的标点符号。

（3）"巧言，孔壬、尧、舜犹畏之，而况于他乎？"（第186页）

按，点校者把"孔壬"当作人名与尧、舜并列，实在是令人啼笑皆非。此语原出《尚书·皋陶谟》："何畏乎巧言令色孔壬。"孔，很也，甚也；《尔雅·释诂》："壬，佞也。"孔壬，是指陷佞不正的坏人，犹言大奸佞也。这句话正确的标点应该是："巧言孔壬，尧、舜犹畏之，而况于他乎？"

（4）"《方言》'修己忽及动民'，义殊不贯。"（第188页）

按，这里不仅把根本不是书名的"方言"二字错误地加上书名号，而且还把根本不应加引的文字错加引号。根据上下文义，正确的标点应该是："方言修己，忽及动民，义殊不贯。"

（5）"文王肇基王迹，遂欲传位季历以及昌，是以天下贻之也……"（第199页）

按，这里的"文王"，实指太王，即后稷十二代孙古公亶父，周文王的祖父。古公亶父传位于少子季历，季历又传位于昌，即周文王姬昌。对此，点校本却没有校出。

四、错字漏校，漏字未补

点校本还存在着大量错字、漏字现象，点校者没有校出和补正。在此，仅举几例：

(1)"既登天位，访之久不得。一日，其人担鸡酒求谒，圣祖（明太祖朱元璋）甚喜……"（第17页）

按，句中"求"字为错字，底本为"来"字。

(2)"此其羽翼者之欺帝，而计成之者也。"（第35页）

按，句中"其"字为错字，底本为"则"字。

(3)"故大臣小臣，分列上下，散布内外，又有士有胥史……"（第43页）

按，句中"史"字为错字，应该为"吏"字。"胥吏"，即是官府中办理文书的小吏。

(4)"商量政事，纵急紧不得已事，亦只刲子往来而已。"（第46页）

按，句中漏"个"字，底本为"商量个政事……"

(5)"河南一道官考之，又纵之于堂上……"（第51页）

按，句中"纵"字为错字，底本为"总"字。

(6)"偶过一学究，见其壁上有宋真宗《劝学文》，云……"（第60页）

按，句中"过"字为错字，底本为"遇"字。

(7)"……所以伐谋者，既此而在，此万年之计也。"（第67页）

按，句中"既"字为错字，应该"即"字。

(8)"智不道方，何以当机于猝至？"（第165页）

按，句中"道"字为错字，应该为"通"字。

(9)"谓之诚而能明者，必是造诸之至……"（第181页）

按,句中"诸"字为错字,应为"诣"字。

(10)"曰:何为其可哀矜也?"(第194页)

按,句中"可"字为错字,万历本、笼春堂本皆为"不"字。

(11)"无终食之间违仁,造次必于是,颠沛必欲是。"(第220页)

按,此句出自《论语·里仁》,句中"欲"字为错字,应为"于"字。

(12)"故不能知天之理,则其制作都是人为之私……"(第282页)

按,句中"故"字为错字,应为"若"字。

(13)"其体虽是至严,然其为用必和顺从容……"(第291页)

按,句中"体"字为错字,应为"礼"字。

总之,类似上述错字、漏字现象,点校本中还有很多,不再一一列举。

最后需要指出,点校本对底本的处理也欠妥当。清康熙笼春堂本除《春秋正旨》为一卷外,其他三种论著均分卷次:《本语》六卷,《问辨录》十卷,《日进直讲》五卷。点校本既以清康熙笼春堂本为底本,但点校者不知出于何种考虑却一律取消了卷次。这不仅模糊了原著原貌,而且也给研究者增添了查阅原著卷次的麻烦。

笔者认为,古籍点校是专门学问,是一项很细致的工作,很难说不出一点差错,但是只要勤于查阅,深入思考,基本上是可以把差错减少到最低限度的。令人深感遗憾的是,《高拱论著四种》一书的点校,没有能够做到这一点,以致差错百出,硬伤叠见。这就无形中导致了读者的误读、误解,从而降低了该书的理论价值和使用价值。

关于《明史·高拱传》的校勘问题

——以《修订点校本〈明史·高拱传〉随笔》为讨论对象

中国明史学会会长南炳文先生,是修订中华书局点校本《明史》(国家重大文化工程之一)的组织者和领导者。《明史》是一部卷帙浩繁的巨著,总目332卷,其中列传220卷,涉及各类历史人物4199人,其中内阁大学士166人。先生对嘉靖、隆庆首辅徐阶、高拱二人情有独钟,撰写了《修订中华点校本〈明史〉高拱、徐阶二传随笔》一文①。这是一篇点校明史列传的文章。该文破例把高拱摆在徐阶之前,可能一是因为当年即将召开"明史暨高拱国际学术研讨会",一是因为便于对高、徐二人传记进行比较研究和校勘。2008年8月,在河南新郑市召开了这一研讨会,先生提交会议和宣读的论文即是上述随笔的前两部分,题为《修订点校本〈明史·高拱传〉随笔》②。几年来,笔者反复品读此篇大作,受益匪浅,启发良多,现结合本人编校《高拱全集》附录二所收集的高拱墓铭传略,谈点自己的认识和思考,就教于南先生和方家。

---

① 载《史学集刊》2008年第4期,第118~124页。
② 载牛建强等主编:《高拱、明代政治及其他》,河南大学出版社2011年版,第207~211页。

一

"高拱传记，世存多种"，南先生"结合修订中华书局标点本《明史》之《高拱传》，检读其中12种"①，大体按照4个时期，把12种高拱传记分为4组，并加以简括评论。这种分法和简评是比较系统和明晰的。

第一组包括两种传记：王世贞《嘉靖以来首辅传》卷6《高拱传》，郭正域《合并黄离草》卷24《太师高文襄公墓志铭》。把高拱墓铭作为传记来看也是有历史根据的，如焦竑编辑的《国朝献征录》卷17收录的两种《高拱传》就是上述传记和墓铭。随笔以万历三十年（1602）高拱被平反为界标，认为王撰《高拱传》在平反之前，郭撰高拱墓志铭在平反之后，由于"时代环境不同"，"这使两者行文志趣大不相同"，然后对两传加以总体评价。从表面来看，应该说这种认识和评价是正确的。不过笔者以为，两传不仅行文志趣不同，实质上其政治观点是全面对立的。这种对立的原因除"时代环境不同"外，还有更深层次的原因，如两传作者与传主的政治史观有无不同，与传主有无私人恩怨，特别是两传取材和受到何种影响没有触及。随笔对其他10种传记都或多或少谈及取材和所受影响问题，唯独对上述两种最早的传记没有谈及，这不能不说是一个小小的遗憾。

据笔者考证，王世贞撰写《高拱传》的时间当在作者赋闲十年期间，即万历十年至十二年（1582~1584）之间，地点当在其家"弇山

---

① 南炳文：《修订中华点校本〈明史〉高拱、徐阶二传随笔》，载《史学集刊》2008年第4期，第118页；又见《修订点校本〈明史·高拱传〉随笔》，载牛建强等主编：《高拱、明代政治及其他》，河南大学出版社2011年版，第207页。

园"中的"白莲精舍",取材主要是当时官方邸报和采访徐阶的口授资料。为了撰写《高拱传》,王世贞做过充分的资料准备。如《弇州史料后集》卷33《徐高之郄》《高赵之郄》①,这二则撰写《高拱传》的史料就是作者依据邸报加上个人见解纂撰而成的。明朝邸报的内容,大都是当时朝中发生的重大政治事件和官员奏疏原文或摘要等,基本没有编者的评判。如王世贞在邸报基础上纂撰《高赵之郄》,只是抄撮赵贞吉和高拱二人求罢原疏的全文;后来撰写《高拱传》时只取材赵疏全文,而对高疏则只字不提并斥之为"遁词"。在邸报基础上纂撰《徐高之郄》,则加进了许多自己的政治偏见;后来撰写《高拱》传时进一步强化了其偏见。王世贞被迫居家赋闲期间,同致仕归家的首辅徐阶过从甚密。徐阶曾屈尊"来游小祇园"即"弇山园"② 拜访后生王世贞,王世贞前往华亭徐府拜谒前辈徐阶更是常态。王世贞其人很早便有志于史学,但从政后没能成为国家史馆官员,引为终生遗憾。这种遗憾晚年在徐阶那里得到了补偿。他说:"王子弱冠登朝,即好访问朝家故典与阀阅琬琰之详,盖三十年一日矣。晚而从故相徐公所得尽窥金匮石室之藏,窃亦欲藉薜萝之日,一从事于龙门兰台遗响,庶几昭代之盛,不至恣恣。"③ 王世贞在徐府不仅"尽窥"其家藏书契,更为重要的是通过不断访问徐阶,从而得到大量撰写《高拱传》的口授活资料。例如,王世贞早年在《徐文贞公状略》中对徐阶草拟嘉靖遗诏写道:"夜饮泣,具遗诏草。恐泄之,不敢以语同列。"④ 后来在《高拱传》中将徐阶夜间"饮泣"草诏,改为"时门人张居正为学士,方授经裕邸。夜召与谋,具遗诏草,不以语同列"⑤。徐阶夜召门生张居正共谋嘉靖遗诏,此事何等诡秘,高拱至死都不知情,当时大小京官亦无一人知晓。直到高拱死

---

① 载《四库禁毁书丛刊》史部第49册,第648~652页。
② 钱大昕:《弇州山人年谱》。
③ 王世贞:《弇山堂别集》一册《弇山堂别集小序》。
④ 王世贞:《弇州史料后集》卷九《徐文贞公状略》。随笔收读徐阶十四种传记不包括《状略》这一鸿篇巨制。
⑤ 王世贞:《嘉靖以来首辅传》卷六《高拱传》。

后多年,王世贞通过采访当事人徐阶,才在《高拱传》中首次揭秘于世。再如,徐阶驱逐高拱出阁的历史细节和场景,大都是作者从采访徐阶中得知的。由此可以确认,《高拱传》除取材邸报外,很多材料都来源于对徐阶的访谈资料。由于徐阶同高拱在对大礼议、嘉靖遗诏和嘉隆诸多政事等政治史观上存在着根本对立,因而这一对立便集中反映在徐阶访谈资料中。这一对立在王世贞笔下的《高拱传》中便演绎为褒徐贬高、美徐丑高的政治偏见,这也是作者形成其偏见的由来。王世贞受徐阶政治史观影响甚大,可以说王世贞实是徐阶的政治代言人。另外,王世贞家庭的不幸遭遇,对其史学思想和撰写历史人物传记亦有重大影响。王世贞之父王忬因滦河失利,被下诏狱论死。世贞当时曾求救于朝中诸多达官贵人和裕邸讲官高拱无果,后来又错误地认为高拱阻挠其父平反复官,因而对高拱怨之入骨。于是在《高拱传》中对历史细节和场景的描述,便不惜诬谤传主,借笔报怨。王世贞在《高拱传》中除传记套语和俺答封贡之功不得不三言两语及之而外,就总体而言,作者对传主怀有刻骨铭心的怨气和根深蒂固的政治偏见,因此对高拱基本上是全盘否定的。

另据笔者考证,高拱殁后二十四年,其嗣子务观乞请荫谥之典。礼部对高拱的功过是非作了表扬与批评参半的请示报告,神宗否定其对高拱的批评,诏曰:"高拱虽屡被论黜,但在阁之日,担当受降,至今使北房称臣,功不可泯,特允所请。"① 万历三十年(1602)四月,神宗皇帝决定颁赐两道诰命为已故原任首辅高拱平反,其一称高拱"锐志匡时,宏才赞理",追赠为"太师",谥"文襄";其一称高拱"经纶伟业,社稷名臣",追赠为"特进光禄大夫";并荫高拱嗣子务观为尚宝司司丞。② 高务观赴京履任后,即乞请时任东宫讲官的江夏人郭正域为其父撰写志文。因此郭正域撰写的高拱墓志铭,时间当在万历三十年(1602)下半年,地点当在北京郭氏之邸舍,取材主要是嘉隆两朝《实

---

① 《明神宗实录》卷三七〇,万历三十年三月丁卯。
② 高务观:《东里高氏家传世恩录》卷五《诰命》。

录》和高拱死前自刻自撰的十三种著作①，以及高务观编订的《东里高氏家传世恩录》。郭撰高拱墓志铭除真实记述其从政经历和学术才干外，诚如随笔所指出的，"更一再表其为政如何有才干，如何除弊兴利，如何一心在公，甚至大量引用其奏疏原文，表现其处理种种政事的雄才大略"。墓志铭引用高拱的十余通奏疏原文，均取材于《明穆宗实录》和高拱《掌铨题稿》等多种著作。据统计，《明穆宗实录》从隆庆四年到六年（1570~1572）六月登载高拱25疏之多，占《掌铨题稿》250疏的十分之一。高拱还阁掌铨两年半内所上军国兴革大政250疏，没有一疏不为穆宗所赞同。诚如张居正所言："比参大政，（高拱）发谋揆策，（穆宗）受如流水。""是时方内乂安，四夷向风，天下翕然称治平矣。"②郭正域遵照神宗为高拱平反的两通诰命精神，与王世贞全盘否定传主相反，在墓志铭中对墓主的才干事功做出了全面的肯定性评价。于此可见，"这两个传记"不仅是"所处时代环境不同"，更重要的是取材依据和所受影响大不相同。

第二组包括三种传记：吴伯与《国朝内阁名臣事略》卷9《高文襄公状略》，徐开任《明名臣言行录》卷63《太师高文襄公拱》，过庭训《本朝分省人物考》卷87《高拱传》。随笔认为，这三篇是郭撰墓铭后出现的"专以肯定笔调叙述高拱生平的传记"。细读以上三传，除吴伯与只记述高拱11道重大奏疏外，其余二传内容同墓铭基本相同，只是文句稍为简略、篇幅较短而已。上述三传均撰写于万历三十年（1602）之后至明朝灭亡之前这一晚明时期。

第三组也包括三种传记：何乔远《名山藏·臣林记》卷25《高拱传》，尹守衡《明史窃》列传第49《高拱传》，傅维麟《明书·名臣传》卷135《高拱传》。随笔认为，这三种《高拱传》记是"明清之际撰写的"，"多数是既记载其高见卓识和突出的政绩，亦反映其气量偏狭，刚愎报复的缺点，而给人的总印象为批评与表扬参半，有的甚至表扬多于

---

① 四库馆臣称为"初刻本"。
② 张居正：《张太岳集》卷七《门生为师相中玄高公六十寿序》。

批评"。在这里,"明清之际"是一个笼统模糊的时间概念,没有"晚明""明末""清初"的时间概念准确。从作者生卒年代看,尹守衡(1549~1631)、何乔远(1558~1632)二人所撰《高拱传》当属明亡之前晚明时期的作品,不属于清初的作品;傅维麟(1608~1667)所撰《高拱传》可能是明亡之后清初时期的作品。在这里,"总印象为批评与表扬参半"也不十分准确。尹撰《高拱传》仅300字,所言二事全是批评,基本类同于王世贞之《高拱传》,绝非批评表扬参半;何撰《高拱传》表扬十之九、批评十之一,并不参半;傅撰《高拱传》正文纯为表扬,末尾"史官曰"仍称传主为"救时贤相",同时责其"不学无术",主要是指"昧于几事,输诚同列",不学古时学问,不行道术权术,拙于谋身,"卒受倾危"。这个唯一的批评带有惋惜之意,不能作为该传批评表扬参半的根据。

随笔引用万历三十年(1602)神宗皇帝为高拱平反的一道诰命全文和《明神宗实录》卷84所载高拱生平简介全文后说:"这两个官方对高拱的评论,显然皆为既肯定、又批评,然而肯定表扬远远多于批评。"并认为"明清之际"三种《高拱传》记"是受了明代官方这两个评价的影响"。这种立论根据也是值得讨论的。首先,神宗皇帝于万历三十年(1602)为高拱平反的诰命全为表扬,绝无批评之意。追赠高拱为"太师"、谥"文襄"的诰命首言"位重多危,功高取忌",而本人又"谋身近拙""遗俗似迂",因此遭到同列和逸人的忌恨攻击而受到罢官的处理。接着高度评价高拱的边略边功,"利同魏绛,杜猾夏之深忧;策比仲淹,握御戎之胜算。在昔允资定力,于今尚想肤功"。最后指出:"眷兹巨美,宁问微疵。矧公论之久明,岂彝章之可靳。"① 其意在否定往昔对高拱微疵的批评,解读不出"既肯定、又批评""表扬多于批评"之意。神宗为高拱平反没留什么尾巴。因而以平反诰命为论据是论证不了论题的,两者是错位的。其次,《明神宗实录》卷8于万历七年(1579)二月乙巳条记载高拱生平简介与神宗为高拱平反诰命是不能相提并论

---

① 高务观:《东里高氏家传世恩录》卷五《诰命》。

的。随笔全文引述这一简介,确是"既肯定、又批评"的,但也不能成为把"明清之际"三种《高拱传》记一概视为"总印象为批评与表扬参半"的立论根据,因为三种传记各有其特点和视角,不宜总括为"批评与表扬参半"。

第四组有四种《高拱传》记:即李振裕《白石山房文稿》卷12《高拱传》,万斯同《明史》卷302《高拱传》,王鸿绪《明史稿》列传卷92《高拱传》,张廷玉《明史》卷213《高拱传》。诚如随笔所言,这四种传记"为清朝设馆纂修明史时所撰写,前三篇为依次出现的三篇草稿,后一篇为定稿"。随笔认为,四种传记的"基本倾向无大差别",皆为"表扬与批评参半"。在笔者看来,未必尽然如此,其差别还是不小的。李振裕所撰《高拱传》完全取材于王世贞的《高拱传》,从内容结构到言词文句基本是对王撰《高拱传》的压缩抄袭,了无新意。唯一不同是在传末有一空洞无物的抽象概括,说传主"留心国是,兴利除弊,其章疏载于实录者灿然可观。故明之末季,莫不思高、张之治国"。这是一句好评,但就传文整体倾向性而言,同王世贞一样是全盘否定高拱的,绝非"表扬与批评参半"。这一以王世贞的《高拱传》为蓝本的《高拱传》,在清修明史中起到了重大作用,几乎把王世贞自认为是包括《高拱传》在内的野史《嘉靖以来内阁首辅传》提升到正史、国史的地位①,成为清修明史(主要是嘉、隆、万初历史阶段)的重要依据。与王世贞全盘否定高拱和李振裕这位文抄公不同,万斯同纂修明史列传一开始便有明确的主张和指导思想:"欲以国史为主,辅以诸家之书,删其繁而正其谬,补其略而缺其疑。""采《实录》之明文,搜私家之故牍。"②对此,他进一步阐释道:"要以《实录》为指归。盖《实录》者,直载其事与言,而无可增饰者也。因其世以考其事、核其言,而平心以察之,则其人之本末可八九得矣。然言之发或有所由,事之端或有所起,而其流或有所激,则非他书不能具也。凡《实录》之难详者,吾

---

① 王世贞在其《嘉靖以来首辅传》书末自称是"野史氏曰"。
② 万斯同:《石园文集》卷七《寄范笔山书》《与李杲堂先生书》。

以他书证之；他书之诬且滥者，吾以所得于《实录》者裁之，虽不敢具谓可信，而是非之枉于人者盖鲜矣。"① 他所撰《高拱传》，主要取材于嘉、隆、万三朝《实录》，其表扬部分是以《明世宗实录》、特别是《明穆宗实录》为主，参伍以郭正域所作之高拱墓志铭。当然，如后所述，对郭所记志文亦有曲解之处；其批评部分主要是参伍王世贞之《高拱传》；其基本倾向主要是接受《明神宗实录》卷84和卷370两个高拱简介评价的影响，对传主秉持表扬多于批评或两者参半的态度。随笔谓该传"间或取材于明实录等"，似乎并不完全符合万斯同修传的主导思想；至谓以实录为据"为高拱辩白"，是据实说理，不应受到不恰当的指责。王鸿绪的《高拱传》是在万氏《高拱传》基础上略加删削而成的，基本倾向是表扬多于批评，二者无大差别。殿本由总裁官张廷玉定稿的《高拱传》，则是在王氏《高拱传》基础上进一步删削而成，但基本倾向则有所后退，把不应删除的内容也删除了。例如高拱在总结俺答封贡经验基础上，提出边政八事的顶层设计，帝皆从之。② 上述重大军政方策，万斯同、王鸿绪在《高拱传》中均有记述，并言"自是三十余年，边陲晏然，拱之力为多"，全部给删掉了。对这样一个行之有效的军事战略方针，《明史》宁肯在《戚继光传》中加以笼统记述，"自顺义受封，朝廷以八事课边臣"，而不肯在创始人《高拱传》中加以保留，其偏见由此可见一斑。最能代表总裁官和作者"基本倾向"的莫过于卷末对传主的评语，《明史》卷213"赞曰"："高拱才略自许，负气凌人。及为冯保所逐，柴车即路。倾轧相寻，有自来已。"③ 这一评语同传文对高拱政绩、边功的肯定是相抵牾的，同传文所说高拱为冯保和张居正所逐也是相矛盾的。这一评语之所以以幸灾乐祸的笔调全盘否定高拱，是因为高拱首倡边政八事对明廷边防有利，对后来后金努尔哈赤崛起不利。这一

---

① 《方苞集》卷一二《万季野墓表》。
② 高拱：《纶扉稿》卷一《虏众内附边患稍宁乞及时大修边政以永图治安疏》。
③ 参见张廷玉：《明史》，第5653页。

全盘否定高拱的评语与王世贞的评语如出一辙，如《首辅传》书末"野史氏曰"："拱刚愎强忮，幸其早败。虽有小才，乌足道哉。"① 张廷玉与王世贞的基本倾向是多么一致啊！

笔者认为，世传12种《高拱传》记大体可分为三种类型：一是否定类，包括王世贞、尹守衡、李振裕等三篇《高拱传》，对传主全部或基本持批评、否定态度；一是肯定类，包括郭正域、吴伯与、徐开任、过庭训、何乔远、傅维麟等六篇《高拱传》，对传主全部持表扬、肯定态度；一是折中类，包括万斯同、王鸿绪、张廷玉等三篇《高拱传》，对传主基本持表扬与批评参半、肯定和否定折中的态度。其实，《明神宗实录》卷84和卷370所载两篇对高拱生平事迹简评，亦可视作高拱小传。既然可以把郭正域所撰《高文襄公墓志铭》视为传记，那么，张居正对高拱经历、事功加以全面记述的两篇《六十寿序》②，亦可视为《高拱传》记。高拱殁世，张居正应高拱五弟高才之请，愿为高拱创传，他说："仆与玄老交深，平生行履，知之甚真，固愿为之创传，以垂来世。墓铭一事，虽微委命，亦所不辞，谨操笔以俟。行状当属之曹傅川可也。请文佳惠，祇领。"③ 但张居正所创《高拱传》，不见于文集，据说其子整理编纂《张太岳文集》时因该传同其子敬修等编撰《张文忠公行实》有些抵牾便抽去了。对曹金所创高拱行状，张居正曾经审阅并加以铭词，他在《答司马曹傅川》复信中说："玄老行状，事核词工，足垂不朽。不谷不过诠次其语，附以铭词耳。"④ 但该行状也佚失不见了。另外，与高拱同朝为官的张卤也曾为高拱创传，在《张浒东文集》目录中有此传记，不知缘何在书内正文中不见了。张居正、曹金、张卤所创《高拱传》记行状全都遗佚了，这对全面认识、正确评价高拱是一个重大损失。不过有一点可以肯定，他们绝不会像王世贞那样全盘否定高

---

① 王世贞：《嘉靖以来首辅传》，中华书局1991年版，第126页。
② 张居正：《张太岳集》卷七《翰林为师相高公六十寿序》《门生为师相中玄高公六十寿序》。
③ 张居正：《张太岳集》卷三四《答参军高梅庵》。
④ 参见《张太岳集》卷三四《答司马曹傅川》。

拱。由此可见，400多年来，对高拱的认识和评价经过了一个肯定——否定——再肯定——折中参半的过程。当今某些论者试图把高拱评价重新拉回到全盘否定阶段上去，这是不符合世宗、穆宗以及神宗于万历三十年（1602）对高拱的评价和定论的，而官方定论则是评判一个历史人物的根本依据。

21世纪初，笔者编辑《高拱全集》附录二《高拱生平文献》卷1至卷3，收录了张居正等所撰8篇高拱六十岁寿文、范守己代高拱夫人张氏所撰"昭雪抑枉"和"乞补恤典"二疏、郭正域所撰《太师高文襄公墓志铭》、《明神宗实录》卷84和卷370两篇高拱生平简介等。但在卷4《传记状略》中，由于本人才疏学浅、资料缺乏，漏收了李振裕《白石山房文稿》卷12《高拱传》和万斯同《明史》卷302《高拱传》这两篇重要传记，至今引为无法弥补的遗憾。编排次序也遇到了难题，明知王世贞所撰《高拱传》最早，但实在不愿把它排在首篇，最后按对传主的评价即褒扬——贬损——毁誉参半的顺序编定。愚以为这样编排是合理的，对高拱是比较公正的。

二

中华书局点校本《明史》中的《高拱传》没有校勘记，《随笔》一文提出四处应加校勘。笔者以为前三处校勘似应加以讨论。

第一，第5638页第6行："王甚重之，手书'怀贤忠贞'字赐焉。"《随笔》认为，应该把"怀贤忠贞"分开加引号，改为："王甚重之，手书'怀贤''忠贞'字赐焉。"

《随笔》这样校正是根据郭正域所撰高拱墓志铭相应部分所记："一

日,(王)思先生甚,亲书'怀贤'二字,遣中使赐至第。亡何①,又书'忠贞'二字赐之,又书'启发弘多'四字赐之。"徐开任、傅维麟在《高拱传》中所记与郭正域所记基本相同。于是《随笔》结论说:"'怀贤'与'忠贞'是分开两次所写,各自独立,并非一句话",因而作了如上校正。这种校正是对的,但不彻底。

据笔者考证,郭正域在相应部分所记,其取材是有原始根据的,这就是高务观编订的《东里高氏家传世恩录》卷5"特恩"栏所载:"嘉靖三十五年(1556),穆宗皇帝在裕府,赐讲官高拱睿书大字二幅:一曰'忠贞',一曰'启发弘多'。嘉靖四十年(1561),拱迁国子监祭酒既一载,裕王思之,睿书'怀贤'二大字,遣中使赐至第。"②高拱亦言:"昔侍藩邸讲读,屡蒙御笔大书褒奖",尊藏于他所建筑的"宝谟楼""鉴忠堂"内。③高务观是根据当时楼堂内尊藏的实物记载的,其时空条件是准确无误的,因为按照时俗,大字条幅上面均有书写者的书写时间、落款和印章。郭正域使用高务观提供的上述资料在撰写高拱墓铭时有误,把两次书写的前后时序给弄颠倒了。以讹传讹,徐开任、过庭训、傅维麟在《高拱传》中所记与郭正域所记完全或基本相同。万斯同在其《高拱传》的相应地方,删去"启发弘多",简写为:"王愈德焉,手书'怀贤忠贞'等字赐之。"王鸿绪与万斯同所记完全相同。张廷玉所记当与中华点校本相同。现在校勘,应当把被颠倒了的时序重新颠倒过来。根据高务观所记两次书写的前后时序,对"怀贤忠贞"二词应该加以颠倒并加引号和顿号。因而上述中华点校本应当校勘的那句话,正确的校正应是:"王甚重之,手书'忠贞''怀贤'字赐焉。"

这就提出了一条重要的校勘原则,以传记校勘传记固然重要,更为重要的是要以原始史料为根据来校勘传记,方能使传记更加接近、符合

---

① 《随笔》引文作"无何",郭正域《合并黄离草》卷二四《高文襄公墓志铭》原文作"亡何"。

② 载《高拱全集》附录一。

③ 载《高拱全集》附录一。

历史本真面目。

第二，第 5638 页倒数第 3 行有一段文字："世宗居西苑，阁臣直庐在苑中。拱未有子，移家近直庐，时窃出。一日帝不豫，误传非常，拱遽移具出。始阶甚亲拱，引入直。拱骤贵，负气颇忤阶。给事中胡应嘉，阶乡人也，以劾拱姻亲自危，且睸阶方与拱郤，遂劾拱不守直庐，移器用于外。世宗病亟，勿省也。"此段文字无校勘，《随笔》以多篇《高拱传》记和《明世宗实录》进行对比校勘，最后提出："高拱究竟有否私出直庐及世宗病危时移具出直庐之事，有待考证。"

《随笔》认为，上述中华点校本那段话，"为完全因袭殿本张廷玉《明史》的原文"。此话不言自明，因为中华点校本是以张廷玉《明史》为底本的。王鸿绪、李振裕二人所记与张廷玉定稿所记"完全"或"大体"相同。唯独"同为清明史馆撰稿之一的万斯同"，"其相应部分所记与上面三书大相径庭"。在我看来，四人所记无大不同。如前所述，万斯同撰写传记的主导思想，是以实录为指归，同时参以他书，他所撰写的《高拱传》主要取材于实录，参伍的他书是王世贞的《高拱传》和郭正域的高拱墓志铭，其中如有不真不实或诬且滥者，则以实录裁定其是非。所以万斯同所记同清史馆其他三人所记稍有不同，所谓不同就是二处：他不记"拱未有子，移家近直庐，时窃出。一日帝不豫，误传非常，拱遽移具出"；所记的是"帝不豫，入直者皆移具出，拱独移家近直庐"。值得注意的是，万氏不记"拱遽移具出"，而记为"入直者皆移具出"。

《随笔》看得十分准确，认为张廷玉、王鸿绪、李振裕三人所记"实乃承自"王世贞的《高拱传》所记："吏科都给事中胡应嘉者，才好而挟重，故尝与拱貌相善也，偶劾罢拱之姻亲工部侍郎李登云，拱与客言之怒，应嘉内自危，而又探知阶意。时拱未有子，乃移家近西华门，日伺上昼寝，则窃出与女媵私，迫暮而后进。又一日，上病甚，误传有非常，拱尽敛其直舍器服书籍出之。应嘉以是为拱罪，露章劾之，且发其他事，赖上聩不省。"其政治倾向十分明显，并且怀有偏见。这里且以早于此传的史料证之。王世贞纂撰《弇州史料后集》卷33《徐高之郊》言:"嘉靖四十五年(1566)十一月,吏科都给事中胡应嘉等论劾大学士高拱入直之后,以直庐为狭隘,移其家属于西安门外,寅夜潜归。皇上近稍违和,拱即私移直庐器用于外,乞赐究斥。拱惶恐奏辩,赖上大渐,两不之省。胡应嘉,首揆徐公阶乡人所厚也。"两相比较对勘,大体有三点不同:其一,史料言高拱"以直庐为狭隘",传文将其删除,增补"应嘉内自危,而又探知阶意",因而论劾高拱;其二,史料言高拱"移其家属于西安门外,寅夜潜归",传文改写为"日伺上昼寝,则窃出与女媵私,迫暮而后进";其三,史料言"皇上近稍违和,拱即私移直庐器用于外",传文改增为"又一日,上病甚,误传有非常,拱尽敛其直舍器服书籍出之"。这一切删增改写,完全出于政治偏见,是为加重所谓高拱"不忠"的罪名。

王世贞在《高拱传》中曲解胡应嘉弹章,讳言高拱辩疏,实录则不然。《明世宗实录》卷565嘉靖四十五年(1566)十一月乙亥条载:"吏科都给事中胡应嘉等论劾大学士高拱不忠二事:一言拱拜命之初,即以直庐为狭隘,移其家属于西安门外,寅夜潜归,殊无夙夜在公之意;二言皇上近稍违和,大小臣工莫不吁天祈祐,冀获康宁,而拱乃私运直庐器用于外。似此举动,臣不知为何心。"此段言意比较真实,与传文大相径庭。除此之外,《实录》还全文记载高拱辩疏:"臣蒙皇上隆恩,进阁入直,赐以直房,前后四重,为楹十有六①,前此入直之臣并未有此,而臣独得之,方自荣幸,以为奇遇。今乃谓臣嫌其狭隘,岂人情乎?缘臣家贫无子,又鲜健仆,乃移家就近,便取衣食而久侍皇上之计。不意科臣借此诬臣私出,皇上试一问禁中内臣官校,其有无灼然可知矣。在直诸臣每遇紫皇殿展礼,必携所用器物而去,旋即移回,相率以为故事。而科臣又借此诬臣移之出外,尤为不根。今臣日用常物咸在直房,

---

① 原文为"亡",随笔引文作"七",均误。台湾学者黄彰健校勘,三本"亡"作"六",是也。江苏国学图书馆传抄本亦作"六"。

陛下试一赐验,其有无又可睹矣。……惟皇上裁察。""有旨:令拱供职如故"①。高拱答辩"不忠二事",言之凿凿,有理有据,是完全可信的第一手资料,无人能够拿出真凭实据驳倒其答辩的事实。王世贞所谓高拱无子,先说是寅夜潜归,后说是白昼窃出;先说是私移直庐器用于外,后说是尽敛直舍器服书籍出外,这种自相矛盾的信口开河,完全出于偏见,想要丑诋传主。难道皇上违和,高拱就要自动罢工、罢职不成?

《明世宗实录》引过高拱辩疏加"按"曰:"应嘉倾危之士。时上体久不豫,而拱本裕邸讲官,应嘉(旧校改"加"作"嘉")畏其将见柄用,故极力攻之。疏入,会上病未省,不然,祸且不测。拱自入直撰玄,与大学士徐阶意颇相左,应嘉又阶同乡,拱以是疑阶,谓应嘉有所承望,两人隙衅愈构,互相排根。小人交构其间,几致党祸,实应嘉一疏启之云。"《随笔》引至"祸且不测"即评曰:《实录》"虽未明记高拱所辩为事实",但"其倾向性十分清楚,用语为肯定高拱,而否定胡应嘉"。在笔者看来,《实录》如果认为高拱所辩不是事实,就没有必要记载其辩疏的全文并加按语,其肯定高拱而否定胡应嘉是对的。看来《随笔》的倾向性也是十分明显的,其用意为肯定胡应嘉而否定高拱。《实录》"按:应嘉倾危之士",也是对的。如嘉靖三十九年(1560),南京国子监祭酒沈坤守制家居,因倭犯江北,"坤督率邻里,保所居淮安新城,远近依附者众。坤遂以军法部署防御,有犯令者辄榜笞之。故居民虽赖以保全,而被其榜笞者亦遂生怨恨。中有给事中故胡应嘉宗党及府县儒学一二人"。"应嘉与坤有郄,又性险狠,遂与诸生撰为谣言,构之于御史林润疏劾之。应嘉复从旁力证,然皆流谤,无指实。其所谓断手胡銮者,固无恙也,他皆类此。及坤逮至(京),竟拷死狱中。士论冤之。"②制造谣言,捏造伪证,诬杀爱国正义之士沈坤,这就是一贯倾险的胡应嘉的所作所为。看他的过去,就知道他的现在和将来。《实

---

① 原文作"此",随笔引文改"此".作"旧",均误。黄彰健校勘,三本"此"作"故",是也。

② 《明世宗实录》卷四八二,嘉靖三十九年三月戊寅。

录》"按"谓徐高有隙,"小人交构其间",胡应嘉就是从中挑拨是非的小人。他承望徐阶旨意,因见高拱本裕邸讲官,"畏其将见柄用,故极力攻之",充当其驱逐高拱出阁的马前卒、打手,然而又找不出高拱在政治上的问题,便以私人生活琐事无限上纲,弹击高拱。应嘉一疏实是挑起隆庆阁潮的第一炮。

通过以上论述,又提出了两条校勘原则:第一,校勘者必须秉公持正,平心校勘,不能依校勘者的主观倾向性来校勘,不能先入为主,从历史偏见出发,或从预设的条条框框出发,这样的校勘是经不起历史检验的。第二,"高拱究竟有否私出直庐及世宗病危时移具出直庐之事,有待考证。"只是提出问题,没有解决问题,没有结果、定论。把解决问题留待将来考证,期望考证出结论再来校勘不迟。当然校勘也可以存疑,但必须有确当的客观证据,如控辩双方分不出是非对错,可以存留双方的争辩理据,而不能只留存一方而抛弃另一方作为存疑。第三,第5641页第10行记载:"拱初持清操,其后门生、亲串颇以贿闻,致物议。"《随笔》认为,"这一肯定高拱清操而将贪贿责任全记在高拱门生、亲串头上的说法",是因袭殿本张廷玉《明史》所记,上承王鸿绪、万斯同乃至《明神宗实录》卷84万历七年(1579)二月乙巳条所记。《随笔》以王世贞所撰《高拱传》的一段话为论据,指出:"高拱自身在贪贿上亦脱不了干系",因而得出校勘结论:"高拱本人是否贪贿,亦有待考证。"这里又提出一个"有待考证"的问题,期盼考证出结论再加校勘。

《随笔》显然倾向于高拱并不"清操",本人亦有贪贿,援引王世贞的《高拱传》曰:"拱初起,强自励,人亦畏之,不敢轻赇纳。而其弟为督府都事者,依拱后第而居,于是韩楫等乃数携壶榼往为小宴。拱自阁或吏部归,即过其弟,见而悦曰:'若等乃尔欢,吾不如也。'因留酌。自是以为恒,而益以珍肴果饮,食愈畅。乃各进其所私人,欲迁某官,得某地,拱时已且醉,曰:'果欲之耶?'以一琴板书而识之。次日,除目上矣。以是其所狎门生及客皆骤富,门如市。……而拱醉后时时语客曰:'月用不给,奈何?'其语闻诸抚镇以下,赇纳且麋集矣。"

此段历史细节和场景的记述，经不起推敲和追问。请问：该传作者王世贞是否亲身参加过高才家中的"小宴"？小宴中的一切场景是亲眼所见，抑或由别人告知，或是风闻言事自造谣言？高拱所言是亲自听到，抑或由韩楫、高才告知？各进私人姓甚名谁？迁往何地得何官？何不指实一二，以证所言有据？高拱门生、亲串卖官鬻爵，"皆骤富，门如市"，骤富者和门如市者是谁？何不指名道姓，以证所言不虚？高拱醉后索贿，语闻抚镇以下，因而"赆纳且麇集矣"。有此醉言吗？醉言能作为史料和立论根据吗？醉言能使天下抚镇以下官员云集行贿吗？为什么从当时众多抚镇官员的言论和著作中找不到根据和记载呢？看来高拱全力支持门生、亲串卖官鬻爵敛财骤富以及本人醉后索贿受贿均属子虚乌有之事。正如梁启超所言："数据和自己脾胃合的，便采用；不合的，便删除；甚至因为资料不足，从事伪造。晚明人犯此毛病者最多，如王弇州、杨升庵等皆是。"① 据此，笔者判定，《随笔》上述引文包括删节部分纯为王世贞以文学虚构手法的伪造。上述引文实际上是一份孤证，除抄袭者外，绝对找不出第二份与其相同、相近的资料，按照考据原则，孤证是不成立的。时人孙矿与友人书，评论王世贞为文短长，曰："足下甚推服弇州，第此公文字，虽俊劲有神，然所可议者，只是不确。不论何事，出弇州手，便令人疑其非真。此岂足当讵家！"② 黄云眉对此评论说："当谀王风盛时，矿独于王多所贬损，要足备异说。其'不真''不确'之语，尤为王文之药石欤！"③ 不真、不确之评语，当然适用于王撰《高拱传》。黄景昉亦言："《首辅传》叙高（拱）多丑词，至诬以赆贿。……孙月峰谓语出弇州，多不足信，信然。文士视名臣分量终别。"④ 朱国祯指出："《首辅传》极口诋毁（高拱）。要之，高自有佳处不可及，此书非实录也。"⑤ 总之，王世贞所撰《首辅传》卷6《高拱

---

① 刘梦溪主编：《梁启超卷》，河北教育出版社1996年版，第374页。
② 孙矿：《月峰集》卷九《与佘君房论文书》。
③ 黄云眉：《明史考证》七，中华书局1985年版，第2266页。
④ 黄景昉：《国史唯疑》卷八。
⑤ 朱国祯：《涌幢小品》卷九《中玄定论》。

传》，是一篇"极口诋毁"传主的不实之作，"不真""不确""多不足信""非实录也"，就是对它的总体评价。

由此还可以提出另一条校勘原则，对校勘史料必须首先辩证其真伪，决不能以似是而非、虚假伪造的资料作为标尺来校勘，否则将会得出错误的结论。

三

《随笔》对《明史·高拱传》既有文字和标点的校勘，又有注释性和存疑性的校勘。据此，该传还有四处需要校勘。

第一，第5638页倒数第2行第3句："拱骤贵，负气颇忤阶。"此处所记依次上承于张廷玉、王鸿绪、万斯同相应部分所记。而万斯同则是根据王世贞所记"拱以骤贵而骄，每谓阶太假言路为非大臣体"改写而成的。但据郭正域在高拱墓志铭中所记，拱之忤阶主要是指嘉靖末年发生的二事：其一，"阁臣入直西苑，自世皇中年始，有事在直，无事在阁。世皇谕阁臣曰：'阁中政本，可轮一人往。'徐文贞竟不往，曰：'不能离陛下也。'……公正色问文贞曰：'公元老，常直可矣。不才与李、郭两公愿日轮一人，诣阁中习故事。'文贞拂然不乐"[①]。高拱以勇于负责阁中政本政事而"忤阶"。其二，世皇驾崩，徐阶所草遗诏，"尽反先政"。高拱谓"语太峻"，并与郭朴"入室对食相向曰：'先帝英主，四十五年所行非尽不善也。上亲子非他人也，三十登庸非幼小也，乃明于上前扬先帝之罪以示天下，如先帝何？且醮事先帝几欲止矣，紫皇殿事谁为之，而皆为先帝罪乎？土木之事，一丈一尺，皆彼父子视方略，而尽为先帝罪噷乎？诡随于生前，而诋詈于身后，吾不忍也。'相视泪

[①] 郭正域：《合并黄离草》卷二四《太师高文襄公墓志铭》。

下。语稍闻外廷,而忌者侧目矣"①。高拱因对遗诏持有不同政见而"忤阶"。因此高拱究竟是否因为入阁"骤贵,负气颇忤阶",应加注校勘,弄清事实真相。

第二,第5639页第2行第2句:"阶虽为首辅,而拱自以帝旧臣,数与之抗。"此处所记仍旧依次来源于张廷玉、王鸿绪、万斯同相应部分所记。而万斯同则是依据郭正域在高拱墓志铭中所记的墓主建言,错误地记为同徐阶"数与之抗"。据郭正域所记,隆庆初,高拱建言主要是指如下二事:其一,"会议登极赏军事。公曰:'祖宗无此,自正统元年(1436)始也。先帝以亲藩入继,时尚殷富,遂倍之。今第如正统事行,则四百万之中可省二百万矣。当事者竟如嘉靖事行,而司农苦不支"②。其二,"会有言大臣某者,其人实有望,不当拟去。而首揆重违言者意,乃以揭请上裁。公曰:'此端不可开,先帝历年多通达国体,故请上裁。今上即位甫数日,安得遍知群下贤否,而使上自裁,上或难于裁,有所旁寄,天下事去矣。'乃竟请上裁。两人嫌益开,言者争谓公擅矣"③。高拱这两条忠君利国的建言本是对的,而万斯同则记为"数抗"徐阶。因此"数与之抗"应加校勘,分清是非。

上述四事是高拱对国是政体极端负责任、勇于任事的表现,反而被言者误读、误解为忤阶抗阶、争权擅权的言行。这也是高拱被徐阶排逐出阁的根由,正如时人于慎行所言:高拱"性素直率,图议政体,即从旁可否","华亭积不能堪,因百计逐之"④。徐阶授意言路,经过五个回合、三十余疏的弹击,于隆庆元年(1567)五月终将高拱排逐出阁。

第三,第5639页第3行最后一句:"阶草遗诏独与居正计,拱心弥不平。"没有校勘。此处所记即殿本张廷玉《明史·高拱传》所记。最初来源于王世贞《首辅传·高拱传》所记:"时门人张居正为学士,方

---

① 郭正域:《合并黄离草》卷二四《太师高文襄公墓志铭》。
② 郭正域:《合并黄离草》卷二四《太师高文襄公墓志铭》。
③ 郭正域:《合并黄离草》卷二四《太师高文襄公墓志铭》。
④ 于慎行:《谷山笔麈》卷四《相鉴》,卷五《臣品》。

授经裕邸，夜召与谋，具遗诏草，不以语同列。"李振裕在《高拱传》中记为："世宗晏驾，阶独与学士张居正谋，议草遗诏……然阶草创时，不以语同列，同列皆惘惘若失。"万斯同在《高拱传》中改写为："阶草遗诏，尽反嘉靖诸政，独与居正计之，拱心不能平。"王鸿绪在相应部分改写为："阶草遗诏独与居正计，拱心不能平。"张廷玉因袭王鸿绪所记，只将"拱心不能平"改为"拱心弥不平"。中经史家不断增删修改，最终演变为上引点校本的那句话。此话的真正含义变为高拱对张居正参与草诏"心弥不平"。这是背离史实的。如前所述，徐阶夜召张居正与谋，具遗诏草，高拱至死都不知情，何来"心弥不平"？况且王氏此前曾说徐阶是独自"夜饮泣，具遗诏草"。据此，上引点校本的那句话，应删去"与居正计"，校正为："阶独草遗诏，拱心弥不平。"这样才合于当时的史实。

第四，第5641页第5行："拱以边境稍宁，恐将士惰玩，复请敕边臣及时闲暇，严为整顿，仍时遣大臣阅视。帝皆从之。"其中"及时闲暇，严为整顿"没有校勘和注释。此句源于高拱所上一道奏疏所记："今虏既效顺，受吾封爵，则边境必且无事，正欲趁此闲暇之时，积我钱粮，修我险隘，练我兵马，整我器械，开我屯田，理我盐法；出中国什一之富，以收胡马之利；招中国携贰之人，以散勾引之党。……务要趁此闲暇之时，将边事大破常格，着实整顿。……若果著有成绩，当与擒斩同功；若果仍袭故常，当与失机同罪，而必不可赦。"①《明穆宗实录》卷59隆庆五年（1571）七月戊寅条全文记载高拱此道奏疏。万斯同依据高拱和《实录》记载的原文，在《高拱传》中摘记该疏的核心部分为："俺答自庚子猖獗以来，先帝屡下明诏，劳师费财，迄无成功。今既效顺受封，边境无事，及此闲暇之时，积我糗粮，修我险隘，整我士马、戈甲，开我盐屯；出什一之赀，收边马之利；招携贰之人，散勾通之党。……请敕边臣，及此闲暇，严为整顿，仍遣大臣时阅视之。整

---

① 高拱：《纶扉稿》卷一《虏众内附边患稍宁乞及时大修边政以永图治安疏》。

饬者与克敌同功，因循者与失机同罪。如是而臣等区区谋国之诚，乃克有终。帝皆从之。"并对高拱首创边政八事的绩效评价曰："自是三十余年，边陲晏然，拱之力为多。"王鸿绪在其《高拱传》中，除将"边境无事"改为"边壤宁谧"外，一字不爽地照录万氏在《高拱传》中所记及其评价。但到殿本定稿的《高拱传》中，张廷玉对底本王鸿绪在《高拱传》中所记相应部分大杀大砍，把边政八事及万、王二人对其绩效评价等核心内容都删除了，只剩下适合清廷利益口味的上引点校本的那一句话。"及时闲暇，严为整顿"，整顿什么不见了。根据高拱奏疏和万斯同、王鸿绪的《高拱传》原文，笔者认为，"及时闲暇"应校正为"趁此闲暇"或"及此闲暇"；"严为整顿"应加注释，点明整顿的是高拱首倡的边政八事，即：积钱粮、修险隘、练兵马、整器械、开屯田、理盐法、收塞马、散叛党，以及对边政八事绩效的评价。

附录：儒家权说

论冯用之的机权观

"机权"是儒家政治哲学、道德哲学和历史哲学的重要范畴。隋唐之前,尽管对先秦子学、汉代经学和魏晋玄学"权"的范畴有诸多论述,但鲜有论及"机"的范畴,更没有将"机"作为哲学范畴加以全面探讨。而最早把"机权"作为哲学范畴进行系统研究的,则是唐代思想家冯用之。

冯用之,生卒年不详,河南洛阳人。唐玄宗时期,历任万年县(今属江西省上饶市)令、金部员外郎、仓部郎中等职。现存的《机论》和《权论》,是他留下来的两篇重要的哲学文献。就其内容来看,冯用之是以儒家伦理为本位,秉持儒道兼宗的学术立场,从存在论和方法论的角度,论述了机道观、时机观、机智观和机术观的机论思想;从方法论和价值论的视角,阐发了经权观、权宜观、权衡观的权论思想,并凸显出机权方法的本质特征及其政治、道德和历史等诸多工具的价值取向。冯用之的机权观上承汉儒,下启宋明,在中国哲学史上具有重要的传承地位。

然而,长期以来,冯用之的机权观并没有引起学术界的重视,在诸多哲学论著中也没有他的一席之地,即使有些论著有所提及[1],也并没有进行全面系统的发掘和探讨,至于专题研究更是付之阙如。鉴于此,

---

[1] 张立文:《中国哲学范畴发展史(人道篇)》,中国人民大学出版社1995年版,第723页;刘译:《中国古代哲学中"机"的思想略考》,《中共福建省委党校学报》2015年第12期。

本文以《机论》和《权论》为基本文献，运用结构分析和义理阐释相结合的方法，对冯用之机权观的理论内涵、本质特征及其局限性等问题加以初步探讨和分析。

一

"机"作为中国哲学范畴，含义颇丰，约有五义：一是事物变化的征兆、先兆或机兆。"几者，动之微，吉之先见者也。"① 二是时势变化的关键或枢纽。"成败之机，在于今日。"② 三是随机应变、机智灵活。"公输盘九设攻城之机变。"③ 四是机心、机事。"有机械者必有机事，有机事者必有机心。"④ 五是机巧或机诈之术。"大夫不闻齐、鲁之多机乎？"⑤ "机"范畴的上述五义，又可归约为两项哲学意涵：（1）存在论之机。如先兆、征兆、关键、枢纽、时机、机会等即是此义，这是事物变化中呈现出来的一种状态，具有客观性或实在性。（2）方法论之机。如随机应变、机智灵活、机心机事、机巧之术等即是此义，这是应对时势变化所采取的深奥微妙之方法，具有灵活性或应变性。

冯用之对"机"范畴的界定，大体上亦有上述两项哲学意涵。如说："设于事先之谓机。"⑥ "天下至赜之谓机。"⑦ 这属于存在论之机。

---

① 朱熹：《周易本义·系辞下》。
② 《三国志·蜀书·诸葛亮传》。
③ 《墨子·公输》。
④ 《庄子·天地》。
⑤ 《列子·仲尼》。
⑥ 冯用之：《权论下》，载《唐文粹》卷三七。
⑦ 冯用之：《机论上》，载《唐文粹》卷三七。

又说:"机者,微也。"① "至哉斯术也,莫不以合义为本,趣时为用。"② 这又属于方法论之机。冯用之从儒道互补的学术立场出发,在存在论、方法论和价值论的维度上阐述了机道观、时机观、机智观和机术观,由此形成了以机论"四观"为主要内容的机论思想。

其一,"机道相须"的机道观。在机与道的关系上,冯用之提出"机道相须"的机道观。③ 在中国哲学中,"道"具有本体、规律和道德之义。一般而言,道家偏重本体和规律之道,儒家偏重伦理道德之道。冯用之则站在儒道互补的立场上,提出:

> 夫域中至大之谓道,天下至赜之谓机,有道无机,守死而一身独善;有机无道,好谋而彝伦攸斁。伯夷、叔齐,守死也,岂谓亿兆涂炭,俟周武哉?李斯、赵高,好谋也,岂知刑政酷毒,失民心哉?机道相须,尽善尽美。④

这里的"域中至大之谓道",显系道家思想。老子曾说:"域中有四大,而人居其一焉。人法地,地法天,天法道,道法自然。"⑤ 在道家看来,道不仅是至"大"的,属于普遍的本体论范畴,是人、地、天效法的对象;而且还是至"奥"的,"道者,万物之奥"⑥。所谓"奥",具有精微奥妙、深不可测、变化无穷之意。冯用之认为,"道"这种精微奥妙、深不可测、变化无穷之特性,就是"机",即"天下至赜之谓机"。在这里,道与机实际上是一种体用关系:道是机的本体或主体,机是道的特性或作用。道内蕴着机,机体现着道;二者相须相成,不可分离。如果"有道无机",即

---

① 冯用之:《机论上》,载《唐文粹》卷三七。
② 冯用之:《机论上》,载《唐文粹》卷三七。
③ "机道"作为哲学范畴,是指事物变化的迹象或征兆。而冯用之在这里则是将"机道"作为两个哲学范畴加以阐述的。
④ 冯用之:《机论上》,载《唐文粹》卷三七。
⑤《老子》第二五章。
⑥《老子》第六二章。

死守善道而独善其身，就像商代末年伯夷、叔齐那样，虽然抱节守志，不食周粟，饿死于首阳山，成就自己美名，但却使百姓生灵涂炭，国家不治，最终导致武王灭商的恶果；反之，如果"有机无道"，即爱好机巧机诈之术而败坏伦常道德，就像秦朝李斯、赵高那样，虽然辅佐秦王嬴政统一六国，实现秦朝之治，完成霸业，但却推行残酷暴虐之法，使其统治失却民心，二世而亡。由此可见，不管是"有道无机"，还是"有机无道"，都是割裂二者间的体用关系，这不仅在思想理论上是片面的，而且在治国实践上也是有害的。故此，冯用之提出只有运用"机道相须"、机道并用的治国方略，才能取得"尽善尽美"的理想效果。显然，这种治国方略乃是一种以道治国与以德治国相结合即儒道互补的治国方略。

其二，"发机之要，实资于时"的时机观。在机与时的关系上，他提出"发机之要，实资于时"的时机观。所谓"时机"，是指事物变化过程中出现的具有时间性的客观条件，或时间限制性的机会。作为客观性或实在性之时，具有一维性、单向性或不可复返性。而机又是在时间永恒向前流逝中出现的、形成的。就此而言，机本身又内蕴着时、显现着时，与时密不可分。换言之，如果没有时的永恒流逝和变化，就不可能有机之出现或形成。可见，时与机总是相辅相成，互为存在的条件；时中有机，机中有时；离时无机，离机无时。这犹如鸟之两翼，车之双轮一般，缺一不可。在这种意义上，冯用之提出发现机之要领、掌握机之关键，必须借助于或依赖于时。他说：

> 发机之要，实资于时。故进而得时，亦机也，退而得时，亦机也；取而得时，亦机也，舍而得时，亦机也；语而得时，亦机也，默而得时，亦机也。①

这就是说，统治者的进与退、取与舍、语与默只有"得时"，才能抓住时机，顺应时势，否则，必然丧失机遇，被时势所淘汰。

---

① 冯用之：《机论上》，载《唐文粹》卷三七。

不仅如此，冯用之还列举了历史上的诸多事例，以说明"得其时"的重要性和必要性，"不相时"的严重性和有害性。他说：

> 进得其时则有利，伊尹于汤是也；退得其时则无闷，二疏辞禄是也；取得其时则必获，甘罗陟相是也；舍得其时则元吉，泰伯去吴是也；语得其时则见信，傅说是也；默得其时则保身，微子是也。故进不相时则凶，晁错所以见诛也；退不相时则祸，白起所以伏剑也；取不相时则招吝，许伐郑也；舍不相时则有悔，虞弃虢也；语不相时则殆辱，薛冶谏其君也；默不相时则受谤，子家从其贼也。①

在他看来，只有善于把握进退、取舍、语默的时机，才能使国家免遭祸患，救亡图存，也才能使个人趋利避害，明哲保身。就"得其时"来看，伊尹进得其时则有于汤之利②，二疏退得其时则安然无恙③，甘罗取得其时则有陟相之获④，泰伯舍得其时则有创建吴国之吉⑤，傅说语得其

---

① 冯用之：《机论上》，载《唐文粹》卷三七。

② 伊尹，商初大臣。相传伊尹为见到商汤，使自己作为有莘氏女的陪嫁之臣，汤用其为小臣。后为成汤重用，委以国政，助汤灭夏。他为商朝理政安民五十余载，治国有方，权倾一时，世称贤相。

③ 二疏，即汉代疏广和疏受。据班固《汉书·疏广传》载：汉宣帝时，选疏广为太子太傅。疏广侄子疏受被选为太子家令，后升为太子少傅。二疏同朝为师傅，很是荣耀。后来，他们同时辞官，回归乡里。皇上赐给金银财宝，二疏将此遍赠乡里。

④ 据司马迁《史记·甘罗传》载：甘罗十二岁时任秦相吕不韦侍从。一次秦派使臣赴燕，吕不韦请老臣张唐应命，但屡劝无效。甘罗为张唐分析天下大势，数列出使利弊，使张唐叹服，遂欣然应命。故此，吕不韦赞赏甘罗之才，荐举甘罗为秦王特使，奉命赴赵，以雄辩说服赵王发兵攻燕，秦不费一兵一卒，得城五座。甘罗立下奇功，被秦昭王封为上卿。

⑤ 据司马迁《史记·吴泰伯世家》载：吴泰伯，一作太伯，周太王之子，而王季历之兄出。季历贤，而有圣子昌，太王欲立季历以及昌，于是太伯、仲雍二人乃奔荆蛮，文身断发，示不同用，以避季历。季历果立，是为王季，而昌为文王。泰伯奔荆蛮，自号勾吴。荆蛮义之，从而归之者千余家，立为吴泰伯。

时则被信任重用①,微子默得其时则能明哲保身②。于此可见,"得其时"是何等的重要。就"不相时"而言,晁错进不相时而有被诛杀之凶③,白起退不相时而有伏剑之祸④,许国讨伐郑国不相时而招致耻

---

① 傅说(前1335~前1246)为殷商王武丁的至高权臣——大宰相。传说为傅岩筑墙之奴隶。武丁梦得圣人,名曰说。武丁请教他治国方略,傅说应对如流,条条切中要害,道理极其深刻,武丁听后赞赏不已,便举其以为相。结果天下大治,武丁也因此而被誉为"中兴明主"。

② 微子是周代宋国的始祖。姓子,名启,殷商贵族,殷微子商帝乙的长子,殷商最后一个帝辛(纣王)的庶兄,封于宋国,后世因之称为微子启。传说他为政贤能,为殷民所爱戴。微子多次亲谏纣王,见"纣终不可谏",便谋于太师箕子、少师比干。箕子认为"今诚得治国,国治身死不恨;为死,终不得治,不如去"。微子便远离纣王逃至微。武王灭商后,微子向武王说明自己远离纣王的情况。武王很受感动,乃释其缚,"复其位如故",仍为卿士。约公元前1063年,周公以成王命封微子国于宋(今商丘一带),微子成为宋国国君、始祖。

③ 晁错(前200~前154),是西汉文帝时的智囊人物,颍川(今河南禹州)人。文帝时,晁错因文才出众任太常掌故,后历任太子舍人、博士、太子家令。在教导太子时析理深刻,辩才非凡,被太子刘启(即后来的景帝)尊为智囊。后因七国之乱被斩。

④ 白起(?~前257),芈姓,名起,又名公孙起。战国时秦国名将。长平之战,白起大破赵军,坑杀降卒四十余万。战后,白起准备乘胜进军,攻破赵国。可是秦王命其退兵。秦昭王四十九年,派王陵率兵攻打邯郸,秦军攻势受阻。昭王再命白起统兵,但白起认为此次必难成功,遂托病不行。秦军战败于邯郸,昭王迁怒白起,命他即刻动身不得逗留。白起只得带病上路。昭王与范雎以为白起不肯奉命,便派使者赐剑命其自刎。白起遂引剑自杀。

辱①，虞国舍弃虢国不相时而有悔恨②，薛冶语谏其君不相时而有殆辱，子家默不相时而受到诽谤③。于此又可见，"不相时"又是何等的严重。显然，"得其时"与"不相时"后果截然相反。得其时，就能获取行机用机之利；不相时，必然遭受行机用机之害。因此，只有抓住时机，顺应时势，才能趋利避害。质言之，"得其时"就是得其机，"不相时"就是失其机。因为时中有机，机中有时。

得时与失时、得机与失机作为矛盾对立面，在一定条件下又可以相互易位，相互转化。因为得与失之间只有一步之遥，若失之毫厘，便会差之千里。冯用之以治国为例说：

> 失之毫厘，差之千里。故君子得其机，则仇雠变为心腹，况其恩者乎！失其机，则亲昵反为勍敌，况其疏者乎！齐桓用雠，能尽管仲之谋，九合诸侯，一匡天下。卫懿好鹤，失于臣下之望，国之有难，士卒不战。夫如是，则一得一失，易如反掌；一兴一亡，疾如旋踵，为国家者可不务乎？④

---

① 西周灭商后，成王大封诸侯。在商朝旧地封了姬姓诸侯国和姜姓诸侯国。许国是姜姓诸侯国之一。始祖为许文叔，为太岳之嗣。春秋时，郑国、楚国强大，许国遭到强国侵略，无法抵抗，只好委曲求全，迁徙以避锋芒。许国每三至五年就迁徙一次，可以见其所面临的险恶局势。当时诸侯纷争，许国这样的小国最终也未能躲过被吞并的厄运。许元公在位时，被楚国攻灭。

② 虞国，周初武王所封诸侯国，姬姓，在今山西南部夏县和平陆北一带。公元前655年，虞国君贪图晋献公的宝马和美玉，借道给南下讨伐虢国的晋国军队，晋军灭虢国回师途中，又灭亡了虞国。这就是成语"假道灭虢""唇亡齿寒"的来源。

③ 子家（？~前599），姬姓，郑氏，名归生，字子家。春秋时郑国执政大臣。郑灵公时，与子公（公子宋）同为郑卿。鲁宣公二年春，受命于楚伐宋，败宋师于大棘，获甲车四百六十乘，俘二百五十人。后与子公联合杀死郑灵公。襄公六年，他死后，国人以他曾杀死灵公为由，将其族驱逐。

④ 冯用之：《机论上》，《唐文粹》卷三七。

这就是说，如果得其机，就能化仇敌为心腹，何况施以恩惠？如果失其机，就会化亲友为仇敌，何况离间疏远？在这里，是化敌为友还是化友为敌，关键在于得机或失机。春秋时期，齐桓公虽然雠怨，为人霸气，但却能充分利用管仲的机谋机智，从而达到"九合诸侯，一匡天下"之目的，这即是"雠怨得国"之例；反之，卫懿公爱好养鹤，为人宽厚，但玩物丧志、治国无方，丧失臣下之信任，最终导致士卒不战而国家灭亡的恶果，这又是"好鹤失国"之证。可见，在治国实践中，得失转化"易如反掌"，兴亡更替"疾如旋踵"。在冯用之看来，得与失、兴与亡作为矛盾双方，并没有固定不变的绝对界限，而是在一定条件下相互易位，相互转化的。其易位、转化的根本条件就在于能否抓住时机，顺应时势。如能抓住时机，顺应时势，则可以使国家兴旺；否则，必然使国家衰亡。在这里，他通过论述得与失相互转化、兴与亡相互更替的辩证法则，凸显出利用时机、抓住机遇的重要性和必要性。

其三，"机生于智"的机智观。在机与智的关系上，冯用之论述了"机生于智"的机智观。所谓"机智"，就是机敏聪慧，随机应变。他引用老子的观点说：

老氏云："以智治国国之贼，不以智治国国之福。"① 然则智非机耶？机非智耶？答曰：机者生于智者也，智者随其性者也。

在治国方略上，老子主张无为而治，反对以智治国。因为他将"智"视为智巧机诈，秉持贬的态度②，这与其一贯主张"见素抱朴"的观点背道而驰。与道家不同，冯用之则把机与智联系起来，提出"机生于智，

---

① 冯用之：《机论上》，《唐文粹》卷三七。老子语出《老子》第六五章，其意是说：用智慧治理国家，是国家之害；不用智慧治理国家，则是国家之福。

② 《老子》第一八章言："大道废，有仁义；智慧出，有大伪；六亲不和，有孝慈；国家昏乱，有忠臣。"其意是说：大道废弃了，才提倡仁义；聪明机巧出现了，伪诈才盛行一时；家庭出现了纠纷，才显示出孝慈；国家陷于混乱，才能见出忠臣。

智随于性"的观点。二者的关系是：机以智慧为基础，无智慧即无机智；智又以伦性为主导，无伦性则智慧流于机巧机诈。在这里，他把儒家的伦理道德之性（即"伦性"）引入机智观，以此遏制机智向机巧机诈的蜕变，矫正道家将机智诠解为机巧机诈的偏颇，并凸显出机智在治国实践中积极的、正面的价值取向。

冯用之虽然不同意道家对智慧的轻蔑和贬斥态度，但并未否定其因任自然、无为而治的治国方略。他举例说：

> 大人君子，得其远者大者，为而不有，功成不居①，使天下熙熙然若登春台，如享太牢②，不知帝力，故为国之福。非谓其无虑无思，兀兀然如草木鸟兽，而能治国者也。细人曲士，得其小者近者，嗜欲系焉，矜伐在焉，是非生焉，争斗兴焉，故为国之贼。③

一方面，由于大人（统治者）和君子（品德高尚之人）遵循无私无为、因任自然的治国法则，能够使百姓在不知不觉中接受统治，国家得到治理，从而形成太平盛世之气象。这是既远且大的机智之利。但另一方面，由于细人（见识短浅之人）和曲士（孤陋寡闻之人）玩弄机巧机诈之术，算计利弊得失，从而使贪图享受、恃才夸功、搬弄是非、争夺斗殴大行其道，国家深受其害。这又是既小且近的机巧机诈之害。在这里，冯用之把机智与机巧、机智与机诈区别开来，明确提出要尊崇机智、善用机智；摒弃机巧，遏制机诈。

那么，为何要尊崇、善用机智？这是因为机智在治国实践中具有必要性和重要性。冯用之说：

---

① 《老子》第二章言："万物作而不辞，生而不有，为而不恃，功成而弗居。"其意是说：万物各自生长，而圣人不占为己有；万物各有所为，而圣人不去主宰；事功告成，而圣人不以有功自居。

② 语出《老子》第二〇章："众人熙熙，如享太牢，如登春台。"后世以"享太牢"比喻享太牢之宴席，以"登春台"比喻盛世和乐之气象。

③ 冯用之：《机论上》，《唐文粹》卷三七。

> 且圣人不仁，以百姓为刍狗①，不仁之仁，岂非机耶？国不用机，以克永世，匪我攸闻。夫茫茫六经，万机之囿，昭昭前史，万机之鉴。仲尼云："知几其神乎！"②

在他看来，道家因任自然，不感情用事，对百姓一视同仁（"不仁之仁"），就是机智，治国不用机智而能长治久安者闻所未闻；儒家诸多义理深奥的经典是机智的宝藏，清楚明白的前代历史又是机智的镜鉴。孔子提出只有预先察知事物机变之征兆，才能进入随机应变的神妙境界。显然，他在这里从"儒道互补"的学术立场出发，阐述了机智对经邦济世的必要性和重要性。

其四，"斯术也，莫不以合义为本"的机术观。机智落实、贯彻到具体操作或方法层面上就是机术，即机智权变之术。因此，在机与术的关系上，冯用之又阐述了"合义为本，趣时为用"的机术观。他说：

> 至哉斯术也，莫不以合义为本，趣时为用。苟悖于义，则悦随者寡；未逢其时，则虚其事。稽其取与离合之际，可谓神矣。③

机作为机智权变之术，与机智一样，也要以符合儒家伦理道德为本，以适时应变为用。如果机悖于伦常（"义"），那么乐于随从者少；如果机不逢时，那么虚有其事而又无实效。考察义之体、时之用的取与舍、离与合之间关系的变化，可谓是神妙无穷的最高境界。在这里，冯用之仍然把儒家伦常道德之义纳入机术观，并提出机术必须要受伦常道德（"义"）的制约和限制，才能有效地遏制机术背离伦常道德（"义"）

---

① 语出《老子》第五章："天地不仁，以万物为刍狗；圣人不仁，以百姓为刍狗。"其意是说：天地不以情感用事，对万物一视同仁；圣人不以情感用事，对百姓一视同仁。
② 冯用之：《机论上》，《唐文粹》卷三七。
③ 冯用之：《机论上》，《唐文粹》卷三七。

的负面价值效应。

为了防止机术向机巧、机诈的蜕变,有效遏制其负面价值效应,冯用之又把儒家"亲其亲、子其子"的仁爱精神和"安人、利人"的互助精神引入机术观。他说:

> 《经》曰"不独亲其亲",则天下皆亲;"不独子其子",则天下皆子,富哉是机也。我以天下为亲为子,天下孰不以我为亲为子乎?夫然,故灾害不生,祸乱不作,此圣人之旨也。则知欲安者必先安于人,欲利者必先利于人,能安人而人不安之,能利人而人不利之者,未之有也。①

冯用之提出儒家倡导的天下皆亲、天下皆子的仁爱精神,先安于人、先利于人的互助精神,在治国实践中既能够防止灾害祸乱的发生,达到国家大治的目的,也是圣人行机用机的根本宗旨和最终目标。在这里,他试图将儒家的仁爱精神、互助精神注入机术观,以此遏制机术向机诈、机巧的蜕变,确保行机用术的正面价值效应。这种机术观鲜明地体现出儒家的仁爱精神和民本精神。

冯用之坚守"以义为本,以时为用"的理论立场,又通过列举历史上的诸多事例,将机术区分为四种类型。他说:

> 虽离娄之目不可视,乌获之力不可制,南金之利不可断,迅雷之声不可及。夫神器至重也,尧不与子,而禅于舜,盖取圣之机也;舜不让丹朱而复禅禹,盖取时之机也。兄弟至亲,周公离于管蔡,取贤之机也;秦越之疏,嬴氏合于由余,取霸之机也。②

历史上的圣帝、明君、贤臣、霸主之所以能够成就王霸之业,关键就在

---

① 冯用之:《机论上》,《唐文粹》卷三七。
② 冯用之:《机论上》,《唐文粹》卷三七。

于善于取机行机。如：尧能成为圣帝，就在于"取圣之机"；舜能成为明君，就在于"取时之机"；周公能成为贤臣，就在于"取贤之机"；嬴政能成为霸主，亦在于"取霸之机"。如果弃机去机，就不可能成就王霸之业，更不可能使尧、舜、周公、嬴政成为圣帝、明君、贤臣和霸主。"设令尧与丹朱而弃舜，亿兆之心，竟归于虞，则不谓之圣帝矣；舜忘大义而顾小节，不承尧而禅禹，则不谓之明君矣；周公昵管蔡而不戮，必坠文武之业，则不谓之贤臣矣；秦伯鄙由余而不用，必失四方之士，则不谓之霸主矣"①。

在他看来，取机行机固然重要，但在治国实践中却不易把握和操作，因为机本身具有不可知、不可测的性质。稍有不慎，就会丧失良机。他比喻说：

> 天下虽闻之而不可知，虽见之而不可测。善为国者，如偃师焉，民如幻也，欲之动，欲之静，机在于我，岂当不悦乎？善为君者，犹造父焉，人犹马也，欲之东，欲之西，策在于我，岂有能违乎？②

偃师是古代传奇式的机械师，造父是为周穆王驾车平定镐京叛乱之人。这表明，善于治国的君主或统治者就像偃师和造父，被统治的臣民犹如机器转动的零件和奔跑的马匹，是动是静，是东是西，完全取决于行机用策的主体，"机在于我""策在于我"，"我"即治国之君。在这里，冯用之既强调了行机用策的灵活性和应变性，也高扬了行机用策的主体性和能动性。

其五，行机用机的主体和价值。冯用之不仅论述了机论哲学思想，而且阐发了行机用机的主体和价值问题。机作为经邦济世之方法，其用途至微至广。他说："机者机也，经纬天下，织综人事而已矣。机者微

---

① 冯用之：《机论上》，《唐文粹》卷三七。
② 冯用之：《机论上》，《唐文粹》卷三七。

也,发之至微,用之至广。"① 然而,机又是一把双刃剑:既可以取得行机之利,也会遭受行机之害。他认为,行机用机的不同效果或价值,是由行机用机的不同主体所致。他说:

> 大人行之,则合于道,细人窃之,则阶于乱。合道所以济世,阶乱所以灭身。济世,机之利者也;灭身,机之害者也。②

作为统治者或王公贵族的"大人"行机用机,合乎儒家伦常之道,可以达到经邦济世之目的,这是"机之利";而作为见识短浅或孤陋寡闻的"细人"窃机投机,由于背离儒家伦常之道,致使社会动乱不安,遭受灭身之祸,这又是"机之害"。因此,对机之利害要有全面的认识和把握。知利而不知害,或知害而不知利,不仅在思想理论上是片面的,而且在治国实践上也是有害的。他又举例说:

> 知利而不知害,虽去其害,害必悦之;知害而不知利,虽就其利,利必违之;知利而知害,知去而知就,其惟圣人乎!文王、武王,知机之君也,箕子、周公,知机之臣也。夫三才设位,而机行乎其中矣,得之者昌,失之者亡;善用则集乎百祥,昧用则来乎百殃。故天之一发,龙蛇为之起陆;人之一发,天地为之反覆。范蠡善用也,勾践以之克霸;无极昧用也,楚国于焉殄瘁。③

只有机之利害兼知,去就兼顾,才能进入圣人知机行机的最高境界。如文王、武王便是知机之君,箕子、周公便是知机之臣。在天地人"三才"之间,得机之利便能使国家繁荣昌盛,失机之害必然使国家濒临灭亡。春秋时期,范蠡因善于用机辅佐越国勾践,最终遏制吴国称霸;楚

---

① 冯用之:《机论上》,《唐文粹》卷三七。
② 冯用之:《机论上》,《唐文粹》卷三七。
③ 冯用之:《机论上》,《唐文粹》卷三七。

太子费无极因不善于用机，最终使楚国陷入困穷，乃至灭亡。在这里，他一方面明确分辨了机之利与害，强调要知机之利，避机之害；另一方面还特别强调了知机行机主体的重要性，只有"圣人""大人"才能得机之利，避机之害。

总之，冯用之站在儒道兼宗的学术立场上，从存在论和方法论的维度，对机道观、时机观、机智观和机术观作了全面阐发，并对行机用机的主体和价值问题作了深刻论述，由此大大提升了"机"在政治哲学、道德哲学和历史哲学中的地位和作用，并开创了中国机论思想之先河。

二

冯用之不仅论述了机论思想，而且还从方法论和价值论的视角，阐述了"应于事变之谓权"的权论思想。

权与经密不可分。经为秤衡，权为秤锤。《广雅》："秤谓之衡，锤谓之权。"① 权作为秤锤，随物之轻重而移动变化，达到平衡，故又引申为权衡的智慧和权变的方法。关于权由秤锤演变为方法论范畴的逻辑进程，赵纪彬先生疏解为四个阶段，即：由"拳力""勇力"到"权力""能力"又到"标准"最后到"权谋""权变"。但把权提升为方法论范畴的，则是春秋末叶的孔子。② 权范畴的哲学含义颇丰，主要有三：一是最高境界。孔子说："可与共学，未可与适道；可与适道，未可与立；可与立，未可与权。"③ 这种由"学"到"权"的过程是一个循序渐进的提升过程，而权变则是这个过程中的最高境界。故此，《淮南子》言：

---

① 《广雅》卷八上《释器》。
② 赵纪彬：《释权》，《困知二录》，中华书局1991年版，第250~261页。
③ 《论语·子罕》。

"唯圣人为能知权。""权者,圣人之所独见也。"① 只有圣人,才能达到权的最高境界。二是权衡度量。孔子说:"谨权量,审法度。"② 孟子说:"权,然后知轻重;度,然后知长短。"③ 庄子也说:"为之权衡以称之,则并与权衡而窃之。"④ 可见,权又是一种衡量轻重或利弊的智慧。三是变通方法。孟子说:"男女授受不亲,礼也;嫂溺,援之以手者,权也。"⑤《文子》言:"圣人者,应时权变,见形施宜,世异则事变,时移则俗易,论世立法,随时举事。"⑥《公羊传》言:"权者反于经,然后有善者也。"⑦ 董仲舒亦言:"前枉而后义者,谓之中权。"⑧ 在此,权还是一种违礼反经、随时应变的变通方法。

冯用之对"权"范畴的界定,大体上承袭了公羊家的"反经合道为权"说,兼具权衡度量与权变方法二义。他说:

> 大哉!鼓天下之动,成天下之务,反于常而致治,违于道而合利,非权其孰能与于此乎?夫权者,适一时之变,非悠久之用,然则适变于一时,利在于悠久者也。⑨

就权与"道"和"常"之间的关系而言,权具有反于常、违于道的特性,但权衡权变的后果却具有"致治"的政治价值和"合利"的功利价值;就权的时空效用范围而言,权只能用于变,而不能用于常。虽然如此,但权却具有永恒的政治价值和功利价值。可见,冯用之与汉儒的权

---

①《淮南子·泛论训》。
②《论语·尧曰》。
③《孟子·梁惠王上》。
④《庄子·胠箧》。
⑤《孟子·离娄上》。
⑥《文子·道德》。
⑦《春秋公羊传·桓公十一年》。
⑧《春秋繁露·竹林》。
⑨冯用之:《权论下》,《唐文粹》卷三七。

说尽管具有承传关系，均主张"反经合道为权"说，但在权的价值取向上又存在着明显差异：前者强调权衡权变的政治和功利价值，而后者则凸显以"善"或"义"为主要内涵的伦理道德价值。

具体来说，冯用之的权论思想，可概括为经权观、权宜观、权衡观及权的价值和特质等方面。

其一，"以权济经"的经权观。在权与经的关系上，冯用之主张"以权济经"的经权观。经权作为体用范畴，具有不同的特质：经为"体"，具有原则性、常住性或稳定性；权为"用"，具有灵活性、变通性或应变性。若从时间性的常变关系来看，经只能用于常而不能用于变，权只能用于变而不能用于常，即正常时期守经，非常时期用权。①但社会发展变化是绝对的、永恒的，必然出现经不可行之处、不可行之时。在这种不能两全或二难矛盾的境遇中，就必须随时应变、灵活变通以行权，以补充经之不足，适应社会发展变化之需要。这即是"以权济经"。冯用之说：

---

① 关于经、权与常、变之关系，一般将经等同于常，权等同于变。但亦有例外，如明代高拱曾提出不分常变、得已不得已，均需用权。他说："夫'权以达变'，固也。至于居'常'之时，其人伦物理，虽至纤细，莫不各有当然不易之则。然所以各当其则，而无过、不及之差者，果孰使之然欤？且善用权者，莫若孔子。今观其动静语默，孰非权者，果何分于常变欤？""世之言权者，大抵皆称古人不得已之事，如'舜不告而娶'之类。夫不得已而为处者，易见者也，权固也。然而天下之事，岂皆不得已而后为处者乎……安可谓变则用权，而常则可不用也？""夫权也者，既以轻重言，则是无常变、无巨微，而无不为之低昂者也。非谓不得已始用之，而得已可不用也。"（《问辨录》卷六《论语》）今人余治平也强调经、权与常、变之别，其说："从总体内容上看，'经'与'常'相匹，'权'与'变'相应。但严格说来，'经'还不能完全等同于'常'，'权'也不能直接就是'变'……'常'中有'经'，但是'经'却未必就能够代表'常'；同样，'变'蕴涵着'权'，但是'权'却不能等同于'变'。"（余治平：《唯天为大——建基于信念本体的董仲舒哲学研究》，商务印书馆2003年版，第437~438页）

> 圣人知道德有不可为之时，礼义有不可施之时，刑名有不可威之时，由是济之以权也。其或不可为而为，则礼仪如画饼充饥矣；不可施而施，则礼义如说河济渴矣；不可威而威，则刑名如治丝而棼矣。岂惟乖理，实足资乱，故用权之际，道德可乘，礼义可置，刑名可弛。及乎发号施令，如风偃草，众知响方，莫敢不服，与夫道德礼义刑名之功，又何异哉！虽曰弃之置之弛之，盖殊途而同归也。①

经作为封建制度和人伦原则，从时代内涵来看，包括以纲常名教、人伦礼仪、政治法律为主要内容的道德规范、礼义制度和刑名制度。随着社会发展和时势变化，道德、礼义、刑名之经不能固守、施行或使人敬畏之时，这就需要"济之以权"，即应时而变、灵活变通的权变方法。不然，道德、礼义、刑名（"经"）就像画饼充饥、说河济渴、治丝而棼②一样，必然丧失道德教化、礼义规范和刑名惩罚的效用和价值。因此，在非常时期，权可以突破道德、礼义和刑名的限制，即道德暂时弃之，礼义暂时置之，刑名暂时弛之，这不仅不会使经失去对权的规范作用，反而会像发号施令一样，获得"众知响方，莫敢不服"的理想效果。就此而言，道德、礼义、刑名之经与应时而变、灵活变通之权的功效和价值并无不同，没有差别，即正常时期守经与非常时期用权可以"殊途而同归也"。在这里，冯用之通过论证经与权的互补性，充分肯定了权变的效用和价值。

其二，"从权制宜"的权宜观。所谓"权宜"，是指权衡权变要适宜适度。在冯用之看来，权衡权变只有适宜适度，即符合天地之道的变化，才能取得至仁无私的道德价值。而天地变化的永恒性和绝对性，又

---

① 冯用之：《权论下》，《唐文粹》卷三七。
② 语出《左传·隐公四年》："臣闻以德和民，不闻以乱。以乱，犹治丝而棼之也。"其意是指理丝不找头绪，会越理越乱。比喻解决问题的方法不正确，会使问题更加复杂化。

决定了权衡权变的必要性和重要性。他说：

> 故权者，国家之利器也。辎重可离，而权不可失；兵食可去，而权不可无。迅雷发则群物惊，大风起则万汇振，严霜冽则众木落，迟日升则百卉秀，孰为此者？曰天地也，天地尚或用之，而况于人乎！①

权作为治理国家的利器，比战争中的辎重、兵食还要重要，是不可失、不可无的。天地出现的迅雷、大风、严霜、迟日等反常现象，并引起整个宇宙的变化，就是天地权变的结果。人道应该效法天地之道，要治理好国家，也必须行权用权。不仅如此，他又提出权衡权变还要效法天地之德性，如此才能实现"至仁""无私"的道德价值。他说：

> 夫天之德至仁也，地之道无私也；至仁则不伤于物，何乃行肃杀之令乎？盖秋不杀则春无以生矣；无私则不党于人，何乃行垂灾渗之变乎？盖恶不瘅，则善无以彰矣。一弛一张，天道乃长；一惩一劝，天道乃远；观天之道，执天之行尽矣。是以君子则而象之，体而行之，故当不合用而用，不合弃而弃，不合赏而赏，不合诛而诛者，皆从权而制宜也。②

"至仁"是天道的德性，表现为不毁伤于物，但秋不肃杀而春就不能生长；"无私"是地道的德性，显现为不偏私于人，但恶不憎恨而善就不能彰显。因此，秋之杀与春之生是一弛一张，恶之憎与善之彰是一惩一劝，这乃是天地之权变的长远之道。作为有道德修养的君子，应当效法天地这种张弛、劝惩的权变之道，在非常时期"不合用而用，不合弃而弃，不合赏而赏，不合诛而诛"，力行随机应变、灵活变通的权变方法，

---

① 冯用之：《权论下》，《唐文粹》卷三七。
② 冯用之：《权论下》，《唐文粹》卷三七。

如此才能实现"至仁""无私"的道德价值。这即是"从权而制宜也"。在这里,冯用之从中国天人合一的传统观念出发,不仅为权衡权变奠定了天地之道的宇宙论基础,论证了权变方法的正当性和必要性,而且还显现出权衡权变"至仁""无私"的道德价值。

其三,"权之大端,在于利害"的权衡观。所谓"权衡",就是随着时势的变化发展,王朝的兴衰更替所面临的两难困境,权衡孰利孰害,或利大害小,或利小害大,据此做出恰当的判断和正确的抉择,即"夫权之大端,在于利害而已矣"①。如果"利万而害一,害之何伤";如果"害百而利十,利之必亡"。否则,"苟害于事,虽鄙俚之议,君子惧之;苟利于后,虽先王兴教,达人抗行也"②。可见,权衡的作用和价值就在于在利与害之间做出正确的抉择和取舍。一般而言,权衡是权变的基础,权变是权衡的体现,即权衡是权变的更高要求,只有恰当的权衡,才有合格的权变,不然,没有权衡的恰当判断,就不会有正确的权变方法。对权衡的重要性,冯用之举出两例加以说明:一是以出身资格与用贤治国、选将打仗的矛盾为例说:

> 高宗知傅说之贤,欲委之代天,取于皂隶之徒,仪于百辟之上,虑群情弗协,事难以济,故称梦得贤相,乃刻像而求之,商之中兴,赖善权之主也。文王知太公之贤,欲擢居辅弼,搜于屠钓之间,致于三公之上,庶士靡靡,恐未遵从,故称天遗我师,乃出畋而获之,周之永年,赖善权之君也。③

殷高宗知人善任,欲用贤才傅说为宰相,但傅说出身于筑墙之奴,地位低微,恐难以服众,事难以济;周文王亦知人善任,欲用贤才姜太公为辅弼之臣,但姜操持宰牲、钓鱼之贱业,恐士兵不听指挥,不从军令。

---

① 冯用之:《权论下》,《唐文粹》卷三七。
② 冯用之:《权论下》,《唐文粹》卷三七。
③ 冯用之:《权论下》,《唐文粹》卷三七。

面对这种出身资格与用贤治国、选将打仗的两难矛盾,殷高宗不因为傅说地位低微、周文王不因为姜太公操持贱业而弃之不用,而是权衡利害、轻重,深知用贤治国、选将打仗比出身资格更为重要,于是他们毅然破除出身资格限制,并分别假借"托梦"和"天命"的说辞,最终既使贤才得到重用,也使得商朝得到中兴,周朝获得永命,取得两全其美的最佳效果。如果高宗和文王没有权衡利害、轻重的智慧,那么,"傅岩虚老而莫伸,渭滨没齿而不用,栋梁斯坏,其何以兴"①?二是以慈孝与性命、基业的矛盾为例说:

> 子虽至亲,西伯食其肉,不然,则死于羑里也。父虽至尊,沛公索其羹,不然,则臣于项籍也。西伯非不慈,盖子已死,不食则己身亦毙;沛公非不孝,盖其父为虏,奔赴则己身亦降,又何益乎?能舍无益之慈孝,成莫大之基业,大人之权变,不可得而闻也。②

文王被殷纣王囚禁羑里。他虽怜爱幼小,但在面临饿死与食子之间的选择时,他深知国重子轻之义,不得不做出舍其子的权衡抉择,食其子而保全性命,最终使小邦周灭掉大邦殷,建立大一统的周王朝。刘邦秉持孝道,但其父却被霸王项羽所制服,在尽孝与成就霸业之间,不得不做出舍弃孝道的权衡抉择,索其羹而避免臣服于项羽,最终使弱小汉军打败强大楚军,奠定西汉基业。可见,文王和沛公面对两难困境,做出权衡轻重利弊的正确抉择,才成就了莫大的基业。总之,上述两个事例表明,在解决用贤与治国、选将与打仗、慈爱与性命、孝道与基业的两难矛盾中,恰当或正确的权衡是何等的重要,故此,"权之时义大矣哉"。

其四,"反而后合"的权变特质。权变不是直线式、循环式的方法,

---

① 冯用之:《权论下》,《唐文粹》卷三七。
② 冯用之:《权论下》,《唐文粹》卷三七。

而是一种由反到合、由否定到肯定的方法。① 冯用之引《周易·系辞下》的观点说：

> 夫乾坤之道，易简也，而犹穷则变，变则通，通则能久。故王公设权以固其国，知变以驭其民。善驭者，视人如婴孩，悟之诱之，莫不胥悦；不善驭者，以民为规矩，谓方圆定矣，不能苟合。②

在他看来，天地之道具有"穷则变，变则通，通则久"的特性，故统治者应该效法天地之道，设权以治理国家，知变以驾驭臣民。能否"设权知变"，灵活变通，是衡量是否"善驭"的重要标准。那么，如何"设权知变"？他提出要"任其势"，即根据时势变化而取舍或进退。他说：

> 善权变者如奕棋焉，或取或舍，或进或退，无固无必，皆任其势也。舍非资敌，盖舍小而取大；退非怯彼，盖进损而退益。③

权变就像下棋一样，是取是舍、是进是退没有固定不变的标准，而要根据棋局的变化形势来权衡权变；在一定条件下，舍弃或退却并非是惧怕对方，而是棋局变化形势的需要，"舍小而取大""进损而退益"。他又举例说："太甲不治，伊尹放之，俟其改过，而反其政。公子光谋乱，

---

① 赵纪彬认为权变方法具有"反"的特点，提出《论语》"'偏其反而'的'反'字，正是孔子权说的方法论特点"。就"反"而言，又有"背反"与"反归"之别。所谓"背反"，就是一往直前，正面决裂，拒绝绕弯前进的方法。显然，这种意义上的"反"与"偏其反而"的"反"相抵牾。"偏其反而"之"反"是"反归"之"反"，非"背反"之"反"。孔子也正是用"唐棣之华"（即黄花木）的"偏其反而"为比喻，以说明"偏其反而"而后"复归于合"，即"权道反而后至于大顺"。（参见赵纪彬：《〈论语〉"权"字义疏》，《困知二录》，中华书局1991年版，第267页）
② 冯用之：《权论下》，《唐文粹》卷三七。
③ 冯用之：《权论下》，《唐文粹》卷三七。

伍胥避之,乃进专诸,以成其志,然后尽事君之节,雪杀父之冤,不其伟欤!"① 对这种由反到合、先反后合,即由否定到肯定的权变方法,冯用之作了明确阐述:"夫事有先夺而后与,先顺而后取。""至哉!始离而终合,始逆而终顺,始非而终是,始失而终得,权之旨也。"② 在这里,他提出权变的主旨并非直线式的方法,而是一种否定性的方法,即由反到合、由否定到肯定的方法。实质上,这种"反而后合"就是一种否定之否定的方法。正如赵纪彬所言:这种方法"不从正面而从侧面,不是一往直前而是以退为进的特殊的'反';不是由合而分,彻底决裂,而是由分而合,复归于和谐"③。

其五,权变方法的价值取向。权不仅是权衡轻重利弊的智慧,而且还具有"明是非、定向背、测成败、决取与"的多重价值取向。冯用之说:

> 夫是非未明,向背未定,成败未测,取与未决,当此之时,行权之时也。故权可以明是非,定向背,测成败,决取与。④

不仅如此,他还根据《周易·系辞下》"巽以行权"的观点,把权比喻为风,以此说明权的价值和作用。"巽,风也。风行也,无不可动之物,无不可往之所;权之用,无不可治之时,无不可成之事。"⑤ 风作为自然物,具有恒动不拘、恒变不滞、恒化无阻的性质。与此相似,权作为随时应变、灵活变通的方法,具有普遍的效用和价值,即普适性。对此,冯用之举出四例加以说明。例一:"穰苴布衣见景公,景公委之以兵柄,

---

① 冯用之:《权论下》,《唐文粹》卷三七。
② 冯用之:《权论下》,《唐文粹》卷三七。
③ 赵纪彬:《〈论语〉"权"字义疏》,《困知二录》,中华书局1991年版,第267页。
④ 冯用之:《权论下》,《唐文粹》卷三七。
⑤ 冯用之:《权论下》,《唐文粹》卷三七。

斩一宠臣,三军畏慑,克成其功也。"① 司马穰苴是春秋末齐国著名军事家。齐景公时,晋伐阿、甄,而燕侵河上,大夫晏婴向景公推荐穰苴,景公即委任穰苴为将军,率兵抵御燕、晋之师,又委派宠臣庄贾为监军。二人约定:明日中午在军门会面。第二天,穰苴早到军中,专候庄贾。而庄贾却迟至日暮,才姗姗来到军中。穰苴责问,提出依军法当斩。庄贾急忙派人驰报景公,使者未及返回,穰苴便已斩庄贾,并向三军宣示,最终克敌制胜。例二:"孙武被褐谒吴王,吴王试以教战,戮三嬖妾,众女整齐,卒显其能也。"② 春秋时布衣出身的孙武以兵法拜谒吴王阖闾,教以战法,吴王令其试以爱妾,但其爱妾嬉戏不止,孙武三令五申,爱妾不从,终被孙武处死,于是吴王知孙武能用兵,卒以为将。例三:"昔晋文公见天王于河阳,谲则谲矣,而夹辅之勋,垂于史册。"③ 晋献公之子晋文公,名重耳。因家庭变故,在外流亡十九年。他险阻艰难备尝之,民之情伪备知之。所以他更懂得如何运用权变方法。晋文公即位之时,发生了周襄王纳狄女隗氏为后引发的周王室政治动乱,周襄王出逃并向各国求助。晋文公抓住时机,帮助其平定内乱。作为酬劳,晋国得到了多个城邑,拓宽了疆土,接着,晋文公开始逐鹿中原。公元前632年,晋、楚大战于城濮,楚国大败。战后,晋文公与齐、鲁、卫、宋等七国盟于践土,周襄王策命晋文公为侯伯。此次会盟,标志着晋文公霸主地位的确立。例四:"鬻拳谏楚子以兵刃,悖则悖矣,而尽忠之节著于《春秋》。"④ 鬻拳为楚国宗室后裔。春秋时,因事诤谏楚文王,不从,乃以兵刃威胁之。事后,自认为逼君有罪,自削一脚,以示服罪。文王敬其忠诚,授以大阍之职,使其主管郢都城门。楚文王十五年(前675),楚军被巴军击败,他故意闭门不纳,拒不开启城门。文王只好转兵向东,打败黄国回师,途中病逝。他在安葬文王后自杀,

---

① 冯用之:《权论下》,《唐文粹》卷三七。
② 冯用之:《权论下》,《唐文粹》卷三七。
③ 冯用之:《权论下》,《唐文粹》卷三七。
④ 冯用之:《权论下》,《唐文粹》卷三七。

葬于文王墓前。为"忠君"而"胁君",功罪暂且不论,但为国之大利,鬻拳确是善用机权之人。由上可见,穰苴能使"三军畏慑,克成其功",孙武能使"众女整齐,卒显其能",晋文公能"夹辅之勋,垂于史册",鬻拳能"尽忠之节著于《春秋》",就在于他们善于权谋权变,也分别显现出"明是非、定向背、测成败、决取与"的权变价值观。

总之,冯用之从方法论和价值论的维度,通过列举大量的政治、历史事例,不仅阐发了经权观、权宜观和权衡观,而且还阐述了权变的特质和价值问题。这种权变思想上承汉代权说,下启宋明权说,在中国权说史上具有承上启下的重要地位。

三

冯用之在阐发机论和权论思想的基础上,对机与权的关系问题也有简略论及,并提出"知机而知权"的机权观。他在回答"机之与权同乎、异乎"问题时说:

> 异也。设于事先之谓机,应于事变之谓权。机之先设,犹张罗待鸟,来则获矣;权之应变,犹荷戈御兽,审其势也。知机而不知权者,得于预谋,失于临事;知权而不知机者,巧于临事,拙于预谋;知机而知权者,帝霸之君也,王佐之臣也。自五帝既降,舍机权而能治天下者,未之有也。①

从时间视角来看,机权之异就在于有先后之别:机是事变之前的"预谋"或预设,而权则是事变之后的"临事"或应变。先设之机犹如张网待鸟,来则捕获;应变之权犹如荷戈御兽,审时度势。尽管机权在时间

---

① 冯用之:《权论下》,《唐文粹》卷三七。

上有先后之异，但如果知机而不知权，就会得于预谋而失于应变；如果知权而不知机，就会巧于应变而拙于预谋；如果机权兼知，就会成为预谋与应变兼得的"帝霸之君"和"王佐之臣"。五帝以降，机权俱舍而能够使天下大治者，还没有出现。在这里，冯用之既强调知机的重要性，又强调知权的必要性，只有机权兼知、谋变兼得，才能达到天下大治的目的。不过，在机权关系问题上，冯用之只阐述了机权之异，并没有论及机权之同，这在理论上显然具有知异而不知同的片面性。

四

上述探讨和分析，可以凸显出冯用之机权观的三个基本特征：其一，开创性的学术贡献。就机论思想而言，唐代之前，无论是先秦子学、两汉经学，还是魏晋玄学，均没有对机论思想进行专题探讨，而冯用之却对机论思想的丰富内涵作了全面发掘和研究，由此开创了中国机论思想之先河；就权论思想来说，他的权论思想上承汉儒的"反经合道"[1]说，下启宋儒程颐的"权便是经"[2]说和朱熹的"常则守经，变则行权"[3]说，是汉宋权论思想发展的中间环节，具有承上启下的传承地位。其二，实证性的研究方法。冯用之的机权思想不是空谈玄理、坐而论道，而是通过列举、概述和引证诸多政治事件、道德事件和历史事例，不仅全面阐述了机权思想的丰富内涵，而且还阐明了机权思想的政治价值、道德价值和历史价值等诸多工具价值取向。这使其形而上的机

---

[1] 如《春秋公羊传·桓公十一年》载："古人之有权者，祭仲之权是也。权者何？权者反于经，然后有善者也。"

[2] 如程颐说："权只是经也。自汉以下，无人识权字。"（《论语集注·子罕》）又说："今人说权不是经，便是经也。"（《河南程氏遗书》卷一五）

[3] 如朱熹说："'可与立'者，能处置得常事；'可与权'者，即能处置得变事。"（《朱子语类》卷三七）

权哲学与形而下的机权实践得以贯通，使其机权哲学具有深厚的现实和历史根基，从而也显现出机权思想的实证性特征。其三，融通性的理论视野。唐代是佛道盛行而儒学相对沉寂的时代。在这种学术氛围中，冯用之深受道家思想的影响，他曾多次引证以老子为代表的道家观点并作为其立论的根据，即是明证。另一方面，他又吸纳儒家思想，试图以儒家仁爱互助（如"爱人""安人""利人""至仁""无私"等）的伦理道德精神来遏制机智、机术向机诈、机巧的蜕变，以矫正道家思想之偏颇。这表明他的机权思想具有儒道兼容或儒道兼宗的特征。

当然，不能否认冯用之的机权观也存在着理论缺陷和局限。概言之，主要有三：一是实证倾向明显，义理阐述不足。他虽然提出诸多有价值的机权观点，但大多是以政治事件或历史事例或加以证明，并没有对机权范畴本身的丰厚内涵进行全面深入的发掘和阐述。这使其机权思想具有实证倾向明显、义理阐述相对薄弱之缺陷。二是机权统一性问题尚无论及。他虽然从时间维度上阐述了机权之异，强调其差异性，即"设于事先之谓机，应于事变之谓权"，但并没有论证机权之间的统一性。实际上，机与权不仅互渗互含，相辅相成，如"机中有权，权中有机"，而且还互为存在和变化的条件，即用"机之权，行权之机"。就此而言，他的机权思想有其理论上的片面性。三是儒道杂糅的混杂性。就其机权思想的渊源来看，他秉持儒道兼宗的学术立场，既汲取儒家思想的养料，又吸收道家思想的养分，试图达到儒道互补的理想效果。可以说，这种儒道兼宗的学术立场，是由其所处的佛道盛行而儒学相对沉寂的唐代学术氛围影响所致。然而，儒道却是两种不同的文化派别或哲学体系：前者属于伦理哲学，后者属于自然哲学，更重要的是，他没有找到儒道间的犀通或衔接之处，更没有论及儒道互补的内在有效机制。这就使得他的机权观具有浑合杂糅之缺弱。

程颐"权"说探析

"权"作为权衡利弊的智慧和灵活变通的方法,是程颐哲学的重要内容。程颐权说是在继承孔孟权说的基础上,通过批判汉儒的"反经合道"说而形成的。在经权观上,他全面阐述了经与权的统一关系,试图通过强化经对权的绝对制约性,以此消解离经叛道、犯上作乱的异端倾向;在权道观和权中观上,论述了权衡权变的原则性、规律性和适度性问题,由此凸显出权衡权变在儒家哲学中的重要地位和作用。

目前,学界对程颐哲学研究颇多,成果丰硕,但对其权说研究却显得相当薄弱:一是专题研究付之阙如,虽然有些专著有所论及,但并非全面系统的探讨;有些论文亦有涉及,但又非专题之论①;二是研究内容过于偏狭,即局限于程颐经权观的阐发,至于其权义观、权道观、权中观的内容尚属空缺;三是程颐权说的基本特征、历史地位及其局限性等问题,更是无人论及。鉴于此,本文试图运用结构分析与义理阐释相

---

① 主要论著有:蔡方鹿:《程颢程颐与中国文化》,贵州人民出版社1996年版,第125~127页;杨国荣:《善的历程——儒家价值体系的历史衍化及其现代转换》,上海人民出版社1994年版,第283页;张立文:《中国哲学范畴史(人道篇)》,中国人民大学出版社1995年版,第726页;葛荣晋:《中国哲学范畴通论》,首都师范大学出版社2001年版,第626~627页;傅永聚等:《儒家政治理论及其现代价值》,中华书局2011年版,第152~153页;刘增光:《汉宋经权观比较析论——兼谈朱陆之辩》,《孔子研究》2011年第3期;田丰:《"反经合道"为"权"的再诠释》,《华侨大学学报(哲社版)》2012年第4期;等等。

结合的方法,就程颐权说的内涵、特征和局限性等问题加以全面系统的探讨和分析。

一

程颐权说是在继承孔孟权说的基础上,通过批判汉儒的"反经合道"说而形成的。如《春秋公羊传》以郑国国卿祭仲废忽(郑昭公)立突(郑厉公)事件为例说:"古人之有权者,祭仲之权是也。权者何?权者反于经,然后有善者也。"① 董仲舒把祭仲行权诠解为"前枉而后义者,谓之中权"②。"前枉"即是反经,"后义"即是"然后有善者"。他还依据阴阳观念,进一步论证了经权的互悖性。他说:"天以阴为权,以阳为经。阳出而南,阴出而北。经用于盛,权用于末。以此见天之显经隐权,前德而后刑也。"③ 以阴阳配经权,既有经南权北、经盛权末、经显权隐、经顺权逆等性质上的差别,又有"先经而后权,贵阳而贱阴"④ 的贵贱等级上的差异。可见,无论是公羊家的"权反于经"或是董仲舒的"前枉后义",都强调经权相对相反、互离互悖的关系,而这

---

① 《春秋公羊传·桓公十一年》。按,关于《春秋公羊传·桓公十一年》记载祭仲行权事件的全面研究及后世的不同评价,参见黎汉基《权变的论证——以〈春秋〉祭仲废立事件为研究案例》,载《中山大学学报(社科版)》2012年第5期;张端穗《西汉〈公羊春秋〉首立学官之由——以祭仲事迹之论述为焦点之探讨》,载《东海中文学报》2002年第14期;方旭东《被动行为者的责任问题——对〈公羊传〉"祭仲逐君"论的哲学研究》,载《江苏行政学院学报》2014年第6期;王若菡《论〈公羊传〉权变思想中的"反经合道"》,载《南京大学学报(哲学·人文科学·社会科学)》2015年第5期。

② 《春秋繁露·竹林》。
③ 《春秋繁露·阳尊阴卑》。
④ 《春秋繁露·阳尊阴卑》。

恰恰体现出汉儒"反经合道"说的理论特质。

　　汉儒"反经合道"说的提出，是与汉初黄老道学盛行的学术背景密切相关的。汉儒正是在道学思想氛围中，站在道学的立场上，否认经的神圣性、绝对性和至上性，论证反经的合法性、正当性，提升权在儒家哲学中的地位和价值，其主要原因就在于汉儒之"道"并非纯粹的儒家之"道"，而是吸纳了黄老道家"道生天地"①的本体之"道"的观念，从而表现出援道入儒、以道释儒的兼容精神或综合趋向。在汉儒那里，"道"作为形而上的本体范畴，是高于经或大于经的。"道"是宇宙的最高法则，而经只是"道"体现在政治领域、伦理领域中的一般原则，即政治制度、宗法制度、三纲五常、伦理道德。因此，在汉儒看来，权可以"反经"，但必须"合道"。这种褒权贬经，甚至权主经从的"反经合道"说，必然遭到宋儒程颐的严厉批判。

　　程颐之所以批判汉儒的权说，其根本原因就在于他们秉持的学术立场、对权范畴内涵的诠解及其面临的时代课题不同。与汉儒秉持的"道学"立场不同，首先，程颐站在"理学"的立场上，将"天理"提升为本体性、普遍性和总体性范畴②，而经只是"天理"在政治、伦理中的具体体现。因此，他不能容忍汉儒用儒家之外的原则（"道"）对经的否定、背反和僭越，动摇经的至高无上的地位，否则就必然使权流于"变诈"或"权术"，从而背离儒家思想的内在逻辑轨道。其次，汉儒将权视为"反经"的权变方法，而程颐则更明确地强调权的权衡、权度、权量或衡量之义。如，他在诠解《论语》"可与共学"一章时说：

---

　　① 如《老子》第四二章说："道生一，一生二，二生三，三生万物。"
　　② 在二程哲学中，"天理"作为本体论范畴，具有总体性、形上性和普遍性之特征。如二程说："万物皆只是一个天理。"（《河南程氏遗书》卷二上《二先生语二上》）又说："天下之事归于一是，是乃理也。"（《河南程氏外书》卷一《朱公掞录拾遗》）程颐说："天下物皆可以理照，有物必有则，一物须有一理。"（《河南程氏遗书》，卷一八《伊川先生语四》）"今一言以蔽之曰，万物一理耳。"（《河南程氏粹言》卷一《论道篇》）

"'权'与权衡之权同,秤物而知其轻重者也。人无权衡,则不能知轻重。"①"权之为言,秤轻重之义也。"②"权只是秤锤,秤量轻重。"③ 在权衡权度与权变方法的关系问题上,权衡权度是权变方法的更高要求,只有恰当的权衡权度,才有合格的权变方法。不然,没有权衡权度的恰当判断或抉择,就不会有正确的权变方法。这从下文可以明显地看到这一点。再次,以董仲舒为代表的公羊家虽然将儒学推向独尊地位,向汉武帝提出"罢黜百家,独尊儒术"的主张,但为了更化改制,重建汉代大一统的时代需要,不得不突破经的限制而提升权的地位和价值。而伊川所处的北宋则是自魏晋以来老庄之学盛行、佛教风靡的时代,为了抗拒佛老对儒学的侵蚀和消融,重新确立儒家的正统地位,他不得不吸纳佛老而又改造佛老,甚至批判佛老,以维护儒家之经的尊崇地位,遏制权对经的否定、背反和僭越。

正是由于上述学术立场、对权范畴的训解重点及其面临的时代课题之不同,使程颐对汉儒的"反经合道"说和老子的"权诈之术"说力持批判态度。先看对汉儒的批判。他说:

> 汉儒以反经合道为权,故有"权变""权术"之论,皆非也。④
> 世之学者,未尝知权之义,于理所不可,则曰姑从权,是以权为变诈之术而已也。⑤
> 古今多错用权字,才说权,便是变诈或权术。⑥

再看对老子的驳斥。他说:

---

① 《河南程氏外书》卷六《罗氏本拾遗》。
② 《河南程氏粹言》卷一《论书篇》。
③ 《河南程氏遗书》卷一八《伊川先生语四》。
④ 引朱熹:《论语集注·子罕》。
⑤ 《河南程氏粹言》卷一《论道篇》。
⑥ 《河南程氏遗书》卷一八《伊川先生语四》。

> 老氏之学，更挟些权诈，若言与之乃意在取之，张之乃意在翕之，又大意在愚其民而自智，然则秦之愚黔首，其术盖亦出于此。①
>
> 老子语道德而杂权诈，本末舛矣。申（不害）、韩（非）、苏（秦）、张（仪）皆其流之弊也。申、韩原道德之意而为刑名，后世犹或师之。苏、张得权诈之说而为纵横，其失益远矣，今是以无传焉。②
>
> 予夺翕张，理所有也，而老子之言非也。与之之意，乃在乎取之；张之之意，乃在乎翕之，权诈之术也。③

在程颐看来，汉儒、老子以权为"权诈之术"或"权术"，是对权的严重曲解。汉儒"以反经合道为权"必然流于"变诈之术"，老子"语道德"（"经"）而又挟杂权诈之术，从思维方式上说就在于片面强调经权对立互悖的性质，削弱了经（"道德"）对权的主导、制约作用，在权衡权变实践中摆脱了经的限制，否定了经的绝对性、至上性和神圣性。这正是造成后世以行权为借口而离经叛道、犯上作乱的重要理论根源。正如朱熹所说："伊川见汉儒只管言反经是权，恐后世无忌惮者皆得借权以自饰，因有此论耳。"④

二

程颐的学术使命，就在于消解汉儒为反经寻找合道的理论根源，消除老子语道德而杂权诈的思想基础，遏制后世借权以自饰而离经叛道、

---

① 《河南程氏遗书》卷一五《伊川先生语一》。
② 《河南程氏粹言》卷一《论道篇》。
③ 《河南程氏粹言》卷一《论道篇》。
④ 朱熹：《朱子语类》卷三七。

犯上作乱的异端倾向，维护经的绝对性、至上性和神圣性。因此，他明确提出与汉儒"反经合道"说相对峙的"权便是经"或"权只是经"说。他说："今人说权不是经，便是经也。"① "权只是经也。自汉以下，无人识权字。"② 这一权说旨在通过对经权绝对同一性的论证，一方面说明权衡权变不能离经，更不能反经，而必须以权行经，以权济经，即维护经的绝对地位和根本原则；但另一方面，这一命题实际上又内蕴着把权提升到经的高度的可能性，肯定权衡权变的政治价值和道德价值，论证权衡轻重和权变方法的必要性、合法性的意蕴。

那么，程颐是如何通过论证经权的绝对同一性而得出"权便是经"的结论的呢？

其一，就经权范畴的内涵来看，程颐是通过把经对权的规范或主导作用绝对化，限制权衡权变在时空上的效用范围，从而使权等同于经或提升为经的。何谓"经"？他说："庸只是常，犹言中者是大中也，庸者是定理也。定理者，天下不易之理也，是经也。"③ 经是不易之理即"定理"。作为"定理"之经，在政治哲学上是指既定的、永恒不变的原则，在时代内涵上是指封建社会的大纲大法，即政治制度、宗法制度、伦理道德及纲常名教等。经之为"定"，明显地体现出经的绝对性、永恒性、稳定性的特点，"经者，百世所不变也"④。何谓"权"？他认为，权只是在经所不及处而采取的应急措施或权宜之计，即权衡轻重利弊以通其变，以补经之不足。他以汉文帝杀薄昭当与不当为例说：

> 汉文帝杀薄昭，李德裕以为杀之不当，温公以为杀之当，说皆未是。据史，不见他所以杀之之故，须是权事势轻重论之……须权他那个轻，那个重，然后论他杀得当与不当也。论事须着用权。古

---

① 《河南程氏遗书》卷一八《伊川先生语四》。
② 引朱熹：《论语集注·子罕》。
③ 《河南程氏遗书》卷一五《伊川先生语一》。
④ 《河南程氏经说》卷八《中庸解》。

今多错用权字,才说权,便是变诈或权术。不知权只是经所不及者……①

在他看来,作为定理之经只是大纲大法,不能完全规范变化多端的"事势",因而在具体运用中就会出现不足或不及的情况,而权就是在经所不足或不及处所采取的灵活变通的方法和应急措施,从而达到对"事势"轻重利弊的正确判断和恰当处置。可见,经作为永恒不变的原则和大纲大法,决定或制约着权衡权变,而权衡权变必须严格限定在经所许可的范围之内,不允许僭越或背离。否则,就会使权陷入变诈之术,从而丧失行权的政治价值和道德价值。这即是朱熹所说的"常则守经,变则行权"。可以看出,程颐是通过把经对权的规范作用绝对化,限定行权在时空上的效用范围,使权等同于经、提升为经的。

其二,从经权关系上说,程颐把"义"视为经与权连接的纽带、贯通的桥梁,从而得出"权便是经"的结论。何谓"义"?《礼记》言:"义者,宜也,尊贤为大。"② 孟子说:"敬长,义也。"③ "义之实,从兄是也。"④ 可见,"义"即是适宜,亦即符合儒家"尊贤""敬长""从兄"为主要内容的伦理纲常和道德规范。就此而言,"义"同经的时代内涵是完全一致的。从"义"与权的关系来看,权既然是在不得已、不能两全的境遇中采取的权宜之计或应急措施,以此达到对时势的正确判断和恰当处置,当然亦是适宜。故此,程颐说:"何物为权,义也。"⑤ "夫临事之际,称轻重而处之以合于义,是之谓权,岂拂经之道哉?"⑥ 如果权量轻重"以合于义",那么权岂有违背经之道?既不违背经之道,怎能以"反经合道"为权?故权便是经。

---

① 《河南程氏遗书》卷一八《伊川先生语四》。
② 《礼记·中庸》。
③ 《孟子·告子上》。
④ 《孟子·离娄下》。
⑤ 《河南程氏遗书》卷一五《伊川先生语一》。
⑥ 《河南程氏粹言》卷一《论道篇》。

> 权量轻重，使之合义，才合义，便是经也。今人说权不是经，便是经也。①

在这里，他是将经与权视为"义"的两种不同属性：经体现出"义"的伦理纲常和道德规范等永恒不变的属性，权则表现出"义"在不同境遇中权衡轻重和灵活变通的属性。既然经与权都是"义"的体现或表现，当然，"义"就成为二者连接的纽带、贯通的桥梁，从而使权等同于经，将权提升为经。关于这一点，朱熹作了明确表述："'义'字大，自包得经与权，自在经与权过接处。"②"经自是义，权亦是义，义字兼经、权而用之。"③"义可以总括得经、权，不可将来对权。义当守经，则守经；义当用权，则用权。所以谓义可以总括得经权。"④由上可见，程颐通过经权同一性的论证，试图克服汉儒"反经合道"说"只见经权对立不见其统一"的片面性，消解二者之间的紧张关系和冲突，有其合理因素。然而，这种同一性则是只见同一不见对立的绝对同一性，甚至把权直接等同于经、提升为经，消解权的相对独立性和存在的价值。这样，程颐的"权便是经"说同汉儒的"反经合道"说一样，又陷入了另一极端。正如朱熹所言：

> 汉儒谓"权者，反经合道"，却是权与经全然相反；伊川非之，是矣，然却又曰"其实未尝反经"，权与经又却是一个，略无分别。恐如此又不得。⑤

> 大抵汉儒说权，是离了个经说；伊川说权，便道权只在经

---

① 《河南程氏遗书》卷一八《伊川先生语四》。
② 《朱子语类》卷三七。
③ 《朱子语类》卷三七。
④ 《朱子语类》卷三七。
⑤ 《朱子语类》卷三七。

里面。①

　　伊川谓"权只是经",如何?曰:"程子说得却不活络。"②
　　伊川说"权却是经",却说得死了,不活。③

可见,程颐的"权便是经"说虽然内蕴着以权济经、以权行经的经权同一性的合理因素,但对汉儒"反经合道"说的批判却有矫枉过正的偏颇。

总之,程颐的"权便是经"说强调经的绝对性、至上性和神圣性,试图以经权的绝对同一消解汉儒为反经寻找合道的理论依据,避免后世以行权为借口而反经叛道、犯上作乱的异端倾向。这种对经的强化和尊崇,使程颐权说显现出经学独断论倾向。

三

如前所述,程颐对经的强化和尊崇,并不意味着否定权衡权变的必要性,从他的"权便是经"说中就可以明显地看到这一点,这里有把权提升为经的意蕴。不过,在他看来,要实现权衡权变的政治价值和道德价值,避免使权流于变诈之术,行权不仅要受经的限定和制约,而且还要遵循和掌握行权的原则和规律,由此他又提出了"用权乃知道"的权道观。

程颐哲学之"道",主要有本体之"道"、规律之"道"、伦常之"道"三种意涵。与此相应,权变与"道"的关系也就有三个方面:

其一,行权要合乎本体之"道"。在程颐哲学中,"道"是最高的宇

---

①《朱子语类》卷三七。
②《朱子语类》卷三七。
③《朱子语类》卷三七。

宙精神实体，是无形、无声、无味的本体论范畴。他说："有形皆器也，无形惟道。"① 又说：

> 盖上天之载，无声无臭，其体则谓之易，其理则谓之道②，形而上为道，形而下为器，须着如此说。器亦道，道亦器，但得道在，不系今与后，己与人。③

无论是时间上的"今与后"，还是主体上的"己与人"，都是道的不同存在状态。在道与物的关系上，万物由道所产生，又以道为其存在的根据，他说："道则自然生万物……道则自然生生不息。"④"道之外无物，物之外无道，是天地之间无适而非道也。"⑤ 在这里，道是本体论，是世界观，而权则是灵活变通的方法论。世界观决定方法论，方法论表现世界观。得道决定用权，用权必须合道。他说："能用权乃知道，亦不可言权便是道也。"⑥ 尽管权不同于道，但用权则不能离道，更不能背道、枉道，而要以道为根本原则。只有用权才能知道，用权又是知道的必要条件。在他看来，只有对道有深刻的理解、透彻的体悟，并能灵活地运用，才能从宜适变，正确用权；如果对道理解不深、体悟不透、运用不活，就不能通权达变，灵活变通。"君子之道，随时而动，从宜适变，不可为典要，非造道之深，知几能权者，不能与于此也"⑦。

其二，行权要合乎规律之"道"。程颐哲学之"道"，对于天地万物

---

①《河南程氏粹言》卷一《论道篇》。
②在程朱理学中，"理"与"道"虽然存在有"道是统名，理是细目""'道'字宏大，'理'字精密"（《朱子语类》卷六）的差别，但作为本体论范畴，二者含义相同，互通为一，属于同一层次的最高范畴，合称为"道理"。
③《河南程氏遗书》卷一《二先生语一》。
④《河南程氏遗书》卷一五《伊川先生语一》。
⑤《河南程氏遗书》卷四《二先生语四》。
⑥《河南程氏遗书》卷二二上《伊川先生语八上》。
⑦《周易程氏传》卷二《随》。

产生和存在的根据而言，属于本体论范畴；但对于天地万物的发展变化而言，又是一个特定的规律性范畴。他说："天之法则谓天道也。"① "天下古今之所共由，谓之达道。所谓达道者，天下古今之所共行。"② "道"既是天地万物永恒变化的法则，也是人类社会古往今来"所共由""所共行"的客观规律。就道作为法则或规律而言，权衡权变合道，就是要符合事物变化和社会发展的规律。在这里，权又是一个特定的主体能动性范畴。主体能动性既是认识和把握客观规律性的重要条件，也要受到客观规律性的限定和制约。据此，程颐又把道作为衡量主体能动性的是非准则。他说：

> 夫心通乎道，然后能辨是非，如持权衡以较轻重，孟子所谓知言是也。揆之以道，则是非了然，不待精思而后见也。学者当以道为本。心不通乎道，而较古人之是非，犹不持权衡而酌轻重，竭其目力，劳其心智，虽使时中，亦古人所谓"亿则屡中"，君子不贵也。③

其意是说，权衡权变合乎道的便是"是"，便是合乎规律；不合乎道的便是"非"，便是违背规律。行权主体应该像"持权衡以较轻重"那样，"以道为本""揆之以道"，才能明辨是非，存是去非，正确发挥行权主体的能动性。又像"权衡尺度"那样，"能以是揆事物者，长短轻重较然自见矣"④。因此，程颐主张权衡权变合道，尊重规律；反对权衡权变悖道，违背规律。他把"以道为本"或"揆之以道"即认识和掌握客观规律视为行权的最根本准则。

其三，行权还要合乎伦常之"道"。作为本体、规律之道，落实到

---

① 《周易程氏传》卷一《乾》。
② 《河南程氏经说》卷八《中庸解》。
③ 《河南程氏文集》卷九《答朱长文书》。
④ 《河南程氏粹言》卷一《论道篇》。

社会或人际关系层面,又是一个以人性或伦常("五伦""五常")为主要内涵的伦理道德规范。所谓"五常",即是仁、义、礼、智、信。程颐提出"五常"合而言之是道,别而言之亦是道。他说:

> 且如五常,谁不知是一个道?既谓之五常,安得混而为一也?①
> 合而言之皆道,别而言之亦皆道也。舍此而行,是悖其性也,是悖其道也。②

因此,行权要遵循"五常"之道。所谓"五伦",是指君臣、父子、夫妇、兄弟、朋友之间的伦理关系准则。五常是五伦关系的概括,即君臣以仁、父子以义、夫妇以礼、兄弟以智、朋友以信。他说:"道之大本如何求?某告之以君臣、父子、夫妇、兄弟、朋友,于此五者上行乐处便是。"③ 五伦关系的道德原则为"道之大本",道便具有了伦理道德的意蕴。就此而言,道与经的时代内涵是一致的。二程说:"道之大原在于经,经为道。"④ "道之在经,大小远近,高下精粗,森列于其中。"⑤ 权衡权变既然要以经为原则,实质上也就是以道为原则,即符合伦理道德之道。权衡权变只有守经合道,既能避免流于变诈之术,也能实现儒家的伦理道德价值。

总之,在权道关系上,程颐既阐述了权衡权变的规律性问题,也为其权衡权变确立了伦理道德准则,提供了本体论支撑。诚如赵纪彬所言:"'行权'的方法,从'适道'的原理而来;亦即'道'是'权'的本体,'权'是'道'的应用,'体用一源'。……必须先'明道'而后才能将原理应用于实际;此即古人所说的'精义入神以致用';亦即

---

① 《河南程氏遗书》卷一八《伊川先生语四》。
② 《河南程氏遗书》卷二五《伊川先生语十一》。
③ 《河南程氏遗书》卷一八《伊川先生语四》。
④ 《河南程氏文集》卷二《南庙试九叙惟歌论》。
⑤ 《河南程氏遗书》卷一《二先生语一》。

今语所说的'方法论从属于世界观'。"①

四

在行权实践中,程颐提出要取得最佳效果,达到理想目的,避免像汉儒和老子那样使权流于变诈之术,就必须使权适中合度,恰到好处。因此,他又通过论述权与中的关系,阐发了"随宜应变,在中而已"的权中观。

"中"这一范畴,是中国古典哲学对"度"的表述。所谓"度",就是事物保持自己质和量的限度、幅度和范围,是和事物的质相统一的数量界限。何谓"中"?《礼记》言:"喜怒哀乐之未发,谓之中;发而皆中节,谓之和。"② 据此,二程一方面把作为本体范畴的"天理"诠释为"中",如说:"使万物无一失所者,斯天理,中而已。"③ "中庸天理也。不极天理之高明,不足以道乎中庸。中庸乃高明之极耳,非二致也。"④ "天下之理,莫善于中。"⑤ "中庸,天下之正理。"⑥ "中之理,至矣。"⑦ "中"或"中庸"不仅是天理的至极体现,而且还是事物顺利发展的必由之路,是必须普遍遵循的法则。在这里,二程把"中"等同于天理,把"中"提升为最高的宇宙本体论范畴,从而为权衡权变的合法性、正当性奠定了本体论基础,提供了本体论支撑。另一方面,程颐

---

① 赵纪彬:《〈论语〉"权"字义疏》,《困知二录》,中华书局1991年版,第266页。
②《中庸》第一章。
③《河南程氏粹言》卷一《论道篇》。
④《河南程氏粹言》卷一《论道篇》。
⑤《周易程氏传》卷四《震》。
⑥《河南程氏经说》卷六《伊川先生》。
⑦《河南程氏遗书》卷一一《明道先生语一》。

又把"中"诠解为"当",如说:"中者,当其可而已。"①"中者,只是不偏,偏则不是中。"②"中者,无过不及之谓也。……无所偏倚,可以言中。"③"中"的意思是"当",即适当、得当或恰当,也就是适中合度,恰到好处,不偏不倚,无过不及。如果固守两端,或偏或倚,或过或不及,都不是中,都是失中。例如:"杨子拔一毛不为,墨子又摩顶放踵为之,此皆是不得中。"④ 杨子执其"为我"而不知"兼爱",墨子执其"兼爱"而不知"为我",二者各执一端,"皆是不得中"。又如:"言行之中。素隐行怪,未当行而行,行之过者也;半途而废,当行而不行,行之不及者也。"⑤ 这就是说,未当行而行是"行之过",当行而不行是"行之不及",过与不及都是失当,不能称为"行之中"。因此,只有避免偏与倚、过与不及,才能做到权衡权变适中合度,才能做到恰到好处。

那么,在行权实践中,如何才能避免过与不及"两端",做到适中合度、恰到好处,从而取得行权的最佳效果和理想目标呢?

其一,取"中"需用权。程颐说:"中无定体,惟达权然后能执之。"⑥ 所谓"无定体",就是没有固定不变的具体标准。"中"作为事物存在或时势变化的"度",不是固定不变的("无定体"),而是随着事物或时势的发展而变化的。因此,只有根据事物的发展、时势的变化,运用通权达变、灵活变通的方法,才能认识和把握"无定体"之"中",即事物、时势变易之"度"。否则,死守教条,僵滞不化,不能运用通权达变、灵活变通的方法,就不能认识和把握"无定体"之中。因此,程颐举例说:

---

① 《河南程氏经说》卷八《中庸解》。
② 《河南程氏遗书》卷一五《伊川先生语一》。
③ 《河南程氏文集》卷九《与吕大临论中书》。
④ 《河南程氏遗书》卷一七《伊川先生语三》。
⑤ 《河南程氏经说》卷八《中庸解》。
⑥ 《河南程氏粹言》卷一《论道篇》。

欲知《中庸》，无如权，须是时而为中。若以手足胼胝，闭户不出，二者之间取中，便不是中。若当手足胼胝，则于此为中；当闭户不出，则于此为中。①

可见，当不当手足胼胝，当不当闭户不出，完全因"时"而定，以"时"为中。在他看来，权衡权变不仅是取中的必要措施和手段，而且也要以取中作为最高、最根本的价值准则："天下之理，莫善于中……随宜应变，在中而已。"② 权作为"随宜应变"的方法和措施，只有以"在中"为价值取向，才能获得"善"的效果。

其二，行权需"时中"。所谓"时中"，就是随时之中，趋时之中，即与时间、时势相符合之中，亦即"合时"。二程说："万物无物失所，便是天理时中。"③ 在这里，他不仅把时中视为物之各得其所、各处其宜的最佳状态，而且还把时中与天理相提并论。这既说明了做到时中的重要性，又阐明了把时中天理化的必要性，即把时中提升为天理本体的高度的必要性。二程举例说：

然则中者，亦时中耳。地形有高下，无适而不为中，故其中不可定下。④

时中者，当其可而已，犹冬饮汤、夏饮水而已之谓。⑤

两端，过与不及也。执其两端，乃所以用其时中，犹持权衡而称物轻重，皆待其平。⑥

质言之，时中就是随着时势变化和境遇变迁而取中。权衡权变需时

---

① 《河南程氏遗书》卷一五《伊川先生语一》。
② 《周易程氏传》卷四《震》。
③ 《河南程氏遗书》卷五《二先生语五》。
④ 《河南程氏遗书》卷二上《二先生语二上》。
⑤ 《河南程氏经说》卷八《中庸解》。
⑥ 《河南程氏经说》卷八《中庸解》。

中,即是说需要审时度势,以时势为中,趋时则能通变,通变需要用权。如此用权,才能顺应时势,合于时中,做到适当合度、恰到好处。这就像冬天需饮汤、夏天需饮水一样,要随着季节的变化而改变。在他看来,权衡权变需时中,还必须随着境遇的变迁而采取不同的处世方法,这是作为君子通过道德修养以实现理想人格的重要内涵。他在诠解《中庸》"君子而时中"一语时说:

  可以仕则仕,可以止则止,可以久则久,可以速则速,此皆时也,未尝不合中,故曰:"君子而时中。"①
  仕止久速,惟其可,不执于一,故曰:"君子而时中也。"②

  这就是说,作为有道德修养的君子应该与时偕行,与时俱进,可仕则仕,可止则止,可久则久,可速则速。在这里,是仕是止、是久是速,都要根据时势的变化、境遇的变迁来决定,亦即采取权衡轻重、通权达变的处世方法来确定。如此,才能做到"时中",符合"时中"。
  其三,行权需"事中"。如果说"时中"强调的重点是事物存在和时势变化的时间性维度,那么,"事中"强调的重点则是其空间性维度。做到事中,合乎事中,就要随事取中,随物取中,因为"天下事事物物皆有中"③。事物存在的复杂性、时势变化的无限性,决定了"中"在不同事物和境遇空间中有其不同的具体位置和标准。对此,程颐举例加以说明:

  且如初寒时,则薄裘为中;如在盛寒而用初寒之裘,则非中也。更如三过其门不入,在禹、稷之世为中,若居陋巷,则不中

---

① 《河南程氏遗书》卷二五《伊川先生语十一》。
② 《河南程氏粹言》卷一《论道篇》。
③ 《河南程氏遗书》卷一七《伊川先生语三》。

矣。居陋巷，在颜子之时为中，若三过其门不入，则非中也。①

中无定方，故不可执一。今以四方之中为中，则一方无中乎？以中外之中为中，则当外无中乎？故自室而观之，有室之中，而自堂观之，则室非中矣。自堂而观之，有堂之中，而自庭观之，则堂非中矣。②

由此可见，中的具体标准是随着事物空间的位移而改变的，也是随着时势、季节的推移而变化的，因此"中不可定下"，如果"定下不易之中"，"则中者适未足为中也"，因为"天地之化不可穷也"③。既然没有固定不变的事中，那么权衡权变要做到事中，就必须符合事物空间位移之中，时势、季节推移之中。他说：

权其轻重而已。事重于去则当去，事轻于去则当留，事大于争则当争，事小于争则当已。④

这即是说，事重当去，事轻当留；事大当争，事小当已。在这里，是去是留，是争是已，都要以事物大小、轻重之"当"（即"中"）为根本准则。只有符合事中，才能分辨大小，度量长短，衡量轻重，权衡利弊，从而做到随事取中，随物取中，无事不中，无物不中。否则，"一物不该，非中也；一事不为，非中也；一息不存，非中也；何哉？为其偏而已矣"⑤。"一物之不该，一事之不为，一息之不存，非中也，以中无偏故也"⑥。因此，"君子之于中庸也，无适而不中，则其心与中庸无

---

① 《河南程氏遗书》卷一八《伊川先生语四》。
② 《河南程氏粹言》卷一《论道篇》。
③ 《河南程氏粹言》卷二上《二先生语二上》。
④ 《河南程氏粹言》卷二《君臣篇》。
⑤ 《河南程氏遗书》卷四《二先生语四》。
⑥ 《河南程氏粹言》卷一《论道篇》。

异体矣"①。

其四，行权不能"执中"。所谓"执中"，即是固守一定点而不能通权达变、灵活变通。因此，二程提出行权要做到时中、事中，还必须反对"执中"。他们赞同孟子"执中无权，犹执一也"的观点，认为杨子为我，墨子兼爱，各执一端，皆是不得中。

> 子莫于此二者以执其中，则中者适未足为中也。故曰："执中无权，犹执一也。"若是因地形高下，无适而不为中，则天地之化不可穷也。若定下不易之中，则须有左有右，有前有后，四隅既定，则各有远近之限，便至百千万亿，亦犹是有数。盖有数则终有尽处，不知如何为尽也。②

可见，子莫的"执中"不是时中、事中，而是调和折中，各取一半，把中固定在两端之间等距离的居中之点（或平均数），不是随着事物而变，随着时势而变的。子莫这种固守一定点而不知变通的执中，与"执一"无异。因此，程颐说：

> 子莫执中，却是子莫见杨、墨过不及，遂于过不及二者之间执之，却不知有当摩顶放踵利天下时，有当拔一毛利天下不为时。执中而不通变，与执一无异。③

在他看来，子莫把两端等距离的居中之点视为执中，就是不顾客观实际，主观随意地安排事物之中，而不是事物本身所固有的天然之中。他说：

---

① 《河南程氏粹言》卷一《论道篇》。
② 《河南程氏遗书》卷二上《二先生语二上》。
③ 《河南程氏遗书》卷一八《伊川先生语四》。

> 至如子莫执中,欲执此二者之中,不知怎么执得?识得则事事物物上皆天然有个中在那上,不待人安排也。安排着,则不中矣。①

事物天然自有之中,不依人的主观意志为转移,不能主观随意地安排,否则就是执中或执一,而执中或执一是不中,不是中。子莫这种不知变通的执中或执一,就不能权衡轻重,灵活变通,当然也就无权可言了。程颐反对"执中"的观点,朱熹阐述得更为明白。他说:"两端不专是中间。如轻重,或轻处是中,或重处是中。"② 他又举例说:人有功当赏,或赏万金,或赏千金,或赏百金,或赏十金。"万金者,其至厚也;十金,其至薄也。则把其两头自至厚以至至薄,而精权其轻重之中。……不是弃万金十金至厚至薄之说,而折取其中以赏之也。"③ 这说明,从万到十的区间是一个数量界限("度"),都是中。而从万到十"折取其中"的中间平均数,则是折中。执中则是固守这个折中而不知权衡变通,那就是"执中无权"并"害于时中"了。这说明,在"执中无权"的观点上,朱熹与程颐的学术立场是一致的。

总之,程颐把"中"("时中""事中")这一范畴引入权衡权变观,全面论证了权衡权变的适度性问题,也阐明了权衡权变的理想目标问题。应该说,这不仅大大强化了权衡权变在政治实践和道德践履中的实用性和灵活性,而且在一定程度上也显现出程颐哲学乃至儒家哲学的鲜活气象和生机。④

---

① 《河南程氏遗书》卷一七《伊川先生语三》。
② 《朱子语类》卷六三。
③ 《朱子语类》卷六三。
④ 参见蔡仁厚《儒学的常与变——从经权原则看儒家的鲜活之气》,《中国文化月刊》1988 年第 107 期。

五

通过以上对程颐权说思想的全面探讨和分析，可以总结出以下几点特征：一是批判性的学术立场。程颐一方面通过批判汉儒的"反经合道"说，摒弃汉儒对黄老道家思想的吸纳，遏制汉儒对儒家之经的否定、背反和僭越，以此重新确立经对权的绝对制约性，固守儒家伦理道德本位的学术立场；另一方面又通过批判老子的"权诈之术"说，重新确立经本权末①、经主权从、以经摄权、权从于经的关系，以此遏制权衡权变向"权诈之术"或"变诈之术"的蜕变。凡此均说明，程颐的权说具有鲜明的批判性特征。

二是系统化的理论建构。程颐将儒家权说的诸多范畴加以系统整合，梳理出较为周延的权说范畴网络。其中，权是核心范畴，其他范畴如"经"、"义"、"道"（"理"）、"中"（"时中""事中"）等都是围绕着权范畴而展开的各种逻辑关系。如：权与"经"是灵活性与原则性、特殊性与普遍性的关系，权与"义"是权衡权变与适宜性、正当性的关系，权与"道"是方法论与世界观、能动性与规律性的关系，权与"中"是权衡权变与适度性、权衡权变与理想目标的关系，等等。这种较为周延的权说范畴体系，凸显出程颐权说的系统性特征。

三是鲜活性的思想因素。程颐哲学虽然具有保守的政治倾向，但他把"义""中""时"等鲜活的思想因素引入权衡权变说，反对"执中"或"执一"，这在一定程度上强化、凸显了权在政治和道德实践中的实用性和灵活性，也呈现出他的哲学思想的鲜活气象。如张立文所言：程朱"把义、中范畴援入经权对偶范畴，不仅扩展、活跃了政治生活的原则性的应用和灵活性的调节，而且扩大、丰富了伦理道德生活的原则的

---

① 因为"老子语道德而杂权诈，本末舛矣。"（《河南程氏粹言》卷一）

实用和灵活的协调,从而使经权范畴发展到一个新的阶段"。正是这些鲜活思想因素的注入,使经权成为"很活跃的、生气盎然的范畴,它没有使自己执一、泥常,而是在实践中不断改造自身,在实际中不断丰富自己,在论争中不断深化自己"①。

四是传承性的历史地位。从儒家权说的逻辑进程来看,由汉儒到程颐再到朱熹恰好是一个否定之否定或正、反、合的辩证发展过程。在这一过程中,汉儒经权互悖的"反经合道"说处于肯定阶段,程颐经权统一的"权便是经"说处于否定阶段,朱熹经权对立统一的"经是已定之权,权是未定之经"②说处于否定之否定阶段③,三者恰好构成一个相对完整的发展周期。如果说,没有程颐对汉儒权说的否定,那么,就不可能有朱熹对程颐权说的否定之否定。就此而言,程颐权说不仅是连接汉儒与朱熹的中间环节,而且在汉宋儒家权说史上也处于重要的传承地位。

五是经学独断论的特质。在程颐哲学中,尽管容忍了权变观念,并对权说作了全面发掘和探讨,但同时又强调权变乃是不得已而为之,只有在一般原则("经")无法正常贯彻的情况下,才可作适当变通。在经权观上,经始终占据主导地位,而权往往被用作经的补充,完成经的手段。权虽然可以对经有所变通,但这种变通本身必须受经的限定和制约。这种唯经独尊的经学独断论,一方面降减了权变的政治、道德价值和效用,如说:"多权者害诚,好功者害义,取名者贼心。君贵明,不贵察;臣贵正,不贵权。"④另一方面也使理学在后世演变中渐失理论张力和活力,最终陷入教条和僵化。清儒戴震所言"以理杀人",正是此意。

---

① 张立文:《中国哲学范畴发展史(人道篇)》,中国人民大学出版社1995年版,第729、740页。
②《朱子语类》卷三七。
③ 关于朱熹对汉儒和程颐权说的辩证否定,参见岳天雷《朱熹论"权"》,《香港中文大学中国文化研究所学报》2013年第56期。
④《河南程氏遗书》卷二五《伊川先生语十一》。

六是保守性的政治倾向。程颐把"义""中""时"等范畴引入权衡权变说，使其哲学具有鲜活性的思想因子，但这与其保守的政治倾向却存在着内在冲突。他提出的"权便是经"说具有把权提升到经的高度的可能，但这只是一种抽象的可能，并非现实的可能，其维护和尊崇经的绝对性、神圣性和至上性才是其根本主旨。这种把权等同于经①，抹杀二者间的确定界限②，甚至取消权的相对独立性③的"权便是经"说，不仅削弱了权在政治和道德实践中的调节作用，而且也最终扼杀了具有灵活性、变通性之权作为理学思想中的活力因素。这可能正是他反对王安石推行的熙宁变法，在政治上倾向于保守的思想原因之一。

---

① 高拱批评程颐"权即是经"说，言："程子曰：'权即是经。'……谓权不离经也则可，而曰'权即是经'，是曰'权即是衡'也，［则不可］。""程（颐）则言其一事，然而非一物也。""故谓'衡即是权，权即是衡'，不可也。"（《问辨录》卷六《论语》）

② 朱熹说："经与权，须还他中央有个界分。如程先生说，则无界分矣。""伊川说权，便道权只在经里面。"（《朱子语类》卷三七）

③ 朱熹说："若如伊川说，便用废了那权字始得。"（《朱子语类》卷三七）

朱熹"权"说析论

朱熹哲学历来是学术界研究的重镇,取得的学术成果颇丰。在其权说思想研究方面,也多有论及。[①] 就现有成果来看,主要集中在三个方面:(1)经权观研究,探寻其哲学思想活力因素;(2)经权关系的探讨,阐发经权范畴的哲学内涵;(3)经权观的政治价值、道德价值的发掘,凸显其现实借鉴意义。尽管这些研究成果显著,但不可否认的是,也有薄弱之处,如缺乏对朱熹权说的整体把握,没有揭示其思想全貌;偏重经权观探讨,而对其权道观、权中观、权义观等内容鲜有论及;侧重经权观的义理分析,而对其权说内在逻辑结构缺乏全面疏解;朱熹权说的特征和局限等问题亦无涉及。有鉴于此,本文拟就朱熹权说的内涵、特质及其局限性等问题加以全面探讨和分析。

朱熹权说是在继承孔孟思想的基础上,通过消解汉儒"反经合道"

[①] 主要论著有:韦政通:《朱熹论"经""权"》,《史学评论》1983 年第 5 期;林维杰:《知行与经权——朱熹哲学的诠释学模式分析》,《中国文哲研究集刊》2005 年第 27 期;林忆芝:《朱子的经权说探微》,《中央大学文学院人文学报》2002 年第 25 期;刘增光:《汉宋经权观比较析论——兼谈朱陈之辩》,《孔子研究》2011 年第 3 期;张立文:《中国哲学范畴发展史(人道篇)》,中国人民大学出版社 1995 年版,第 726~729 页;葛荣晋:《中国哲学范畴史》,黑龙江人民出版社 1987 年版,第 360~361 页;何超凡:《朱熹经权观研究》,湘潭大学 2014 年硕士论文;朱松美:《权变:朱熹注重义理阐释的经学依据》,《聊城大学学报(社科版)》2004 年第 2 期;等等。

说与程颐"权即是经"说的紧张关系，融通汉宋经权之说而形成的。在经权观上，他全面阐述了经与权的体用关系，提出"经是已定之权，权是未定之经"的经权观，由此建构起权衡权变的理论框架。在权衡权变观上，他从权与"道"、权与"中"、权与"义"的关系方面，不仅阐述了权衡权变的原则性、规律性和适度性问题，而且还为其权说奠定了本体论基础，从而拓展了儒家权说的理论视野，把儒家权说发展到新阶段。可以说，在中国权说思想史上，朱熹占有非常重要的历史地位。

一

在论述朱熹权说之前，适当地追溯一下儒家权说的发展历程是十分必要的。据赵纪彬考证，"权"的观念大约起源于氏族社会末期和夏王朝早期，其字形字义发展经历四个步骤：由"拳力""勇力"到"权力""能力"又到"标准"最后到"权谋""权变"。但把"权"提升为哲学范畴的，则是春秋末叶的孔子。[①] 孔子说："可与共学，未可与适道；可与适道，未可与立；可与立，未可与权。"[②] 可见，学——道——立——权是一个循序渐进的提升过程，而权衡权度、通权达变则是这个过程的最高境界。这种由"学"到"权"的过程里，虽然没有明确提出"经"的概念[③]，但却蕴含着经权相统一的趋向。这是一方面。但另一方面，权作为权衡权度的智慧和灵活变通的方法，并不是完全按照由"学"到"权"的逐次提升所能达到的，即学未必能适道，适道未必能立，立未必能权。这种由"学"到"权"的过程中又内含着经权互悖的

[①] 赵纪彬：《释权》，载《困知二录》，中华书局1991年版，第250~261页。
[②]《论语·子罕》。
[③] 朱熹将"立"诠解为"经"，如说："可与立，便是可与经。""立便是经。可与立，则能守个经。"(《朱子语类》卷三七)

趋向。权的这两种意蕴,分别启发了后儒的两种经权说:前者发展为宋儒程颐的"权即是经"说,后者发展为汉儒的"反经合道"说。

孟子继承了孔子的经权互悖思想。他在回答淳于髡提出的"嫂溺,援之以手"问题时说:"嫂溺不援,是豺狼也。男女授受不亲,礼也;嫂溺,援之以手者,权也。"① 男女授受不亲,是不易之常礼,但在嫂溺时,若不援手去救,便是豺狼之心;而用援之以手的权变方法救助,则符合儒家"仁者爱人"之道。在他看来,礼与道相比较,道德伦理比礼仪制度更重要,当二者发生冲突时,宁可违背常礼,也要实现常道。违背常礼,便是反经,但反经并非不合道理,而是合乎"仁者爱人"的仁道。权就是违礼反经的变通方法。

汉儒以孟子经权互悖思想为基础,进而提出"反经合道"说。据《春秋公羊传》桓公十一年(前701)记载:"古人之有权者,祭仲之权是也。权者何?权者反于经,然后有善者也。"祭仲是郑国国卿,为郑庄公娶妻邓曼,生太子忽。宋国国卿雍氏也将女儿雍姞嫁给郑庄公为妻,生公子突。鲁桓公十一年(前701)五月,郑庄公死,祭仲立太子忽为昭公。但当时宋强郑弱,宋庄公及其宠信的雍氏想让祭仲立突为郑国国君,于是密谋设计,将路经宋国的祭仲拘捕,并以死亡威胁说:"为我出忽而立突。"如不立突,必死。如果"祭仲不从其言,则君必死,国必亡;从其言,则君可以生易死,国可以存易亡"。在这君与国生死存亡的关键时刻,在这守经还是反经的两难矛盾中,祭仲深知国重君轻之义,便选择了反经的非常措施,于同年九月迎突归郑,立为厉公。昭公忽只得出走卫国。按照封建宗法制度,立长不立幼是守经,立幼而黜长则是反经。祭仲为使郑国免遭君死国亡的危险,权衡轻重,不惜黜长立幼,出忽立突,反经行权,确保君生国存。故公羊家称赞祭仲为"知权",肯定其反经行为的合理性。在公羊家看来,行权可以"反经",但必须"合道"。所谓"反经",即是违反封建礼仪制度;所谓"合道",是指符合宇宙本体之道。因此,经与道的关系是:道在经之

---

① 《孟子·离娄上》。

上，道为主，经为从；经从属于道，即一般原则服从于更为恒定和普遍的本体之道。据此，公羊家对权作了界定："权之所设，舍死亡无所设。行权有道，自贬损以行权，不害人以行权。杀人以自生，亡人以自存，君子不为也。"① 董仲舒把祭仲行权诠解为"前枉而后义"②。"前枉"即是反经，"后义"即是"然后有善者"。他说："夫权虽反经，亦必在可以然之域；不在可以然之域，故虽死亡，终弗为也。"③ 反经之权有"在可以然之域"和"不在可以然之域"两种情况。只有"在可以然之域"，才"可与适权矣"④。在经与权发生冲突、不能两全时，就需要权衡孰轻孰重，这样才能够权相适宜、灵活变通，即"中权"。董仲舒还根据其阴阳理论，进一步论证经权的差异性、互悖性。他说："天以阴为权，以阳为经。阳出而南，阴出而北。经用于盛，权用于末。以此见天之显经隐权，前德而后刑也。"⑤ 以阴阳配经权，既有经南权北、经盛权末、经显权隐、经顺权逆等性质的差别，又有"先经而后权，贵阳而贱阴"⑥的贵贱等级的差异。在他看来，权作为灵活变通的方法，对守经而言是反经；但行权的后果必须是"善"，否则就不能称为权。《淮南子》进一步阐述了董仲舒"前枉而后义"的观点，说："权者，圣人之所独见也。故忤而后合者，谓之知权；合而后舛者，谓之不知权。"⑦ 反经而后合道谓之知权，守经而后背道谓之不知权，"唯圣人为能知权"⑧。总之，汉儒提出权变可以"反经"，但对权变的后果作了严格限制，即必须符合"义"或"善"的道德标准。

在汉代"道学"的思想氛围中，汉儒站在"道学"的立场上，否认

---

① 《春秋公羊传·桓公十一年》。
② 董仲舒：《春秋繁露·竹林》。
③ 《春秋繁露·玉英》。
④ 《春秋繁露·玉英》。
⑤ 《春秋繁露·阳尊阴卑》。
⑥ 《春秋繁露·阳尊阴卑》。
⑦ 《淮南子·泛论训》。
⑧ 《淮南子·泛论训》。

经的神圣性、绝对性和至上性，论证反经的合理性或合法性，其原因就在于汉儒之"道"汲取了黄老道家"道生天地"①的观念，表现出"援道入儒"的相容精神或综合趋向。在汉儒那里，"道"作为宇宙本体范畴，是大于或高于经的。"道"是宇宙的最高法则，而经只是"道"体现于政治伦理领域中的一般原则，即政治制度、宗法制度、三纲五常、伦理道德。因此，权变可以反经，但必须"合道"。

与汉儒不同，程颐首先站在理学立场上，将"天理"视为本体性、普遍性范畴②，而经只是"天理"在政治伦理中的具体体现。因此，他不能容忍汉儒用儒家之外的原则（"道"）对经的否定、背反和僭越，否则就会使权流于"变诈"或"权术"，从而背离儒家思想的轨道。其次，汉儒将权视为"反经"的权变或方法，而程颐则更明显地强调权的权衡、衡量或权量之义。"权只是称锤，称量轻重。"③ 在他看来，权衡是权变的更高要求，只有恰当的权衡，才有合格的权变。不然，没有权衡的恰当判断，就不会有正确的权变方法。从下文可以明显地看出这一点。可以说，正是由于上述学术立场的不同，对权范畴内涵理解的差别，才使得程颐对汉儒的"反经合道"说力持批判态度，并提出与"反经合道"说相对立的"权即是经"说。

程颐说："汉儒以反经合道为权，故有权变、权术之论，皆非也。权只是经也。自汉以下，无人识权字。"④ "古今多错用权字，才说权，便是变诈或权术。不知权只是经所不及者，权量轻重，使之合义，才合

---

① 《老子》说："道冲而用之或不盈，渊兮似万物之宗。""道生之，德畜之，物行之，器成之，是以万物莫不尊道而贵德。""道"生天地万物的过程："道生一，一生二，二生三，三生万物。"（《老子》第四、五一、四二章）

② 二程说："万物皆只是一个天理。"（《河南程氏遗书》卷二上）"天下之事归于一是，是乃理也。"（《河南程氏外书》卷一）

③ 程颐《河南程氏遗书》卷一八。

④ 朱熹：《论语集注·子罕》。

义,便是经也。今人说权不是经,便是经也。"① 那么,"何物为权?义也"②。称量轻重使之合义,是之谓权。权衡须合义,合义即合经。"夫临事之际,称轻重而处之以合于义,是之谓权,岂拂经之道哉?"③ 何谓"经"?"经者,百世所不变也"④。这里的经,就是"天理"体现在社会领域中的人伦原则或规范,具体表现为封建的政治制度、宗法制度、纲常名教、伦理道德等。他认为,如果权衡轻重以合于义,权岂有违背经之道?既不背离经之道,怎能以反经合道为权?可见,程颐把"义"视为连接经与权的纽带和桥梁,由此得出"权即是经"的结论。从学理上看,权作为"经之所不及",即处于两难矛盾或不能两全境遇中的权衡或衡量,当然权即是经的体现,或是经的变通。就此而言,"权即是经"说具有合理因素。但也不可否认,从物象上看,权是秤锤,经是秤衡,秤锤在秤衡星子上往复移动,取其适中,才能达到平衡,"称量轻重"。如果"权即是经",就必然抹杀锤与衡、权与经的确定界限,把权消融在经中,那么还怎样权衡轻重、灵活变通?显然,"权即是经"说又存在着片面性和局限性。因此,朱熹认为程颐说得"不活","说得死了"。实际上,程颐提出"权即是经"说,其政治目的就在于消解汉儒为反经寻找合道的理论根据,消除后世借权以自饰而离经叛道、犯上作乱的异端倾向,以维护经的绝对性、神圣性和至上性,正如朱熹所说:"伊川见汉儒只管言反经是权,恐后世无忌惮者皆得借权以自饰,因有此论耳。"⑤

针对汉儒与程颐的紧张关系和冲突,朱熹站在理学立场上,试图消解二者的紧张关系,打通阻隔,圆融会通。因此,他既不完全同意汉儒的"反经合道"说和程颐的"权即是经"说,但同时又汲取了二者的合

---

①《河南程氏遗书》卷一八。
②《河南程氏遗书》卷一五。
③《河南程氏粹言》卷一。
④《河南程氏经说》卷八。
⑤《朱子语类》卷三七。

理因素。他说:"汉儒谓'权者,反经合道',却是权与经全然相反,伊川非之,是矣;然却又曰'其实未尝反经',权与经又却是一个,略无分别,恐如此又不得。""大抵汉儒说权,是离了个经说;伊川说权,便道权只在经里面。"① 可以看出,朱熹既否定汉儒"论权而全离乎经"的相离说,又否定程颐"经自是经,权亦是经"的混同说。在他看来,汉儒只见经权差异不见统一,程颐只见统一不见差异,二者各有长短和得失。就汉儒而言,"汉儒反经合道之说,却说得经权两字分晓","汉儒反经之说,却经权晓然在眼前"②,强调经权的差异性,因而"汉儒说'反经合道',此语亦未甚病"③。但汉儒反经言权,强调经权互悖,却不知"权实不离乎经也"④。就程颐来说,他无视权的相对独立性,强调经权相依;但却不知经权的差异性,"如程先生说,则无界分矣","若如伊川说,便用废了那权字始得"⑤。因此,"若说权自权,经自经,不相干涉,固不可。若说事须用权,经须权而行,权只是经,则权与经又全无分别"⑥。在朱熹看来,在经权关系问题上,汉儒和程颐均缺乏圆融会通、兼容并包的精神和态度,致使其各执一端,从而陷入了片面性和局限性。实际上,汉儒和程颐之所以各执一端,使汉宋权说发生某种断裂,是由他们分别秉持的"道学"和"理学"的不同学术立场所致。

朱熹的学术使命,就在于以"理学"的理论视野,消解汉儒和程颐权说的紧张,化解其矛盾冲突,既否弃之失,又汲取之长,打通阻隔,圆融会通,全面地阐发经与权的体用关系。

---

① 《朱子语类》卷三七。
② 《朱子语类》卷三七。
③ 《朱子语类》卷三七。
④ 《朱子语类》卷三七。
⑤ 《朱子语类》卷三七。
⑥ 《朱子语类》卷三七。

二

朱熹运用中国传统的体用思维方式，通过扬弃汉儒"反经合道"说和程颐"权即是经"说，全面阐发了经权的差异性和统一性，建构起"经是已定之权，权是未定之经"的经权观。

就经与权的差异性而言，首先，从物象上看，经与权有秤衡与秤锤之分。经是秤衡，权是秤锤。朱熹说："权，秤锤也，称物轻重而往来以取中者也。"①"又问：'权是秤锤也，秤衡是经否？'曰：'这个以物譬之，难得亲切。'""文蔚曰：'权只是经之用。且如秤衡有许多星两，一定而不可易。权往来称物，使轻重恰好，此便是经之用。'曰：'亦不相似。大纲都是，只争些子'。"② 在此，朱熹不同意将经比喻为秤衡，"难得亲切"，"亦不相似"，但实质上还是关涉秤衡与秤锤的关系问题。秤衡与秤锤相辅相成、不可分离，但衡自是衡，锤自是锤；衡不是锤，锤不是衡，二者有其差异性。与此同理，"权与经，不可谓是一件物事。毕竟权自是权，经自是经"；"经与权，须还他中央有个界分"③。可见，经与权有秤衡与秤锤的差别。

其次，就内含而言，经与权具有原则性与灵活性之别。经具有原则性或常规性，权具有灵活性和变通性。朱熹说："权与经岂容无辨……然经毕竟是常，权毕竟是变。""权得其中，固是与经不异，毕竟权可暂而不可常。"④ 所谓经，在政治哲学上是指一种既定的永恒不变的一般原则，在时代内容上是指封建的政治制度、宗法制度、纲常名教、伦理道

---

① 《孟子集注·离娄上》。
② 《朱子语类》卷三七。
③ 《朱子语类》卷三七。
④ 《朱子语类》卷三七。

德。如说:"经只是一个大纲……且如君仁臣忠,父慈子孝,此是经常之道,如何动得!""且如君臣兄弟,是天地之常经,不可易者。"① 可见,经具有原则性、永恒性的特点。所谓权,是根据经所不及而采取的权衡轻重的思维方法和灵活处置的具体措施,亦即通过权衡轻重和灵活变通以达到对既定原则的衡量和把握。他说:"盖经者只是存得个大法,正当底道理而已。至精微曲折处,固非经之所能尽也。所谓权者,于精微曲折处曲尽其宜,以济经之所不及耳。"② 经只是个大纲大法,而权则是在大纲大法的"精微曲折处"所采用的权衡轻重的方法和灵活变通的措施。因此,权具有灵活性和变通性的特征。显然,经与权具有原则性与灵活性的差异。

最后,从形式上说,经与权又有普遍性与特殊性之异。经具有普遍性,权具有特殊性。朱熹说:经与权"固是不同。经是万世常行之道,权是不得已而用之,大概不可用时多"③。"盖天下有万世不易之常理,又有权一时之变者。如'君君、臣臣、父父、子子',此常理也;有不得已处,即是变也。"④ 在这里,经作为"万世常行之道",是在正常时期解决各种矛盾的普遍有效的规范,因此,经是超时代、超空域的"常行道理"或"可常之理",有其普遍性或一般性的特征;权作为"不得已而用之",是在非常时期解决不能两全问题时所采取的特殊方法和举措。他曾比喻说:"经是经,权是权。且如'冬日则饮汤,夏日则饮水',此是经也。有时天之气变,则冬日须着饮水,夏日须着饮汤,此是权也。权是碍着经行不得处,方使用得,然却依前是常理,只是不可数数用。"因此,"盖权是不常用底物事"⑤。即不得已的应急措施或权宜之计。显然,经与权又有普遍性与特殊性的差异。总之,朱熹提出经与

---

①《朱子语类》卷三七。
②《朱子语类》卷三七。
③《朱子语类》卷三七。
④《朱子语类》卷五八。
⑤《朱子语类》卷三七。

权在物象、内涵和形式上的差异,虽然在"毫厘之间,亦当有辨"①。

在朱熹看来,经与权不仅具有差异性,而且又有统一性。其一,经与权相互依存,不可分离。他说:"权与经须有异处。虽有异,而权实不离乎经也";"只是虽是权,依旧不离那经,权只是经之变";"权与经固是两义。然论权而全离乎经,则不是。""事有必不得已处,经所行不得处,也只得反经,依旧不离乎经耳,所以贵乎权也。"② 经与权作为矛盾的对立面,总是互为存在的条件。一方面,经不离权,离权无经。如说:"权者……以济经之所不及","常如风和日暖,固好;变如迅雷烈风。若无迅雷烈风,则都旱了,不可以为常。"③ 另一方面,权不离经,离经无权。如说:"反经亦须合道。""权是时中,不中,则无以为权矣。"④ 这就是说,经与权作为封建典章制度的原则性和具体实施的灵活性,社会存在的稳定性和发展的变动性,都是相互依存而不可分离的。

其二,经与权互渗互含,存在着由此达彼的桥梁。朱熹说:"合于权,便是经在其中";"经自经,权自权。但经有不可行处,而至于用权,此权所以合经也";"须是分别经、权自是两物,到得合于权,便自与经无异";"权者,乃是到这地头,道理合当恁地做,故虽异于经,而实亦经也。"⑤ 这就是说,权衡轻重和灵活变通必须符合"道理",而"道理"又内含着作为原则性或普遍性的经。这种"经合于权","权合于经",显然具有以经用权,以权行经或经中有权,权中有经的思想意涵。"权者即是经之要妙处也"⑥。因此,权"虽异于经","自是两物",但又总是你中有我,我中有你,互渗互含,存在着由此达彼的中介和桥梁。

其三,经与权在一定条件下又相互过渡。朱熹说:"经是已定之权,

① 《朱子语类》卷三七。
② 《朱子语类》卷三七。
③ 《朱子语类》卷三七。
④ 《朱子语类》卷三七。
⑤ 《朱子语类》卷三七。
⑥ 《朱子语类》卷三七。

权是未定之经。"① 这一命题可从两个方面来分辨：就文本本意来看，是说经是"已定之权"，权是"未定之经"，具有"已定"与"未定"之别；但如果经与权合乎"道""义"，或"道""义"成为贯通经与权的纽带，即"道是个统体，贯乎经与权"，"义可以总括得经权"②，那么，经可化而为权，权可变而为经。就逻辑可能性来说，这一命题还内蕴着经与权相互转化的情况。这里的权，是指在政治和道德实践中权衡轻重的智慧和灵活变通的方法措施，这本来是"未定"的，具有多变性和灵活性，但在一定条件下，通过概括和总结，把政治和道德的实践智慧和方法措施物化、提升为一种制度和原则，就成为"已定之经"，使之具有原则性和固定性。这里的经，是指政治实践和道德践履的原则和制度，这本来是"已定"的，但在具体实施过程中，其权变智慧和方法措施又可加以具体的、灵活的运用，这样本来"已定"之经又转化为"未定"之权。在朱熹看来，经与权、已定与未定的关系，不是固定的，而是相对的，二者相互渗透、相互贯通，并在一定实践条件下相互过渡。"未定之权"可以过渡到"已定之权"，即经；"已定之经"又可以过渡到"未定之经"，即权。③

总之，朱熹力图消解汉宋儒家经权观的紧张关系和冲突，避免其片面性和局限性，并运用体用思维模式重新整合经权关系，建构起"经是已定之权，权是未定之经"的新经权观。朱熹这种融会贯通的努力，不仅化解了汉宋经权观的紧张关系和冲突，而且也大大提升了儒家经权思辨水平。

---

① 《朱子语类》卷三七。
② 《朱子语类》卷三七。
③ 朱熹提出"经是已定之权，权是未定之经"这一命题，多被后儒所继承和发挥。如明代的思想家高拱在《问辨录》卷六《论语》中提出"经乃有定之权，权乃无定之经"的命题，尽管语言表述与朱熹略有差别，但其意涵则基本相同。（参见岳天雷：《高拱的权变方法论及其实践价值》，《孔子研究》2001年第3期）

三

朱熹的理论贡献不仅在于新经权观的建构，而且还在于运用体用思维方法，全面地梳理权与"道"（"理"）之间的关系，由此阐明了权衡和权变的原则性和规律性问题，并为其权说奠定了本体论基础，提供了本体论支撑。

在朱熹哲学中，"道"属于本体论范畴，是形而上的最高精神实体。他说："阴阳是气，不是道，所以为阴阳者，乃道也。"①"道"是超越形器的客观精神或形上之理，也是超时空的、永恒存在的精神实体，"若论道之长存……自是亘古亘今，常在不灭之物"②。既然道是宇宙本体，那么，经与权即是道的体现或表现。他说："经者，道之常也；权者，道之变也。道是个统体，贯乎经与权。"③ 道兼具经与权两种属性：经体现出道的常规性，权则表现出道的变通性。经与权相反相成，二者共处于道这个"统体"之中。就道的具体内涵来看，主要有本体之道、规律之道、伦常之道等三种意蕴。与此相应，权衡权变与道的关系也就有三种情况。

其一，权要合乎本体之"道"。朱熹说："经，是常行道理；权，则是那常理行不得处，不得已而有所通变底道理。"④ 这里的"道理"，虽然存在着"道是统名，理是细目"，"道字宏大，理字精密"⑤ 的差别，但作为本体论范畴，二者含义相似，相通为一，属于同一层次的最高范

---

①《朱子语类》卷七四。
②《朱文公文集》卷三六《答陈同甫》。
③《朱子语类》卷三七。
④《朱子语类》卷三七。
⑤《朱子语类》卷六。

畴。"只说一阴一阳,便见得阴阳往来循环不已之意,此理即道也"①。"道理"同属无形体、无声臭、超时空的客观精神实体。"道本无体……那无声无臭便是道"②。就"道理"与权的关系来看,道理是本体论,是世界观;权是能动性和灵活性的方法论。世界观制约方法论,方法论表现世界观。道理决定权变,而权变又须合道合理。因此,朱熹说:"权处是道理上面更有一重道理。"③ 这"更有一重道理",即是"通变底道理"。在他看来,只有对"道理"有精密、透彻和纯熟的认识和把握,才有可能权衡轻重,灵活变通;如果对"道理"理解不精、不透、不熟,就不可能权衡轻重,灵活变通。"非见道理之精密、透彻、纯熟者,不足以语权也。"④

其二,权要合乎规律之"道"。在朱熹哲学中,"道"对天地万物产生和存在的根据而言,属于本体论范畴;但对天地万物的发展变化而言,又是一个特定的规律性范畴。他说:"天地之化,往者过,来者续,无一息之停,乃道体之本然也。"⑤ "凡言道者,皆谓事物当然之理,人之所共由者也。"⑥ 道是事物运动变化所具有的一定的秩序和法则(即规律性),它是一种稳定的、本质的、巩固的联系,这就是"所共由"的"事物当然之理"。从道理具有规律性的意义上说,权合乎道理,就是必须要合乎事物变化的规律。在这里,权又是一个特定的主体能动性范畴。主体能动性是认识和把握客观规律性的必要条件,客观规律性决定了主体能动性发挥的限度和范围。可见,道理作为事物变化的规律,又成为衡量人们权衡轻重、通权达变即主体能动性的是非准则。朱熹说:"恁地是,恁地不是。事事理会得个是处,便是道也。""夫学者之求道……有邪有正,有是有非,是亦皆有道焉。固求道者之所不可不讲也。

---

① 《朱子语类》卷七四。
② 《朱子语类》卷三六。
③ 《朱子语类》卷三七。
④ 《朱子语类》卷三七。
⑤ 《朱子语类》卷三六。
⑥ 《论语集注·学而》。

讲去其非，以存其是，则道固于此乎在矣。"① 合乎道理的便是"是"，便是合乎规律；反之，便是"非"，便是违背规律。人们存是去非，改邪归正，便是得道得理，便能正确发挥主体能动性，规范自己的行为。因此，朱熹主张权要"合道""守道"，尊重规律；反对"悖道""枉道"，违背规律。这是能否正确权衡权变的根本准则。

其三，权要合乎伦常之"道"。作为本体和规律之道，落实在社会和人际关系层面，又是一个以人性和伦常为主要内涵的道德观念。朱熹说："道，则人伦日用之间所当行者是也。"②"人之生也，均有是性；均有是性，故均有是伦；均有是伦，故均有是道。"③ 人有人性，有人性便有人伦。人们共同恪守的伦常，即是道。从道作为人们"所当行者"来说，以人伦日用为最紧要，具体表现为"君臣、父子、夫妇、昆弟、朋友"五伦。而行于五伦之间的便是"当然之实理"，亦即道。所谓"实理"，即是指"父当慈、子当孝、君当仁、臣当敬，此义也；所以慈孝，所以仁敬，则道也"④。道就是所以慈、孝、仁、敬的"实理"。在朱熹看来，道还是一个"仁、义、礼、智、信"的"五常"范畴，"所谓道者，五常而已，非此则其动也邪矣"⑤。可见，道包含了全部人性伦常的道德观念，也是人之所以为人的标志。权变合道，实际上就是要合乎五伦之间的仁、义、礼、智、信以及慈、孝、仁、敬等全部伦理道德规范。否则，就会流于权谋变诈之术（"邪"）。不难看出，朱熹在这里阐发的是权衡权变的伦理道德标准和价值问题。

在朱熹看来，作为本体之"道"高于经，作为伦常之"道"等于经，但在两难境遇或非常时期，"道"又反于经而不离乎经。正是在这种意义上，朱熹明确肯定汉儒"反经合道"说的合法性、合理性。他

---

① 《朱子文集》卷一三。
② 《论语集注·述而》。
③ 朱熹：《四书或问》卷七《孟子或问》。
④ 《朱子语类》卷五二。
⑤ 周敦颐：《通书·慎动》"朱熹解附"。

说:"公羊以'反经合道'为权,伊川以为非。若平看,反经亦未为不是。""'反经合道'一句,细思之亦通……然虽是反那经,却不悖于道,虽与经不同,而其道一也。"① 他又举例说:"君令臣从,父慈子孝,此是经也。若君臣父子皆如此,固好;然事有必不得已处,经所行不得处,也只得反经,依旧不离乎经耳,所以贵乎权也。"② 不过,朱熹虽然肯定反经行为的合法性、合理性,"但反经而不合道理,则不可"③。既反经又悖道,必然流于权术变诈。因此,他又提出:"所谓反经,去其不善,为其善者而已。"④ 显然,在反经的后果即"善"的道德价值问题上,朱熹和汉儒具有一致性,均把"善"作为权衡权变最高的价值取向或追求。

另外,朱熹还把"义"范畴引入权道观和经权观,将"义"视为连接经与权的纽带。他说:"道、义是个体、用。道是大纲说,义是就一事上说。义是道中之细分别。"⑤ 道与义是体用关系:道是本体,是大纲;义是应用,是道的细目("细分别")。作为道之用的"义",贯通于经与权。吴伯英问:"某欲以'义'字言权,如何?"朱熹回答说:"义者,宜也。权固是宜,经独不宜乎?"⑥ "义"就是适宜,即符合儒家的政治制度、宗法制度、伦理纲常和道德规范,就此而言,义与经的时代内涵是一致的;从权与义的关系来说,权既然是在不能两全的境遇中所运用的权衡方法,或是在不得已的情况下所采取的应急措施,以此达到对时势的正确判断和恰当处置,当然这也是适宜。故此,朱熹说:"'义'字大,自包得经与权,自在经与权过接处。""经自是义,权亦是义,'义'字兼经、权而用之。""义可以总括得经、权,不可将来对权。

---

① 《朱子语类》卷三七。
② 《朱子语类》卷三七。
③ 《朱子语类》卷三七。
④ 《朱子语类》卷六一。
⑤ 《朱子语类》卷九五。
⑥ 《朱子语类》卷三七。

义当守经,则守经;义当用权,则用权。所以谓义可以总括得经权。"①在这里,朱熹是把经与权视为"义"的两种不同特性:经体现出"义"的伦理纲常和道德规范等永恒不变的特性,而权则表现出"义"在不同境遇中灵活变通的特性。既然经与权均是"义"的体现或表现,那么,"义"当然就成为二者的"过接处",即连接的纽带、贯通的桥梁。显然,这又是朱熹对程颐由"权量轻重,使之合义,才合义,便是经也"而提出"权即是经"的观点的继承和发展。

总之,朱熹从"道兼体用"的视角,既阐述了权衡权变的规律性问题,也为其权衡权变确立了伦理道德准则,奠定了本体论基础,提供了本体论支撑。诚如赵纪彬先生所言:"'行权'的方法,从'适道'的原理而来;亦即'道'是'权'的本体,'权'是'道'的应用,'体用一源'……必须先'明道'而后才能将原理应用于实际;此即古人所说的'精义入神以致用';亦即今语所说的'方法论从属于世界观'。"②

四

朱熹不仅阐述了权衡权变的规律性问题,而且还把标示适度性范畴的"中"引入权衡权变观,由此阐发了权衡权变的适度性即"权度"问题。他说:"权得其中,固是与经不异。"③"道之所贵者中,中之所贵者权。"④ 权衡权变必须适中合度,而适中合度的重要方法之一就是权衡权变。如此权衡权变,才能取得最佳效果,实现理想目标。

---

①《朱子语类》卷三七。
②赵纪彬:《〈论语〉"权"字义疏》,《困知二录》,中华书局1991年版,第266页。
③《朱子语类》卷三七。
④《孟子集注·尽心上》。

"中"这一范畴,是中国古典哲学对"度"的表述。所谓度,就是事物保持自己质和量的限度、幅度和范围,是和事物的质相统一的数量界限。何谓"中"?"喜怒哀乐之未发,谓之中;发而皆中节,谓之和"①。据此,朱熹提出"中,一名而函二义"②:一是"未发之中",即不偏不倚;二是"已发之中",即无过不及。就不偏不倚而言,偏是不正,倚是不平,不正不平都是失"中",即失掉一定限度;只有"不偏不倚",即正和平,才是"中",才是适度。就无过不及而言,"过则失中,不及则未至"③。过头失掉"中",不及达不到"中",其不"中"则同。"中"之二义,朱熹更为注重后者,反复强调《中庸》之"中","是兼已发而中节,无过不及者得名"④。在他看来,偏与倚、过与不及都是两端,都是不"中"。只有把"过"与"不及"两端联结起来,才能使之归于"中"。那么,何谓"中"?"中,只是恰好处"⑤。"中,只是个恰好底道理"⑥。在朱熹哲学中,"中"这个标示度的范畴,涵盖了"中庸""中和""中节""中道""时中""事中""致中""执中"等诸多大同小异的概念。

关于权衡权变的适度性即"权度"问题,朱熹主要论述了三层含义:其一,取中合度需用权。他说:"中之为贵者权。"⑦ 权衡权变是取中合度的重要条件。他在诠解《中庸》"执其两端,用其中于民"时说:"盖凡物皆有两端,如大小厚薄之类,于善之中又执其两端,而量度以取中,然后用之,则其择之审而行之至矣。然非在我之权度精切不差,何以与此。此知之所以无过不及,而道之所以行也。"⑧ 这里的两端,是

---

① 《中庸》第一章。
② 《朱子语类》卷六。
③ 《四书章句集注·中庸章句》第三章。
④ 《朱子语类》卷六二。
⑤ 《朱子语类》卷一八。
⑥ 《朱子语类》卷七八。
⑦ 《朱子语类》卷三七。
⑧ 《中庸章句》第六章。

量度事物的两个关节点。"执其两端而量度以取中",就是把握对立的两个关节点的区间,加以"精切不差"的"权度",从而达到"中",使之合"度"。他又举例说:"将两端来量度取一个恰好处,如此人合与之百钱,若与之二百钱则过,与之五十则少,只是百钱便恰好。"① 这里的"权度精切不差"是至关重要的,它是"取中"以达到"恰好处"的重要条件和手段。"人当精审专一,无过不及,则中矣"②。据此,朱熹得出结论说:"以执其不同之极处而审度之,然后可以识夫中之所在,而上一端之为过,下一端之为不及。"③

那么,如何才能做到"权度精切"而取中合度?其标准和尺度又是什么?对此,朱熹作了一个生动比喻:"以义权之,而后得中。义似称,权是将这称去称量,中是物得其平处。"④ 可见,"权度精切"的标准和尺度是"义"。以义权之,犹如秤锤在秤衡上往返移动,"得其平处",这就是"中",就是"恰好处"。因此,取中需用权,用秤要得平。"盖权而得中,则不离于正矣。"⑤

其二,行权需"时中"。作为"恰好处"的"中",并不是固定不变的,而是随着时间、地点和条件的变化而改变的。因此,朱熹又强调"时中"对权的重要性。有人问:"权莫是中否?"他回答说:"是此一时之中。不中,则无以为权矣。""权是时中,不中,无以为权矣。"⑥ 在他看来,权衡权变需要随时之中,趋时之中,亦即需要审时度势,以时势为"中",趋时则能通变,通变则能用权。如此用权,才能合乎"时中",做到"恰好处"。这即是"随时以处中,方是到恰好处"⑦。他认为,权不仅要随"时中"而变,而且还要随"事中"而变,即"权则是

---

① 《朱子语类》卷六三。
② 《朱子语类》卷七八。
③ 《朱子语类》卷六三。
④ 《朱子语类》卷三七。
⑤ 《孟子集注·离娄上》。
⑥ 《朱子语类》卷三七。
⑦ 《朱子语类》卷六三。

随事以取中"①。因为"事有缓急,理有大小,这样处皆得以称之"②。可见,权既要随"时"变而取中,还要随"事"变而取中,亦即随时间的变化、空间的位移而取中。如,朱熹曾引用程颐的观点说:"且试言一厅,则中央为中;一家,则厅非中而堂为中;一国,则堂非中而国之中为中。"③ 既然"中"随地点、时间、条件而变化,那么,权衡权变要时中,也得随地点、时间、条件而变化。如此权衡权变,才能合乎"时中",做到"恰好处"。在他看来,"中"作为行权之度,又有静态与动态之别。他说:"在中者,未动时恰好处;时中者,已动时恰好处。"④ 所谓"在中",是事物处于静态时的"恰好处";所谓"时中",是事物处于动态时的"恰好处"。通权达变,灵活变通,不仅要符合静态时的"恰好处",而且也要符合动态时的"恰好处"。如此行权,才能顺应事物的时空变化,从而取得最佳效果。

其三,行权不是"执中"。朱熹主张通权达变要"时中",反对固守两端之间的平均数,即"执中"。他赞同孟子"执中无权"的观点,认为杨子为我,墨子兼爱,偏执一端,均为失"中"。而子莫却"度于二者之间而执其中",即调和折衷,各用一半,取中间平均数,自以为比杨、墨更近于圣人之道。朱熹认为子莫虽能"执其中",但不知遇事权其轻重,灵活变通,以适应事物的发展变化。这种不知权衡权变的"执中"与固守一端的"执一"无异。他在注解《孟子》"执中无权"时说:"执中而无权,则胶于一定之中而不知变,是亦执一而已矣。"⑤ 又引证程颐的观点说:"中不可执也。识得则事事物物皆有自然之中,不待安排,安排着则不中矣。"⑥ 这里的"自然之中",亦即"天然自有之

---

① 《朱子语类》卷三七。
② 《孟子集注·尽心上》。
③ 《孟子集注·尽心上》。
④ 《朱子语类》卷六二。
⑤ 《孟子集注·尽心上》。
⑥ 《孟子集注·尽心上》。

中，是时中"①。在朱熹看来，万事万物本身都有个中，即"时中"。这个"自然之中"，并不以人的主观意志而改变。如果随意安排事物的中，而且"胶于一定之中而不知变"，就是"执中"或"执一"。"执中"或"执一"，均是固守一定点而不知变通，就不能权变；不能权变，当然也就"无权"可言了。在这里，"执中而无权"的"中"，含有折中之意。朱熹认为："两端不专是中间。如轻重，或轻处是中，或重处是中。"②并举例说：人有功当赏，或赏万金，或赏千金，或赏百金，或赏十金。"万金者，其至厚也；十金，其至薄也。则把其两头自至厚以至至薄，而精权其轻重之中……不是弃万金十金至厚至薄之说，而折取其中以赏之也。"③ 这说明，从万到十的区间是一个数量界限（"度"），都是"中"。而从万到十"折取其中"的中间平均数，则是"折中"。"执中"则是固守这个"折中"而不知权衡变通，那就是"执中无权"并"害于时中"了。然而，朱熹并没有把"执中无权"的观点贯彻到底。他有时又把"折中"等同于"折衷"，训"衷"为"中"，"衷，只是中也"④，把"折中""折衷"诠解为"恰好处"。如说："是恰好处。如折衷，是折两者之半而取中之义"，"盖是折两头而取其中之义。"⑤ 可见，有时是"执中无权"，有时又是"执中有权"了。因此，对朱熹的"折中"或"执中"要作具体分析，不可概而言之。

由上可见，朱熹把"中"这一范畴引入权变观，全面阐述了权衡权变的适度性问题。应该说，相对于汉儒和程颐的主要论域而言，朱熹的这一观点不仅是创新之论，而且也大大强化了权衡权变在政治实践和道德践履中的实用性、灵活性。如张立文所言："朱熹把义、中范畴援入经权对偶范畴，不仅扩展、活跃了政治生活的原则性的应用和灵活性的

---

① 《朱子语类》卷一八。
② 《朱子语类》卷六三。
③ 《朱子语类》卷六三。
④ 《朱子语类》卷一八。
⑤ 《朱子语类》卷一八。

调节，而且扩大、丰富了伦理道德生活的原则的实用和灵活的协调，从而使经权范畴发展到一个新的阶段。"①

五

通过以上对朱熹权说的分析和探讨，可以概括出以下三个基本特征：其一，融通性的学术立场。由于汉儒和程颐秉持"道学"与"理学"不同的学术立场，先后提出互相抵牾甚至冲突的"反经合道"说和"权即是经"说。而朱熹的学术使命就在化解紧张关系，消解冲突，打通阻隔，圆融会通；既汲取二者之长，又摒弃二者之短，并运用体用思维方式，建构起"经是已定之权，权是未定之经"的经权观。可以说，这既体现出朱熹权说的融通性特质，也是儒家经权思想的新形态。

其二，创新性的思想活力。朱熹权说的创新性，主要表现在对儒家权说论域的新拓展。此前儒家学者只是局限于经权观的论述，没有或鲜有论及权道观、权中观、权义观等问题。而朱熹除了论述传统的经权观之外，在权道观上阐发了权衡权变的本体论基础、道德准则及其规律性问题，在权中观上阐述了权衡权变的适度性及其如何取得最佳效果等问题，在权义观上论证了守经行权的适宜性问题。这些新问题的提出及解决，不仅是朱熹对儒家权说论域的新拓展，而且也体现出朱熹权说的创新性特征。

其三，系统性的儒学体系。朱熹权说的系统性，主要是把儒家权说诸多范畴加以较为系统的整合，梳理出权说范畴体系。其中，"权"是核心范畴，其他范畴都是围绕着"权"的范畴而展开的各种逻辑关系。如，权与经是灵活性与原则性、特殊性与普遍性的关系，权与道是方法

---

① 张立文：《中国哲学范畴发展史（人道篇）》，中国人民大学出版社 1995 年版，第 729 页。

论与世界观、能动性与规律性的关系，权与义是权衡权变与适宜性的关系，权与中是权衡权变与适度性的关系，道与经是道包含经的关系，道与义是体与用的关系，等等。这种具有较为周延的权说范畴体系，凸显出朱熹权说的系统性特征。

当然，也不可否认朱熹的权说存在着理论缺陷和局限。概言之，主要有三：一是割裂经与权的时空效用范围。如朱熹说："'可与立'者，能处置得常事；'可与权'者，即能处置得变事。"① 所谓"立"，就是经，"立便是经"②。这就是说，"常则守经，变则行权"，亦即经不能通变而只能守常，是"守常之用"；权不能守常而只能通变，是"通变之用"。无疑，这是割裂时空效用范围（"常"与"变"）的"经权之异用"③说，从而否认了权衡权变的普适性问题，如说："权是碍着经行不得处，方使用得，然却依前是常理，只是不可数数用。如'舜不告而娶'，岂不是怪差事？以孟子观之，那时合如此处。然使人人不告而娶，

---

①《朱子语类》卷三七。
②《朱子语类》卷三七。
③ 如明代高拱在批评朱熹这一观点时说："独谓'处常则守经，遇变则行权'，而其说至今因之。信斯言也，是经权之异用也。彼所谓经也者，非子思'大经'、孟子'反经'之经欤？其为经固也，而乃为之经纶焉。类聚群分，而各得其理焉。反焉而得其正焉，非权孰为之者？而独谓为处变之物哉？"（《问辨录》卷六《论语》）

岂不乱大伦?所以不可常用。"①

二是"经主权从"的经学独断论。朱熹理学尽管容忍了权衡权变观念,但同时又强调权衡权变乃是不得已而为之,只有在一般原则("经")无法正常贯彻的情境中,才可以作适当变通。在经与权的关系上,经始终占据主导地位,而权往往被用作经的补充,完成经的手段。权虽然可以对经有所变通,但这种变通本身必须受经的制约。这种"经主权从"的经学独断论,不仅降低了权衡权变在朱熹理学中的政治价值和道德价值,而且也使其理学在后世的发展中渐失理论张力和活力,最终走向僵化、教条乃至消亡。清代思想家戴震所言"以理杀人",也正是此意。

三是朱熹对《论语》权说文献的考定存在着错简和断章之误。对此,赵纪彬先生作了详尽考述。先看错简问题,赵先生通过考证《毛诗正义·绵》、《说苑·权谋》、《唐文粹》冯用之《权论》引、阮元《〈论语〉校勘记》等文献,提出朱熹《论语集注》"可与共学,未可与适道;

---

① 《朱子语类》卷三七。按,就中国权说史逻辑进程来看,克服朱熹这一缺陷的是明儒高拱。高拱从时空上明确论证了权变的普适性问题。他说:"无时无处,无非权也,是日用而饮食者也。由是观之,权之为用,常耶变耶,无不有者耶,固可得而识也。"权就像日常饮水、吃饭那样是须臾不可离开的,无时无处、无事无物不用权,时时处处、事事物物都需用权。从时间上看,不论居常或遇变,也不论得已或不得已,都需用权。他说:"夫权也者,既以轻重言,则是无常变、无巨微,而无不为之低昂者也。非谓不得已始用之,而得已可不用也。"在遇变或不得已之时,固需用权,但即使在居常或得已之时,也必须用权。就空间上说,权又是无处不在、无物不有的,处处物物都需用权。他说:"'巽以行权'。夫巽,风也。风之为物,至动而不拘,至速而不滞,至彻而不隔,故称'巽'也。谓其委顺而周至也,故可以行权焉。是故以决是非,以定可否,以成变化,以通鬼神,始之乎一心,而放之乎六合,莫之能违也。权之用大矣哉!"风作为自然物,具有恒动不拘、恒变不滞、恒化无阻的性质。与此相似,权作为权衡选择或灵活方法,无论在何种情况下,都具有变化无穷的周至性,从小到一心到大至六合,概莫能外。总之,"一时无权,必不得其正也……一物无权,必不得其正也"(《问辨录》卷六《论语》)。

可与适道,未可与立;可与立,未可与权"存在文字传抄倒错,应为"由'学'而'立',由'适道'而'行权',则为孔子的本义"①。"《集注》经文之为错简,确然无疑"②。再看断章问题,朱熹认为汉儒将"未可与权"与"唐棣之华"合为一章有误③。而赵先生则提出:"唐棣之华"和"未可与权"两段经文,"在思想上同是言'权',在逻辑上首尾一贯,理应为一章而不可分"④。并指出"未可与权"以上是说"权"的来源,"唐棣之华"以下是说"权"的方法论特点。"'偏其反而'的'反'字,正是孔子权说的方法论特点"⑤。显然,这种错简和断章之误,也表明朱熹权说赖以立论的文献基础存在着缺陷。⑥

---

① 赵纪彬:《〈论语〉"权"字义疏》,《困知二录》,中华书局1991年版,第266页。

② 赵纪彬:《高拱权说辩证》,《困知二录》,中华书局1991年版,第286页。

③ 朱熹说:"夫子大概止是取下面两句云:'人但不思,思则何远之有!'初不与上面说权处是一段。'唐棣之华'而下,自是一段。缘汉儒合上文为一章,故误认'偏其反而'为'反经合道',所以错了。"(《朱子语类》卷三七)

④ 赵纪彬:《〈论语〉"权"字义疏》,《困知二录》,中华书局1991年版,第267页。

⑤ 赵纪彬:《〈论语〉"权"字义疏》,《困知二录》,中华书局1991年版,第267页。

⑥ 关于赵纪彬先生对朱熹权说文献的错简和断章之误问题的详细考证,参见岳天雷:《赵纪彬权说研究述评》(《河南大学学报(社科版)》2012年第2期。

论陈淳的经权观

陈淳思想之师承

宋代理学家在继承先秦儒学的基础上,摒弃汉唐传注的思维方式,运用辩证思维,建构起"致广大,尽精微,综罗百代"[1]的道学思想体系。其中,南宋朱熹即是其主要代表。朱熹逝世后,他的思想虽然一度受到官方的压制,被判定为"伪学",但随着时间的推移,统治者逐步认识到朱熹哲学对矫正人心、治理社会的重要作用。因此,在元明清时期,朱熹哲学便逐步成为官方哲学,上升为国家意识形态,统治中国思想界长达六七百年。可以说,朱熹的哲学思想对中国古代的政治生活、伦理道德、文化结构、思维方式等都产生了重大影响。

不可否认,朱熹理学的形成和传播,凝聚着朱子门徒的心血和智慧。

朱子传之蔡西山(元定)、九峰(沈)、黄勉斋(干)、陈北溪(淳)、李果斋(方子)诸先生,有宋闽儒甲天下。[2]

---

[1] 黄宗羲:《宋元学案》卷四八《晦翁学案上》。
[2] 兰鼎元:《鹿州全集·送谢古梅太子还阁序》,引张加才《诠释与建构:陈淳与朱子学》,人民出版社2004年版,第3页。

据清儒张伯行的考证：朱子门下知名之士不下数十人，"故其著述最富，问答最多，而理学因之大明"①。因朱熹理学博大精深，体系完备，其门人难以独传其全，因此朱子门人对朱子学的传播也各有偏重，或各具特色。一般来说，蔡元定偏重于象数律吕，彰显了朱子理学体系中的自然哲学思想；黄干专注于居敬穷理，阐扬了朱子理学体系中的性理之学思想；而陈淳则更为重视性命义理，对于朱子的哲学思想和范畴体系作了提纲挈领式的阐述和梳理。

陈淳（1159~1217），字安卿，亦称北溪先生，龙溪（今福建漳州）人。他的思想形成与其问学与朱熹密切相关。据张加才先生考证，陈淳曾两度从学于朱熹，第一次是在漳州，从绍熙元年（1190）十一月至次年五月；第二次在建阳考亭，从庆元五年（1199）至次年正月②。虽然两次问学时间短暂，但对陈淳研习朱熹思想并成为其著名传人却产生了不可忽视的影响。据《宋史·陈淳传》记载：

> 朱熹来守其乡，淳请受教……淳闻而为学益力，日求其所未至。熹数语人以"南来，吾道喜得陈淳"。门人有疑问不合者，则称淳善问。后十年，淳复往见熹，陈其所得，时熹已寝疾，语之曰："如今所学，已见本原，所阙者下学之功尔。"自是所闻皆要切语，凡三月而熹卒。淳追思师训，痛自裁抑，无书不读，无物不格，日积月累，义理贯通，洞见条绪。③

可见，朱子对其弟子陈淳赞赏有加，陈淳也得朱子学之真传。可以说，陈淳是朱子理学思想的重要继承者和传播者，被后儒誉为"朱门第一人"。

陈淳理学的代表作是《北溪字义》，亦称《北溪先生性理字义》《北

---

① 张伯行：《正谊堂文集续集》卷一二《答冉永光检讨》。
② 参见张加才《诠释与建构：陈淳与朱子学》，人民出版社2004年，第7页。
③ 脱脱等：《宋史·陈淳传》，引熊国祯等点校：《北溪字义》附录一。

溪先生字义详讲》。该书运用范畴、概念分析方法,对性、命、道、德、情、才、意、仁义礼智、忠信、忠恕、诚敬、中和、中庸、太极、礼乐、经权、义利等理学基本范畴的内涵与相互之间的联系作了全面系统的梳理。这一著作对传播朱子学起到了重要推动作用,是中国哲学史上最早的哲学范畴史论著。

权衡权变思想作为儒家政治哲学、道德哲学和历史哲学的重要内容,当然也是陈淳着重论述的重要问题之一。他在继承朱熹权说的基础上,通过对经与权、权与时中、经权与理义等关系的纲领性分析,不仅阐发了他的辩证经权观,而且对权衡权变的适度性和守经行权的必备条件等问题也作了精湛论述。

经权关系:"相对不相悖"

关于经权关系问题,汉儒提出"反经合道"的经权互悖说,程颐提出"权即是经"的经权统一说。而朱熹对汉儒和程颐的经权说则加以融会贯通,辩证综合,既汲取二者之长,又摒弃二者之短。他说:

> 汉儒谓"权者,反经合道",却是权与经全然相反,伊川非之,是矣;然却又曰"其实未尝反经",权与经又却是一个,略无分别,恐如此又不得。①

在此基础上,朱熹建构起"经是已定之权,权是未定之经"②的辩证经权观。陈淳承其师说,对经权的辩证关系问题作了纲领性阐述。一方面,经权具有相对性或互悖性。他说:

---

① 朱熹:《朱子语类》卷三七。
② 《朱子语类》卷三七。

> 经与权相对，经是日用常行道理，权也是正当道理，但非可以常行，与日用常行底异。①

所谓"经"，从政治哲学上说，是一种既定的永恒不变的原则；就时代内涵来看，是指封建政治制度、宗法制度、纲常名教、伦理道德。"经"作为超时空的"日用常行道理"，具有原则性、常规性和普遍性。所谓"权"，则是根据"经"所不及之处而采取的权衡利弊或灵活处置的方法和措施，通过权衡利弊或灵活变通以达到对既定原则（"经"）的认识和把握，亦即遇到不能两全或不得已的问题时所采取的特殊方法和举措。"权"尽管"非可以常行"，但亦是"正当道理"，具有灵活性、变通性和特殊性。因此，经和权具有原则固定与灵活变通之差异和对立。

另一方面，经权又有统一性和一致性。他说：

> 经所不及，须用权以通之。……权虽经之所不及，实与经不相悖，经穷则须用权以通之。柳宗元谓："权者，所以达经也"，说得亦好。盖经到那里行不去，非用权不可济。②

"经"作为封建社会的大纲大法，是解决问题的总原则和总纲领，不可能穷尽社会发展变化中出现的所有问题，存在着"经所不及"处。但在非常时期，即遇到不能两全或"经所不及"处，则"须用权以通之"。权就是在大纲大法即"经"的"不及"处所实施的权衡利弊和灵活变通的方法和举措，以补充经的不足。故此，陈淳赞同柳宗元"以权达经"的观点。他还举例说：

> 如君臣定位，经也。桀纣暴横，天下视之为独夫，此时君臣之

---

① 《北溪字义》卷下《经权》。
② 《北溪字义》卷下《经权》。

义已穷,故汤武征伐以通之,所以行权也。男女授受不亲,此经也。嫂溺而不援,便是豺狼,故援之者,所以通乎经也。如危邦不入,乱邦不居,此经也。佛肸召,子欲往,则权也。①

君臣之义是经,应当固守;但若遇到独夫"桀纣暴横",则应行权推翻,不应再固守君臣之义。男女授受不亲是经,应当固守;但若遇到"嫂溺"特殊情况,则应行权援救,否则便是豺狼。这就是"以权达经"或"以权济经"。可见,陈淳通过举出这些历史事例,以确证权与经"不相悖",二者具有同一性、一致性。

陈淳从经权相对不相悖的观点出发,对汉儒的"反经合道"说作了驳斥。据《春秋公羊传》桓公十一年(前674)记载:

> 权者何?权者反于经,然后有善者也。权之所设,舍死亡无所设。行权有道,自贬损以行权,不害人以行权。杀人以自生,亡人以自存,君子不为也。②

权衡权变可以"反经",但必须"合道"。所谓"反经",即是违反封建礼仪制度;所谓"合道",是指符合包括封建伦理道德在内的宇宙本体之"道"。经与道的关系是:道在经之上,道为主,经为从;经从属于道,即一般原则服从于更为恒定和普遍的本体之道。实际上,在汉代"道学"思想氛围中,汉儒站在"道学"的立场上,否认"经"的神圣性、绝对性和至上性,论证"反经"的合理性或合法性,其原因就在于汉儒之"道"汲取了黄老道家"道生天地"③的观念,表现出"援道入儒"的兼容精神和综合趋向。在汉儒那里,"道"作为宇宙本体范畴,

---

① 《北溪字义》卷下《经权》。
② 《春秋公羊传·桓公十一年》。
③ 《老子》说:"道冲而用之或不盈,渊兮似万物之宗。"(第四章)"道生之,德畜之,物行之,器成之,是以万物莫不尊道而贵德。"(第五一章)"道"生天地万物的过程是:"道生一,一生二,二生三,三生万物。"(第四二章)

是大于和高于"经"的。"道"是宇宙的最高法则,而"经"只是"道"体现于政治伦理领域中的一般原则,即政治制度、宗法制度、三纲五常、伦理道德。因此,权衡权变可以"反经",但必须"合道"。与汉儒不同,陈淳站在"理学"立场上,将"天理"视为本体性、普遍性范畴,而"经"只是"天理"在政治伦理中的具体体现。因此,他不能容忍汉儒用儒家之外的原则("道")对"经"的否定、背反和僭越,否则就会使权流于"变诈"或"权术",从而背离儒家思想的轨道。因此,陈淳对汉儒的"反经合道"说批驳道:

> 《公羊》谓:"反经而合道",说误了。既是反经,焉能合道?权只是济经之所不及者也。①

他认为,"经"即是"道","道"即是"经",二者没有差别,"反经"无异于"反道",而不可能"合道"。在这里,汉儒强调经权的差异性有其合理的因素,但把这种差异绝对化,完全否认其同一性,使"权"摆脱"经"的限定和制约,必然导致变诈和权术,而变诈、权术就不是权。在陈淳看来,汉儒"反经而合道"的局限,就在于背离了"经"的原则,造成后世离经叛道、犯上作乱的危害。对此,朱熹在评论程颐"权即是经"观点时曾明确指出:"伊川见汉儒只管言反经是权,恐后世无忌惮者皆得借权以自饰,因有此论耳。"② 显然,陈淳与程朱相同,从经权相统一的角度提出权衡权变要以"经"为根本原则,以权济经,以权行经,而不能离经,更不能反经。

---

① 《北溪字义》卷下《经权》。
② 《朱子语类》卷三七。

行权目标:"由权然后得中"

陈淳不仅阐述了经权观,而且在权与"中"("时中")的关系上,论述了行权的理想目标和适度性问题。

"中"这一范畴,是中国古典哲学对"度"的表述。所谓"度",就是事物保持自己质和量的限度、幅度和范围,是和事物的质相统一的数量界限。"中"的原意是说:"喜怒哀乐之未发,谓之中;发而皆中节,谓之和。"① 据此,陈淳提出:"中有二义:有已发之中,有未发之中。"② "已发之中"是"无过不及","未发之中"是"不偏不倚"。就"不偏不倚"而言,"偏"是不正,"倚"是不平,不正不平都是失"中",即失掉一定限度;只有"不偏不倚",即正和平,才是"中",才是适度。就"无过不及"来说,"中"即是"恰好处,无过不及便是中"③。过头失掉"中",不及达不到"中",其不"中"则同。在陈淳哲学中,"中"这个标示"度"的范畴,涵盖了"中庸""中和""中节""时中"等许多大同小异的概念。

那么,权衡权变如何适中合度?在陈淳看来,主要有三:其一,"权轻重以取平"。他比喻说:

> 权字乃就秤锤上取义。秤锤之为物,能权轻重以取平,故名之曰权。权者,变也。在衡有星两之不齐,权便移来移去,随物以取平。亦犹人之用权度揆度事物,以取其中相似。④

---

① 《中庸》第一章。
② 《北溪字义》卷下《经权》。
③ 《北溪字义》卷下《经权》。
④ 《北溪字义》卷下《经权》。

这就是说，权是秤锤，经是秤衡。秤衡上显示星两等不同的度量标志，确定而不可变易；而秤锤在秤衡的星子上往复移动，取其平衡，变通而不穷其用。这犹如人们用权称量、衡量事物的轻重一样，"以取其中"，"随物以取平"，即达到适中合度。

其二，"由权然后得中"。陈淳认为，"中"是用权的标准、准则，而用权又是"得中"的必要手段。他在回答"权与中何别"问题时说：

> 知中然后能权，由权然后得中。中者，理所当然而无过不及者也。权者，所以度事理而取其当然，无过不及者也。①

所谓"中"，是指对事理的确认或肯定，应当如此，既无"过"也无"不及"；所谓"权"，是指切中事理，恰如其分，既无"过"也无"不及"。可见，"中"是事理存在的实然状态，"权"是行权主体的应然状态，二者有别。但权与中又是相互联系的，"知中然后能权，由权然后得中"。只有认识和把握事理存在之实然即"中"，然后才能行权，亦即"中"决定和制约着行权的限度和范围；反之，也只有发挥行权主体的能动性，然后才能"得中"，亦即行权是"得中"的必要条件。可见，行权与得中有其相似或相同的功能机制。如果行权超越了"中"的限制，必然流于权术变诈；如果行权不"得中"，就不会取得最佳效果。

其三，"时中便是权"。陈淳认为，作为事物存在限度或幅度的"中"，并不是固定不变的，而是随着时间、地点和条件的变化而变化的。由此，他又提出了"时中"的概念，说：

> 权，只是时措之宜。"君子而时中"，时中便是权。天地之常经是经，古今之通义是权。②

---

① 《北溪字义》卷下《经权》。
② 《北溪字义》卷下《经权》。

在这里，陈淳虽然提出"经"在空间上具有常规性和普适性，不可变易，但他强调的则是在时间上具有"时措之宜""古今之通义"特征的"权"。所谓"义者，宜也"，即适宜或适度。因此，"权"是贯通古今、与时俱进的必要手段和举措。他认为，行权必须随时之中、趋时之中，亦即审时度势，以社会发展的时势为"中"，趋时则能通变，通变则能用权。如此用权，才能合于"时中"，才能做到"恰好处"。可见，"时措之宜"既是权变方法的特质，也是其最高的价值所在。

总之，陈淳与朱熹一样，也把"中"的范畴引入经权观，全面阐述了权衡权变的适度性问题，从而大大强化了权衡权变在政治实践和道德践履中的实用性、灵活性。正如张立文先生所言："朱熹把义、中范畴援入经权对偶范畴，不仅扩展、活跃了政治生活的原则性的应用和灵活性的调节，而且扩大、丰富了伦理道德生活的原则的实用和灵活的协调，从而使经权范畴发展到一个新的阶段。"①

行权条件："理明义精"

陈淳不仅论述了权变方法的适度性（"中"或"时中"）问题，而且还通过列举大量历史事实，确证"理明义精"是守经与用权的重要条件。

关于守经与用权的条件问题，陈淳提出了两个观点：其一，只有"理明义精"的圣人，方可用权。他说：

> 天下事到经所不及处，实有碍，须是理明义精，方可用权。②

---

① 张立文：《中国哲学范畴发展史（人道篇）》，中国人民大学出版社1995年版，第729页。
② 《北溪字义》卷下《经权》。

须圣人理明义精，方用得不差。①

用权须是地位高方可，非理明义精便差，却到合用权处亦看不出。②

所谓"理明义精"，就是事理明晰，义理精透。只有达到"理明义精"的境界，用权才不会出现差错；否则，不仅认识不到用权之处，而且还会出现偏差。就此而言，用权是极难之事。他举例说："如武后易唐为周，张柬之辈于武后病中扶策中宗出来。"③ 唐朝武则天改唐为周。神龙元年（705）正月，宰相张柬之（625~706，字孟将，襄州襄阳人）与桓彦范、敬晖等借武则天有病之机发动政变，迫使武则天退位，策立其子即已被废黜的皇太子唐中宗李显即位。二月，恢复唐朝国号。因之，张柬之被晋升为夏官尚书、中书令，与崔玄暐、敬晖、桓彦范、袁恕己并为宰相。北宋儒家胡寅认为武后乃社稷之贼，"当正大义"，应遵高祖、太宗之命，将其废为庶人并赐死。而陈淳则提出"天下岂有立其子而杀其母"④ 的道理？南宋儒家张栻认为当另立宗室，不应立中宗。但"他也只是见得后来中宗不能负荷，故发此论"⑤。在陈淳看来，胡寅、张栻均"非理明义精"，故对这一历史事件的评价不免有偏差，只有其师朱熹提出的"须是身在当时，亲见得人心事势是如何。如人拳拳中宗，中宗又未有失德，如何废得？人心在中宗，才废便乱"⑥ 的观点，才真正"理明义精"。因此，"须是就当时看得端的，方可权度"⑦。这充分证明"用权极难"⑧，非"理明义精"不可。实际上，陈淳的这一

---

① 《北溪字义》卷下《经权》。
② 《北溪字义》卷下《经权》。
③ 《北溪字义》卷下《经权》。
④ 《北溪字义》卷下《经权》。
⑤ 《北溪字义》卷下《经权》。
⑥ 《北溪字义》卷下《经权》。
⑦ 《北溪字义》卷下《经权》。
⑧ 《北溪字义》卷下《经权》。

观点是对朱熹"非见道理之精密、透彻、纯熟者,不足以语权也"①思想的继承和发展。

其二,只有实践艺术高超之人,才可妙用而不差。守经与用权均离不开"义"。朱熹曾说:"经自是义,权亦是义,'义'字兼经、权而用之。"②"义可以总括得经权,可不将来对权。义当守经,则守经;义当用权,则用权。所以谓义可以总括得经权。"③陈淳也秉承师说,提出:

> 权固义精者,然后用得不差,然经亦无义不得。盖合当用经时须用经,当用权时须用权,度此得宜便是义,便是二者都不可无义。④

"义"即是适宜。守经与用权的价值取向都是适宜:守经是社会正常时期的适宜,用权是社会非常时期的适宜。因此,正常之时当守经,非常之时当用权,即"常则守经,变则行权"。如果守经与用权在时空上发生颠倒或错位,合当守经而不守经,不当用权而用权,就必然形成丧"义"的社会反常事件。陈淳举例说:自魏晋以来,国统未绝,但因丧"义","欺人孤寡,托为受禅,皆是当用经而不用经,不当用权而用权者也"⑤。又举例说:秦王李世民杀太子建成,这"是不当用权而用权者也";魏征不死于建成而事唐太宗,这又"是当守经而不守经者也"⑥。可见,无论守经还是用权都必须适宜,"不可无义"。

在陈淳看来,守经与用权在时空上的颠倒或错位必然丧"义",但即使"见义不精",也会招致国破家亡之祸。对此,他又举例说明之:

---

① 《朱子语类》卷三七。
② 《朱子语类》卷三七。
③ 《朱子语类》卷三七。
④ 《北溪字义》卷下《经权》。
⑤ 《北溪字义》卷下《经权》。
⑥ 《北溪字义》卷下《经权》。

例一，春秋时期"季札终于固让而不肯立，卒自乱其宗国"①。季札（又称公子札、延陵季子、延州来季子等）是吴王寿梦的幼子。寿梦欲传位于有贤名的季札，而季札却推荐长兄诸樊继位，自己避居乡野。寿梦死，诸樊让位于季札，季札推拒，故诸樊即位，并称自己死后，季札继位。诸樊死，次子余祭再让位于季札，季札不应。余祭封季札于延陵。三子余眜死，便派遣使者迎季札继位，季札不仅不就，反而逃走。王位由寿梦庶长子吴王僚继承。余眜之子公子光杀吴王僚，即位为吴王阖闾。由此，陈淳认为季札再三推让王位，虽得贤名，但却致乱其国。显然，季札"是于守经中见义不精者也"②。

例二，唐朝"张柬之等五王反正，中宗诛诸武而留一武三思，卒自罹祸之惨"③。如上所述，神龙元年（705）正月，张柬之等发动政变，迫使武则天退位，斩其宠臣张昌宗、张易之。二月，恢复唐朝国号。五月，唐中宗封张柬之为汉阳王、敬晖为平阳王、桓彦范为扶阳王、袁恕己为南阳王、崔玄晔为博陵王，史称"五王"。但当时未被诛杀的武三思及其党羽仍当权用事，勾结韦皇后，以"五王"诬陷韦皇后为由，最终均被罢相。柬之自请养病返襄州，乃出为襄州刺史。次年六月，贬新州司马，至新州忧愤病死。敬晖等四人，亦先后外任，同贬岭南。据此，陈淳又提出唐中宗招致罹祸之惨，又"是于用权中见义不精者也"④。可见，陈淳举出上述诸多历史事件，意在说明不管是守经还是用权均不能丧"义"，更不能"见义不精"，否则，就会招致国破家亡之祸。

总之，陈淳提出用权是极难之事，只有"理明义精"、智慧高超的圣人，才能守经用权，从而实现守经用权的政治价值和道德价值。实际

---

① 《北溪字义》卷下《经权》。
② 《北溪字义》卷下《经权》。
③ 《北溪字义》卷下《经权》。
④ 《北溪字义》卷下《经权》。

上，陈淳的这一观点渊源于《淮南子》"唯圣人为能知权"① 的思想。

结　语

通过对陈淳经权思想的简略论述，可以总结出以下三个结论：

其一，传承性的历史地位。这主要表现在陈淳的经权思想是直接通过传承朱子学而形成的。如，陈淳阐发的辩证经权观、权衡权变适中合度及其"理明义精"的守经用权条件等思想内容，均可在朱子学中追寻到其思想渊源。② 这恰恰是他恪守师门宗旨、肩负传扬朱子学的职责所在。

其二，系统化的理论建构。陈淳虽然没有朱熹经权思想博大精深，但也较为全面地论述了有关经权范畴的诸多逻辑关系。如在经与权的关系上，阐发了经权既相对又不相悖的辩证关系；在权与中（"时中"）的关系上，阐述了权衡权变与适度性的关系；在经权与理义的关系上，揭示出守经用权与"理明义精"的关系，等等。

其三，注重历史事实举证。陈淳尽管偏重于对经权"字义"的分析，对哲学意蕴的阐释，但并未空洞无物地泛泛而论，而是善于运用春秋、魏晋和唐朝等时代所发生的大量历史事实加以实证。这不仅使形上与形下得以贯通，而且也使其经权思想具有厚重的历史感。

当然，也需要指出，陈淳的《北溪字义》是以哲学范畴分析见长，在经权范畴分析方面偏重于逻辑关系的梳理和历史事件的佐证，但不可否认，他并没有充分发掘经权范畴的丰富内涵，也没有清晰地疏解"权"与"道理""仁义""事中"等范畴间的逻辑关系。从这种意义上说，陈淳的经权思想又具有理论局限性。

---

①《淮南子·泛论训》。

② 关于朱熹的辩证经权观、行权适度性及其守经用权的条件问题，见岳天雷《朱熹论"权"》，《香港中文大学中国文化研究所学报》2013 年第 56 期。

儒家权说研究述评

——以孔孟为中心

孔孟权说是儒家道德哲学、政治哲学和历史哲学的重要内容，也是中国权说思想的发端和源头，在中国哲学史和经学史上占有非常重要的地位。改革开放以来，学术界对孔孟权说作了大量研究，取得了丰硕成果。就其研究内容来看，这些成果主要论及权变特点、经权关系、权道关系、权中关系、行权标准、权变智慧、权变价值及其与道家、墨家和西方权说的异同等方面。总结已有的成果，反思存在的问题，无疑对促进孔孟权说研究的进一步深入展开有十分必要的作用。

一

在孔孟权说中，"经"具有原则性、绝对性和稳定性的特点，而"权"则具有灵活性、应变性和变通性的特点。赵纪彬先生通过考证朱熹《论语集注》"可与共学"与"唐棣之华"的断章之误，提出孔子权变方法论的特点是"反"。他认为"唐棣之华"以下六句二十七字，在何晏《论语集解》本中本来和"未可与权"为一章，而朱熹却武断地将其分割为两章。他提出"唐棣之华"和"未可与权"两段经文在思想上同是言"权"，在逻辑上首尾一贯，理应为一章而不可分。"未可与权"以上是说"权"的来源，"唐棣之华"以下是说"权"的方法论特点。

"偏其反而"的"反"字,正是孔子权说的方法论特点。他通过对金文、《说文》等字书的考释,说明"反"与"权"在义理上是相通的。就"反"而言,又有"背反"与"反归"之别。所谓"背反",就是勇往直前,正面决裂,拒绝绕弯前进的方法。显然,这种意义上的"反"与"偏其反而"的"反"相抵牾。所谓"反归",即不从正面而从侧面,不是勇往直前而是以退为进的特殊的"反";不是由合而分,彻底决裂,而是由分而合,复归于和谐。可见,"偏其反而"之"反"是"反归"之"反",并非"背反"之"反"。孔子也正是用"唐棣之华"(黄花木)的"偏其反而"为比喻,以说明"偏其反而"而后"复归于合",即"权道反而后至于大顺"。孔子权说正是具有"反"的特点,才使其在中国权说史上占有发端地位,即:完成了"权"由"秤锤"转化为方法论范畴的逻辑过程,对先秦诸子如《文子》《尸子》《老子》的权说产生了重要影响,对后世权说的形成具有发端地位,因为汉、宋、清三代的权说皆以注解《论语·可与共学》的形式表达出来。[①] 可以说,赵先生对孔子权变方法论特点的概括,既是对孔子权说认识的深化,也是一大学术贡献。另外,刘小红也提出了同赵先生基本相同的观点[②]。

针对赵先生提出朱熹《集注》的经文倒误和分章不当问题,方旭东提出质疑,认为清儒对《四书章句集注》一书时有驳难,其有关朱子《论语集注》"可与共学"章存在章句之失的说法,诸多证据材料都存在问题。赵先生关于朱子《论语集注》"可与共学"章"分章不当"的批评,并不能举出有力的文献证据,从而使其论证陷入自我循环的模式。而清儒翟灏《论语考异》所列文献貌似甚众,但证明力着实有限,据此

[①] 赵纪彬:《〈论语〉"权"字义疏》,载《困知二录》,中华书局1991年版,第263~281页。按,关于儒家权变"反"的特质问题,参见蒋重跃《辩证发展观在古代中国的觉醒——道儒两家以"反"为主题的理论探索》,载于《南京大学学报》2015年第5期。
[②] 刘小红:《〈论语〉"可与共学"章分章榷议》,《太原理工大学学报(社科版)》,2015年第5期。

很难形成定论说朱子《论语集注》"可与共学"章存在"经文倒误"问题。①

看来,朱子《论语集注》"可与共学"章是否存在"经文倒误"和分章不当等问题,还需要进一步探讨。

二

经(礼)权观是孔孟权说中最重要的思想。在现代哲学视域中,经与权体现出原则性与灵活性、常住性与变通性乃至保守与改革的关系。它涉及到道德哲学、政治哲学、价值哲学和历史哲学等诸多领域。学术界对其研究颇多,成果相当丰厚,不过,大多数都是从道德哲学的视角来阐述孔孟经权观的。

徐嘉提出孔孟的经权关系具有复杂性与流变性,其基本特征是"经常权变",处理经权关系的根本原则是"经主权从",其行为模式是"经权相济"。②徐晓宇认为孟子主张守礼,还注重反经行权:即道德主体所以能够行权,是因为权与经并不矛盾;强调行权的当下性,坚信道德境遇发生的具体性;行权不可任意扩大,其尺度是内在的而非外在的。正因为居仁由义是内在的,才能在道德实践中感通,达到道德自由的境界。这种经权说的学术价值是:对经的态度是反经,对行权进行严格限制;承认常态和变态之别,主张坚持原则性的同时又不放弃灵活性,要从权达变,反对泥古不化和僵死教条;行权为孟子学说增添了活力,展示的是高扬主体能动性的大儒,是一个知仁知义并融贯于生活的体道

---

① 方旭东:《章句之学不可忽——朱子〈论语集注〉"可与共学"章的章句问题》,《厦门大学学报(哲社版)》2014年第4期。

② 徐嘉:《论儒家"经权相济"的道德模式》,《学海》2004年第3期。

者；对中国哲学向纵深发展也作出了重要贡献。①

有学者在阐明孔孟经权关系的基础上，又重点论述了权变的道德价值取向即"礼义"问题。杨泽波提出孟子主张在一般情况下反经，特殊情况下行权，行权是要背反于经的，只有圣贤才能行权，行权的标准就是义。在孟子经权思想中，有经、有权、有义；经是基本原则，反经是坚持基本原则；权是变，行权是变更基本原则；义是变更基本原则所必须遵循的标准，而"价值衡定原则"是达到义的唯一途径。只有把握这些理论环节，才能了解孟子经权学说的真精神。这种经权学说有助于避免绝对主义和相对主义，但亦有不足之处：一是强调"反经"胜过行权，二是对行权的标准缺乏明确说明，不利于把经权学说运用到具体生活当中去。②朱松美认为在革故鼎新的战国时代，孟子比孔子更崇尚权变。他对权变的认识达到了相当的深度。关于经权关系，在他看来，经是常，权是变，二者辩证统一，权虽违反了常规下的经，却在更高层次即"道"或"义"上与经取得了一致。只有做到经与权、常与变、原则性与灵活性的统一，方为贤者境界。关于行权原则，孟子主张以时（势）为据，以义为上。③李友广指出孟子的经权说体现了礼仪与人情的典范式结合，是经权统一。对礼而言，应该既要行乎表，更要谨于内，如此，才能更好地将礼之功能真正而完全地发挥出来，以达致儒家"内圣外王"之理想目标，使礼由礼仪之礼而向礼义之礼转进。所以，任何礼文仪节的背后都存在着深层次的礼意，都是人之恭敬、爱憎等情感的适当表达，因而谨守礼节亦必须以内在的实情为根基，否则就会流于肤浅形式；相反，只要有助于真情实感的表达，也不必过于拘泥于某种固有的形式规定，可以因情而变通，此当是对于孟子"经与权"之礼学思

---

① 徐晓宇：《孟子经权思想探微》，《哈尔滨学院学报》2005年第11期。
② 杨泽波：《孟子经权思想探微》，《学术论坛》1997年第6期。
③ 朱松美：《"权变"与〈公羊春秋〉在汉代的兴盛》，《孔子研究》2010年第6期。

想的合理诠释。①

还有学者从儒家德目不同层级的角度,来阐述孔孟的经权观。刘增光认为原始儒家允许权变在特殊情况下违背"小德",但要实现"大德",即儒家德目有不同的层级问题。由孔孟的经权之辨可以看出,孔孟并非一味坚持道德规范的绝对性,而是认为在不同情境下,可以对行为准则进行变通处理,以此更好地贯彻道德规范。因此,一般的道德规范和道德规范的变通应用并不存在冲突,这是因为在儒家道德体系中,各种德目间存在层级分别,道德规范间有高低之别。在面临具体问题时,可以符合更高的德而舍弃低层次的德。因此,先秦儒家的经权关系,就是在实践中对不同层级的德作具体选择的方式或方法。②杨光提出孟子的经权观是以"心性"及"中道"思想为基础的,并在具体的实践过程中得以展开。孟子在心性论及中道思想基础上,阐明"反经行权"的标准和模式,并在个人修养过程及"仁政"的治国方案中,显现"反经行权"的实践意义。③

另外,经权思维和经权之辩也是学术界探讨的重要问题。王文亮提出在复古意识、过高理想和抨击异端与经权思维方式的关系上,先秦儒学思维方式的基本特点是承认有超越时代限制的永恒有效的传统原则,承认有恒常不变而普遍有效的社会原则,当传统原则与社会原则陷入困境、发生危机时,允许进行适当的权变即修正和改良。但权变的目的在于更好地维护传统原则和社会原则的至上性,而不是对它们的批判性超越。因此,先秦儒学的经权互悖思维方式正是中国传统的再造性思维方式的典型代表之一。④吴付来提出儒学经权论发端于孔子,发展于孟子、荀子,完备于以董仲舒为代表的西汉公羊学家;作为对经进行变通、突

---

① 李友广:《经与权的统一:孟子之礼再考察》,《中南大学学报(社科版)》2010年第4期。
② 刘增光:《汉宋经权观比较析论——兼谈朱陈之辩》,《孔子研究》2011年第3期。
③ 杨光:《孟子经权思想研究》,吉林大学2012年硕士论文。
④ 王文亮:《先秦儒学经权互悖的思维方式》,《哲学研究》1988年第8期。

破即"应变大道"而产生的权,伴随着经权论的演变被越来越严格地置于经的制约之下,道德主体的自由选择越来越以遵循封建道德的要求为先决条件。儒学经权论这种逻辑走向与传统伦理思想的演变趋势是完全吻合的。①

学术界对孔孟经权观的探讨,大都是从伦理哲学的视角,阐述经权关系、权变的价值取向、儒家德目的层级性、经权观的心性基础以及经权思维、经权之辩等问题;而从政治哲学、历史哲学的角度来研究孔孟经权观的成果,迄今还未出现。

三

孔孟"道"范畴的内涵既包含"经",又高于"经"。作为宇宙变化法则或最高原理之"道"即"天道",是大于、高于"经"的。在此,"道"与权之间是体用关系;而作为人类生存原则或伦常之"道"即"人道",则是等同于"经"的,故"道"与权之间又成为道德原则与变通方法的关系。因此,孔孟的"天道"和"人道"思想成为其行权合法性、正当性的理论基础或形上依据。

赵纪彬最早阐述了"道"与权的体用关系问题。他通过考证朱熹《论语集注》"可与共学,未可与适道;可与适道,未可与立;可与立,未可与权"经文的错简问题,阐发了孔子的权道观。所谓错简,就是这段经文存在文字传抄倒错。因为朱熹《集注》所载经文既与《为政》篇"吾十有五而志于学,三十而立,四十而不惑,五十而知天命,六十而耳顺,七十而从心所欲不逾矩"的认识发展顺序相矛盾,又同《毛诗正义·绵》、《说苑·权谋》、《唐文粹》冯用之《权论》引、阮元《〈论

---

① 吴付来:《试论儒学经权论的逻辑走向》,《安徽师范大学学报(哲社版)》1996年1期。

语〉校勘记》等汉唐文献所载经文相抵牾。因此，他判定《集注》所载经文是出于抄写倒错，正确的经文应该是："可与共学，未可与立；可与立，未可与适道；可与适道，未可与权。"由学而立，由适道而行权，则为孔子的本义。因为"行权"的方法，从"适道"的原理而来；亦即"道"是"权"的本体，"权"是"道"的应用，"体用一源"，不容在"道""权"之间插进一个"立"字。必须先"明道"而后才能将原理应用于实际；此即古人所说的"精义入神以致用"；亦即今语所说的"方法论从属于世界观"。① 与此相同，成云雷也把"道"作为自然运行过程的规则和秩序，是社会秩序建构的依据，也是个体存在的立身之本。它是宇宙存在和变化的最高原理。从伦理政治角度看，"道"是在人的生活实践过程中不断生成、累积而成的某种具有普适性的人类生活经验，但这种累积是一个持续不断的过程。"道"不断地创生、突破既定的疆域走向新的形态，因而具有开放性。正是"道"的开放性，才使权成为可能，构成权的依据。权不仅不是对道的破坏，反而是对道的维护，是为了"道之行"。②

与此不同，张立文先生则把孟子之"道"作为伦常之道来阐述权与"道"的关系，他提出常礼与常道相比较，道德伦理比礼仪制度更重要，当常礼与常道发生冲突时，宁可违背常礼，而完成常道。孟子把这种选择叫作权，即权变。违背男女授受不亲的常礼，便是反经；反经并非不合理，而是合乎人皆有不忍人之心的仁道。孟子的这种思想蕴涵，被汉代学者所发展。③ 吴舸认为孔子最推崇的人，不是有志于体道者，也不在于立志行道者，而在于通权达变者。孔子对于"行权"的赞赏，除了理论概括之外，在其日常言行之中，也多有端倪可寻。孔子是古代礼制文化的传承桥梁，又被人尊为"时之圣者"，正是因为他深知守正与行

---

① 赵纪彬：《〈论语〉"权"字义疏》，载《困知二录》，中华书局1991年版，第263~281页。
② 成云雷：《论先秦儒家思想中的权》，《孔子研究》2007年第5期。
③ 张立文：《中国哲学范畴发展史（人道篇）》，中国人民大学出版社1995年版，第717页。

权的相互关系。① 平飞也指出儒家尊经守经,也力主行权达变,守经行权归根到底在于对"道"的探寻和推崇。守死善道揭示了在价值冲突过程中儒家学者守经的价值理性立场;行权合道不仅体现了儒家学者守经的价值理性立场,还体现了在具体情境中权变的工具理性智慧,尤其值得珍视。紧扣儒家的经权思想,突出价值冲突中的道德选择和具体情境中的权变智慧,揭秘儒家经权的真谛,对于当代社会的道德心理建设无疑具有重要的参考价值。②

总之,学术界是从本体之"道"和伦常之"道"的角度来探讨孔孟的权道观,但在儒家思想中,"道"还具有规律之义。从规律之"道"的角度来研究孔孟权道观的成果,付之阙如。

四

对权与"道"的关系的研究,主要是解决权变的形上依据或为何要权变的问题,而对权与"中"的关系的探讨,则是要解决如何才能权变或权变的境遇问题。孔孟把"时中"或"中庸"作为权变的理想目标。其中,"时"即是权变的境遇,时变权亦变,因此权变要随时、顺时,不可违时、逆时。不仅如此,权变还要做到"中",即不偏不倚,无过不及,适中合度,恰到好处,如此才能实现权变的理想目标。

学术界从"时中"的角度研究孔孟权中观的成果很多。如,匡亚明先生认为孔子之权与"时中"相似,即通权达变,也就是说凡事要审时度势,讲究灵活性。所谓时中,即在不同的时机上用中。在某些条件下

---

① 吴舸:《儒学"经""权"思想臆说》,《中国人民大学学报》1997年第6期。

② 平飞:《守经善道与行权合道:儒家经权思想的伦理意蕴》,《江海学刊》2011年第2期。

是中的行为，在另一种条件下就不是中。要时时得中，便要审时度势，灵活处置。可见，权是中庸这一方法论运用上的一种形式，其最终目的是达到仁与礼的高度统一，并在现实社会生活中得到完美的表现和贯彻。① 傅永聚提出孔子的权变与"时中"在具体的运用过程中有两个特点：一是孔子要求在不违背大原则（礼）的条件下，对具体情况要做具体分析，既不能过，也不能不及，如此才能把握事物的性质，也就是做到了"时中"；二是权就是照顾矛盾的特殊性，而矛盾的特殊性又包括主要矛盾和矛盾的主要方面两种情形。因而，权本身就包含判断矛盾的主要方面，从而把握事物的本质和主流这一内涵。孟子的权变也是实现"时中"和"事中"的必要手段。他反对墨守礼仪，认为仁义的精神高于礼仪的原则，为了仁义的真髓，可以突破礼仪的限制，充分显示出他的思想个性。他还明确提出当不同道德原则出现冲突时，坚决和主动地违背、舍弃外在的、形式的、非本质的小善以维护、保持内在的、本质的大善。② 成云雷指出先秦儒家思想中的"权"，其理论旨趣在于探讨主体在伦理、政治活动中的自由及其实现方式。就权的内涵而言，乃是主体对社会规范的变通甚至违背，其依据在于道，而道的开放性使权成为可能。就权的目标而言，先秦儒家主张"时中"；就权的方式而言，先秦儒家主张"时行"。权作为价值创造活动中的自由，是通过人格境界提升的途径来实现的。先秦儒家思想中的权具有多方面的价值，但把行权当否的标准内在化，又有可能导致规范意识的缺失。③ 任中强重点分析了孟子权变的境遇问题，提出相较于孔子，孟子似乎更加注重权变的价值和意义。主体所面临的境遇不仅呈现出特殊的形态，而且往往包含着内在的紧张与冲突，后者在更深的层面上表现了境遇的复杂性，并使权与时进一步成为必不可少的行为环节。对孟子来说，权的作用主要在

---

① 匡亚明：《孔子评传》，南京大学出版社1990年版，第209~210页。
② 傅永聚、任怀国：《儒家政治理论及其现代价值》，中华书局2011年版，第143~149页。
③ 成云雷：《论先秦儒家思想中的权》，《孔子研究》2007年第5期。

于通过各种具体规范的适当调整使最高规范的运用更为完善，而并不是从根本上偏离最高规范。①

从"中庸"的视角研究孔孟权中观的成果亦为不少。孙克强认为孔子的权变是保证"中庸"实现的特殊措施和方法，既不失原则，又能灵活运用、解决问题。孔子思想上的矛盾是客观存在的，而权变则是解决这些矛盾的重要方法。他的权变原则从理论上说就是"大德"和"小德"的关系，即原则性和灵活性的问题。孔子的权变思想对后世影响很大，可以说是第一座里程碑。②余治平指出孔子既坚守经，也重视权，甚至还使权获得超越于经的意义。唯有权，才是人世生活中最难把握的方法，是道德伦理实践的最高境地。权是融入族群日常生活的共同智慧。经有经道，权有权道。权虽是变，但有定则可寻。能否合理适当地行权，关键在于能否把握中庸之道。中庸之道不可能在认识论上被掌握，只能在每一次当下的亲自操作过程中才能获得。由经权、常变而中庸的思想理路，打造出中国人无执的哲学气质。③朱松美提出孔子主张坚守原则，但却无碍于孔子对权变的推崇。实际上，正是孔子首次将权提升为哲学范畴。权位列孔子处世哲学的最高端，这里的权是超越经义的变通，是行为上的"毋意，毋必，毋固，毋我"，合于孔子"中庸"的方法论原则。《春秋》记事，是历史记载意义上的"行事"，其中蕴含了孔子的权变奥义。④刘明指出权变和适度是共同构成中庸之道的基本方法论。执两用中是实现中庸之道的重要途径，但没有权变的执中不可能达到真正的中庸；权变是解决仁和礼、情和礼矛盾冲突时的重要途

---

① 任中强：《先秦儒家经权论的含义及历史价值》，《船山学刊》2007年第3期。
② 孙克强：《孔子"权变"思想初探》，《史学月刊》1988年第5期。
③ 余治平：《经权、常变的智慧——中庸之道的哲学根据》，《中山大学学报（社科版）》2008年第1期。
④ 朱松美：《"权变"与〈公羊春秋〉在汉代的兴盛》，《孔子研究》2010年第6期。

径；儒家倡导的道义是衡量权变正确与否的最终价值尺度。①

另外，从"中和"和"中道"的角度研究孟子权中观的成果也有出现。董根洪认为孟子是在权变和权衡两种意义上使用权的。权变之权是有违一般常规的应急性行为或措施，亦称通权达变，孟子讨论"男女授受不亲"即是权变之权的典型。权衡之权是权衡轻重利弊的抉择，他批判杨朱"为我"和墨子"兼爱"各固执一端，亦反对子莫不知变通的"执中无权"，主张"执中用权"的观点。孟子这种以权达中的思想使儒家中和哲学具有更为强劲的时代生命力。②田丰提出孟子经权观讨论的问题是中道、乡愿、狂狷之间的关系，"乡愿"乃是无经无守之权，"狂狷"则是执一之权，"中道"才是权的理想境界。而孟子最后以反经作为总结，乃是明确地指出要超越乡愿与狂狷而至于中道，根本的道路就是向经的回归，反经绝不是对经的违反，恰恰相反，通过反经这种回归方能使得"经正"。③

由上可见，学术界提出"时中"或"中庸"是孔孟权变的理想目标，甚至把权变直接等同于"时中"或"中庸"，但鲜有论及"中"的适度义，即权变方法如何才能取得最佳效果问题。

五

如果说"时中"或"中庸"是孔孟权变的理想目标，那么，要实现这一理想目标，还必须具有判断行权当否的标准。孔孟把行权当否的判

---

① 刘明：《中庸之道新解——从孔、孟的权变思想看中庸之道》，《学术论坛》2007年第3期。

② 董根洪：《儒家中和哲学通论》，齐鲁书社2001年版，第125~130页；又见董氏著《儒家真精神——"时中"》，《孔子研究》2003年第4期。

③ 田丰：《"反经合道"为"权"的再诠释》，《华侨大学学报（哲社版）》2012年第4期。

断标准锁定在内在的、主观性的道德情感——"居仁由义"或"仁义",而外在的、客观性的行权当否的判断标准,在孔孟那里则是缺失的。

马育良先生提出孔子强调行权当否取决于"仁"和"义",是否以人的真实情感为基础。因为在道德实践中确实存在着礼与仁不能达成一致与和谐的情况。在这种情势下,他宁愿舍弃经礼文化,而将最后抉择的标准指向仁。因为如果没有仁,礼很可能会沦为一种形式。如果现存的礼不足以表现仁德,礼是可以被改变的。不过,他把行权当否的判定取舍,基本上诉诸人之内在自主的道德判断,并不重视客观标准的建立,这为后人行权实践留下了不易解决的难题:即对行权当否的判断陷于为者自为、辩者自辩的诠释困境。① 杨劼轩认为孔孟的经权思想以"仁"为中心。由"仁心"而发,再对具体情景进行权衡,这是儒家所推崇的行为方式。同时经权思想贯穿着智慧和情感的统一,这是我们理解孔孟伦理思想的一个基本线索。②

张奇伟指出孟子不仅认为遵礼循仪应具体问题具体考虑,做到原则性与灵活性相统一,而且认为仁义的精神高于礼仪的原则,为了仁义的真髓,可以突破礼仪的限制。孟子在礼仪上权变的主张很有特色,其反映出务实和灵活的思想方法。他的权变思想在理论上与孔子相比有了重大的突破,他明确和直截了当地提出道德冲突的问题。③ 林国良也提出儒家权变思想可分为经权观与变通观。程朱理学讨论了经权观,但没有解决权变的必要性问题;《周易》阐发了变通观的基本原则,但在"位""时""中"等变通原则背后,最根本的原则还是"仁"。儒家权变观的特点是有一种超越的价值取向(仁),而古今其他一些权变思想则以现实的功利取向为特点。④

---

① 马育良:《仁、义与孔孟的经权思想》,《安徽师范大学学报(人文社科版)》2000年第4期。
② 杨劼轩:《论孔孟的"经权"思想》,《青年科学》2009年第1期。
③ 张奇伟:《亚圣精蕴:孟子哲学真谛》,人民出版社1997年版,第49~53页。
④ 林国良:《儒家权变观新论》,《上海社会科学院学术季刊》1991年第4期。

"仁义"构成孔孟行权当否的判断标准，这当然是由孔孟哲学的伦理道德特质所决定的。这既是其优点，但也是其缺失。正如马育良先生所说，孔孟诉诸人之内在自主的道德判断，并不重视客观标准的建立，这为后人行权实践留下了不易解决的难题：即对行权当否的判断陷于为者自为、辩者自辩的诠释困境。

六

从孔孟"权"范畴的内涵来看，有轻重利弊的权衡与灵活变通的权变之分；从经权关系来说，有背反于经的激进权智与返归于经的温和权慧之别；权变智慧既是具体的又是超越的。

关于权的意义诠释问题，学界普遍以"灵活性"释"权"。如冯友兰提出道是原则性，权是灵活性。灵活性，表面上看，似乎是违反原则性，但实质上正是与原则性相合。① 李泽厚认为经与权是孔学一大问题，将其译为原则性与灵活性最贴切。② 朱贻庭指出就经权模式本身而言，揭示了道德原则的绝对性与灵活性的统一，道德实践的原则性与灵活性的统一。③ 与此不同，刘小红却认为孟子"权"之内涵应为一种实践智慧，是使"经"由抽象走向现实的实践方式。④

关于权变类型问题，韩中谊借用类型学分析方法，对孔孟权衡观念作了探讨。他提出作为"判断力"的权，大致分为三类：一是人接受某一原则，原则导出某一行为规范，并且得到历史传统和文化经典的支撑，但在新的情境下，规范对原则构成挑战；二是人同时接受多条相互

---

① 冯友兰：《中国哲学史新编》第一册，人民出版社1982年版，第144页。
② 李泽厚：《论语今读》，安徽文艺出版社1998年版，第237页。
③ 朱贻庭：《中国传统伦理思想史》，华东师范大学出版社1989年版，第209页。
④ 刘小红：《孟子"权"思想解析》，《孔子研究》2015年第5期。

独立的原则，但面对某一情境时，原则之间发生冲突，因一时困惑而左右为难；三是人接受某一原则，原则导出至少两条规范，在通常情况下并不对立，而在某种场合下，若干规范虽与原则并不冲突，但规范之间发生了冲突。作为思维活动，权包含三个预设：一是肯定道德主体的作用，二是人具有作出选择的必要时间和空间，三是并非两可选择，也不逃避选择。权又包含四个构成要素："知""惑""思""择"。行权的内在准绳是"义"，可以分为具体规范的损益、角色转换、取大舍小、诉诸更高原则等四种运用模式。它在促进思想创造、观念更新、制度建构方面具有重要意义。①

关于权变智慧问题，杨海文先生作了详细探讨，他提出孟子的权变可分为"激进权智"和"温和权慧"。对不符合人之常情的礼仪规定行使否定性的做法，这种权变就是"激进"的；当他人不遵守礼仪规定，而自己却对礼经行使肯定性的做法，这种权变就是"温和"的。发人深思的是，行使"激进权智"所支付的成本有时可能是较"温和"的，而行使"温和权慧"所付出的代价有时可能是很"激进"的。对这一经权之辨进行生存哲学阐释，可以为现代人生提供某种智慧的支援。② 杨先生又指出孟子经权观由背反于经的激进权智、返归于经的温和权慧两部分构成。从小叔子救嫂子，舜不告而娶，汤放桀、武王伐纣、伊尹放太甲，舜窃负而逃四组案例看，激进权智的实质在于以权抗礼。从如何应付违礼行为、位移现象、收礼情形三组案例看，温和权慧的实质在于以权行礼。激进权智的使用范围极其有限，温和权慧的作用空间无边无际；激进权智只是醒目的标志，温和权慧却是普遍的风格。行权是每一个道德实践主体不可让渡的权利，一般情形下同样需要权变智慧，这是孟子经权观不同于而且高于传统经权观的所在，亦是孟子经权观在传统

---

① 韩中谊：《孔孟"权"观念的类型学分析》，《孔子研究》2010 年第 3 期。
② 杨海文：《有一种人生智慧叫权变——孟子经权之辨的生存哲学阐释》，《现代哲学》2008 年第 1 期。

经权思想史上彰显出的独特理论价值。① 张晔认为儒家的权变智慧是具体又超越的,孟子的权变思想就是这样一种智慧。权是对具体情况的权衡分辨,因而是一种具体的权衡分辨的智慧。而儒家之权又是指向超越性的"仁"的,行权必然是对"仁"的自觉意识。因此,反经所以行权,行权所以反经,反经与行权是统一而不可分割的。②

七

学术界既有从价值观的视角研究孔孟的经权观的,也有全面发掘孔孟经权观的现代借鉴价值问题的。

从价值观的角度研究孔孟的经权思想,以杨国荣先生为主要代表。他提出孔子强调"经"(仁、礼等道德原则)的至上性、绝对性,这种价值取向在后来的正统儒学中逐渐衍化为权威主义的价值观。但他已开始比较自觉地探讨道德原则的绝对性以及它在一定条件下的可变通性问题,即对"权"的注重,这既或多或少构成了对权威主义的限制,又表现出以境遇伦理沟通理念伦理的趋向。不过,在经(道德原则之绝对性)与权(道德原则在具体境遇中的变通)二者之中,似乎前者是更为根本的方面,而权则处于从属地位。这种价值取向对尔后的儒学产生了不可忽视的影响。③ 杨先生又指出孟子将变通之权与拘守规范的执一对立起来,以权否定执一。因为执一必然导致一般规范的僵化,并使之难以应付丰富多样的社会生活,从而最终限制规范本身的作用。孟子所谓

---

① 杨海文:《激进权智与温和权慧:孟子经权观新论》,《中山大学学报(社科版)》2011年第4期。

② 张晔:《一种具体而又超越的智慧:论孟子的经权思想》,《河南工业大学学报(社科版)》2009年第3期。

③ 杨国荣:《儒家的经权学说及其内蕴》,《社会科学》1991年第12期;又见其著《论原始儒家的经权学说》,《孔孟月刊》1992年第3期。

不可执一，主要指不拘守某种普遍规范，而不是完全摒弃这种规范。因此，反对执一，并不意味着否定普遍规范的作用，毋宁说，它在某种意义上乃是为了使普遍规范的作用得到更好的体现。尽管主体在具体境遇中的选择不可执一，但灵活变通（权）的同时又必须以某些普遍的原则为依据。孟子肯定权与经的统一，无疑体现了一种较为健全的价值取向，它使儒家始终难以接受相对主义的价值观。当然，对孟子来说，权的作用主要在于通过各种具体规范的适当调整使道（最高规范）的运用更为完善，而并不是从根本上偏离道。这就为人们的政治、道德等行为规定了一个不可超越的界限。对道的如上理解，已蕴含着导向独断论的契机。[①] 马永庆认为传统儒家伦理思想有着浓重的理想主义色彩，同时又具有经世致用的特点。孟子一方面承袭和发展了孔子"仁学"伦理思想体系，另一方面又对如何实现儒家伦理目标提出了自己的观点。权变范畴就是其中的重要内容。在他的伦理思想体系中，权变既是实现其理想人格的方法，也是其达到从道义世界向现实生活转换的必要环节。[②] 任中强提出孔子在义利关系上表现出重义轻利的价值取向，与此相应，首先将关注的重点指向了道德原则的绝对性。孔子赋予道德原则以绝对性的形式，同时即意味着对人类的类本质的提升，而后者在更广的意义上又蕴涵对人作为族类存在的人的价值的尊重。他强调当然之则的至上性，表现出某种独断论倾向，但并不完全否认原则本身在运用中的理论张力。先秦儒家对经权问题的考察，随着对经权问题本身的逻辑上的完善和内容上的丰富，人文精神也逐渐得到了凸显和提升。同时在思想价值层面，儒家思想也逐渐向权威主义的方向衍化。[③]

关于孔孟经权思想的借鉴价值问题，张分田认为经权说是中国古代影响最大的有关政治变革、政治调整的政治哲学理论之一。在政治思维

---

① 杨国荣：《善的历程：儒家价值体系的历史衍化及其现代转换》，上海人民出版社1994年版，第74~78页。

② 马永庆：《孟子的权变伦理思想评析》，《哲学研究》2005年第5期。

③ 任中强：《先秦儒家经权论的含义及历史价值》，《船山学刊》2007年第3期。

中,经权论是体制改革、政策调整和策略选择的一般方法论。权往往以"过""大过"的形式出现,而其最终目的是实现或维护"大中"。因此,在理论上,他们并不反对改革,也不排除在一定条件下实行"革命"的必要性。①余治平提出,一方面,"实事求是、解放思想、与时俱进"的思想路线,应该是中国共产党人在当代社会面向现实国情而对古代经权、常变哲学智慧所做的最有效继承。另一方面,借助于马克思主义哲学矛盾普遍性与特殊性的关系原理,得益于主导意识形态的强势影响,经权、常变智慧作为中国古代死的传统,再一次复活了,找到了投身于崭新时代的新形式,实现了从话语到内容的生动转换,在全然不同于传统的历史背景下获得了进一步的光大和发展。②另外,郭盛也阐述了孔孟权变思想对中国当代社会发展的影响问题。③

学术界对孔孟经权思想借鉴价值的研究尽管取得了重要成就,但从今天来看,仍然意犹未尽。如,孔孟权说作为行权实践之说,可为我国在现代化建设实践中抢抓机遇、加快发展提供理论资源;作为政治变革之说,可为我国推进政治体制改革提供有益借鉴;作为儒学活的传统和鲜活因素,可为中华文化复兴和中华民族振兴提供精神动力;等等。显然,在这一方面还有待进一步探讨。

八

学术界不仅注重孔孟权说内容的探讨,而且还与道家、墨家以及西

---

① 张分田:《改易更化论与改制、变法》,载刘泽华主编:《中国传统政治哲学与社会整合》,中国社会科学出版社2000年版,第297~298页。
② 余治平:《中国的气质——发现活的哲学传统》,中国社会科学出版社2004年版,第244页。
③ 郭盛:《中国传统文化中"权变"思想对中国当代社会发展之影响研究》,青海师范大学2011年硕士论文。

方康德伦理学、萨特存在主义伦理学、弗莱彻境遇伦理学、伽达默尔哲学诠释学等进行比较研究,以凸显孔孟权说之特色及中西权说之差异。

在与道家、墨家比较研究方面,万勇华提出儒家哲学历来重视经权问题的探讨,同样,作为先秦道家的集大成者,庄子也对此问题进行了具体、深入的考察。他一方面肯定权变,注重时势,强调从具体情景出发加以变通;另一方面又坚持普遍原则(道),要求以"循道"为"通变"的依据和指向。由此看来,庄子与儒家对经权关系的理解存在相通之处,然其精神实质却又表现出许多深刻的差异。① 吴付来认为儒家和墨家在经权论所涵盖的行为主体能否行权、行权原因、经权关系、行权条件、行权范围及行权的基本原则和方法等问题上,所执观点由彼此对立、碰撞到渗透、吸纳,从而完成了一个极具理论意义的整合过程,为中国古代道德选择与道德评价理论的形成与发展奠定了良好的基础,也为构建当前中国道德体系与伦理学说提供了有益的启示。② 另外,陈建民将儒家权变与道家的天道自化思想、佛家的权宜方便思想也作了比较研究。③

在与西方权说比较研究方面,刘婉华从管理哲学的视角,通过比较儒家与西方的权变观,提出中西虽有共通之处,但作为管理方法论,旨在为管理者提供管理技巧,特别是在主张权宜应变方面达成一致,但二者又分别衍生于两种传统文化中的两种管理理论,且仍有差异:儒家经权管理既重物又重人,而西方权变管理重物而轻人;儒家经权管理是一种情感模式,而西方权变管理是一种理性模式;儒家经权管理目标是重义轻利,或义利统一,而西方权变管理目标则是功利主义;儒家经权管

---

① 万勇华:《庄子经权思想探微——兼与儒家经权观比较》,《泰山学院学报》2009年第4期。

② 吴付来:《儒墨经权论之比较》,《安徽师范大学学报(哲社版)》1997年第4期。

③ 陈建民:《儒家权变思想研究》,云南师范大学2009年硕士论文。

理的理论重点在经而不在权,而西方权变管理的理论重点在权而不在经。① 李晔通过孔孟与萨特哲学之比较,提出孔孟和萨特都讲通权达变,但如何通权达变,就要懂得道德的实质,这就涉及到伦理道德规范的深层基础和本质问题。孔孟虽然没有谈人的自由问题,但作为道德选择取舍必须以一定的自由为前提,没有这种自由,就无法通权达变。相反,虽然萨特以存在的自由为中心,但这仍然只能是道德选择的前提条件,而不是选择的依据。只有他的"时代真理"更能表现其学说的本质,自由是处境的自由,在具体历史、社会境况中实现。只有在这里,才能看到他在经权问题以及解决道德两难问题的基础。在他看来,自由意志是人的存在的特征。因此,从人的存在这个最一般的前提得出关于人性和人的本质的不同看法,是孔孟儒家与萨特在经权问题处理上形成差异的原因。② 郭昕通过弗莱彻境遇伦理学与孔孟经权学说的比较,指出弗莱彻的境遇伦理与孔孟的经权学说虽有诸多差异,如前者重行善轻知善,后者则知善与行善并重;前者将良心作为未来判断的指导,后者还强调其反思作用;前者在决断时注重理智的计算与权衡,后者则注重内心情感的自然流露。但二者深刻的相像的社会景况、相似的最高准则和相近的关怀对象,却为现世带来了启迪:回归多样性生活世界、认可道德责任中的决断自由和互动时空域中对道德原则的主动消化。③ 王剑认为道德两难是中西思想都曾关注和思考的问题。道德两难可分为虚假的、弱的、强的三类。先秦儒家创造了高明的经权思想,并以之应对道德两难。《公羊传》提出了解决道德两难的三大法则,包括权衡法与两全法。中国传统的仁义冲突是"强的道德两难",是先秦儒家着重思考和巧妙应对的难题。道德两难的解决有时必须以当事人的毁灭为代价。通过与

---

① 刘婉华:《儒家经权观及其与西方权变观之比较》,《岭南文史》1998 年第 1 期。

② 李晔:《从经权问题看孔孟伦理思想——兼与萨特比较》,《阴山学刊(社科版)》2001 年第 2 期。

③ 郭昕:《境遇与经权的不谋而合——弗莱彻境遇伦理和孔孟经权学说之比思》,《学术论坛》2009 年第 9 期。

康德伦理学、萨特存在主义伦理学以及弗莱彻境遇伦理学的初步比较，先秦儒家经权思想在对付和解决道德两难问题上的独特性和优越性得以凸显。①

可以看出，学术界在孔孟与西方权说比较研究方面较为充分，成果颇多；但与道家、墨家比较研究方面较为薄弱，稍显不足；在与兵家、法家权说比较研究方面，至今还无人论及，有待发掘和研究。

九

通过以上综述，可以看出，学术界对孔孟权说的研究取得了丰硕成果。概言之，主要有四：

其一，实现了研究范式的转变。改革开放以来，学术界对孔孟权说乃至中国哲学的研究，逐渐突破"两个对子"（唯物与唯心、辩证法与形而上学）的研究范式，形成并运用以中释中和以西释中的新的研究范式。在"两个对子"研究范式的主导下，孔孟权说只能纳入辩证法思想框架中来论述，阐明经权对立统一的辩证关系。但孔孟权说并非这么简单，它不仅涉及辩证法问题，更关涉到本体论、认识论、价值观和历史观等问题。如果运用"两个对子"的研究范式，不仅不能体现孔孟权说作为中国哲学的特色，反而大大缩减了孔孟权说的丰厚内容。因此，学术界逐步突破"两个对子"的研究范式，形成并运用以中释中、以西释中的研究范式，注重孔孟权说文本的解读，从道德哲学、政治哲学和历史哲学的角度，疏解权与经、道、中、仁义等范畴间的逻辑关系，对权变的标准、类型和价值等问题作了全面发掘，并以西方弗莱彻的境遇伦理学、伽达默尔的哲学诠释学为参照，通过比较研究，彰显孔孟权说的

---

① 王剑：《论先秦儒家解决道德两难问题的经权智慧——中西比较的视域》，《孔子研究》2013年第3期。

特色以及中西权说之差异。

其二，凸显了孔子权说的发端地位。孔子权说处于中国权说史的发源期或始创期，其后汉儒、宋儒和明清儒家的权说都是依据孔子而阐发的，并形成源远流长的中国权说史。孔子权说的发端地位，学术界多有肯定。如，赵纪彬先生提出孔子权说不仅对先秦诸子的权说产生了重要影响，而且即使汉、宋、清三代的权说皆以注解《论语·可与共学》表达出来；吴付来先生指出权说思想始于孔子，发展于孟子、荀子，完成于西汉以董仲舒为代表的公羊学家；杨国荣先生认为先秦儒家经权说的衍化表现为："大德不逾闲"（孔子）——"执中而权到君子反经"（孟子）——"以权应变到以道壹人"（荀子）的逻辑轨迹；张立文先生提出孔子经权说分别启示了汉儒的"反经合道"说和宋儒程颐的"权便是经"说；孙克强先生提出孔子权说是中国权说史上的第一座里程碑；等等。可见，对孔子权说发端地位的判定是学术界的普遍共识。

其三，拓展了孔孟权说的研究领域。在孔孟权说中，经（礼）权关系无疑是极为重要的方面，但学术界并未局限于此，而是开拓出许多新领域，提出许多新问题。如权变与仁义、道义之关系，权变与时中、中庸之关系，权变准则的层级性（"大德"与"小德"），权变的价值取向，权变的最高境界（理想人格），行权的主体性问题，行权当否的判断标准，权变的类型和智慧，行权的条件，经权思维方式，经权之辩的逻辑走向，经权相济的道德模式，等等。这些问题大致可归纳为五个方面：经权常变观、权变道德观、权变价值观、权变标准观、权变境界观。若从现代学科分类看，这"五观"可纳入道德哲学、政治哲学、价值哲学和历史哲学四个学科领域。可以说，学术界正是从这四个学科视角大大拓展了孔孟权说的研究领域，并发掘出其丰厚的思想内涵。

其四，援用了西方境遇伦理学、哲学诠释学方法。大致来说，20世纪末，对孔孟权说的研究偏重使用辩证分析方法，研究经权之间的辩证关系，梳理孔孟权说的辩证发展过程，试图概括儒家权说的发展规律。这在一些中国哲学范畴史论著中尤为明显。但进入新世纪之后，一些学者开始借用西方康德伦理学、萨特存在主义伦理学、弗莱彻境遇伦理学、伽达默尔哲学诠释学等新方法、新理论，采取以西释中的研究方法，重新解读孔孟权说文本，进行比较研究，以凸显中西权说之异同。尽管这方面研究成果还不多，但却体现出新世纪孔孟权说研究的新视角、新方法。我们坚信，随着新方法的引进和使用，必将使孔孟权说研究获得新突破。

  当然，在充分肯定孔孟权说研究取得成绩的同时，也应该看到有些方面还存在着不足或薄弱之处：从研究内容来看，"权"及其相关范畴的多义性需要全面疏解。关于"权"范畴，一些学者虽然提出权有"权衡"和"权变"二义，但并没有疏解其关系。实际上，权衡与权变既有区别又有联系。在时间维度上，权衡在前，权变在后，权衡是权变的前提，权变是权衡的结果。在行权实践中，总是先权衡而后权变，而不可能是先权变而后权衡；在义理关系上，权衡是权变的更高要求，只有恰当的权衡，才有合格的权变，不然，没有权衡的恰当判断或抉择，就不会有正确的权变方法。关于"义"范畴，学术界将其界定为"仁义"和"道义"，但除了此义外，还有适宜、适当的含义。义者，宜也。朱熹提出："经自是义，权亦是义，'义'字兼经、权而用之。""'义'字大，自包得经与权，自在经与权过接处。"[①] 实际上，"义"是连接经与权的纽带和贯通二者的桥梁，二者是"义"的两种不同特性：经体现出"义"的伦理纲常和道德规范等永恒不变的特性，而权则表现出"义"在不同境遇中灵活变通的特性。既然经权都是"义"的体现或表现，那么，"义"当然就成为二者连接的纽带、贯通的桥梁。可以说，这是宋儒程颐提出"权便是经"说的思想源头。关于"道"的范畴，学术界将其界定为本体和伦常之"道"，但除了此义外，还有规律性的含义。权与规律之"道"是主观能动性与客观规律性的关系，主观能动性是把握客观规律性的必要条件，客观规律性又决定了主观能动性发挥的限度和范围。因此，行权必须合道，合道又必须行权。关于"中"范畴，学术界将其界定为"时中""中庸"，但除了此义外，还有"事中"的含义，

---

① 《朱子语类》卷三十七。

行权不仅要在时间维度上不偏不倚，无过不及（"时中"），而且还要在空间维度上不偏不倚，无过不及（"事中"），只有在时空上行权适度，恰到好处，才能取得最佳效果。总之，作为中国哲学范畴的"权""义""道""中"的多义性，使得"权"与这些范畴之间呈现出多层逻辑关系。显然，学术界对此并没有进行全面详尽的疏解和阐述。

从研究思路和现状来说，应突出"问题意识"，扩大学术视野。就研究思路而言，目前大多数成果都是以人物或个案为研究中心，鲜有全面深入研究孔孟权说间的逻辑传承关系的。这对全面认识和把握孔孟权说乃至整个儒家权说的内在逻辑结构及其历史传承，无疑是一大缺失。因此，笔者认为应该转换视角，将以"人物"或"个案"为中心，转换为以"问题"为中心，突出和强化"问题意识"。如此，才能深刻认识和把握孔孟权说乃至儒家权说的内在逻辑结构及其历史传承，建构较为周延的儒家权说思想体系，从而将孔孟权说研究进一步引向深入。就研究现状而言，大多数成果是从道德哲学和价值哲学的视角来研究孔孟权说的，而从政治哲学和历史哲学视角的研究成果稍显不足。这在一定程度上不仅限制了学术研究视野，而且缩减了孔孟权说的丰富内容。显然，这种状况有待改变。

从学术发展动态来看，应当加强学术交流，把握国内外学术研究动态。目前，虽然研究成果很多，但大都局限于闭门造车，各说各话，很少有针锋相对观点的提出，更没有形成相互争鸣的局面。究其原因，一是没有或很少关注国内外孔孟权说研究的发展动态，缺乏沟通和交流；二是囿于自己的专业兴趣，各取所需，很少顾及他人的研究状况。对港台学术界发表的成果①熟视无睹，很少引用和采纳。这样不仅造成选题重复，做无效劳动，而且使得孔孟权说研究在低水平上徘徊和重复，无助于将其研究进一步引向深入。因此，加强国内外学术交流与对话，及时把握国内外研究动态，是扭转这种研究局面的关键所在。

---

① 据笔者掌握的资料，港台地区发表有许多成果。如徐文助：《孔孟权道思想析论》，《孔孟月刊》第23卷第1期；何泽恒：《论语孟子中所说的"权"》，《孔孟月刊》第24卷第3期；蔡仁厚：《儒学的常与变——从经权原则看儒家的鲜活之气》，《中国文化月刊》第107期；王大千：《谈"中"说"权"》，《孔孟月刊》第29卷第5期；柳存仁：《说权及儒之行权义》，《中国文哲研究通讯》第9卷第1期；林忆芝：《〈论语〉"可与共学"章试释》，《中国文化研究所学报》第10期；林忆芝：《圣之时者——孟子心目中的孔子》，《鹅湖学志》第24期；高柏园：《经权原则与道德判断：以"儒家生命伦理学"为中心之讨论》，《哲学与文化》第30卷第5期；郑宪志：《先秦至汉初儒家"经权"思想研究》，高雄师范大学1999年硕士论文；蔡仁厚：《儒家的常与变》，东大图书公司1990年版；卢瑞容：《中国古代"相对关系"思维探讨——"势""和""权""屈曲"概念溯源分析》，台湾商鼎文化出版社2004年版；等等。

赵纪彬权说研究述评

——为纪念赵先生逝世 30 周年而作

引 论

权变作为灵活变通、随机应变的方法,是儒家政治哲学和道德哲学的重要内容,也是 20 世纪 80 年代以来学术界研究颇多的问题。就现有中国哲学范畴史论著来看,有关经权范畴的研究主要集中在三个方面:阐述经与权的对立统一关系,揭示经权范畴的哲学内涵;梳理经权思想的发展历程,总结和概括经权思想发展的规律性;对经权思想的政治价值、道德价值及其现实意义等问题也作了有益探讨。[①] 虽然这些研究成果显著,但就其研究方法而言,则存在着某种偏颇或不足,即重视哲学内涵的阐发,轻视古典文献的考证。这使得经权思想研究缺乏深厚的文献基础,对其哲理内涵的阐释也存在着明显的偏谬或不确之处。鉴于此,著名马克思主义哲学家和史学家赵纪彬(1905~1982)先生则运用史论结合的方法,把文献考证与哲学诠释有机地结合起来,对"权说"作了突破性研究,提出了诸多创新之论。

---

① 如张立文:《中国哲学范畴发展史(人道篇)》,中国人民大学出版社 1995 年版;葛荣晋:《中国哲学范畴史》,黑龙江人民出版社 1987 年版;葛荣晋:《中国哲学范畴通论》,首都师范大学出版社 2001 年版;卢瑞容:《中国古代"相对关系"思维探讨——"势""和""权""屈曲"概念溯源分析》,台湾商鼎文化出版社 2004 年版;等等。至于发表的论文难计其数,兹不列举。

20世纪80年代初,赵先生准备撰写一部十几万字《中国权说史略》专著,但未能实现夙愿而病逝,仅留下三篇书稿,即《释权》①《〈论语〉"权"字义疏》②和《高拱权说辩证》③。在这些书稿中,他对"权"字的历史起源及其生成为方法论范畴的逻辑过程作了缜密梳理,对何晏《论语集解》和朱熹《论语集注》"可与共学"章的错简断章作了详细考释,对孔子权说的特点和发端地位、明代高拱权说的得失以及"权说"发展的规律性等问题也有精湛阐发,并提出了许多独创性观点。可以说,赵先生对"权说"的研究不仅具有重要的学术价值,而且也开启了20世纪80年代以来中国大陆经权范畴研究之先河。

一、探寻"权"的起源及其生成为方法论范畴的逻辑过程

赵先生以文献考证为基础,从生产工具史、政治史和军事史的视角,对"权"字的历史起源、字形字义演变及其生成为方法论范畴的逻辑过程等问题作了缜密考证和梳理。

关于"权"字的历史起源问题。一般来说,"权"是秤锤,"衡"是秤杆,二者结合构成测定物体轻重的"秤",即生产劳动中使用的工具。作为秤锤的"权",就像"量度"和"车制"一样,"应从'权'

---

① 赵纪彬:《释权——〈中国权说史略·绪论〉初稿》,原载中国社科院历史所等编《中国哲学》(第九辑),生活·读书·新知三联书店1983年版,第18~29页;后辑入赵纪彬著、李慎仪编《困知二录》,中华书局1991年版,第250~262页。

② 赵纪彬:《〈论语〉"权"字义疏——〈中国权说史略〉第二章初稿》,原载《历史论丛》第四辑,齐鲁书社1983年版,第69~89页,后收入《困知二录》,中华书局1991年版,第263~281页。

③ 赵纪彬:《高拱权说辩证》,载《中州学刊》1982年第4期,后收入《困知二录》,中华书局1991年版,第282~302页。

的字义、字形演变的史实中,探求'秤锤'的起源"①。赵先生通过考证马瑞辰《毛诗传笺通释》、陈奂《毛诗传疏》、章炳麟《章氏丛书·小学问答》等文献,提出"权"的字形、字义的演变历程是:"拳"——"攌"——"权"。由此证明,"秤锤"是人手的延长。最初的"秤锤"类似"石拳""石锤"一类,属于石器的一种。从"金"的"秤锤",则是青铜器时代以后的产物。即是说,"秤"作为工具可能出现在氏族社会末期,用于剩余产品的交换,借以平息买卖双方的争端。与"权"本同"拳"相呼应,"衡"亦像"臂";与"权"悬在"衡"下相配合,"衡"则横在"权"上,即"悬者为权,横者曰衡"。因此,"衡"乃人臂的延长。由"权"和"衡"所构成测定物体轻重的"秤",是拳的下挽力和臂的横平力相结合的对立统一体。通过考证,赵先生得出结论说:"'权'是拳头的延长,'衡'是臂膊的延长,二者相结合构成为'秤',用以测知物体的轻重数量。这一史实,证明了人们在生产劳动中使用的工具,秤的零件权与衡,是起源于人的生理器官:手和臂。"②

不仅如此,赵先生还进一步分析了从"拳"到"攌"再到"权"的历史和理论意义。在他看来,"权"字代替"攌"字,并非偶然,更非"讹作",而是有其深刻的社会历史原因。首先,人和动物的区别,在于人是使用并制造劳动工具的动物;而使用和制造工具,都出自人所独有的手。据此,"可见从'拳'到'攌',亦即从'拳头'变成'秤锤',其第一层意义,就在于它显示了人手在使用并制造工具中的巨大作用"③。其次,与动物不同,人的进化取决于劳动工具的改进或发明;人发挥工具(即延长了的手)的力量,改造自然使之为自己所利用。据此,"又可见从'拳'到'攌'的第二层意义,亦即'攌'作为类似'石拳''石锤'的'秤锤'而出现于历史舞台。它是作为氏族社会末

---

① 赵纪彬:《释权》,《困知二录》,中华书局1991年版,第251页。
② 赵纪彬:《释权》,《困知二录》,中华书局1991年版,第254页。
③ 赵纪彬:《释权》,《困知二录》,中华书局1991年版,第255页。

期的物质文化,标志着人们用工具改造自然的伟大开端"①。再次,与"攉"作为氏族社会末期的物质文化相接续,"权"则是奴隶社会的物质文化,更确切地说是奴隶制衰微期的物质文化。"这是因为:在西周之初奴隶制的鼎盛期,虽然已有'君子勤礼,小人劳力'的剥削制度,但是奴隶主贵族,尚不以劳动为鄙事而不为⋯⋯至宣王'不藉千亩',为奴隶主贵族开始贱视劳动的标志,而贱视劳动,则是反映奴隶制危机的没落意识;所以韦昭注《周语》曾说:'宣王不务农而料民,故曰贪天府。'正是在这种贱视劳动的没落意识支配下面,逐渐对于与'拳'同音同义的'攉'字,不屑识别,反而从《诗》的'赋、比、兴'所取譬的'鸟兽草木之名'上,抒发其闲情逸趣。这样,就为'攉'字改写从木而成'权',创造了社会条件"②。可见,赵先生是从人类进化史和社会发展史的角度,探寻改"攉"为"权"的社会历史原因及其意义的。

关于"权"字生成为方法论范畴的逻辑过程问题,赵先生提出"秤"是由"权"的纵直下挽力与"衡"的横挺持平力两种矛盾力量交织而形成的一种人造工具,其中包含有直观辩证法雏型。这个雏型大约是在新石器时代,即氏族社会末、夏王朝建国早期形成的。进而,他又从劳动工具史、政治史和军事史的维度,通过缜密考证,揭示出"权"字演变为方法论范畴的逻辑过程。这一过程经历了四个步骤:首先,由于"权"是从"拳"而来,而"拳"在生产和战争中表现为"气势"和"勇壮";因而"权"的第一个概念就是与体力紧相联结的"拳力"或"勇力",并兼有"拳术"和"技术"二义。其次,接续作为体力的"拳力"而来的第二个"权"概念,就是"权力"。这个概念已经比"拳力"扩大了一步,它在军事上表现为指挥力量,在政治上表现为御乱能力。再次,由于"权"以向下垂直力抑仰"衡"的进退以得其平,就物而言,达于轻重无误;就事而言,达于买卖公平,以息争端。所以第三个"权"概念又为品评事物、判定是非的准则。最后,"拳术"与

---

① 赵纪彬:《释权》,《困知二录》,中华书局1991年版,第255页。
② 赵纪彬:《释权》,《困知二录》,中华书局1991年版,第255~256页。

"权术"音义并同，而"权"在"衡"下，随物轻重而进退；二者结合，第四个"权"概念就是"权谋"或"权变"。通过梳理上述四个步骤，他得出结论说："从'拳力'或'勇力'（包括'拳术'和'技术'）到'权力'或'能力'及'力量'，又到'标准'，最后到'权谋'或'权变'。但这只是逻辑上的次第，而不是文献上的历史年代顺序。这四个步骤，代表生产、政治和军事三个方面的具体'权'概念，对这些具体的概念加以概括和总结，就形成为'权'的方法论，亦即用'道'的原理原则来观察问题、解决矛盾的工具。"①

总之，赵先生运用历史唯物主义观点和方法，通过对上述问题的考证和研究，不仅说明了"权"的历史起源，梳理出"权"如何由"秤锤"演变成为方法论范畴的逻辑过程，而且也是中国古代"权说"研究的重大突破和创新，在学术界产生了广泛影响。

二、考定错简断章，还原《论语》"权"说本义

赵先生针对何晏《论语集解》和朱熹《论语集注》"可与共学"章的错简问题和朱注的断章问题进行了考定，由此揭示出孔子权说"反"的特点、发端地位及其理论内涵，并提出了诸多创见。

在他看来，何晏《论语集解》"可与共学"章的经文在经学史上产生了两个问题：一是前半章即"可与共学，未可与适道；可与适道，未可与立；可与立，未可与权"，本来是文字传抄倒误，而朱熹的《集注》却将错就错地照搬过来；二是后半章即"唐棣之华，偏其反而；岂不尔思，室是远而。子曰：未之思也夫！何远之有"，本来是孔子权说的要害，反而被朱熹的《集注》武断地割裂开来，成为独立的另外一章。

先说错简问题。他通过考证《毛诗正义·绵》、《说苑·权谋》、《唐

---

① 赵纪彬：《释权》，《困知二录》，中华书局1991年版，第260页。

文粹》冯用之《权论》引、阮元《〈论语〉校勘记》等诸多文献，确认何晏《集解》、朱熹《集注》"可与共学，未可与适道；可与适道，未可与立；可与立，未可与权"存在文字传抄倒错。因为程朱都说《论语》这一章"学、道、立、权"，是指认识深浅的四等人，或认识发展的四个阶段。然而依照程朱之说，这一章明显与《为政》篇"吾十有五而志于学，三十而立，四十而不惑，五十而知天命，六十而耳顺，七十而从心所欲不逾矩"的认识发展顺序相矛盾。与此相似，孔子自述其认识发展过程是从"学"到"立"，而不是《集解》《集注》的从"学"到"道"。据此，他断定《集解》《集注》的经文"是出于抄写倒错，而汉唐人所引的经文，其所表示的认识发展过程，由'学'而'立'，由'适道'而'行权'，则为孔子的本义"①。可见，朱熹"《集注》经文之为错简，确然无疑"②。在他看来，该章的正确语序应该是："可与共学，未可与立；可与立，未可与适道；可与适道，未可与权。"若从义理上说，这是因为："'行权'的方法，从'适道'的原理而来；亦即'道'是'权'的本体，'权'是'道'的应用，'体用一源'，不容在'道''权'之间，插进一个'立'字。必须先'明道'而后才能将原理应用于实际；此即古人所说的'精义入神以致用'；亦即今语所说的'方法论从属于世界观'。"③

再看断章问题。他提出"唐棣之华"以下六句二十七字，在何晏《集解》本中本来和"未可与权"为一章，而朱熹却武断地将其分割为两章。他针对朱熹提出的"'唐棣之华'而下，自是一段；缘汉儒合上文为一章，故误认'偏其反而'为'反经合道'，所以错了"④ 的观点，

---

① 赵纪彬：《〈论语〉"权"字义疏》，《困知二录》，中华书局1991年版，第266页。
② 赵纪彬：《高拱权说辩证》，《困知二录》，中华书局1991年版，第286页。
③ 赵纪彬：《〈论语〉"权"字义疏》，《困知二录》，中华书局1991年版，第266页。
④ 朱熹：《朱子语类》卷三七《〈唐棣之华〉章》，中华书局1986年版，第996页。

辩驳道:"这是从我划线,唯我主义的武断,没有任何科学价值。但是,恰巧根据这个毫无根据的理由,把完整的一章分割为两章,通过朱熹的《集注》长期流行于世,成为元、明、清三朝钦定的'经书'官本……一经《集注》割裂开来,前半章'权'字的方法论意义,模糊不清,遂启后世的长期纷争;后半章成了断头的蜻蜓,也就陷于不可理解的迷雾里面。"① 又说:"程朱由于反对汉人'反经合道'的权说,硬将全章分割为二,强指'唐棣'以下廿七字与'权'义无关,而归之于'不可解',遂使孔子本义,陷于残缺。"② 因此,他认为,"唐棣之华"和"未可与权"两段经文,"在思想上同是言'权',在逻辑上首尾一贯,理应为一章而不可分"③。

在考定错简和断章的基础上,赵先生进而概括出孔子权变方法论的特点——"反"。他提出"未可与权"以上是说"权"的来源,"唐棣之华"以下是说"权"的方法论特点。"'偏其反而'的'反'字,正是孔子权说的方法论特点"④。他通过对金文和《说文》等字书的考释,认为"反"字的本义是用手推翻加在上面的压力、挡在前面的阻力,为"行权"铺平道路。因此,"反"字和"曲手成拳(攥)",延长为"秤锤",缘"衡"("秤杆")左右进退,称物以得其平的"权"字,实为异流而同源,亦即"反"与"权"都是从"手"的劳动力量或技艺演变而来。这说明,"反"与"权"在义理上是相通的。就"反"而言,又有"背反"与"反归"之别。所谓"背反",就是一往直前,正面决裂,拒绝绕弯前进的方法。显然,这种意义上的"反"与"偏其反而"的"反"相抵牾。所谓"反归",即"不从正面而从侧面,不是一往直

---

① 赵纪彬:《〈论语〉"权"字义疏》,《困知二录》,中华书局1991年版,第266~267页。
② 赵纪彬:《高拱权说辩证》,《困知二录》,中华书局1991年版,第287页。
③ 赵纪彬:《〈论语〉"权"字义疏》,《困知二录》,中华书局1991年版,第267页。
④ 赵纪彬:《〈论语〉"权"字义疏》,《困知二录》,中华书局1991年版,第267页。

前而是以退为进的特殊的'反';不是由合而分,彻底决裂,而是由分而合,复归于和谐"①。于此可见,"偏其反而"之"反"是"反归"之"反",并非"背反"之"反"。孔子也正是用"唐棣之华"(即黄花木)的"偏其反而"为比喻,以说明"偏其反而"而后"复归于合",即"权道反而后至于大顺"。

在他看来,孔子权说具有"反"的特点,才使其在中国权说史上占有发端地位:一是完成了"权"由"秤锤"转化为方法论范畴的逻辑过程。他说:"孔子生当礼坏乐崩的春秋过渡时期,欲'为东周'而力不从心,又贱视劳动而特重'学《诗》',从'唐棣之华,偏其反而'的植物现象中,用拟人主义的认识论,类比出'反而后至于大顺'的'权道',这样,就完成了'权'字从'秤锤'转化为方法论范畴的逻辑过程。又因为这个意义的'权道',从黄花木而来,也就顺理成章地改为从'木';从此,'权'行而'攉'废。"②二是对先秦诸子"权说"产生了重要影响。如道家《文子》、法家《尸子》提出"屈寸而申尺",孟子提出以权济礼,《老子》提出"反者道之动"等观点,"都和'偏其反而'的精神一脉相通;从此可见孔子权说,在先秦的传播和影响,亦即证明了先秦的诸子权说,实由孔子发其端"③。三是对后世"权说"的形成具有发端地位。他说:"汉、宋、清三代的权说,持论相反,而皆以注解《论语·可与共学》章的形式表达出来;从此又可见孔子权说,在中国权说史上的发端地位。"④

他不仅对孔子权说的特点作了概括和分析,而且还就其理论内涵进行了掘发。他指出:孔子"学、立、道、权四阶段,相当于从知识到信

---

① 赵纪彬:《〈论语〉"权"字义疏》,《困知二录》,中华书局1991年版,第267页。

② 赵纪彬:《释权》,《困知二录》,中华书局1991年版,第260页。

③ 赵纪彬:《释权》,《困知二录》,中华书局1991年版,第261页。

④ 赵纪彬:《释权》,《困知二录》,中华书局1991年版,第261页。

仰，再到主义，最后才发展到方法"①。"权"就是把原理原则应用于实际，使之与具体实践相结合，用以观察问题，解决矛盾的方法。这是认识发展的最高阶段。可见，方法论（"权"）从属于世界观（"道"），但世界观并不等同于方法论。"从正确地理解原理原则，到正确地掌握方针、方法，还有一段艰苦磨练的探索过程；只有理论而无方法，无济于事；亦即口头上讲说理论较易，化理论为方法而见之于行为则难……说明'权'的方法与相对固定性范畴的原理原则不同，它随时随地而异，所谓'变动不居，不可为典要'；并且往往以与原理原则相反的形式表现出来"②。由此看来，"权道"真是难以言表，唯一的好办法就是借《唐棣之华》之诗来作比喻。孔子也正是从黄花木之花先反而后合的特点，才悟出"权"的方法的，并总结出"反而后至于大顺"的权变规律。

由于"权"的多变性并以"反"的形式表现出来，因此无论是"知权"还是"行权"都是极其困难的，除《论语·微子》"虞仲、夷逸，隐居放言，身中清，废中权"唯一使人"知权"的记载之外，"《论语》全书，未见孔子许任何人为'知权'，亦未见其以任何言行是'行权'"③。赵先生通过考证南朝经学家皇侃《义疏》、清儒朱彬《经传考证》"身中清，废中权"的注疏，提出孔子所许"行权"的大概意思是："形势不宜前进，则主动后退以免'世患'的行动方法。似此，'行权'乃出于考虑的明智，所以又称为'权智'；其意在于变换道路，绕弯前进，所以又称'变通'。"④如果用现代哲学语言说，"'权'是用自己的

---

① 赵纪彬：《〈论语〉"权"字义疏》，《困知二录》，中华书局1991年版，第271页。

② 赵纪彬：《〈论语〉"权"字义疏》，《困知二录》，中华书局1991年版，第271页。

③ 赵纪彬：《〈论语〉"权"字义疏》，《困知二录》，中华书局1991年版，第272页。

④ 赵纪彬：《〈论语〉"权"字义疏》，《困知二录》，中华书局1991年版，第273页。

世界观来观察问题,解决矛盾,亦即今语所谓方法论"①。

关于孔子"行权"的目的,他认为是"复礼",说:"孔子的'行权'实践,是用'偏其反而'的方法来实现其'复礼'的愿望。这是因为:所谓'一贯之道',以及'闻道''学道'等'道'字都是指礼乐大道而言,从而所谓'行义以达其道',也就是以'权权'而'复礼'的意思。这样看来,就其'复礼'不能直道而行,须变换道路以'用权'来说,是谓'偏其反而'的'反'字在发生'背反'作用;就其'行权'所以'复礼'来说,是谓'反而后合'的'合'字之终'至于大顺'。由此可见,孔子的权说,被'礼'的精神贯彻始终。"② 在《论语》中,由于"礼"是不明历史来源的先验范畴,因而孔子权说中的"反"字,其辩证的观点只能是唯心的辩证法因素。这其中虽然具有"可供批判继承的方法论遗产,但亦正因其属于唯心论,故对于史墨的'物生有两'的唯物的直观辩证法,持反对态度。这是春秋过渡时期维新与变革两种政治主张在方法论上的反映"③。显然,这是他对孔子权说哲学性质的判定。

由上可见,赵先生凭借深厚的文献考据功力和精湛的理论分析,对《集解》《集注》的错简和《集注》的断章问题的考定、孔子权说特点的概括、历史地位的判定及其理论内涵的掘发,不仅前后逻辑一贯、义理圆融,能够自圆其说,成一家之言,而且也是对宋儒成说的突破,从而把孔子权说研究提升到了一个新高度。

---

① 赵纪彬:《〈论语〉"权"字义疏》,《困知二录》,中华书局1991年版,第269页。

② 赵纪彬:《〈论语〉"权"字义疏》,《困知二录》,中华书局1991年版,第275~276页。

③ 赵纪彬:《〈论语〉"权"字义疏》,《困知二录》,中华书局1991年版,第279页。

三、运用辩证方法,发掘高拱权说精华

赵先生"权说"研究的另一重要成就,就是对明代嘉靖、隆庆、万历时期的哲学家和政治家高拱(1512~1578,字肃卿,号中玄,河南新郑人)权说的辨析和考证。

在赵先生之前,著名马克思主义史学家和哲学家嵇文甫(1895~1963)先生曾于20世纪40至60年代发表《张居正的学侣与政敌——高拱的学术》①《论高拱的学术思想》②和《再论高拱的学术思想》③三篇论文,对高拱权说作了开创性研究④,对其权说的价值也有所论及⑤,但却没有具体展开,更无详细考证。而赵先生则运用唯物辩证的观点和方法,对高拱权说的精华和缺失进行了全面辩证。

高拱于嘉靖四十四年(1565)主持乙丑会试,典试春官,以"权"

---

① 该文于《河南民报》1946年10月25日至11月1日连载,后收入《嵇文甫文集》(中),河南人民出版社1990年版,第420~434页。
② 载《哲学研究》1962年第3期,收入《嵇文甫文集》(下),河南人民出版社1990年版,第450~461页。
③ 载《光明日报》1963年4月5日,收入《嵇文甫文集》(下),河南人民出版社1990年版,第680~691页。
④ 岳天雷:《嵇文甫对高拱的开创性研究》,《光明日报》2009年9月23日第12版"国学"。
⑤ 如嵇文甫在分析高拱"盖经乃有定之权,权乃无定之经。无定也而以求其定,其定乃为正也"一语时说:"这里面牵涉到一般原则和具体运用的问题。无大无小,无精无粗,处常处变,都需要具体分析,'权'它一下,真理总是具体的嘛。高拱很得力于这个'权'字,所以他讲道理都很切合人情事变,平正通达,和那班迂滞偏执的道学家大异其趣。"(《论高拱的学术思想》,《嵇文甫文集》(下),河南人民出版社1990年版,第454页)

策士，其程文"附于《论语·可与共学问辨录》① 后面久被埋没，知之者寡，而在中国权说史上，实为罕见的重要文献"②。在这篇程文中，高拱对汉儒"反经合道"说、宋儒程颐"权即是经"说、朱熹"常则守经，变则行权"说及其所派生的一些观点，均有批判；在破立双行中，成一家之言。"其中既有直观辩证法因素，又有形而上学渣滓"③。

那么，高拱权说中有哪些直观辩证法因素呢？对此，赵先生主要概述了五个方面：其一，"权"是普遍性的方法。高拱说："夫权也者，既以轻重言，则是无常变、无巨微，而无不为之低昂者也。非谓不得已始用之，而得已可不用也……无时无处，无非权也，是日用而饮食者也。由是观之，权之为用，常耶变耶，无不有者耶，固可得而识也。"④ 对此，赵先生诠释说："高拱以为：不分'居常'或'处变'，均需'用权'，方能符合'当然不易之则'，'而无过不及之差'。明系以'权'之为用，不限于一隅，而为一个普遍性的方法论范畴。此点，颇有特识。"⑤ 高拱"以'权'为一个普遍性的方法论范畴，不论'居常''处变'，都必须'用权'。单就这个方面说，自有其正确的意义"⑥。可见，他对高拱权变方法的普遍性或普适性的阐发，是一大理论创新。

其二，"权"是"圆而通"的认识方法。高拱说："夫权也者，圆而通者也。是圣人之事，而学之仪的也。圣人圆，而学圣人者以方，始而方可也，终而愈方焉，则遂失其圆也。圣人通，而学圣人者以一隅，始而一隅可也，终而止一隅焉，则遂失其通也。夫学不至于圣人，非成

---

① 高拱以"权"策士的程文，先载于嘉靖四十四年（1565）秋刊刻成书的《程士集》卷四《策五道·孔子言权》，后又收入刊刻于万历三年（1575）的《问辨录》卷六《论语》。参见《高拱全集》（下），中州古籍出版社2006年版，第1055~1060、1158~1165页。
② 赵纪彬：《高拱权说辩证》，《困知二录》，中华书局1991年版，第282页。
③ 赵纪彬：《高拱权说辩证》，《困知二录》，中华书局1991年版，第282页。
④ 高拱：《问辨录》卷六《论语》，《高拱全集》（下），第1162~1163页。
⑤ 赵纪彬：《高拱权说辩证》，《困知二录》，中华书局1991年版，第285页。
⑥ 赵纪彬：《高拱权说辩证》，《困知二录》，中华书局1991年版，第293页。

也；不能权，非圣人也；非圆非通，不可以与权也。"① 对此，赵先生作了阐释："'圆通'为佛学名词，义无偏缺，无障碍。译为现在认识论用语，则'圆'与'方'相对，是指对于问题作全面考察，而避免片面性；'通'与'一隅'相对，是指对事物从相互联系中认识，而切忌孤立地攻其'一点'。高拱认为，处理问题、认识事物，从一个'方面'或一个'部分'开始，是当然之理；而始终囿于'一方'，株守'一隅'，就不是'能权'，就不能求得真理，尤其不能应用真理于实际……在这一点上，高拱的'权'说，显示出直观辩证法因素。"② 又说："高拱于此，指出'方'而'不圆'的片面观点，为'胶柱一偏之说'；'执一不通'的孤立观点，为'株守一节之行'；并斥之为与'大道'（即'圣人之权'）相对立的'曲学'，是对于上文所谓'夫权也者圆而通者也'云云一节的进一步发挥。其赋有直观辩证法意义。"③ 在此，他对高拱"圆而通"的权变方法的研究实为重大突破。

其三，"权"是因时因地因事因变而灵活变通的方法。高拱说："夫圣人之所以用权者，何也？试观之《易》：夫奇之为阳，偶之为阴；阳以健施，阴以顺受；人所知也。然阳或变而之阴，阴或化而之阳；刚或摧而为柔，柔或往而从刚；其理不可定也。是故，事以位异，则易事以当位；法以时迁，则更法以趋时。故曰：'变动不居，周流六虚'，'不可为典要，惟变所适'。"④ 对此，赵先生诠释说："此言客观事物，其为阴为阳，为柔为刚，相互转化，变动不居；其矛盾性质、运动规律，亦是'事以位异'，'法以时迁'，'理不可定'。所以观察问题、解决矛盾的方法，就不能执一不变，而必须'当位'以'易事'，'趋时'以'更法'。亦即对具体问题进行具体分析，随矛盾性质不同或性质虽同而发展阶段不同，确定不同的解决方法。这就是所谓'道之变'的'权'

---

① 高拱：《问辨录》卷六《论语》，《高拱全集》（下），第1161页。
② 赵纪彬：《高拱权说辩证》，《困知二录》，中华书局1991年版，第287页。
③ 赵纪彬：《高拱权说辩证》，《困知二录》，中华书局1991年版，第296页。
④ 高拱：《问辨录》卷六《论语》，《高拱全集》（下），第1162页。

的方法。亦即'圣人所以用权'的'《易》学'根据。"① 在此，他对高拱具体问题具体分析、具体矛盾具体解决的辩证分析，尤为精允。

其四，"权"既有"圣人之权"与"非圣人之权"之分，又有"良民之权"与"奸民之权"之别。关于前者，高拱说："世又有所谓'权谋''权术'者，其为害甚大，亦可谓之权欤？夫权，信难言，然圣人之权，既所当求；非圣人之权，又所当择，则不可以无言也。"② 对这一观点，赵先生分析说："高拱于此，将'权'概念分为两类：'圣人之权'与'非圣人之权'（指"权谋""权术"）。并指出：前者为诵法孔子'当求'，后者亦所'当择'。'择'字训'别'，即对于众所唾弃的'权谋''权术'，亦必须进行分析。此乃将方法、技术、名辩视为无阶级性范畴。此点，不仅为高拱权说的精髓，在中国方法论史上，亦是无与伦比的硕果。"③

关于后者，高拱举例说："弓矢戈矛，天下之利器也；良民以之御寇，而奸民以之为寇。苟徒以良民之御寇也，而遂纵于奸民，可乎？苟徒以奸民之为寇也，而遂禁于良民，可乎？顾视所用何如耳。奸民之权，既任之而不知择；圣人之权，又畏之而不敢求；是常使御寇无具而为寇有资也。"④ 对此，赵先生解释说："高拱指出：'权'犹'弓矢戈矛，天下之利器也。'其社会、政治作用，视为何人所用而转化。弓矢戈矛，'良民以之御寇，而奸民以之为寇'；其应'纵'应'禁'，不能一概而论，尤与'利器'的利钝无关，而完全取决于'所用何如耳'。同理，'权'之为'利器'，被野心家'窃之'，为'权谋'、为'权术'，'能使天下多事'；但是，为'出于所学之正'者'用之'，则又'为仁义之宰摄，为礼乐之宗正'。故'所恶于权者，为其窃也'，而非

---

① 赵纪彬：《高拱权说辩证》，《困知二录》，中华书局1991年版，第289~290页。

② 高拱：《问辨录》卷六《论语》，《高拱全集》（下），第1161页。

③ 赵纪彬：《高拱权说辩证》，《困知二录》，中华书局1991年版，第285页。

④ 高拱：《问辨录》卷六《论语》，《高拱全集》（下），第1164~1165页。

迁恶于'权'的本身的方法效能。高拱特别强调从'所学之正'与否，变换对于'权'的'当求'或'当择'，亦富有方法论从属于世界观之义。高拱此一论断的直观辩证法因素……在于阐明事物一旦超出条件的限制，就不可避免地向自己的对立物转化。"① 在此，他对高拱提出行权的社会政治价值、道德价值是随着行权主体和行权目的的不同而不同的辩证分析，甚为确当。

其五，"权"是从后天的实践经验中获得的方法。高拱说："求之以问学，练之以事行，会之以深思，涵之以积养，渣滓既尽，自圆自通。"② 对此，赵先生辨识说："高拱认为，'权'非天生，乃从学问、事行、深思、积养等后天经验中得来。"③ 他又以高拱"三国人才可与权"④ 为例，说道："从形势需要和政治结构中探求可权人才的源泉，其中寓有历史唯物论的因素。此种观点，实为高拱权说中最珍贵的一环。"⑤

在赵先生看来，高拱权说既有直观辩证法因素，也有形而上学缺失。主要有三：（1）"以权言道"比喻的局限性。对高拱"夫权，秤锤也。本不可以言道，而道之妙用有似乎此，故圣人借以言之。今必审察乎秤锤之所以为用者，而后可与言道之权。苟有一毫弗类秤锤者，即非权也"⑥ 的观点，赵先生辨析说："道之妙用，诚有一部分似乎权。但是，正如一切的比喻都不免于片面性一样，由'秤锤'所得的世界认识，亦限于量的增减，对于质的转化，非所能辨……高拱竟而忽视'以权言道'的比喻的局限性，将其绝对化，普遍化，断然宣称'苟有一毫弗类秤锤者'，则'亦不可以为道之权矣'。并进而以'反经合道'的直

---

① 赵纪彬：《高拱权说辩证》，《困知二录》，中华书局1991年版，第301页。
② 高拱：《问辨录》卷六《论语》，《高拱全集》（下），第1164页。
③ 赵纪彬：《高拱权说辩证》，《困知二录》，中华书局1991年版，第299页。
④ 参见高拱《本语》卷四，《高拱全集》（下），第1268页。
⑤ 赵纪彬：《高拱权说辩证》，《困知二录》，中华书局1991年版，第300页。
⑥ 高拱：《问辨录》卷六《论语》，《高拱全集》（下），第1158~1159页。

观辩证法权说为谬。"① （2）只见相成不见相反的片面性。在他看来，"权"与"衡"作为矛盾的对立面，本来是相反相成的关系，而高拱却"只见其'相须相成'，而不见其'相对相反'，遂自陷于形而上学藩篱，暴露出所有古代唯物论的根本缺陷"②。"高拱对于'权''衡'关系，只见其相成而不见其相反，从而对于宇宙万物的运动发展，亦即只见量变（经）而不见质变（权），终至以'反经合道'为不可能，自陷于形而上学"③。（3）"以中庸释权"之谬。他对高拱"《中庸》一书，为下学而作，其言无过不及，随时取中，皆权说也；而特未揭乎权之名。学者袭口耳、昧心识，言中庸而不言权，不知中庸之即权也"④的观点，提出辩驳："以中庸释权，实即以矛盾调和反对对立统一；所以指'反经合道'说为由于'不知权之为中'。朱熹更明确地说：'不中则无以为权矣。'高拱以'《中庸》一书，皆权说也'，明系承袭程朱的谬误。"⑤尽管高拱权说有上述缺陷，但"高拱权说中的直观辩证法因素，颇为鲜明和丰富，在中国方法论史上，是应当批判继承的珍贵遗产"⑥。应该说，赵先生这一总体评价是准确的。

四、简评

如果从儒家经权范畴研究的现状来考察，那么，就不难看到赵先生"权说"研究的独创性及其所具有的重要学术价值。

其一，学术界对经权范畴的研究仅仅偏重于对经权关系的论述及其

---

① 赵纪彬：《高拱权说辩证》，《困知二录》，中华书局1991年版，第284页。
② 赵纪彬：《高拱权说辩证》，《困知二录》，中华书局1991年版，第284页。
③ 赵纪彬：《高拱权说辩证》，《困知二录》，中华书局1991年版，第293页。
④ 高拱：《问辨录》卷六《论语》，《高拱全集》（下），第1164页。
⑤ 赵纪彬：《高拱权说辩证》，《困知二录》，中华书局1991年版，第300页。
⑥ 赵纪彬：《高拱权说辩证》，《困知二录》，中华书局1991年版，第302页。

发展过程的梳理,提出"权"是灵活性、变通性方法或特殊性措施,至于"权"的历史起源及如何由"秤锤"演变为方法论范畴的逻辑过程等问题则没有考证和研究。而赵先生从生产工具史、政治史和军事史的视角,通过诸多文献的缜密考释,提出从"拳"到"攉"再到"权"是"权"的字形演变和字义发展的历程,从"拳力""勇力"到"权力""能力"再到"标准"最后到"权谋""权变"是"权"由"秤锤"演变为"方法"的逻辑过程。显然,这是"权说"研究的深化和突破。

其二,既往对孔子权说的研究,囿于朱熹《论语集注》"可与共学"章的字面含义、伦理价值的论述及其对汉宋清儒家权说的发挥,没有追根溯源地考证该章经文的错简和断章,更没有揭明孔子权说的特点。而赵先生通过大量文献考证,确认何晏《集解》及沿袭《集解》而来的朱熹《集注》的经文"学——道——立——权"为错简,朱熹《集注》分割"未可与权"和"唐棣之华"两章为断章,据此考定《论语·子罕》"可与共学"章为"学——立——道——权","未可与权"与"唐棣之华"为一章,从中揭示出孔子权说"反"的特征,其发端地位也由此而确立。无疑,这是孔子权说研究的创新之论。

其三,赵先生在嵇文甫先生研究成果的基础上①,运用唯物辩证的观点和方法,通过对高拱权说的全面辩证,提出其中既有直观辩证法因素,又有形而上学缺失,在中国方法论史上应当批判继承的珍贵遗产。可以说,这是对嵇先生研究的丰富和发展。

其四,赵先生首次对"权说"发展规律作了概括。他说:"汉人提

---

① 赵先生在《宋元明哲学思想中的几个问题》(1963 年 6 月讲课记录)一文中曾说:"至于高拱的哲学思想,以前的哲学史家从来没有人注意过,自从去年嵇文甫同志开始了对高拱的研究,已经引起哲学界的注意;我最近阅读了高拱的《春秋正旨》《问辨录》和《本语》三部著作,证明嵇文甫同志的发现确实很有价值,他的唯物主义和无神(论)思想极为突出,对于程朱理学的批判也多中要害。现在我计划在嵇文甫同志研究的基础上,对高拱从事进一步的研究,在《思想通史》第四卷下册重版时作为一个专门章节追加进去。"(《困知二录》,中华书局 1991 年版,第 76~77 页)可见,赵先生是在嵇先生研究的基础上进行的。

出'反经合道'说,宋人群起而攻之;宋人提出'常则守经,变则行权'说,清人又反对宋人,回过头来复活并发展了汉人的'反经合道'说。权说史上这三个相互謦应的环节,恰是一个'否定之否定'的辩证过程。"① 他提出"权说"发展是"否定之否定"的辩证过程的观点,不仅是一种创新之论,而且也被许多学者所引用、诠释和发挥②。总之,赵先生对儒家"权说"研究作出了突出贡献,在学术界也产生了广泛影

---

① 赵纪彬:《释权》,《困知二录》,中华书局1991年版,第261页。
② 如张立文说:"由孔孟至《春秋公羊传》,都认为以'反经合道为权',以经权为对待,是合理的。这个观点一直沿袭到唐。柳宗元开始注意到经与权的统一方面。宋儒仍然依汉儒说。程颐批判反经合道为权论,以'经只是权',这样经权论便出现两种对立理解和解释。朱熹试图综合汉儒和程颐两说,而提出经权既对立又统一的理论。程朱以后,经权之争,基本上是围绕着这三种意见进行论争,即经权对待的反经合道——经权统一的经即权——经权既对待又统一。若以此为正、反、合的逻辑展开,在某种意义上反映了经权范畴发展的历史顺序。"(《中国哲学范畴发展史(人道篇)》,中国人民大学出版社1995年版,第740~741页)葛荣晋也说:"综观中国权说史,它的发展大体上经历了一个否定之否定的过程。从先秦到两汉,以'反经合道'为基本内容的权说,反映了当时新兴地主阶级要求改革现实、建立和巩固地主阶级政权的需要,基本上充满着辩证法思想。而宋儒对'反经合道'说的否定,实际上是以死守天理、否定权变的形而上学代替了辩证法思想,是地主阶级走向保守和反动在理论上的反映。明清时期,随着地主阶级改革派自我批判思潮的发展,以高拱等人为代表所主张的经权统一说,实际上是在汉儒的基础上,进一步充实和发展了辩证法思想,是辩证法思想对形而上学的否定。"(《中国哲学范畴史》,黑龙江人民出版社1987年版,第366~367页)显然,张、葛提出的观点实际上是对赵先生"否定之否定"观点的引用和发挥。

响①，实开 20 世纪 80 年代以来经权范畴研究之先河。

当然，在充分肯定赵先生的学术贡献的同时，也应该看到他对"权说"的研究还不全面，不完整。如汉儒"反经合道"说、宋儒程颐"权便是经"说、朱熹"常则守经，变则行权"说、清儒对汉儒"反经合道"说的复归及其"权说"发展的历史线索等内容，在其遗留的书稿中虽有提及，但并没有进行全面详尽的考述和研究。时至今日，这一领域的研究尚属空缺，还没有真正意义上的专著面世。② 尽管如此，我们也不能否认赵先生作出的突出贡献。假如他在有生之年能够撰成《中国权说史略》一书，那么，可以断定他的创见将会更多，贡献也会更大！

---

① 这种影响表现在四个方面：一是在中国哲学范畴史专著中都不同程度地采纳或参考赵先生的论点和论据。以张立文先生的《中国哲学范畴发展史（人道篇）》一书为例，第二十章《经权论》引证就有五处：第 710 页下注①、第 713 页下注①、第 714 页下注①、第 715 页下注①、第 733 页下注①。二是在中国大陆和港台地区有关经权思想的学位论文中，均把赵先生的大作列为重要参考文献。三是学术界主要是依据赵先生提供的诸多文献资料，来梳理经权思想发展历程的。四是在众多学术论文中，其引证次数之多，更是不胜枚举。

② 有些经学史著作，如陈柱《公羊家哲学》，台北中华书局 1980 年版；蒋庆《公羊学引论》，辽宁教育出版社 1995 年版；陈其泰《清代公羊学》，东方出版社 1997 年版；姜广辉主编《中国经学思想史》第一、二卷，中国社会科学出版社 2003 年版；吴雁南等主编《中国经学史》，人民出版社 2010 年版等，虽然都论及儒家经权思想，但毕竟不是以儒家经权思想为研究对象的专著。有些学位论文，如郑宪志《先秦至汉初儒家"经权"思想研究》，高雄师范大学 1999 年硕士论文；刘佳雯《焦循之"权"论研究》，彰化师范大学 2004 年硕士论文；李茂辉《董仲舒经权观与西汉政权正当性建构之研究》，东海大学 2009 年硕士论文；周贝利《董仲舒的经权伦理思想探微》，山东师范大学 2011 年硕士论文等，虽然是以儒家经权思想为研究对象，但又非通史性专著。

文章发表期刊刊名卷期详目

说明：辑入续集的有些论文与公开发表的期刊文本略有不同，根据文意作了修改和调整，包括文章的题名、副标题以及同篇文章因篇幅过大分为几篇，并分别刊载于不同期刊或论文集等情况。另，凡是期刊刊载的，均为社会科学版，不再注明。

1. 《王世贞〈高拱传〉史实探析》，该文不同部分以不同题名分别刊载于《商丘师范学院学报》2011年第2期，第39~45页；《哈尔滨师范大学社会科学学报》2011年第3期，第110~117页；《殷都学刊》2016年第1期，第42~49页。

2. 《高拱缺失相材吗？——与赵毅教授商榷之二》，岳金西著，载《哈尔滨师范大学社会科学学报》2012年第2期，第113~122页。

3. 《高拱与"俺答封贡"——以决策问题为研究中心》，该文以不同题名，分别刊载于《井冈山大学学报》2011年第4期，第123~129、136页；张显清主编《第十三届明史国际学术研讨会论文集》，湖南人民出版社2011年版，第563~573页；南炳文、商传主编《明代蓟镇文化学术研讨会论文集》，云南人民出版社2011年版，第412~428页。

4. 《驳高拱留下"烂摊"说——兼评郦波先生的〈风雨张居正〉》，载《中国图书评论》2011年第1期，第75~79页。

5. 《张居正与"王大臣案"——兼论道德评判的必要性》，载中国明史学会等编《第十四届明史国际学术研讨会论文集》，云南人民出版社2013年版，第45~59页；《哈尔滨师范大学社会科学学报》2011年第

5 期，第 110~117 页。

6.《由学侣到政敌——高拱与张居正关系之逆变》，载《广东第二师范学院学报》2011 年第 4 期，第 93~104 页。

7.《学侣与政敌——嵇文甫论高拱与张居正之关系》，载《大连大学学报》2010 年第 1 期，第 10~13 页。

8.《高拱家世考述——兼论明清新郑高氏家风》，载《辽东学院学报》2015 年第 5 期，第 44~54 页。

9.《高拱与恩师、同年关系考略》，载《辽东学院学报》2015 年第 1 期，第 55~61 页。

10.《高拱与姻亲、乡梓关系考略》，载《商丘师范学院学报》2015 年第 7 期，第 55~60 页。

11.《高拱诗考略》，载《辽东学院学报》2013 年第 6 期，第 78~83 页。

12.《缅怀高拱诗考述》，载《河南教育学院学报》2014 年第 5 期，第 100~103 页。

13.《高拱实学精神论析》，载《学习论坛》2000 年第 1 期，第 41~44 页。

14.《经权思想的逻辑进路——兼论朱熹和高拱在经权史上的地位》，载《商丘师范学院学报》2013 年第 4 期，第 53~59 页。

15.《中华点校本〈高拱论著四种〉辨误》，载《古籍整理研究学刊》2010 年第 4 期，第 62~66 页。

16.《关于〈明史·高拱传〉的校勘问题——以〈修订点校本《明史·高拱传》随笔〉为讨论对象》，岳金西著，未刊稿。

17.《论冯用之的机权观》，载《河南教育学院学报》2013 年第 5 期，第 83~92 页；《光明日报》2014 年 2 月 22 日第 5 版"智慧"。

18.《程颐"权"说探析》，载陈义初主编《二程与宋学——首届宋学暨程颢程颐国际学术研讨会论文集》，华东师范大学出版社 2013 年版，第 325~337 页。

19.《朱熹"权"说析论》，载《香港中文大学中国文化研究所学报》第 56 期（2013 年 1 月），第 169~185 页。

20.《论陈淳的经权观》，载《辽东学院学报》2012 年第 3 期，第 113~117 页；陈义初主编《开封与宋学——第二届宋学国际学术研讨会论文集》，华东师范大学出版社 2014 年版，第 282~290 页。

21.《儒家权说研究述评——以孔孟为中心》，载《哲学分析》2014 年第 3 期，第 154~169 页；以《中国大陆孔孟权说研究综述（1978~2013）》为题，又载台湾《汉学研究通讯》第 33 卷第 1 期（2014 年 2 月），第 1~11 页。

22.《赵纪彬权说研究述评——为纪念赵先生逝世 30 周年而作》，载《河南大学学报》2012 年第 2 期，第 8~15 页。

后 记

光阴似箭,转眼之间,我已快到退休的年龄了。想当年,我也是有志青年,决心要干出一番事业。为此,我努力发奋,不断进取,不敢有丝毫懈怠之心。然而,一路走来,由于各种因素的影响、条件的限制,加之本人天资驽钝,以当年之理想来衡定,实在是不尽如人意。每每念起,实有愧对人生之叹!

不过,稍感欣慰的是,我对明代高拱研究和儒家权说两个问题颇为上心,用力最多,耗时也最长,从搜集资料、整理资料到研读文献、提炼观点,形成了自己的一些粗浅的认识和看法。

关于明代高拱研究,我的工作主要有两点,即立论和驳论。如果说先前出版的《高拱实学实政论纲》《高拱研究文集》和《高拱年谱长编》属于立论的话,那么,本书的"探索与争鸣"部分则属于驳论。在我看来,只有澄清背离史实之论,辩驳丑诋诬谤之说,才能还原高拱其人的历史真相,也才能真正地为其立论,大概这就是"破中有立,立中有破"的道理吧!然而,我也深知,要祛除明清以来强加在高拱头上的种种不实之词,剥去附加在高拱身上的种种厚诬之说,穿透笼罩在高拱身上的重重历史迷障,还原其历史真实面目,并非易事。这需要深厚的功力，也需要深邃的识见。在这方面，我虽然功力不逮，但还是做了最大努力。

关于儒家权说，我拟定的研究计划分为两步：先是进行儒家人物或个案研究，从中概括出儒家权说的共性问题，并以此为纲，然后贯通儒家权说史的宏观研究。在研究方法上，我偏重于结构分析方法。因为，这种方法不仅可以厘清"权"与其他诸多范畴间的逻辑关系或逻辑结构，而且在某种意义上还有助于建构儒家权说的理论形态。不过，我提出的儒家权说"三观"还不成熟、不完善，仍然需要进一步深入思考。可以说，这项工作任重而道远。

这部书稿作为河南工程学院"黄帝故里文化研究中心"的预期成果，得到了该中心大力资助。在此，特向河南工程学院及其思政部的领导表示衷心感谢！

在书稿付梓之际，还要感谢中州古籍出版社社长张存威先生、总编辑赵学军博士的信赖和帮助！感谢责任编辑負蒙蒙女士及中州古籍出版社其他人士为拙著的出版所付出的辛劳！

岳天雷
2016 年 3 月于郑州

图书在版编目（CIP）数据

高拱研究续编/岳天雷著. — 郑州：中州古籍出版社，2018.1
ISBN 978-7-5348-6617-3

Ⅰ.①高… Ⅱ.①岳… Ⅲ.①高拱（1513-1578）-人物研究 Ⅳ.①K827=48

中国版本图书馆 CIP 数据核字（2016）第 273725 号

高拱研究续编

责任编辑：负蒙蒙
责任校对：牛冰岩
装帧设计：曾晶晶

出　　版：中州古籍出版社
　　　　　地址：河南省郑州市经五路66号
　　　　　邮编：450002
　　　　　电话：0371-65788693
经　　销　新华书店
印　　刷　郑州市毛庄印刷厂
开　　本　640毫米×960毫米　1/16
印　　张　28.25印张
版　　次　2018年1月第1版
印　　次　2018年1月第1次
字　　数　380千字
定　　价　69.00元